Bremer Wander-Buch

Hinrich Helmers
Michael Hundt
Hans Huntemann
Rudolf Müller

Die 150 schönsten Rundwanderungen und Radtouren mit Natur- und Landschaftsführer

Johann Heinrich Döll Verlag, Bremen

Die Wanderungen Nr. 106, 109, 110, 111, 113 wurden mit freundlicher Genehmigung des Heinz Holzberg Verlages, Oldenburg, wiedergegeben.

Kartengrundlage:

Topographische Karte 1:100 000
C 2718 (1983), C 3114 (1982), C 2714 (1980), C 3118 (1982)

Topographische Karte 1:50 000
L 2716 (1979), L 3120 (1981), L 2918 (1981), L 2720 (1982), L 3114 (1981), L 2916 (1981), L 2718 (1982), L 3118 (1981), L 3116 (1981), L 2920 (1981)

Vervielfältigt mit Erlaubnis des Herausgebers: Niedersächsisches Landesverwaltungsamt - Landesvermessung - B 5 - 249/84

2. neubearbeitete Auflage 1984

Johann Heinrich Döll Verlag, Bremen
Einbandgrafik: Friedrich Dodo de Boer, Bremen
Druck: O+B Druckerei Reinhard Berlin, Achim
ISBN: 3-88808-006-1

Übersichtskarten mit Nummern der Wanderungen

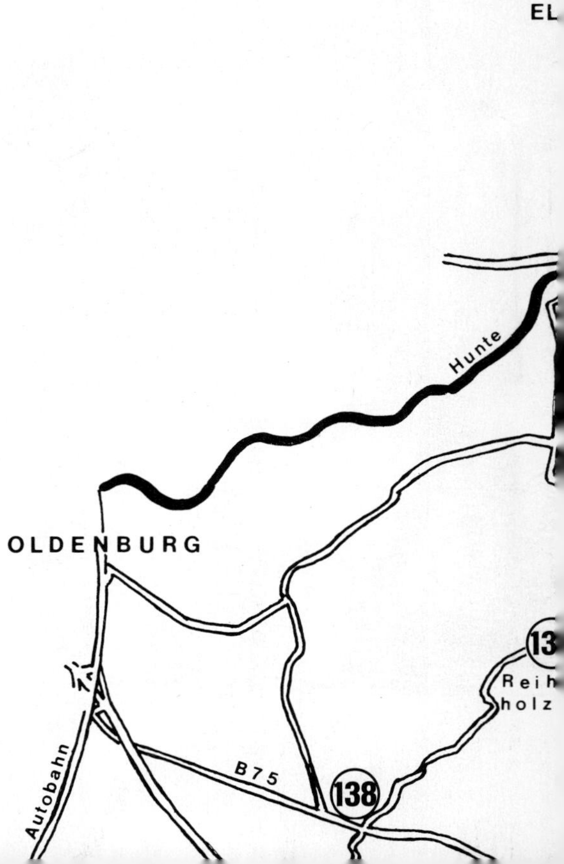

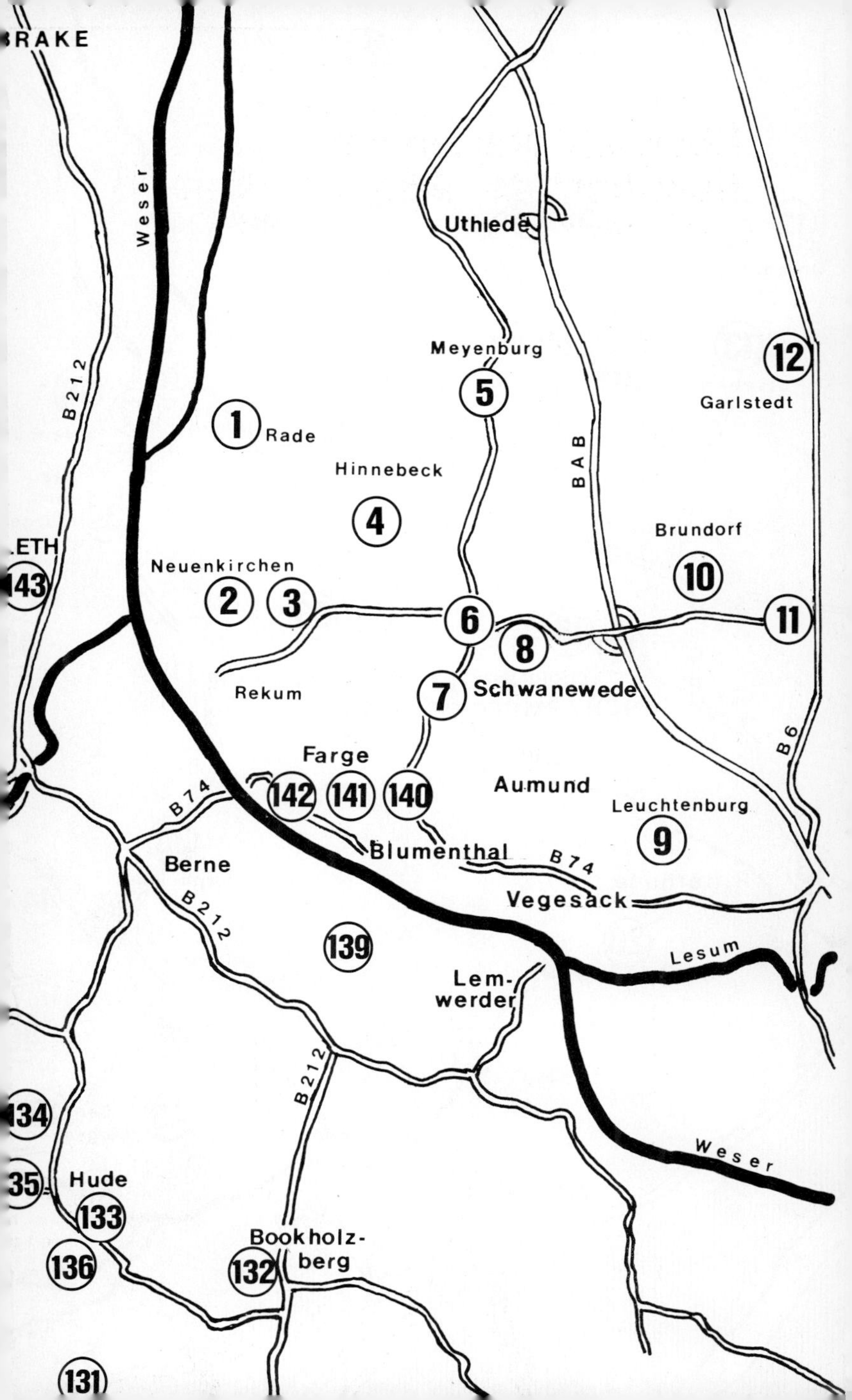
BRAKE
Weser
B 212
Uthlede
Meyenburg
5
12
Garlstedt
1
Rade
Hinnebeck
BAB
4
Brundorf
ELSFLETH
143
Neuenkirchen
2
3
6
10
11
8
Rekum
7
Schwanewede
B 6
Farge
142
141
140
Aumund
Leuchtenburg
B 74
9
Blumenthal
B 74
Berne
Vegesack
B 212
139
Lesum
Lem-
werder
B 212
134
Weser
35
Hude
133
Bookholz-
berg
136
132
131

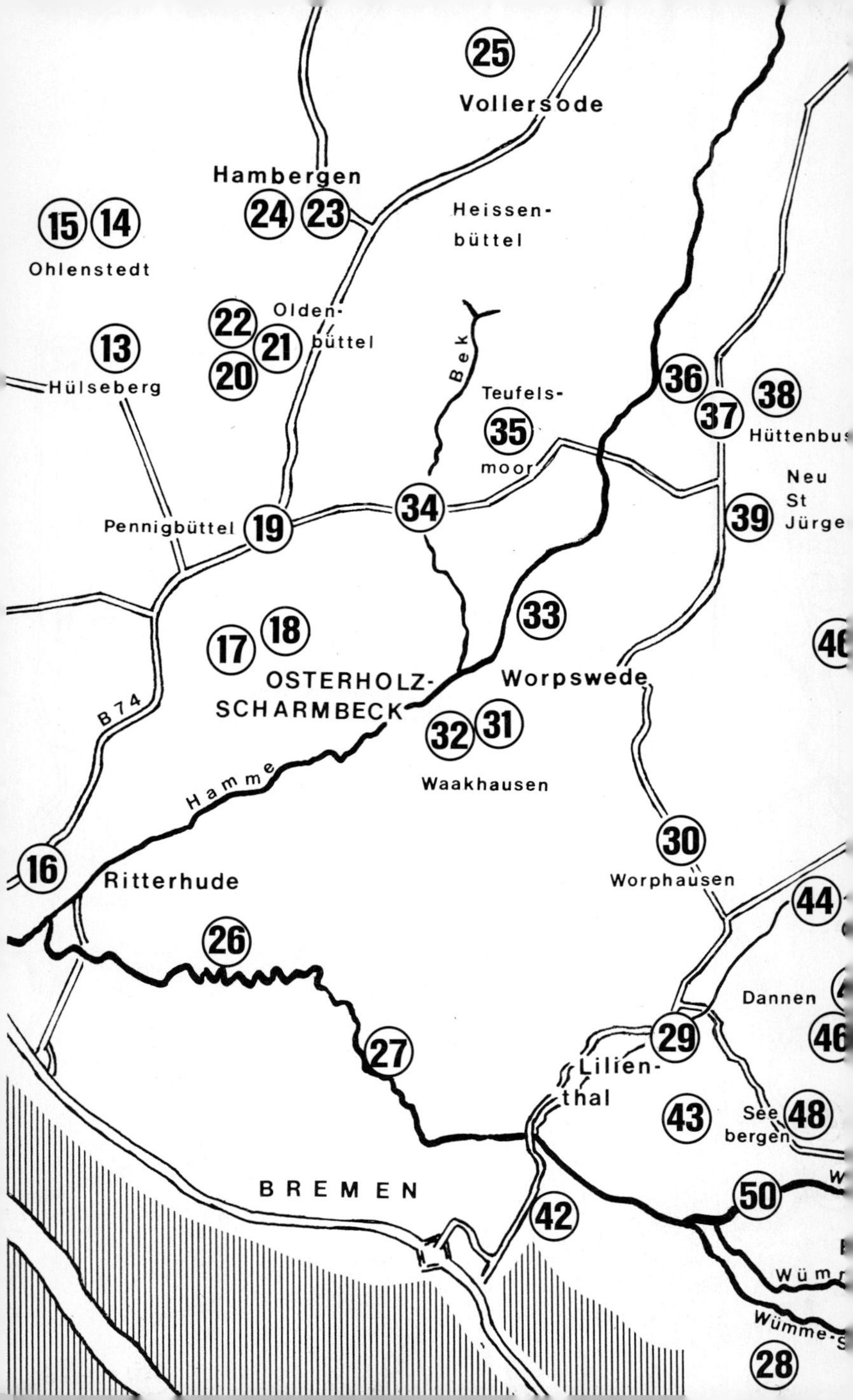
25
Vollersode
Hambergen
24
23
Heissen-
büttel
15
14
Ohlenstedt
22
Olden-
büttel
21
20
13
Hülseberg
Bek
Teufels-
35
moor
36
37
38
Neu
St
Pennigbüttel
19
34
39
33
17
18
OSTERHOLZ-
SCHARMBECK
Worpswede
B74
32
31
Waakhausen
Hamme
30
16
Ritterhude
Worphausen
44
26
Dannen
29
46
27
Lilien-
thal
43
See-
bergen
48
BREMEN
50
42
28

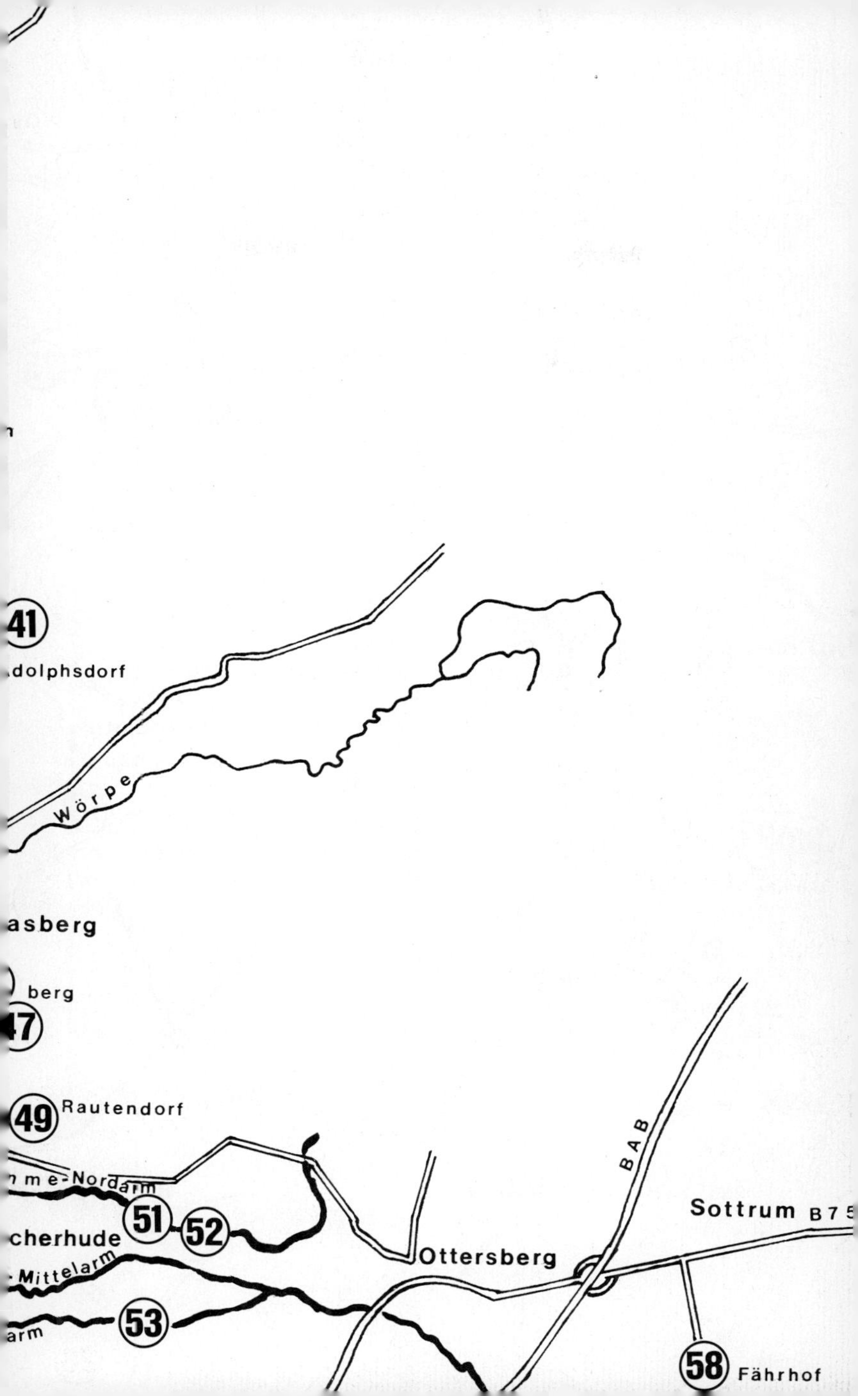
41
.dolphsdorf
Wörpe
asberg
berg
47
49
Rautendorf
nme-Nordarm
51
52
cherhude
-Mittelarm
53
arm
Ottersberg
BAB
Sottrum
B 75
58
Fährhof

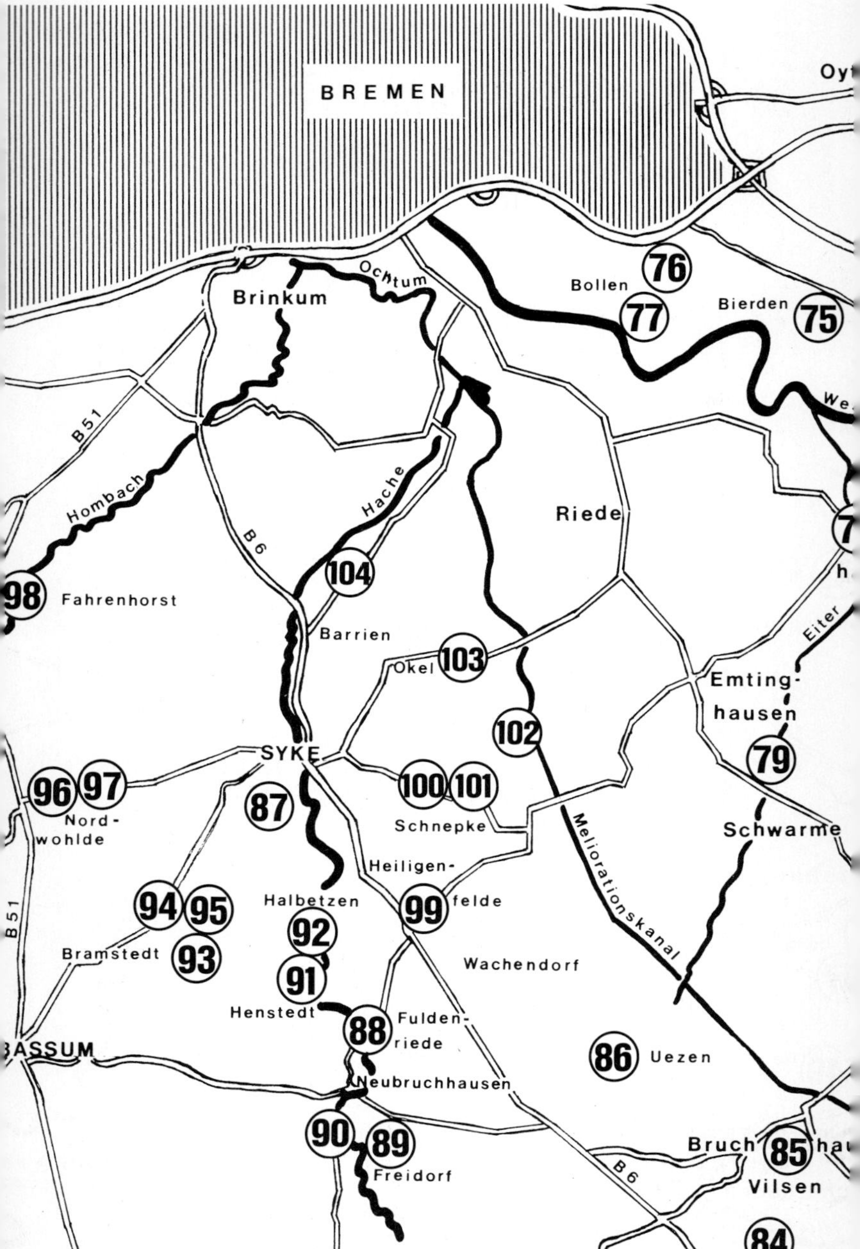

BREMEN
Ochtum
Brinkum
Bollen
76
77
Bierden
75
B51
Hombach
Hache
Riede
B6
104
98
Fahrenhorst
Barrien
Okel
103
Emting-
hausen
Eiter
102
SYKE
96
97
87
100
101
Nord-
wohlde
Schnepke
Meliorationskanal
79
Schwarme
Heiligen-
felde
99
Halbetzen
94
95
B51
92
Bramstedt
93
Wachendorf
91
Henstedt
88
Fulden-
riede
86
Uezen
Neubruchhausen
90
89
Bruch
85
Vilsen
Freidorf
B6
84

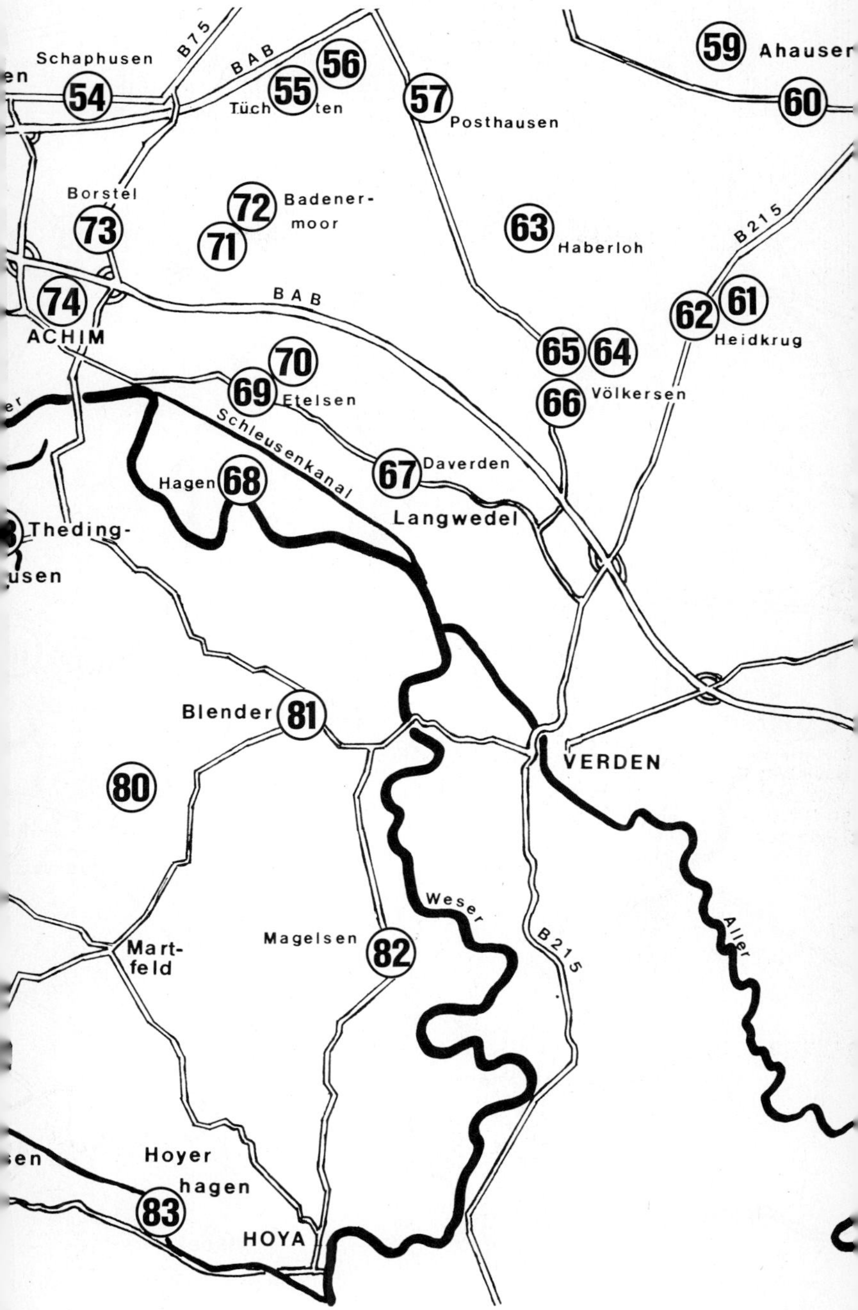

en
Schaphusen
54
B75
BAB
55
56
Tüch
ten
57
Posthausen
59
Ahauser
60
Borstel
73
72
Badener-
moor
71
63
Haberloh
B215
74
ACHIM
BAB
62
61
Heidkrug
70
65
64
69
Etelsen
66
Völkersen
er
Schleusenkanal
67
Daverden
Hagen
68
Langwedel
Theding-
usen
Blender
81
VERDEN
80
Weser
Aller
B215
Magelsen
82
Mart-
feld
sen
Hoyer
hagen
83
HOYA

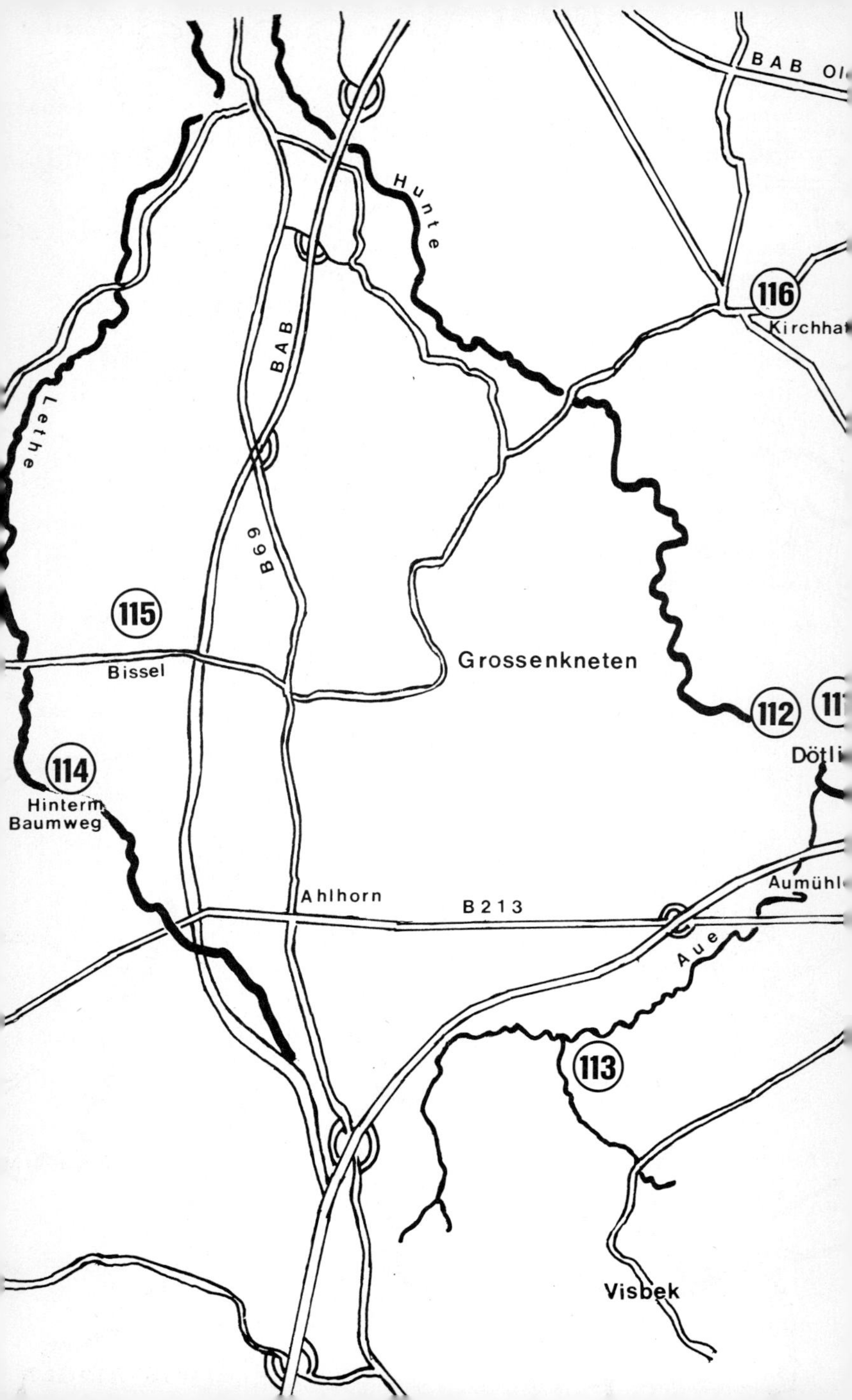

BAB Ol
Hunte
BAB
116
Kirchhat
Lethe
B69
115
Grossenkneten
Bissel
112
11
Dötli
114
Hinterm
Baumweg
Aumühl
Ahlhorn
B213
Aue
113
Visbek

Hasbruch
Stenum
Bungerhof
enburg
128
127
130
126
125
124
DELMENHORST
129
B75
Falkenburg
123
121
122
120
B212
119
Ganderke-
see
en
B213
118
117
Brettorf
BAB Hansalinie
gen
110
Harpstedt
109
105
WILDES-
HAUSEN
Wohlde
108
107
106
Delme
BASSUM
Colnrade
Hunt
TWISTRINGEN

Inhaltsverzeichnis

Wanderungen

Geordnet nach den Hauptanfahrtsrichtungen im Uhrzeigersinn rund um Bremen, beginnend mit dem Unterwesergebiet nördlich Vegesack.

● **Über Vegesack-Blumenthal hinaus**
Wanderungen im Gebiet Neuenkirchen –Meyenburg – Schwanewede und Leuchtenburg.
Wanderungen mit den Nummern 1, 2, 3, 4, 5, 6, 7, 9, 🚲 8.

● **Autobahn Richtung Bremerhaven**
Wanderungen im Gebiet Heilshorn – Garlstedt – Ohlenstedt.
Wanderungen mit den Nummern 10, 12, 13, 14, 15, 🚲 11.

● **Richtung Osterholz-Scharmbeck/Bremervörde**
(ab Verteilerkreis Bremen-Nord)
Wanderungen im Gebiet Osterholz-Scharmbeck – Pennigbüttel – Hambergen.
Wanderungen mit den Nummern 16, 17, 19, 20, 21, 23, 24, 25, 🚲 18, 22.

● **Richtung Lilienthal-Worpswede oder Osterholz-Scharmbeck**
Wanderungen im Gebiet Borgfeld – Lilienthal – Wümmeniederung – Hammeniederung – Teufelsmoor – Worpswede.
Wanderungen mit den Nummern 27, 28, 29, 30, 31, 32, 33, 34, 35, 37, 38, 40, 🚲 26, 36, 39, 41.

- **Ab Borgfeld-Lilienthal Richtung Fischerhude**
  Wanderungen im Gebiet Fischerhude – Wümmewiesen – Dannenberg – Heidberg – Grasberg – Seebergen.
  Wanderungen mit den Nummern 43, 44, 45, 47, 48, 49, 50, 51, 53, 42, 46, 52.
- **Richtung Oyten-Ottersberg über Bremer Kreuz oder B 75**
  Wanderungen im Gebiet Oyten-Bassen.
  Wanderungen mit den Nummern 54, 55, 56, 57.
- **Richtung Sottrum, B 75 oder Autobahnabfahrt Stuckenborstel**
  Wanderungen im Gebiet Hellwege – Ahausen – Wümmeniederung.
  Wanderungen mit den Nummern 58, 59, 60.
- **Richtung Verden, Autobahnabfahrt Verden-Nord**
  Wanderungen im Gebiet Völkersen – Heidkrug – Forst Spange.
  Wanderungen mit den Nummern 61, 62, 63, 65, 66, 64.
- **Richtung Achim (Autobahnabfahrt)**
  Wandergebiet nördlich der Weser
  Hemelingen – Arbergen – Mahndorf – Achim – Uesen – Baden – Etelsen – Daverden.
  Wanderungen mit den Nummern 67, 68, 69, 71, 72, 73, 74, 75, 76, 77, 70.
- **Richtung Achim (Autobahnabfahrt)**
  Wandergebiet links der Weser über Achim, Gegend Thedinghausen – Weser.
  Wanderungen mit den Nummern 79, 80, 81, 82, 78.
- **Richtung Syke B 6**
  Wanderungen im Gebiet Barrien – Nordwohlde – Syke – Schnepke-Bramstedt – Heiligenfelde – Vilsen.
  Wanderungen mit den Nummern 83, 84, 85, 86, 87, 88, 89, 90, 91, 92, 93, 94, 96, 97, 98, 100, 101, 102, 104, 95, 99, 103.
- **Richtung Wildeshausen (Autobahn Richtung Osnabrück)**
  Wanderungen im Gebiet der Wildeshauser Geest.
  Wanderungen mit den Nummern 105, 106, 107, 109, 110, 111, 112, 113, 114, 115, 117, 108, 116.
- **Richtung Delmenhorst-Oldenburg**
  Wanderungen im Gebiet der Delmenhorster Geest – Hasbruch – Hude – Bookholzberg.
  Wanderungen mit den Nummern 118, 120, 122, 123, 124, 125, 126, 127, 128, 129, 130, 131, 132, 133, 134, 135, 136, 137, 138, 119, 121.
- **Links der Weser über Weserfähre ab Vegesack-Blumenthal-Farge**
  Wanderungen im Gebiet links der Weser.
  Wanderungen mit den Nummern 141, 142, 143, 139, 140.

Einführung

Auf unseren Wanderungen sehen wir die typischen Landschaftsarten, mit denen das Land um Bremen so vielfältig gestaltet ist.

Wiesen und Moore, Wald und Heide, Hecken und Bachläufe, Eichengruppen und Höfe, Deiche und Röhrichte, sehen und erleben wir auf unseren Wegen. Die eiszeitlichen Urstromtäler, Moränen, Geestrücken und tiefer gelegenen Schmelzwasserabflüsse, zeigen uns die Entstehungsgeschichte des Landes, die alten und neuen Spuren der menschlichen Geschichte treten hinzu.

Das Bewußtsein, diese sehr unterschiedlichen und schönen Landschaften zu sichern, zu erhalten und zu pflegen, hat sich wieder neu gebildet. In jedem medizinischen Ratgeber steht an erster Stelle die Bewegung an der frischen Luft. Die Schönheit der Landschaft und die Freude an der Natur finden wir hier glücklich verbunden mit der ersten Forderung für die Gesundheit.

Unsere Wege sind als Rund-Wanderwege angelegt, Anfahrten, Ausgangspunkte, Gasthöfe, Wegelängen und Zeitbedarf sind jeweils angegeben, gerade für Familien wird hier das rechte Maß gefunden. Die Skizzen zu jeder Wanderung sind im Maßstab 1 : 25 000 angelegt, das Meßtischblatt diente als Grundlage, 4 cm auf der Karte entsprechen 1 km in der Natur. Fast alle Wege sind auch als Rad-Wanderweg geeignet, einzelne sind besonders ausgewiesen.

Die Anfahrten sind für Autos beschrieben sowie für Radfahrer, sofern die Entfernung von der Wohnung dafür in Betracht kommt. Für Busfahrer sind auf den Seiten im Anhang die auswärts gelegenen Endstationen angegeben, auch auf Wegebeschreibungen selber, außerdem einige Bahnverbindungen. Der Verkehrslinienplan der Bremer Straßenbahn gibt weitere gute Informationen. Die Wege in und um Worpswede sind nicht verzeichnet; sie sind dort gut zu erkennen und in kleinen Führern im Ort erhältlich.

Jeder Wegebeschreibung ist ein Abschnitt „Was wir sehen“ zugeordnet, der die Schönheit, die geologischen Besonderheiten und landschaftlichen Eigenarten beschreibt. Dadurch ist das Thema dieses Buches über den Wanderführer hinaus zu einem einzigartigen Landschaftsführer ausgestaltet worden. Beste Kenner unseres Gebietes haben diese Abschnitte, zusammen mit den Wegebeschreibungen, verfaßt, sie sind im Titelblatt namentlich genannt. Ihnen gilt der herzliche Dank des Verlegers.

Jede Landschaft ist Veränderungen unterworfen, Aufforstungen und Rodungen wechseln, Acker- und Wiesenlandschaften verwandeln sich, Sandwege werden asphaltiert, Straßen neu gebaut. Damit verändern sich gelegentlich auch Wege, Ausgangspunkte und Gaststätten. Für Hinweise, die sorgfältig verzeichnet werden, ist der Verlag stets dankbar.

Unsere Landschaft

Die Entstehung

Unser Bremer Wandergebiet hat sein Gesicht geologisch erst in der erdgeschichtlichen Neuzeit erhalten, im Quartär, das vor rd. 1,0 Mil. Jahren begann und dessen Auswirkungen erst um 10 000 v. Chr. endeten. Die quartäre (oder diluviale) Eiszeit beherrschte das Wetter auf der ganzen Erde, wenn auch in wärmeren Gebieten als Regenzeit.

Durch tiefgreifende Klima-Änderungen in für uns zeitlich unvorstellbaren Epochen der Erdgeschichte hatten sich vom Polargebiet Eisflächen auch bis in unsere Räume vorgeschoben, in derem Inneren nordische Geröllmassen mitgeführt wurden, die beim Zurückweichen des Eises in wärmeren Klimaperioden als zerriebene Gesteinsbrocken zurückgelassen worden sind.

Durch die vom Eis und seinen Schmelzwassern geschaffenen Urstromtäler, Becken und Rinnen und durch die von ihnen abgelagerten Grundmoränen-Decken und Endmoränen-Wälle gewann das nordische Inland-Eis maßgebenden Einfluß auf die Oberflächengestaltung des Norddeutschen Tieflandes. Eisvorstöße und gemäßigte Perioden wechselten sich im quartären Zeitalter ab. Über lange Zeiträume war unser Land ganz oder teilweise vom Meer bedeckt.

Die ältere Eiszeit des norddeutschen Raumes, mit Elster- (oder Mindel-) Eiszeit bezeichnet, soll etwa vor 400 000 Jahren anzusetzen sein. Die geologische Forschung meint, daß diese Hauptvereisung von Norden her bis an den Rand der Mittelgebirge, teilweise noch weiter, vorgerückt sei. Die dann folgende, vorletzte, Saale-Eiszeit (oder Riss-) vor etwa 200 000 Jahren hat unser Gebiet mit den Rändern des Bremer Beckens wesentlich gestaltet. In diesen Geestgebieten begegnet dem Wanderer ein Teil der geologischen Geschichte: Vegesack, Bremer Schweiz, Osterholz-Scharmbeck, Tarmstedt, Wilstedt, Quelkhorn, Bassen, Oyten, Achim, Syke, Delmenhorst. Diese geologischen Aufschüttungen sind End- oder Grund-Moränen, die durch gewaltige Eisbewegungen erklärt werden, sie erreichten eine Mächtigkeit bis zu 1000 Metern. Die letzte Eiszeit, die man vor etwa 100 000 Jahren ansetzt – und sehr lange Zeiträume davor und danach – hat unser Gebiet nicht mehr direkt erreicht. Obwohl aber keine direkte Vereisung in dieser Zeit erfolgte, machte sich die Fernwirkung der Eiszonen stark bemerkbar, eine nennenswerte Pflanzendecke konnte sich in der ungünstigen kalten Witterung nicht bilden. Während dieser Eiszeiten und den dazwischenliegenden wärmeren Perioden ist unsere Landschaft entstanden, die Lagerungen der Meere und Flüsse bildeten die Marschen, während die pflanzlichen Reste unsere Moore entstehen ließen.

Auch die vielen für unser Wandergebiet besonders charakteristischen Bäche (Beeken und Auen) verdanken ihre Entstehung den Abschmelzvorgängen in der Eiszeit. Damals waren es häufig wesentlich kräftigere Schmelzwasserbäche, sie haben unser Landschaftsbild stark mitgeprägt. Auch die häufig im Gebiet anzutreffenden und für die Schönheit der Landschaft bedeutungsvollen kleinen Moore und Tümpel sind meistens Überbleibsel aus dieser Zeit. Es handelt sich dabei häufig um Strudellöcher, die sich durch Schmelzwässer gebildet haben. Da sie ohne natürlichen Abfluß waren, hatten sich Teiche gebildet oder, wenn diese nicht sehr tief waren, kleine Moore. Manche dieser Mulden mögen auch durch Ausblasungen entstanden sein in der Zeit, als das Eis abgeschmolzen war, aber noch keine geschlossene und schützende Pflanzendecke den Boden überzogen hatte.

Andere Forscher sehen in ihnen Einsenkungen des Bodens durch das allmähliche und spätere Abtauen gewaltiger Eisblöcke, die in den Geröllmassen eingeschlossen und dadurch gegen die wärmere Außentemperatur isoliert waren. Auf jeden Fall sind die sog. »Schlatts« für den Botaniker eine Fundgrube selten gewordener Kleinflora.

Die Erdoberfläche war den Einflüssen von Wind und Wasser schutzlos ausgesetzt. Hierdurch ist vermutlich auch die verhältnismäßig starke Abrundung des Reliefs unserer Landschaft entstanden. Auch die Flugsandflächen und Dünenzüge, besonders im Bereich der Westränder der Geest stammen aus dieser Zeit.

Die Bildung der ausgedehnten Hochmoorflächen in der Hammeniederung wurden vermutlich durch die Stauwässer auf dem undurchlässigen Untergrund aus Lauenburger Ton verursacht, wenigstens aber begünstigt. Die Randmoore zwischen der Osterstader Marsch und dem Geestrand, sind wahrscheinlich in einem ehemaligen Weserarm, der sich direkt am Geestrand hinzog, entstanden, der jedoch im Laufe der Entwicklung durch Sandbänke verstopfte und so im ruhigen Wasser die Voraussetzungen für die Verlandung durch Pflanzenwuchs gab.

Die Entwicklung der Pflanzenwelt

Die heutige Pflanzendecke ist das Ergebnis vom Zusammenwirken vieler Faktoren, von denen die bedeutendsten das Klima, der Boden und vor allem der Mensch sind. Der Vegetationsbeginn nach dem Abschmelzen des Inlandeises wird als die Dryas-Periode bezeichnet, da Dryas octopetala (Silberwurz) die vorherrschende Pflanze dieser Zeit war.

Die weitere pflanzliche Besiedlung unseres Gebietes erfolgte über die Birken-Kiefern-Periode und die Eichen-Periode, die zu der Hasel überleitete. Danach folgte die Erlen-Buchen-Periode, wobei die Erle den Übergang von der Eichen- zur Buchen-Periode darstellt. In der sogenannten Buchenzeit befinden wir uns heute.

Auf Grund der standortlichen Gegebenheiten konnte sich die Buche im Raum unseres Wandergebietes nicht sehr stark ausbreiten, ihre Stelle nimmt die Eiche ein. Das Gebiet gehört überwiegend zum typischen Eichen-Birken-Waldgebiet. Nur einige kleine Flächen, meist flache Mulden oder Niederungen mit hohem, meist stagnierendem oder sehr langsam abfließendem Grundwasser, sind vom Birkenbusch besiedelt. An den Bächen befindet sich an einigen Stellen, wo häufiger Überflutung erfolgte und auch sonst nährstoffreiches Grundwasser sehr hoch ansteht, Erlenbruchwald.

Die Geestdörfer selbst liegen meistens auf dem Boden eines feuchten Eichen-Hainbuchen-Waldes. Am Rande der alten Höfe findet man zur Gesellschaft des feuchten Eichen-Hainbuchen-Waldes gehörende Gehölze, so z. B. die Esche, Kätzchenweide, schwarzen Holunder, Hasel, Weißdorn, auch einige Winterlinden sind neben den vielen Hofeichen anzutreffen.

Beim Eichen-Birken-Wald handelt es sich vorwiegend um die ärmere Ausbildung, den Stieleichen-Birken-Wald. Die von dieser Gesellschaft besiedelten Böden sind trockene, tiefgründige Sandböden, die mehr oder weniger podsoliert sind. Das Grundwasser liegt sehr tief, z. T. über 20 m tief. Die Forsten und fast sämtliche Ackerflächen befinden sich auf Böden, die ursprünglich von dieser Gesellschaft besiedelt waren. Im Wandergebiet liegt aber vor dem Beginn der forstlichen und ackerbaulichen Nutzung dieser Böden eine lange Periode, in der der Stieleichen-Birken-Wald durch die Gesellschaft der trockenen Sandheide verdrängt war. Der Grund hierfür ist neben starkem Holzeinschlag vor allem die extensive lang andauernde Nutzung dieser Flächen als Weide, insbesondere für Schafe. Aber auch durch Plaggenhieb und Brand wurde der ursprüngliche Eichen-Birken-Wald teilweise restlos zerstört bzw. ein Wiederaufbau verhindert. Hinzu kommen die klimatischen Bedingungen, die für das Gedeihen der Heidegesellschaft besonders günstig sind. Sobald auf den nährstoffarmen Sandböden der Niederschlag und die Luftfeuchtigkeit eine gewisse Höhe erreicht haben (mind. 600 mm Niederschlag) ergeben sich optimale Wachstumsbedingungen für die gemeine Heide.

Auch schafft sich die Heide selber im Laufe der Zeit durch ihren sauren Humus immer günstigere Bedingungen. Der saure Heidehumus verhindert sehr das Aufkommen anderer Pflanzen und begünstigt die Entstehung einer Ortsteinschicht, die das Eindringen der Baumwurzeln in tiefere Zonen erschwert. Durch diese menschlich und klimatisch bedingten Einflüsse kam es zur Ausbildung der Heidegesellschaften, die vor allem durch die gemeine Heide in den trockenen Gebieten und durch die Glockenheide in den feuchten Gebieten gekennzeichnet sind. Stellenweise war im Wandergebiet auch die reine Gesellschaft der Glockenheide vertreten; sie ist jedoch nach der Entwässerung und Kultivierung heute vollkommen dem Grünland gewichen. Im Wandergebiet tritt die feuchte Sandheidegesellschaft nur noch vereinzelt in Senken mit höherem Grundwasserstand auf.

Die Gesellschaft der trockenen Sandheide bedeckt heute u. a. noch die gesamte Fläche des Schießplatzes in der Gemarkung Garlstedt. Die Holzarten des Stieleichen-Birken-Waldes sind im Wandergebiet vertreten mit: Stieleiche, Sandbirke, Zitterpappel, Faulbaum, Moorbirke, Hasel, Hainbuche, Rotbuche.

Die Strauchschicht wird vorwiegend von folgenden Arten gebildet: Heidelbeere, Brombeere, Himbeere, Besenheide, Glockenheide, Geißblatt, Hülse.

Die Baum- und Straucharten sind entsprechend der Häufigkeit ihres Vorkommens aufgeführt worden.

Auf etwas feuchteren Flächen finden wir Übergänge zum feuchten Stieleichen-Birken-Wald. Hier treten die Moorbirke und der Faulbaum stärker auf, und zusätzlich findet man die Schwarzerle und die Öhrchenweide. Diese Gesellschaft läßt auf einen sauren und nährstoffarmen Boden mit höherem Grundwasserstand schließen. Sie besiedelt im Wandergebiet vor allem die noch vorhandenen Ödlandflächen, soweit diese nicht zur Erlenbruchgesellschaft gehören oder zur Birkenbruchgesellschaft. Die Gründlandflächen des Wandergebietes nehmen heute zum größten Teil die Standorte dieser drei Gesellschaften ein, während die Ackerflächen und die Forsten auf den Standort des Stieleichen-Birken-Waldes beschränkt sind. Die kleinen Reste der Birkenbruchgesellschaft beschränken sich auf die flachen abflußlosen Mulden und Moore, die heute jedoch alle mehr oder weniger entwässert sind. Diese Gesellschaft wird durch die Moorbirke gekennzeichnet; die Krautschicht wird vor allem durch Torfmoose und Pfeifengras gebildet.

Die Erlenbruchwaldgesellschaft im Bereich der Bäche ist ebenfalls im Aussterben begriffen, da durch Bachregulierung nur noch seltene und sehr kurzfristige Überschwemmungen auftreten und dadurch ganz allgemein die Wasserverhältnisse für diese Gesellschaft ungünstiger werden.

Die Erlenbruchgesellschaft wird vor allem durch die Schwarzerle in ihrer Baumschicht bestimmt. Weiterhin sind noch Faulbaum, Öhrchenweide, Grauweide, Silberweide und Korbweide in geringer Menge vertreten.

Die Strauchschicht wird vorwiegend durch den Gagelstrauch bestimmt.

Ein Blick auf die Tierwelt

Trotz seiner Nähe zur Großstadt hat das Wandergebiet eine reichhaltige und interessante Tierwelt, die wir bei etwas Glück und Behutsamkeit auf unseren Wanderungen vielfach beobachten können. Allerdings ist das Vorkommen der Tierarten, bedingt durch die starken landschaftlichen Unterschiede unseres Gebietes, auch regional sehr unterschiedlich. So ist die Tierwelt, insbesondere die Vogelwelt, in der Marsch sehr von der Tierwelt der hohen Geest unterschieden.

Den größten Tierartenreichtum haben wir bezeichnenderweise dort, wo auch die Landschaft am vielfältigsten in Erscheinung tritt. Die Tiere, insbesondere das scheue Raubwild, bevorzugen die Hecken- und waldreichen Gebiete, die ihnen Unterschlupfmöglichkeiten vor ihren Feinden und vor der Witterung bieten. Beliebte Standorte für das Rehwild sind die Übergangszonen zwischen den Waldgebieten der Geest und den Gründlandgebieten der Marsch und den Bach- und Flußtälern. In den großen Waldrevieren des Düngel, Heidhof und Schmidts Kiefern sowie im Stedener Forst können wir auch Damwild antreffen. Seltener gibt es Schwarzwild. Diesem scheuen und heimlichen Wild werden wir nur durch größten Zufall begegnen. Hasen können wir überall im Wandergebiet antreffen, desgleichen Kaninchen, die sogar in einigen Bereichen zeitweilig zur Plage werden können. Ebenfalls über das ganze Gebiet verbreitet ist der Fuchs. Für den Wanderer normalerweise nicht sichtbar sind die flinken Wiesel. Um diese zu beobachten, müssen wir schon das Glück haben, uns zufällig in der Nähe eines Nestplatzes aufzuhalten. Wenn wir dann ruhig etwas verharren, können wir dem lustigen Treiben, welches diese Tierchen entfalten, zuschauen. Auch Stein- oder Hausmarder gibt es noch häufiger in unserer Gegend. Etwas seltener ist der Iltis, der besonders auf den Bauernhöfen ungern gesehen wird wegen seiner besonderen Geschicklichkeit, die Hühnerställe zu räubern. Sehr selten geworden ist im Wandergebiet der Dachs. Aber auch ihn gibt es noch, vor allem in den größeren Waldgebieten, wo er noch etwas ungestörter sein heimliches Leben führen kann. Ein häufig auf unseren Wanderungen anzutreffendes, possierliches und nützliches Tierchen ist der Igel. Trotz der bedauerlicherweise ständigen Dezimierung auf unseren Straßen scheint sein Bestand noch nicht gefährdet. Eine besondere Freude kann es sein, wenn wir auf unseren Wanderungen im Wald einem Eichhörnchen bei seinem possierlichen Spiel zuschauen können. Auch diese zierlichen flinken Tierchen gibt es noch häufiger in unseren Wäldern. Aus der Familie Schuppenkriechtiere gibt es vier Arten, denen wir auf unseren Wanderungen begegnen können, es sind dies die selten gewordene Blindschleiche, die besonders in den Heidegebieten anzutreffende Eidechse, die von vielen ohne Grund gefürchtete Ringelnatter, die jeder an den zwei seitlich am Kopf vorhandenen gelbweißen Flecken erkennen kann, und die Kreuzotter, deren Biß zwar giftig und gefährlich ist, die aber sehr scheu ist und in der Regel nicht angreift, sondern sich stets schnellstens verkriecht.

An Vogelarten sind bisher im Wandergebiet nach den Aussagen der heimischen Vogelkundler über 200 Arten festgestellt worden. Wir dürfen aber sicher sein, daß wir auf all unseren Wanderungen bei etwas Behutsamkeit und Interesse eine Vielzahl dieser Vögel beobachten können. Besonders eindrucksvoll ist dieses Vogelleben allerdings in der weiten Marsch und den Hammewiesen, nicht zuletzt auch, weil hier größere Vogelarten vorkommen, die wir in der busch- und baumreichen Geest nicht finden (Reiher, Störche, Kiebitz, Wasservögel u. a.). Dort auf der Geest allerdings ist es die große Zahl der zierlichen Singvögel, deren Gesang und lustiges Geflatter von Ast zu Ast uns nicht weniger erfreuen wird (Drosseln, Meisen, Ammern, Buchfinken, Zaunkönig u. a.). Bussarde und Falken sind unter den Raubvögeln die bekanntesten Arten des Gebietes.

Menschliche Besiedlung

Wann in unserem Raum zuerst der Mensch in Erscheinung getreten ist, kann nicht genau belegt werden. Einen bedeutungsvollen Hinweis können wir auf jeden Fall im Fund eines Speeres aus Eibenholz zwischen den Rippen eines Waldelefanten in den Mergelgruben von Lehringen im Ostteil des Kreises Verden sehen. Dieser Speer, der von Experten an Hand der aufgefundenen Reste von Pflanzen und Mollusken nach der Pollenanalyse auf ein Alter von 120 bis 150 tausend Jahren geschätzt wird, gehört in die letzte Zwischeneiszeit. Er ist im Heimatmuseum Verden aufgestellt. Der Speer in den Rippen des Elefanten läßt auf die Anwesenheit des Menschen als Jäger in dieser Zeit schließen. Es dürfte die Zeit des Neandertal-Menschen gewesen sein.

Als vor etwa 12000 Jahren die letzten Gletscher vom norddeutschen Boden verschwunden waren, breitete sich allmählich in unseren Landen eine höhere Tierwelt aus, auch Baumarten wie Birke, Erle, Hasel und Kiefer stellten sich ein. Bald durchstreiften aber auch schon die ersten Pioniere menschlicher Besiedlung als Nomaden das Land. Sie waren Sammler und Jäger, vermutlich vom Typ des Cro-Magnon, des europäischen Eisrandjägers. Aus späterer Zeit konnten mancherlei Spuren, insbesondere auf der Geest, gesichert werden. Langsam stieg dann die Erwärmung und gegen 4000 v. Chr. bildete sich dann hier ein Eichenmischwald, der das Landschaftsbild sichtlich veränderte.

Die ersten Zeugen einer bodenständigen Besiedlung können wir in den Großsteingräbern sehen, welche verstreut im ganzen niederdeutschen Raume noch heute zu finden sind. Zu den bekanntesten gehören neben anderen die »Sieben Steinhäuser« im Kreise Fallingbostel und im Gebiet Wildeshausen. Nach früheren Berichten hat es in unserer Gegend solche Monumente auch in Bierden, Achim und Otterstedt gegeben.

An der Gestaltung und den ständigen Änderungen des Landschaftsbildes, besonders der Tieflagen, die bis in die Neuzeit zu verfolgen sind, haben Naturkräfte, in erster Linie das Wasser, aber auch der Mensch selber mitgewirkt. Jahrtausende lang haben Hochfluten die Läufe der Weser verändert, neue Betten gegraben und alte zugespült, bis sie ihren heutigen Verlauf erreicht hat. Ein Jahrtausend hatte es noch bedurft, bis der Mensch sich hinter den Winterdeichen als Sieger über die Naturgewalten sicherfühlen durfte. Aber auch danach, vom 17. Jahrhundert n. Chr. ab, haben immer wieder Hochwasserkatastrophen mit Deichbrüchen das Landschaftsbild verändert, bewirken noch heute die Eingriffe des Menschen in den natürlichen Wasserablauf, die Kanalisierung des Flußlaufes und der Bau von Staustufen, einmal Austrocknung, ein anderes Mal Vernässungen des Bodens und damit zwangsläufige Umstellungen in der Bewirtschaftung und der Kleinflora. Ausschließlich auf das Konto des Menschen geht die Umgestaltung der Waldlandschaft in eine Kulturlandschaft. Noch bis in die Neuzeit hinein war das ganze Niederungsgebiet mit Wald bedeckt, in der Marsch überwiegend mit Eichen, in den Bruchgebieten vorherrschend mit Erlen. Die wilde, raubbauartige Entnahme von Bau- und Brennholz hat den Waldbestand bis auf einige wenige geschlossene Forsten vernichtet. Wenn sich heute dennoch dem von den Geesthöhen über das Tiefland schweifenden Blick das Bild einer geschlossenen Parklandschaft bietet, so bewirken dies neben dem flachen Blickwinkel die vielen eingestreuten Baumgruppen der Hofeichen und die baumgesäumten Landstraßen.

1 Von Rade zur Weserinsel Harriersand

Weglänge: 5 km; Dauer der Wanderung: 1½ Stunden

Anfahrt: Vegesack – Blumenthal – Farge – Neuenkirchen – weiter Richtung Sandstedt, Rade ist der erste Ort nach Neuenkirchen

Ausgangspunkt:

Gasthaus »Der Marschen« in Rade, Haltestelle der Linie L 99 (Bremen–Neuenkirchen–Rade–Aschwarden). – Vom Gasthaus gehen wir nach Norden ein kurzes Stück bis zur Brücke über das Hinnebecker Fleth auf der Landstraße in Richtung Bremerhaven. Unmittelbar hinter der Brücke folgen wir der links abbiegenden schmalen Straße über den Landesschutzdeich. Diese Straße führt uns direkt zur Insel Harriersand, welche wir über eine Brücke über den rechten Nebenarm der Weser erreichen. Auf der Insel halten wir uns bei der Wegegabelung rechts und gelangen zu den großen unmittelbar am Strom gelegenen Warfthöfen. Die schmale Straße führt eine längere Strecke am Stromufer entlang und schwenkt dann nach rechts ab. Wer Lust hat, kann dieser Straße beliebig weit nach Norden folgen. Sie endet an der Nordspitze der Insel. Die gesamte Wegestrecke auf der Insel ist 8 km lang. Von dort aus kann man die Stadt Brake und deren Hafengebiet gut einsehen. Um zum Ausgangspunkt zurückzugelangen, müssen wir jedoch den gleichen Weg nehmen.

Was wir sehen:

Schon zu Beginn der Wanderung lohnt es, einen Blick auf das moderne Rader Siel zu werfen. Das Bauwerk hält mit drei leistungsfähigen Großpumpen auch bei hochstehendem Wasserstand der Weser das Land hinter dem Deich trocken. Rechts über den Deich hinweg haben wir einen schönen Einblick in die Reihe geduckter Strohdachhäuser, deren Bewohner früher fast alle zur See fuhren. Interessant ist bei Ebbe ein Halt auf der Brücke des Weserarms; er läuft fast trocken, bei Flut jedoch wird er gern von Ruderern und Seglern zum Angeln befahren. Auf der Insel beeindrucken die zum Teil neu aufgebauten Höfe auf ihren hohen Warften. Höhepunkt dieser Wanderung ist jedoch zweifellos das Verweilen am Stromufer, das hier nicht mit Steinen oder Betonplatten belegt wurde. Es bietet einen schönen natürlichen Sandstrand, ideal für die Kinder zum Spielen und in der warmen Jahreszeit zum Baden und Tummeln.

Großer
Hammelwarder
Sand
Hammel-
warder
Sand
Hammelwarder
Sand
1,4
Oster-
pater
PW
Aschwarder
1,9
36 km
Pater
1,6
Gr. Pater
Hasseler
Weser
Harriersand
Westerpater
Strand-
bad
Kleiner
2,0
34 km
Pater
Hammelwarder
Schlicksand
8
Pater
N
Rinnebecker Fleth
Neuenkirchen
Blumenthal
Rade
4 cm = 1 Km

2 Von Neuenkirchen in das Außendeichgelände

Weglänge: 5 km; Dauer der Wanderung: 1½ Stunden

Anfahrt: Vegesack – Blumenthal – Farge – Neuenkirchen

Ausgangspunkt:

Gasthaus Neuenkirchener Landhaus bzw. Kirche in Neuenkirchen. Endstation der Bremer Stadtbuslinie 70/71. – Der Weg führt uns vom Gasthaus westlich am Kirchhof vorbei in die Wesermarsch. Wir folgen ihm und überqueren den Landesschutzdeich. Jetzt biegt der Weg nach etwa 300 m links ab und verläuft parallel zum Deich in südlicher Richtung etwa einen Kilometer bis zum Querweg, der von Neuenkirchen zum Weserufer führt (Nedderwarder Weg). Wenn wir es nicht eilig haben, können wir auf ihm noch einen Spaziergang zum Weserufer unternehmen, andernfalls wandern wir sogleich über den Landesschutzdeich zurück nach Neuenkirchen, wo wir auf die Hauptstraße treffen; auf ihr nach links zum Ausgangspunkt zurück.

Was wir sehen:

Unser Blick fällt gleich anfangs auf die schöne Kirche (Turm aus dem 12. Jahrhundert) und auf den von alten Linden umstandenen Friedhof. Wegen seiner besonderen Schönheit steht das Gelände unter Landschaftsschutz. In der Weite der Wesermarsch bildet vorerst noch der Landesschutzdeich, der sich als mächtiger, 7 m hoher Erdwall quer durch die Wiesen dahinzieht, den Horizont. Vom Frühjahr bis zum Herbst ist die Niederung von vielen Vogelarten, besonders vom Kiebitz, und von zahlreichen Viehherden belebt. Vom Deich aus haben wir einen herrlichen Blick in das jenseits der Weser gelegene Oldenburger Land. Ein besonderes Erlebnis ist es, wenn die großen Überseedampfer auf der Weser vorbeiziehen. Von weitem sieht es aus, als ob die Schiffe über die Wiesenflächen dahingleiten. Auf dem Rückweg haben wir den weiten, baumbestandenen Geestrand von Farge und Neuenkirchen vor Augen. Heraus ragt der Turm der Kirche. Ganz rechts können wir den riesenhaften Betonklotz des ehemaligen U-Bootbunkers in Farge erkennen, der heute der Bundeswehr zum Unterstellen von Großgeräten dient.

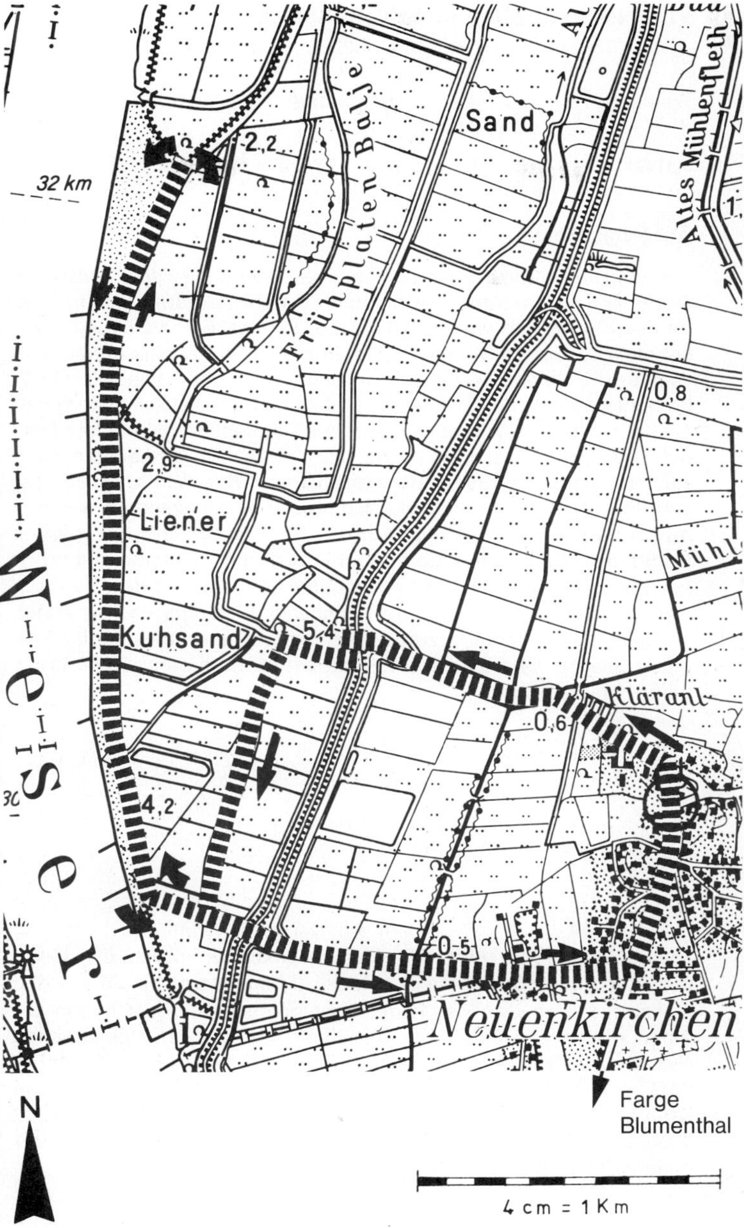

Sand
Frühplaten Balje
Altes Mühlenfleth
32 km
2,2
2,9
Liener
Kuhsand
5,4
0,8
Mühl
Kläranl
0,6
4,2
0,5
Weser
Neuenkirchen
Farge
Blumenthal
N
4 cm = 1 Km

3 Von Neuenkirchen nach Hinnebeck

Weglänge: 8 km; Dauer der Wanderung: 2½ Stunden

Anfahrt: Vegesack – Blumenthal – Farge – Neuenkirchen

Ausgangspunkt:

»Freytags Gasthaus zum Löwen«, Neuenkirchen. Vom Gasthaus aus gehen wir in nördlicher Richtung bis zur nächsten rechtsabbiegenden Straße und wandern über die Dorfstraße und Göspe bis zur ehemaligen Gösper Wassermühle, überqueren das Mühlenfleth und wandern an einem Wochenendhausgebiet vorbei, das wir rechts liegen lassen, zu der Straße, die uns über den Ortsteil Voßberg und Hinnebeck bringt. Wir müssen uns linksabbiegend dabei stets links auf dem Hauptweg nach Hinnebeck halten. Am Ortseingang von Hinnebeck zweigt links ein ausgebauter Wirtschaftsweg ab, der von der Geest hinab in die Marsch führt. Auf ihm wandern wir quer durch die Marschniederung zu dem Einzelhof Stellerbruch, dessen Hofbäume schon von weitem zu erkennen sind. Dann kommen wir auf die Landstraße, die von Neuenkirchen nach Rade führt. Wir wenden uns nach links, also in südlicher Richtung, und gelangen so zum Ausgangspunkt zurück. Es besteht auch die Möglichkeit, einen Bus der Überlandlinie L 99 zu benutzen, die bei Stellerbruch eine Haltestelle hat.

Was wir sehen:

Diese Wanderung führt uns von Neuenkirchen durch die Moorniederung zur Schwaneweder Beeke (Mühlenfleth) hinauf auf den Geestrand. Von der fast 15 m höher gelegenen Geest haben wir einen weiten Überblick über das Moor und die dahinter liegende Marsch. Der Geestraum zwischen Hinnebeck und Göspe ist besonders abwechslungsreich in Oberflächengestaltung wie auch im Bewuchs. Zwischen einer Vielzahl kleiner und größerer Gehölzgruppen und Baumreihen befinden sich die Ackerparzellen der malerisch gelegenen Einzelhöfe.

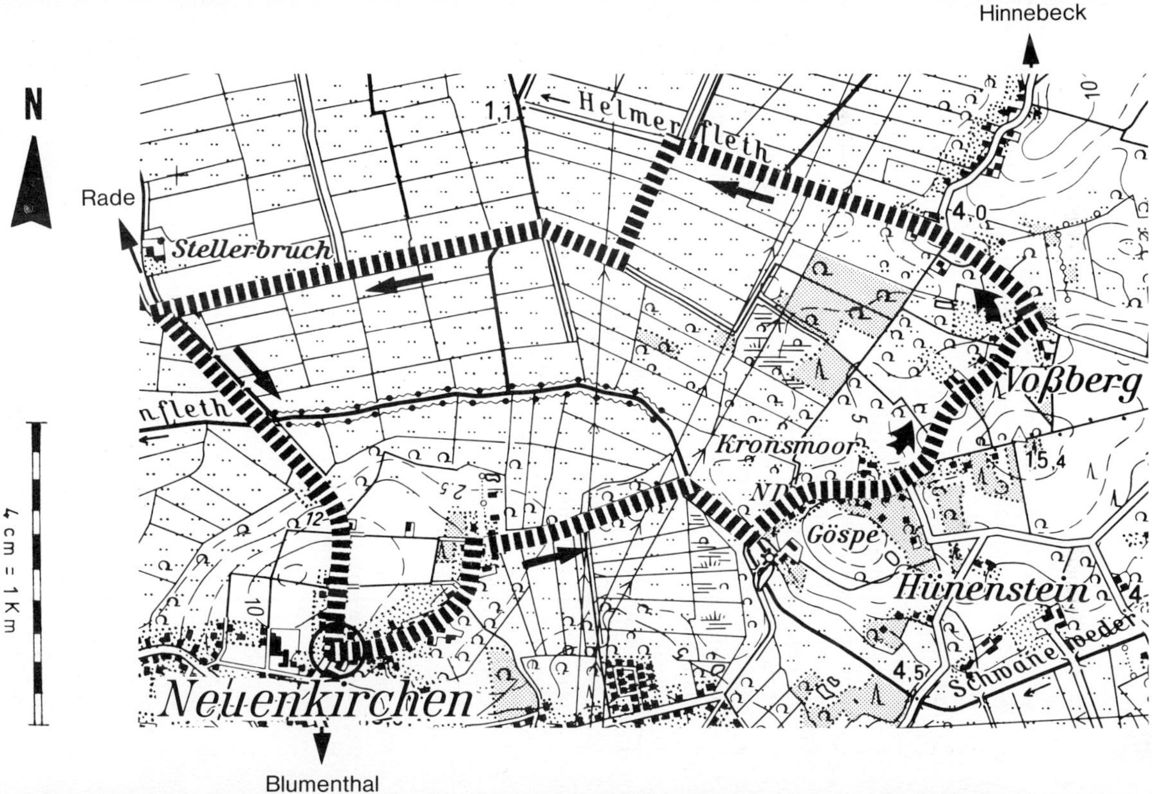

Hinnebeck
N
Rade
Blumenthal
4 cm = 1 Km
Helmer fleth
Stellerbruch
nfleth
Voßberg
Kronsmoor
Gospe
Hünenstein
Schwaneweder
Neuenkirchen

4 Von Hinnebeck in die Osterstader Marsch

Weglänge: 4 km; Dauer der Wanderung: 1¼ Stunden

Anfahrt: Vegesack – Blumenthal – Schwanewede, am Ortsausgang, Ortsteil Koppelsberg, links ab nach Hinnebeck

Ausgangspunkt:

Gasthaus Seebeck in Hinnebeck. – Wir wenden uns auf der Dorfstraße in südlicher Richtung. Am Ende des Ortes zweigt ein schmaler befestigter Weg rechts ab in die Marsch, dem wir folgen. Als erste Wegabzweigung können wir sie nicht verfehlen. Der Weg führt uns in westlicher Richtung. Nach etwa 1 km biegen wir wieder rechts ab und gelangen zu einer kleinen Erhebung. Von dort geht es in einem leichten Bogen zum Ort zurück. Hier wenden wir uns nach rechts und folgen der Dorfstraße bis zu unserem Ausgangspunkt.

Was wir sehen:

Schon die Lage des Ortes direkt am Geestrand zur Marsch ist beachtenswert. Beim Durchwandern des Dorfes öffnen sich zwischen den schönen, mit altem Baumbestand umgebenen Höfen immer wieder herrliche Durchblicke in die tiefer gelegene Marsch. Links der Dorfstraße steigt das Gelände noch um einige Meter an. Diese hochgelegenen Flächen werden als Ackerland genutzt. Auch von dort oben bietet sich ein besonders schöner Blick über das Dorf und die Weite der Marsch. Am Horizont erkennen wir die Pappelallee der Landstraße Neuenkirchen–Rade sowie die markante Baumgruppe um den Einzelhof „Steller Bruch“. Verlassen wir die Dorfstraße und wandern nun in die Marsch hinaus, so sehen wir links vom Wege das Sterbrucher Moor, ein dicht mit Birken und Porst bestandenes Flachmoor, welches zwischen Geestrand und der eigentlichen Marsch liegt. Beide Wanderungen bezaubern durch die Eigenart der weiten grünen Marsch, ihr vielfältiges Leben im Sommer, aber auch ihre etwas melancholische Stille und Einsamkeit in den Wintermonaten. Von besonderem Reiz ist die Wanderung über einen etwa 3 m höheren, mitten in der Marsch gelegenen Geestrücken. Wegen der günstigen Bodenbedingungen wird der Hügel beackert. Auch einige Gebüschgruppen und einige Bäume stehen dort. Das Ganze wirkt wie eine Insel in der weiten baum- und gebüschlosen, tiefer gelegenen grünen Fläche.

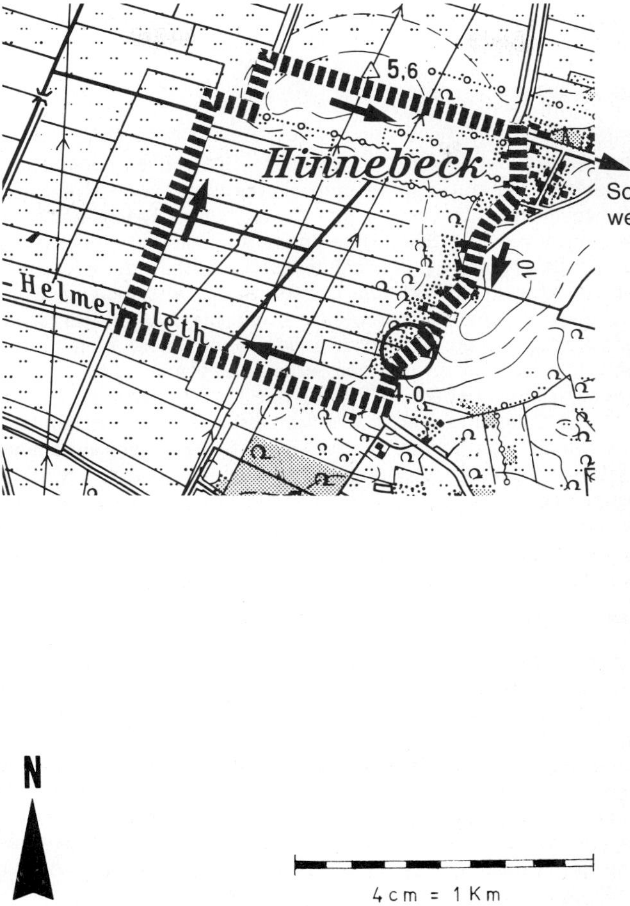
5,6
Hinnebeck
Schwanewede
10
Helmerfleth
4,0
N
4cm = 1 Km

5 Durch das Bruchfeld von Meyenburg nach Aschwarden

Weglänge: 13 km; Dauer der Wanderung: 4½ Stunden

Anfahrt: Vegesack – Blumenthal – Schwanewede – Meyenburg

Ausgangspunkt:

Haltestelle der Postbuslinie Vegesack–Blumenthal–Schwanewede–Meyenburg–Uthlede an der Gaststätte »Seebeck« in Meyenburg. Vom Gasthaus den Meyenburger Damm entlang in nordwestlicher Richtung bis zum Gutshof an der nächsten Straßenbiegung. Vor seiner Einfahrt gelangen wir links auf einer schmalen Feldstraße hinaus in das Bruchfeld und am Ende der Straße linksabbiegend weiter direkt zum Ortsteil Bruch. An der alten Brucher Kirche vorbei kommen wir wieder in die Marsch. Die Straße nach Aschwarden lassen wir rechts liegen, denn unser Weg führt uns nach Hinnebeck, das wir in der Ferne bereits vor uns sehen. An der Kreuzung in Hinnebeck halten wir uns links in Richtung Schwanewede. Im Ortsteil Hinnebecker Furth verlassen wir die Hauptstraße und folgen der schmalen, zwischen Eichbäumen verlaufenden Straße nach Welljepott in östlicher Richtung. Nach etwa 700 m zweigt nach links ein Feldweg ab, der uns – linkswandernd, am Hof Siedschelje vorbei – bis zur Straße Siedscheljer Heide führt. An den zwei Einzelhöfen des Ortsteils Schädelkamp vorbei gelangen wir auf dieser Straße direkt zum Ausgangspunkt.

Was wir sehen:

Schon Meyenburg ist es wert, besucht zu werden. Wenn wir die Dorfstraße entlangblicken, sehen wir die lange Reihe reithgedeckter Niedersachsenhöfe unter hohen Bäumen. Leider verschwinden die Reithdächer zusehends und machen den hart eingedeckten Dächern Platz wegen der geringeren Brandversicherung. Wir sollten auch einen Blick auf den Friedhof werfen und in die 1857 erbaute ehemalige von Wersebesche Patronatskirche, die vor wenigen Jahren innen neu gestaltet wurde. Die Wanderung durch das weite Bruchfeld ist reizvoll je nach Witterung und Wolkenbild, jedoch bei sehr kaltem und windigem Wetter anstrengend. In Bruch sollten wir die im 17. Jahrhundert erbaute Backsteinkirche mit ihrem offenen Glockenturm aufsuchen. Es lohnt sich auch ein Blick in das Innere dieser alten Bauernkirche sowie ein kurzes Verweilen auf dem einfachen, kleinen Friedhof mit dem weiten und ruhigen Blick hinaus auf die Marsch.

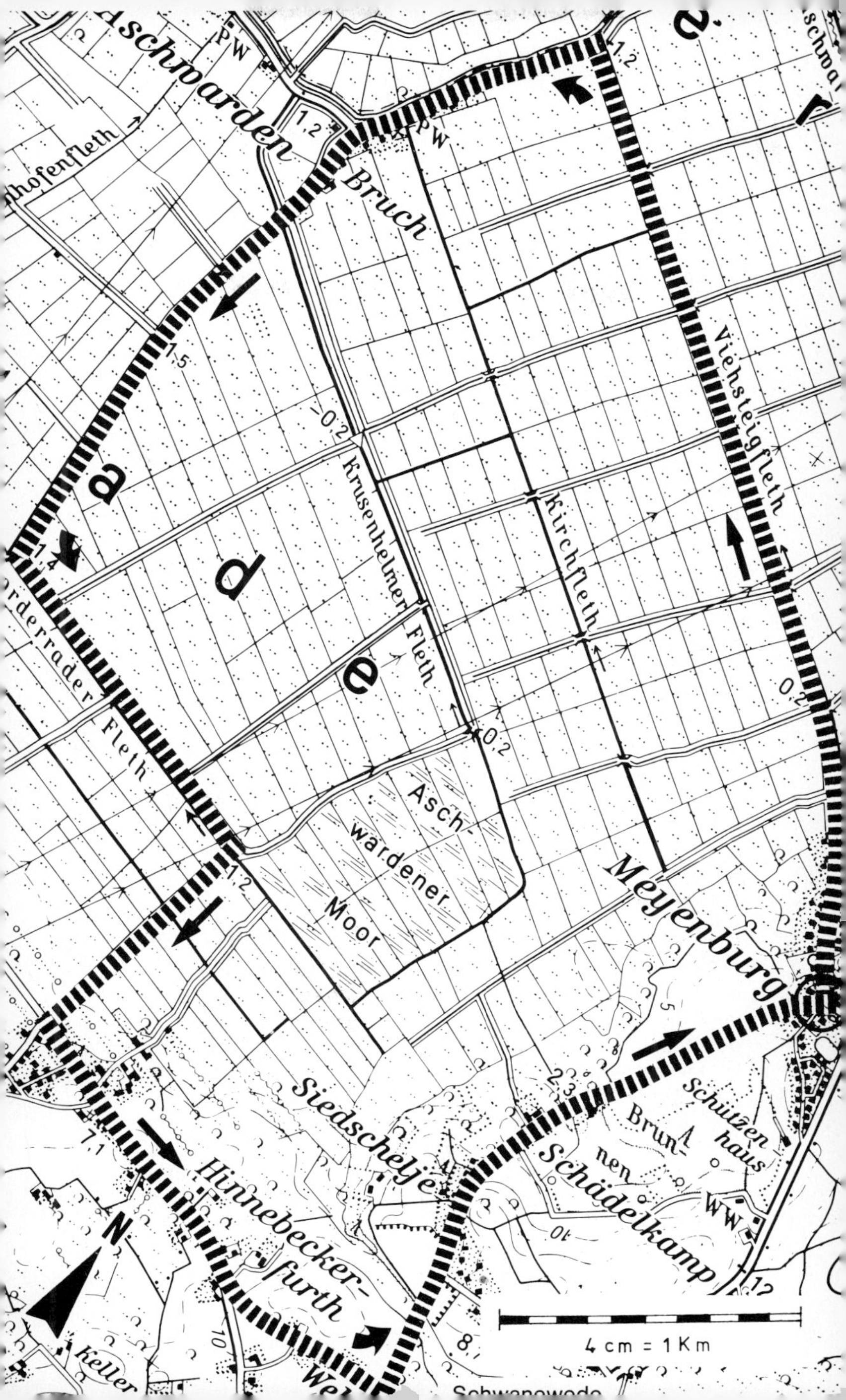
Aschwarden
Bruch
hofenfleth
Krusenhelmer Fleth
Kirchfleth
Viehsteigfleth
Asch-
wardener
Moor
Meyenburg
Siedschelje
Hinnebecker-
furth
Schädelkamp
Brun-
nen
Schützen
haus
Keller
4 cm = 1 Km
Schwanewede

6 Schwanewede – Reitplatz – Siedschelje

Weglänge: 7,5 km; Dauer der Wanderung: 2 Stunden

Anfahrt: Autobahn Richtung Bremerhaven, Abfahrt Schwanewede

Ausgangspunkt:

Gasthaus »Schwaneweder Landhaus«. Das Gasthaus ist von der Endstation der Stadtbuslinie L 74 (Molkereiweg) in etwa 10 Minuten zu erreichen. – Wir gehen von hier aus ein kurzes Stück entlang der Hauptstraße in Richtung Meyenburg, biegen in die dritte Straße (Koppelsberg) links nach Hinnebeck ein (Wegweiser). In Vorberg biegen wir mit der zweiten Straße rechts ab nach Welljepott, von dort aus führt uns zuerst ein ca. 700 m lg. befestigter und dann nach links ein unbefestigter Weg rechts am Hof Siedschelje vorbei. Wir kommen nun zu einer festen Straße, der wir nach rechts, an einer hübschen Neubausiedlung vorbei, nach Siedlandwehr folgen. Dort kreuzen wir mit geringer Versetzung nach rechts die Landstraße Schwanewede–Meyenburg und gelangen über eine Asphaltstraße in die Hügelgräberheide. Mit dem breiten, dann unbefestigten Weg (Neegenbarg) quer durch die Heide stoßen wir beim Reitplatz „General Rosenberg" auf die feste Straße von Hamfähr nach Schwanewede, der wir, uns rechts haltend, bis zur Abzweigung zum Flachsberg (Wegweiser) folgen. Hier biegen wir links ein und kommen zurück zum Ausgangspunkt.

Was wir sehen:

Diese Wanderung erschließt uns zwar ein stark besiedeltes, aber landschaftlich außerordentlich reizvolles Gebiet mit vielen urgeschichtlich interessanten Plätzen. Romantisch, fast verwunschen, liegt unter riesigen alten Eichen der Hof Siedschelje. Höhepunkt der Wanderung, die auch im Winter bei Schnee genau so reizvoll ist wie zu jeder anderen Jahreszeit, ist das Durchqueren der Hügelgräberheide. Dieses Gelände steht wegen seiner Schönheit und seinem vorgeschichtlichen Wert unter Landschaftsschutz. Viele gut erhaltene bronzezeitliche Grabhügel liegen zwischen hohem Heidekraut und Kieferkuscheln. – Der Weg rund um den Flachsberg ist ein lohnender Abschluß dieser Wanderung. Er gibt ostwärts den Blick in ein idyllisch gelegenes Wiesental frei und führt uns knapp unterhalb des hochgelegenen Erbbegräbnisplatzes derer von Schwanewede zurück zum Ausgangspunkt.

Meyenburg
Siedschelje
Siethlandswehr
innebecker-
furth
8,7
14,0
Ziegelei
Welljepott
Metjensande
24,0
Reitplatz
Keller
Vorberg
Schukamp
10,3
Koppels-
berg
25,0
Flachs-
berg
Brink
32
Voßhall
Loge
10
Schwanewede
N
4 cm = 1 Km

7 Durch das Tal der Blumenthaler Aue

Weglänge: 7 km; Dauer der Wanderung: 2¼ Stunden

Anfahrt: Vegesack—Blumenthal auf der Straße nach Schwanewede

Ausgangspunkt:

Bushaltestelle Stadtgrenze der Stadtbuslinie L 74 nach Schwanewede. – Wir gehen den von der Hauptstraße an der Haltestelle abzweigenden Weg in östlicher Richtung, der streckenweise unbefestigt ist. Er führt uns zur Siedlung Kreienmoor, wo er in einer Querstraße endet. Hier wenden wir uns nach rechts und gelangen über die Blumenthaler Aue in den aus zwei Höfen bestehenden Ortsteil Schwankenfurth. Hinter den Höfen gabelt sich der Weg; wir halten uns rechts in südlicher Richtung. Nach 500 m gelangen wir bei einer leichten Linksbiegung des Weges an den Waldrand. Wir wandern am Waldrand entlang bis an die Waldkante (rechts). An dieser Stelle zweigt ein wenig begangener Waldweg ab, ihm folgen wir in den Wald (das Fredeholz) hinein, bis wir vor einem Weidetor stehen. Linker Hand führt uns ein schmaler Trampelpfad nach 400 m auf einen wenig befahrenen Waldweg, der nach rechts folgen, um nach ca. 800 m, am höchsten Punkt der Straße, nach rechts einzubringen. Nachdem wir nach weiteren 600 m an die Straße „An der Landesgrenze" gelangen, erreichen wir links abgehend unseren Ausgangspunkt.

Was wir sehen:

Nachdem wir zu Beginn des Weges die Bebauung hinter uns gelassen haben, gelangen wir in das hübsche Tal der Blumenthaler Aue. Rechts vom Wege liegen unter alten Eichen die zwei Einzelhöfe Wölpsche. Der Weg führt uns durch jungen Kiefernwald und gibt immer wieder herrliche Durchblicke frei. Höhepunkt der Wanderung ist aber zweifelsohne der Weg durch das Fredeholz. Es ist überraschend, welche Einsamkeit uns dort umgibt, obwohl die Großstadt nicht weit ist. Eine bezaubernde Landschaft mit großen, zwischen den hohen Buchenwäldern gelegenen Wiesenflächen.

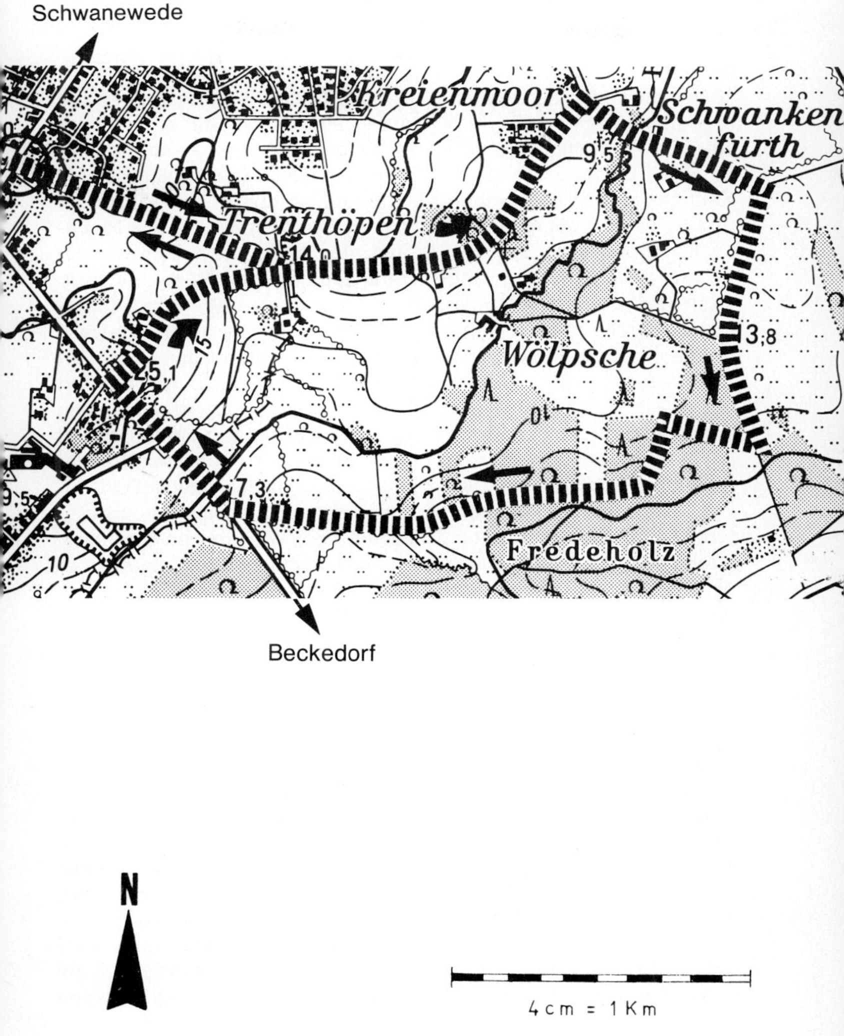
Schwanewede
Kreienmoor
Schwanken furth
Trenthöpen
Wölpsche
Fredeholz
Beckedorf
N
4 cm = 1 Km

8 Von Schwanewede über Hinnebeck nach Meyenburg

Weglänge: 25 km; Dauer der Radtour: 2 Stunden

Anfahrt: Autobahn Richtung Bremerhaven, Abfahrt Schwanewede, weiter Richtung Meyenburg

Ausgangspunkt:

„Schwaneweder Landhaus“ (Gasthaus Solte) – in Schwanewede (Parkplatz vorhanden). – Wir fahren ein kurzes Stück die Landstraße in Richtung Meyenburg. In die erste, nach links abzweigende Straße biegen wir ein und gelangen so in den Ortsteil Brink. Kurz bevor die Straße nach rechts abbiegt, zweigt nach links die Straße nach Voßberg–Hinnebeck ab. Ihr folgen wir bis Hinnebeck, durchqueren den Ort, lassen die Straße nach Schwanewede rechts liegen und gelangen geradeaus auf dem Wirtschaftsweg nach Aschwarden-Bruch. Wir bleiben auf diesem Weg und durchqueren Bruch und folgen nun 300 m hinter dem letzten Haus rechts der dort abzweigenden Straße, direkt durch das Bruchfeld nach Meyenburg. In Meyenburg fahren wir auf der durch den Ort führenden Landstraße in südlicher Richtung bis zur nächsten Linkskurve hinter der Kirche. In der Linkskurve der Straße zweigt ein Weg geradeaus ab; ihm folgen wir bis zur nächsten Straßengabelung. Nun gelangen wir rechter Hand in das offene Feld. An zwei Höfen vorbei kommen wir zur Siedlung Siedschelje und weiterhin zur Landstraße nach Schwanewede. Wir kreuzen die Landstraße mit geringer Versetzung nach rechts und gelangen über eine Kopfsteinstraße in die Hügelgräberheide beim Reitplatz „General Rosenberg“. Wir folgen nun dem Sandweg, bis wir unterhalb einer großen Sandgrube wieder auf die feste Straße kommen, die uns rechter Hand bis zur Abzweigung der Straße zum Flachsberg (Wegweiser) bringt. Auf dieser nach links abzweigenden Straße gelangen wir zum Ausgangspunkt zurück.

Was wir sehen:

Diese Radtour zeigt uns viele sehr unterschiedliche Landschaftsbilder. Zu Beginn die hohe Geest zwischen Schwanewede und Hinnebeck mit ihren vielen alten Einzelsiedlungen. Dann ist es der Ort Hinnebeck direkt am Geestabhang mit den herrlichen Weitsichten in die Wesermarsch. Der größte Teil des Weges führt durch die Marsch mit ihrem besonderen Zauber. Auch der Ortsteil Bruch mit seiner alten Dorfkirche ist es wert, besucht zu werden. Den Abschluß bildet der Weg durch die Hügelgräberheide bei Schwanewede, einer reizvollen Heidefläche mit einer Vielzahl gut erhaltener bronzezeitlicher Grabhügel.

Bruch
Krusenhelmer Fleth
Meyenburg
Schedelkamp
Siedschelje
Hinnebecker-
furth
Hinnebeck
Vorberg
Voßberg
Brink
Köhlhorst
Hünenstein
Brandber
Brakland
Grafe
Schaf
Siethlandswehr
Meyensande
Flachs-
berg
Lehmhorst
Ham
Schwanewede
Bremen-Nord
N
4 cm = 2 Km

9 Thüringer Weg

Weglänge: 6 km; Dauer der Wanderung: 2 Stunden

Anfahrt: Autobahn Bremerhaven, Abfahrt Bremen-Nord, Schnellstraße Richtung Vegesack, Abfahrt Platjenwerbe/Lesum, dann rechts ab Lesumer Heerstraße bis Abzweigung rechts nach Leuchtenburg

Ausgangspunkt:

Bruns Sommergarten in Leuchtenburg. Das Gasthaus ist mit dem Auto (Parkplätze) wie mit der Stadtbuslinie 78 zu erreichen. Haltestelle: Lerchenstraße/Borchshöhe. – Vom Gasthaus aus wandern wir ein kurzes Stück auf der Asphaltstraße (Mühlenweg) in nördlicher Richtung bis zur ersten Straßenabzweigung, bis gegenüber rechter Hand zwischen Hecken der schmale, aber gut begehbare „Thüringer Weg" beginnt. Durch die Aue-Niederung – über den Bach führt eine Fußgängerbrücke – geht es zum Holthorster Weg, einer Straße, der wir nach links bis zum letzten Hof auf der linken Seite folgen. Hinter dem Hofplatz zweigt links ein unbefestigter Weg ab, der uns nach Platjenwerbe führt. Wir halten uns weiterhin links und gelangen an einigen Villengrundstükken vorbei auf den Weg, der uns durch den Wald zurück nach Leuchtenburg bringt. Bei einem älteren Gutshaus erreichen wir wieder die ausgebaute Straße, der wir nach links bis zum Ausgangspunkt folgen.

Was wir sehen:

Dieser wunderschöne Wanderweg erschließt uns das Kerngebiet der Leuchtenburger Schweiz, einer wald- und baumreichen, gepflegten bäuerlichen Kulturlandschaft mit lieblichen Bachtälern und herrlichen Durchblicken, in immer neue Landschaftsräume. Sie alle stehen unter Landschaftsschutz. Außerdem finden wir hier einige besonders schöne Baumgruppen und Einzelbäume, die unter Naturschutz gestellt sind. Der erste Teil der Wanderung macht den Reichtum dieser Landschaft besonders deutlich. Der Weg führt durch ein weites, vom Wald eingeschlossenes Wiesengelände, durch Wälder und über einen rasch strömenden Bachlauf, die Aue. Eine Wanderung durch eine der schönsten Parklandschaften unseres Gebietes.

Der weitere Weg führt dann durch herrlichen Laubwald, ein Erlebnis zu jeder Jahreszeit: im Frühling durch das zarte Grün der Buchen, im Sommer, wenn es schattig und kühl unter dem mächtigen Laubdach ist, im Herbst, wenn das Farbenmeer den Blick gefangennimmt, und im Winter, weil das Filigran des Zweiggewirrs gegen den blauen Winterhimmel steht.

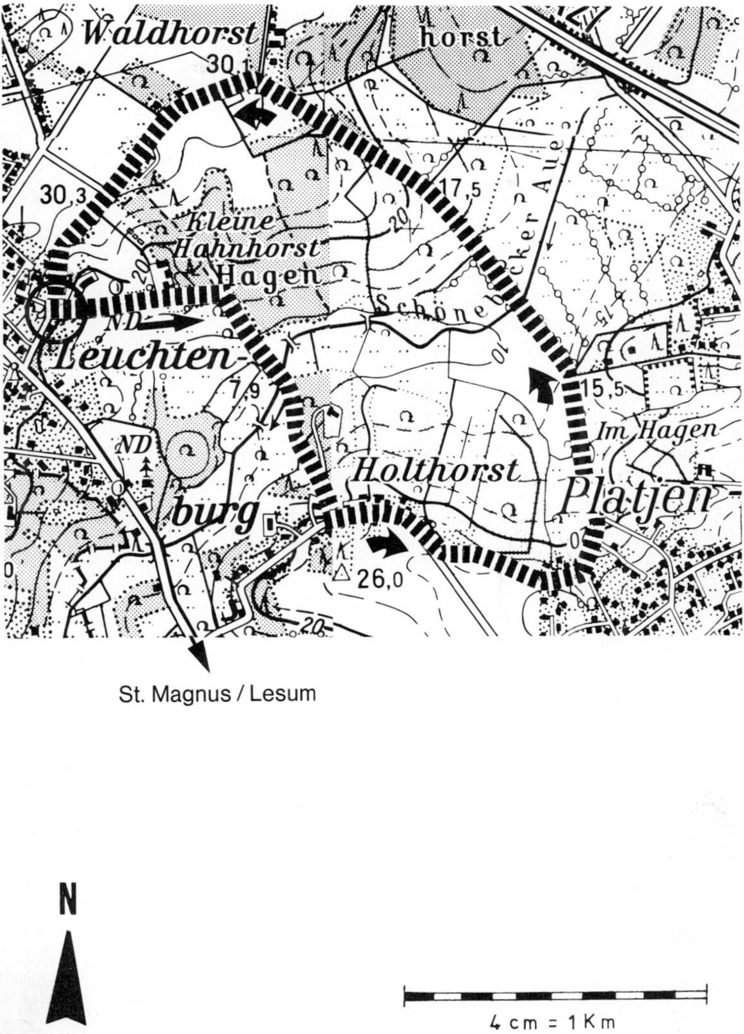
Waldhorst
horst
30,1
30,3
Kleine
Hahnhorst
Hagen
17,5
Schönebecker Aue
ND
Leuchten-
burg
7,9
15,5
Im Hagen
Holthorst
Platjen
26,0
St. Magnus / Lesum
N
4 cm = 1 Km

10 Von Brundorf nach Hahle

Weglänge: 5 km; Dauer der Wanderung 1½ Stunden

Anfahrt: Autobahn Richtung Bremerhaven, Abfahrt Schwanewede, Richtung Heilshorn–Osterholz-Scharmbeck

Ausgangspunkt:

Gasthaus »Zum Eichenhof« Brundorf – Der Ort ist nicht an das Nahverkehrsnetz angeschlossen. Parkplatz ist am Gasthaus vorhanden. – Wir wandern vom Gasthaus aus auf der schmalen Feldstraße nach links in nördlicher Richtung bis zum Waldrand. Dem Weg – im 1. Abschnitt ca. 200 m befestigt – am Waldrand folgen wir, uns wiederum links haltend, bis zur ersten nach links abzweigenden befestigten Straße (Panzerstraße). Wir kommen auf diesem Weg bis zum Ortsteil Hahle (zwei große Einzelhöfe). Vor den Gehöften zweigt schräg nach links eine schmale Feldstraße ab. Wir folgen ihr, lassen die nächste Wegabzweigung nach rechts unberücksichtigt und gelangen zur Landstraße, auf der wir linker Hand die wieder nach links zum Ausgangspunkt zurückführende Dorfstraße erreichen.

Wir sehen:

Brundorf ist ein Ort mit einigen schön gelegenen großen Bauernhöfen. Wir sehen diese Höfe vor allem auf dem Rückweg in Hahle und am Dorfeingang bei der nicht mehr benutzten kleinen Dorfschule. Der Wanderweg führt durch einen Landschaftsteil, der gerade auf der Grenze liegt zwischen der weiträumigen flachen Landschaft im Osten von Brundorf und der hecken- und baumbestandenen hügeligen Landschaft im Westen. Zu Beginn unserer Wanderung können wir in den weiten Weide- und Ackerflächen rechts die moderne Eiskremfabrik Warncke liegen sehen. Links finden wir ein neu angelegtes Feuchtbiotop. Besonders schön aber ist der Weg am Rande des Staatsforstes Schmidts Kiefern, einem der größten zusammenhängenden Waldreviere im Raume nördlich Bremens, an dessen Eingangsbereich uns eine Minigolfanlage zur Ausspannung einlädt.

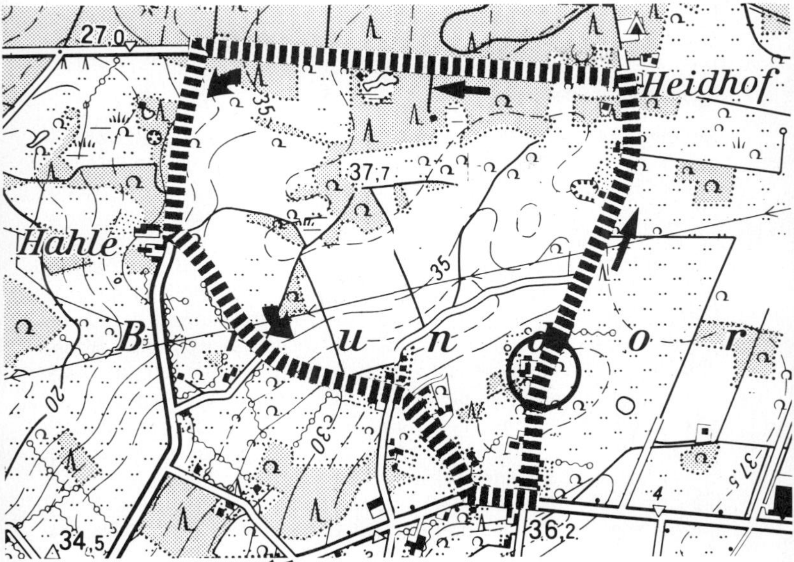

Autobahn
Schwanewede

Brundorf

OHZ

N

4 cm = 1 Km

11 Rund um den Stoteler Wald

Weglänge: 13 km; Dauer der Radtour: 1¼ Stunden

Anfahrt: B 6 Richtung Bremerhaven bis zur 1. großen Straßenkreuzung

Ausgangspunkt:

Gasthaus Malte Mildahn an der B 6 in Heilshorn; Parkplatz vorhanden. – Vom Gasthaus kommend, überqueren wir auf der Straßenbrücke die B 6. Nun biegt nach rechts eine Straße ab in nördlicher Richtung, der wir folgen, bis sie wieder auf die Bundesstraße stößt. Entlang der B 6 läuft ein Radweg, den wir, nach rechts einbiegend, also in südlicher Richtung für etwa 300 m befahren, um dann links in die Straße Alt Heilshorn nach Heilshorn einzubiegen. Wir folgen ihr über eine erste Kreuzung hinweg geradeaus weiter, lassen auch eine weitere nach rechts abzweigende Straße unbeachtet. Erst bei der zweiten Kreuzung wenden wir uns nach rechts und fahren in südlicher Richtung. Nach 500 m kreuzen wir eine Landstraße und radeln nun immer am Rande des Stoteler Waldes entlang. Unser Weg stößt bei einer scharfen Kurve auf die Landstraße Scharmbeckstotel–Stendorf. Wir folgen ihr rechts bis zur nächsten nach links abzweigenden Straße. Diese bringt uns in den Ort Lesumstotel, wo wir dann auf die Dorfstraße treffen, der wir nach rechts 600 m folgen. Bei der nächsten Straßenkreuzung halten wir uns wieder rechts und kommen so zurück auf die Landstraße nach Stendorf. Dieser folgen wir nach links und biegen dann in die erste nach rechts abzweigende Straße ein. Sie bringt uns nach einer Linkskurve zurück zur B 6, die wir kreuzen müssen, um auf dem Radweg nun in nördlicher Richtung wieder zum Ausgangspunkt zurückzukommen.

Was wir sehen:

Diese Radtour führt uns durch den landschaftlich schönsten Teil der Gemarkung Heilshorn. Es ist eine ausgesprochen liebliche, etwas hügelige Gegend mit vielen Hecken und kleineren und größeren Gehölzen mit stattlichen Bauernhöfen unter alten Eichen und Buchen. Die Straße verläuft ziemlich eben, so daß das Radfahren keine Mühe bereitet. Durch die weit ausladenden Buchen der Stoteler Waldungen liegt die Straße auch bei sommerlicher Hitze überwiegend im Schatten. Im Herbst leuchtet das Buchenlaub in roten, gelben, braunen und goldenen Tönen in einmaliger Farbenpracht.

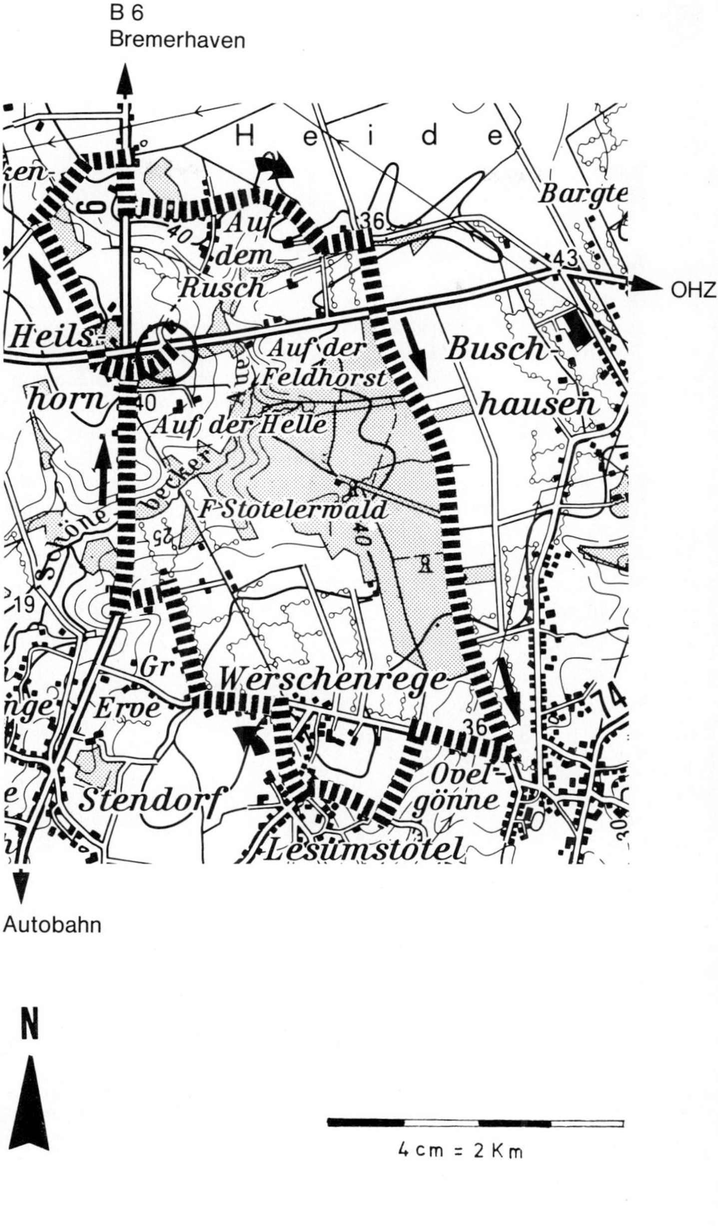
B 6
Bremerhaven
OHZ
Autobahn
Heide
Bargte
Auf dem Rusch
Heilshorn
Auf der Feldhorst
Buschhausen
Auf der Helle
Schönebecker Aue
F Stotelerwald
Gr Erve
Werschenrege
Stendorf
Ovelgönne
Lesumstotel
N
4 cm = 2 Km

12 Rund um den Weißen Berg

Weglänge: 9 km; Dauer der Wanderung: 3 Stunden

Anfahrt: Autobahn Richtung Bremerhaven, Abfahrt Bremen-Nord, B 6 Richtung Bremerhaven nach Garlstedt

Ausgangspunkt:

Gasthaus Hasselbrock an der B 6 in Garlstedt. Garlstedt kann mit der Omnibuslinie Backhaus vom Bremer Hauptbahnhof aus (ZOB) über Stendorf–Garlstedt–Hoope erreicht werden (Parkplatz ist am Gasthaus vorhanden). Wir wandern bei unserem Gasthaus von der B 6 weg in östlicher Richtung. Von Isehorn aus folgen wir der Straße rechts bis zum Alten- und Pflegeheim Mellmann (Abzweigung der Straße Hülseberg–Ohlenstedt). Hier wenden wir uns nach links, verlassen die Straße aber schon nach etwa 400 m kurz hinter dem kleinen Friedhof linker Hand und biegen im Verlauf der langgestreckten Rechtskurve links in den Heerweg ein. Dieser Weg führt direkt zum Ortsteil Feldhof. Wir erreichen hier die Verbindungsstraße von Ohlenstedt nach Garlstedt. Auf der Kreuzung halten wir uns links nach Garlstedt. Kurz vor dem Ort überqueren wir die B 6. Etwa 500 m hinter der Kreuzung zweigt unser Rückweg zum Ausgangspunkt ab.

Was wir sehen:

Der Weg führt uns in einen Landschaftsraum von eigentümlich herber Prägung. Nur wenige Einzelgehöfte liegen zwischen Ohlenstedt und Garlstedt am Wege. Das Gebiet ist erst in jüngerer Zeit kultiviert worden. Beiderseits des Weges dehnen sich feuchte Wiesenflächen und größere Ländereien, durchzogen von einem kleinen Bachlauf. Wenn wir Glück haben, sehen wir allerlei Wild, vor allem Rehe. Mitten im Gebiet erhebt sich der Weiße Berg. Es ist ein 35 m hoher Geesthügel, der zum größten Teil mit Kiefernwald bedeckt ist. Herrlich gelegen sind die zwei großen Einzelhöfe in Isehorn, umgeben von alten Eichen und Buchen.

Ohlenstedt
Büttel
Hülseberg
Feldhof
Weißer Berg
Isehorn
Drepte
Garlstedt
Bremerhaven
B 6
24,0
35,5
22,3
17,4
19,8
35,8
28,2
23,2
N
4 cm = 1 Km

13 Von Hülseberg zum Heimelberg

Weglänge: 9 km; Dauer der Wanderung: 3 Stunden

Anfahrt: B 74 bis Osterholz-Scharmbeck. Eine der Abzweigungen nach links von der Umgehungsstraße OHZ führt nach Hülseberg

Ausgangspunkt:

Gasthaus »Zur alten Post« in Hülseberg. Hierher führt bisher von Bremen kein öffentliches Verkehrsmittel. Parkplatz ist jedoch vorhanden. – Auf der dem Gasthaus gegenüber liegenden Straßenseite beginnt ein unbefestigter Weg, auf dem wir in die Ortschaft Freißenbüttel gelangen. Im Ort wenden wir uns bei der ersten Querstraße nach links (auf der Ecke befindet sich das Gasthaus Brünjes). Wir befinden uns jetzt auf dem Weg zum Heimelberg. Bei dem letzten Haus macht unser Weg eine scharfe Rechtskurve (nicht den Weg geradeaus wählen). Nun wandern wir über den Heimelberg. Auf der anderen Seite des Hügels zweigt erstmalig ein mit Spurplatten befestigter Feldweg links ab, dem wir folgen. Im Gegensatz zur Wegstrecke auf dem Heimelberg verläuft er zwischen hohen Buschhecken. Dieser Weg führt uns zurück zum Ort Hülseberg. Wir wenden uns bei den ersten Gehöften nach Süden (links) und erreichen so den uns schon zum Beginn der Wanderung bekannten Weg. Wir wenden uns nach rechts und sind nach etwa 400 m wieder am Ausgangspunkt.

Was wir sehen:

Bei dieser Wanderung lernen wir vor allem den stark durch Bäume, Hecken und Gehölze gegliederten westlichen Teil des Heimelberges kennen. Etwa 1 km vom Gasthaus entfernt liegen rechts im Kiefernwald mehrere bronzezeitliche Grabhügel. Ein einzelner Grabhügel ist dann noch auf dem höchsten Punkt des Heimelberges zu finden, von dem wir einen herrlichen Weitblick haben. Der Wald, in dem die Grabhügel liegen, gilt als das Quellgebiet der Hamme.

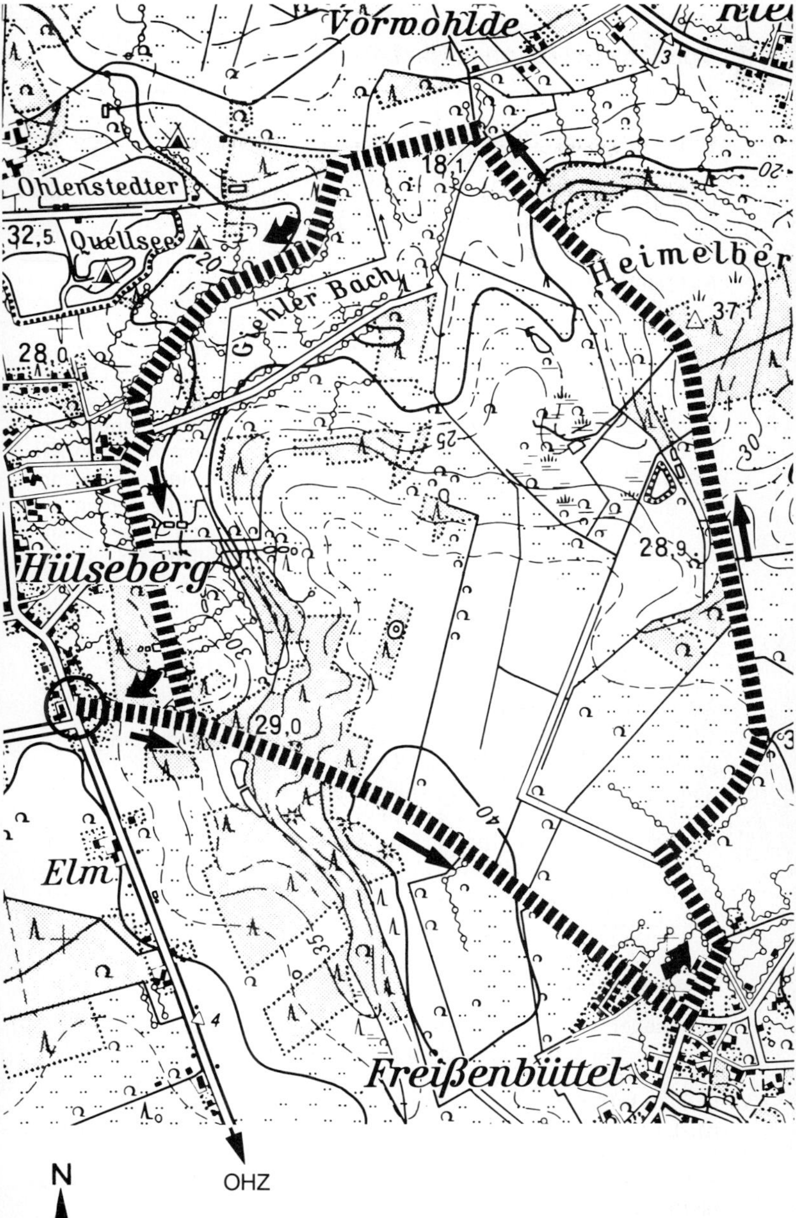

Vorwohlde
Ohlenstedter
32,5
Quellsee
18,1
Heimelber
Gehler Bach
37,1
28,0
25
30
28,9
Hülseberg
29,0
40
Elm
35
4
Freißenbüttel
OHZ
N
4cm = 1Km

14 Von Ohlenstedt nach Haslah

Weglänge: 7 km; Dauer der Wanderung: 2½ Stunden

Anfahrt: B 6 Richtung Bremerhaven über Garlstedt, hier rechts ab nach Hülseberg, dann links ab nach Ohlenstedt

Ausgangspunkt:

Gasthaus Cordes in Ohlenstedt; Ohlenstedt ist von Bremen aus nicht mit öffentlichen Verkehrsmitteln zu erreichen; Parkplatz jedoch vorhanden. – Vom Gasthaus nach links (nördliche Richtung) folgen wir dann der ersten, links abzweigenden schmalen Straße. So kommen wir (Dorffriedhof rechter Hand) auf eine Feldstraße, der wir wieder nach links folgen. Nach einem knappen Kilometer biegt links eine Straße ab, die uns zu einer Gabelung bringt, bei der wir uns rechts halten müssen. Wir kommen an einigen Siedlungshäusern vorbei und erreichen nach etwa 1½ km den großen Einzelhof Haslah, dessen Areal wir auf einem gut begehbaren Weg überqueren. Nun gelangen wir, etwa 250 m hinter dem Hof, auf einen unbefestigten Querweg; wir halten uns links. Rechter Hand liegt eine Pelztierfarm. Nun führt uns der Weg durch ein Wäldchen; nach 500 m gabelt er sich; wir halten uns links und kommen nach kurzer Zeit zu einem Einzelgehöft links am Wege. Auch ist hier noch der Stumpf einer Windmühle zu erkennen. Der Weg führt jetzt gerade auf die Siedlung Feldhof mit einer Wegekreuzung zu. Hier wenden wir uns nach links und folgen der Gemeindestraße zurück in den Ort Ohlenstedt. Hinter der ersten Kurve bleibt eine nach links abbiegende Straße unberücksichtigt, desgleichen die nächste nach rechts abzweigende. Nach kurzer Strecke erreichen wir die Ortsstraße, auf der wir linker Hand, an der Schule vorbei, nach etwa 200 m zurück zum Gasthaus Cordes gelangen.

Was wir sehen:

Abgesehen von dem ersten Kilometer der Wanderung erleben wir eine Landschaft, in der der Bauer sich sehr mühen muß, um einen ausreichenden Ertrag zu erzielen, da es sich vielfach um feuchte Wiesenflächen und Ödland handelt. Gerade dadurch aber ist die Landschaft noch reich durch Busch und Baum gegliedert. In Haslah sehen wir eine der selten gewordenen größeren Heideflächen mit allerlei Getier. Rehe und sogar Wildschweine sind hier keine Seltenheit.

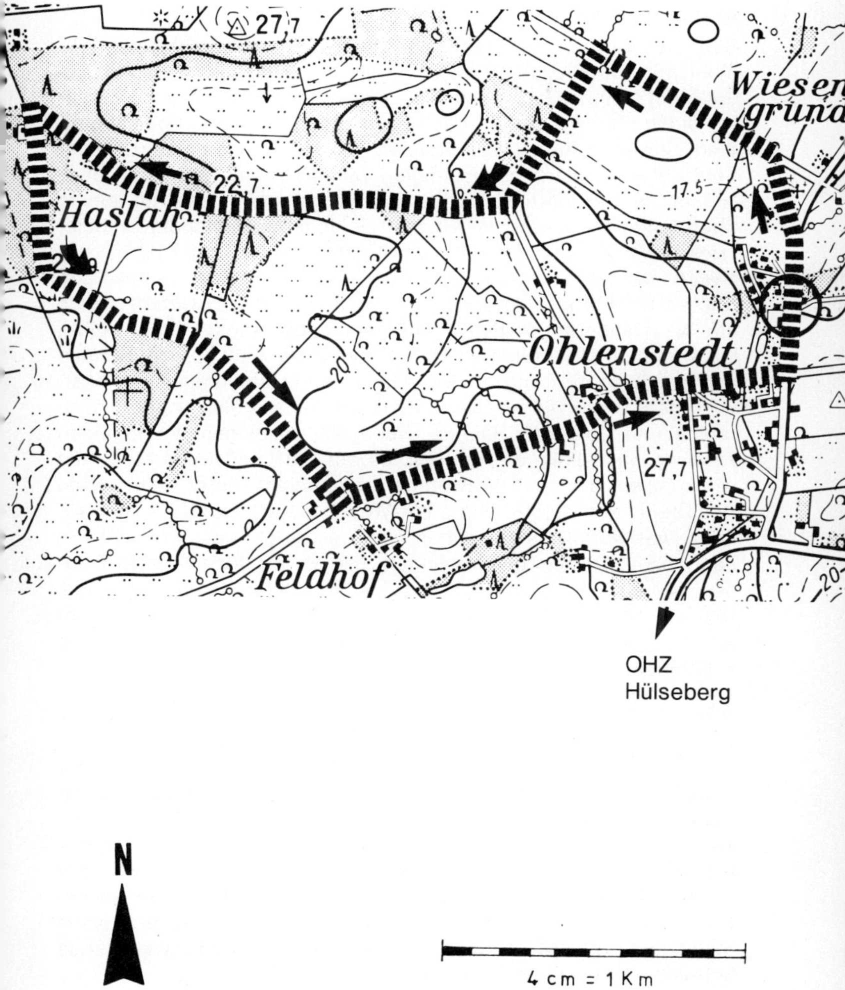
27,7
Wiesengrund
22,7
Haslah
17,5
20
Ohlenstedt
27,7
Feldhof
20
OHZ
Hülseberg
N
4 cm = 1 Km

15 Am Oberlauf der Hamme

Weglänge: 7½ km; Dauer der Wanderung: 2½ Stunden

Anfahrt: B 6 Richtung Bremerhaven über Garlstedt, hier rechts ab nach Hülseberg, dann links ab nach Ohlenstedt

Ausgangspunkt:

Gasthaus Cordes in Ohlenstedt. Ohlenstedt ist von Bremen aus nicht mit öffentlichen Verkehrsmitteln zu erreichen; Parkplatz jedoch am Gasthaus vorhanden. – Gegenüber beginnt eine schmale Feldstraße, von der wir nach etwa 100 m in einen unbefestigten Weg einbiegen, der links abzweigt. Auf ihm kommen wir zu einer befestigten Feldstraße. Hier halten wir uns rechts und nach etwa 150 m an der dortigen Gabelung nochmals rechts. Auf einem Spurplattenweg gelangen wir nun zu dem Wochenendhausgebiet „Hohes Moor", welches links am Wege liegt. Der nach rechts abzweigende weitere Spurplattenweg bleibt von uns unbeachtet. Nach etwa 400 m biegt die feste Straße vor einem Gehöft rechts ab; wir wandern geradeaus auf dem unbefestigten Weg weiter, bis wir nach Überqueren der hier nur etwa 1 m breiten Hamme auf eine Wegkreuzung stoßen. Nach rechts abbiegend erreichen wir nach etwa 700 m eine ältere Siedlung; hier wieder nach rechts und über die Hamme. Nach 500 m biegen wir in einen Feldweg nach links ab, der alsbald auf die Landstraße stößt, die wir kreuzen, um nach Vorwohlde zu kommen. Hinter dem letzten Haus führt uns rechter Hand ein Weg bis zur Landstraße, der wir links (westwärts) bis zur ersten nach rechts abzweigenden Straße nachgehen. Dieser folgen wir nun, bis wir an der nächsten Straßenbiegung auf einen schmalen, unbefestigten Feldweg stoßen, der uns geradeaus bis zur nächsten, festen Straße bringt; auf ihr weiter nach links bis zum Transformatorturm; dort die Ortsstraße entlang zum Gasthaus Cordes zurück.

Was wir sehen:

Zu Beginn der Wanderung haben wir einen schönen Blick in die Wiesenniederung des oberen Hammelaufs. Die Hamme, die hinter Ritterhude als breiter Fluß in die Lesum mündet, entspringt im Raum Hülseberg. In der Ohlenstedter Feldmark ist sie nur ein etwa 1 m breiter Bach. Die Hamme überqueren wir auf dieser Wanderung noch dreimal. Wer Lust hat, kann auch im Sommer einmal die Schuhe ausziehen und einige hundert Meter im flachen Bachlauf entlangspazieren, um sich aus allernächster Nähe Stichlinge, Wasserschnecken oder auch wild wachsende Schwertlilien und Sumpfdotterblumen anzusehen.

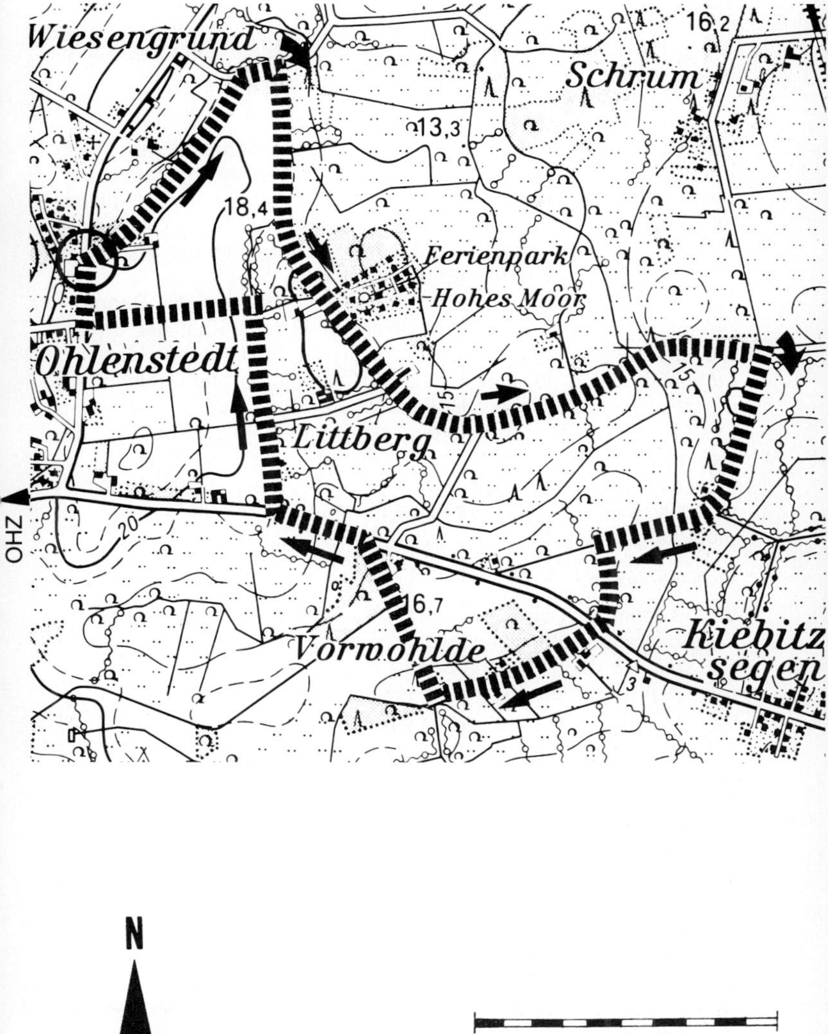
Wiesengrund
Schrum
16,2
13,3
18,4
Ferienpark
Hohes Moor
Ohlenstedt
15
Littberg
OHZ
20
16,7
Vormohlde
Kiebitz
segen
3
N
4 cm = 1 Km

16 Von Ritterhude zur Hamme

Weglänge: 7 km; Dauer der Wanderung: $2^1/_2$ Stunden

Anfahrt: Autobahn Richtung Bremerhaven, Abfahrt Ritterhude oder über Lilienthal–Frankenburg

Ausgangspunkt:

Bahnhof Ritterhude an der Bundesbahnstrecke Bremen–Bremerhaven. – Wenn wir aus dem Bahnhofsgebäude heraustreten, gehen wir geradeaus bis zur Riesstraße, der Hauptstraße des Ortes. Hier wenden wir uns nach links – am Dammgut von Rex-Gröning vorbei – bis zur Kreuzung mit der Bahnlinie. Unmittelbar vor dem Bahnübergang zweigt neben dem Bahnkörper eine kleinere Straße rechts ab, der wir bis zu einem Bahntunnel folgen. Wir halten uns vor dem Tunnel rechts auf der Straße, die uns nach einer scharfen Linkskurve schließlich aus dem Ort herausführt und in einen Feldweg einmündet; ihm folgen wir durch die Ackerflächen zur Wassermühle Ruschkamp. Wir lassen das Mühlengehöft rechts liegen und kommen, jetzt wieder auf fester Straße, bis zur nächsten Querstraße, welche rechts in die Hammeniederung bis zur Hamme-Brücke führt. Zurück nehmen wir den gleichen Weg, da eine Rundwanderung in diesem Fall nicht möglich ist.

Was wir sehen:

Im Ort lohnt sich ein Blick durch die Hofeinfahrt auf das Herrenhaus des alten Rittergutes, welches dem Ort den Namen gegeben hat. Das aus dem 14. Jahrhundert stammende Anwesen ist mit einem Wassergraben (Graft) umzogen, das Schloßgebäude mit einer Wallanlage zum Schutz gegen Hochwasser. Interessant ist auch ein Abstecher zur 1874 erbauten Hammeschleuse, die wir auf der Dammstraße hinter dem Schloß (Wegweiser Richtung Lilienthal) nach 500 m erreichen.
Die Schleuse verhindert das Einfluten des Flutstromes der Weser/Lesum in das Hammegebiet. Wenn wir aus dem Ort herauskommen, bietet sich ein freier Überblick auf die tiefer gelegene Hammeniederung mit dem Weyerberg im Hintergrund. Die Ruschkampmühle, deren oberschlächtiges Wasserrad noch erhalten ist, liegt unter alten Eichbäumen sehr romantisch direkt am Übergang von der Geest zur Flußniederung. Am Endpunkt unserer Wanderung können wir von der hölzernen Hammebrücke, die sich der Schiffe wegen hoch über den Fluß spannt, noch einmal das ganze Gebiet überblicken. Im Winter bietet die zugefrorene Hamme ideale Möglichkeiten zum Schlittschuhlaufen.

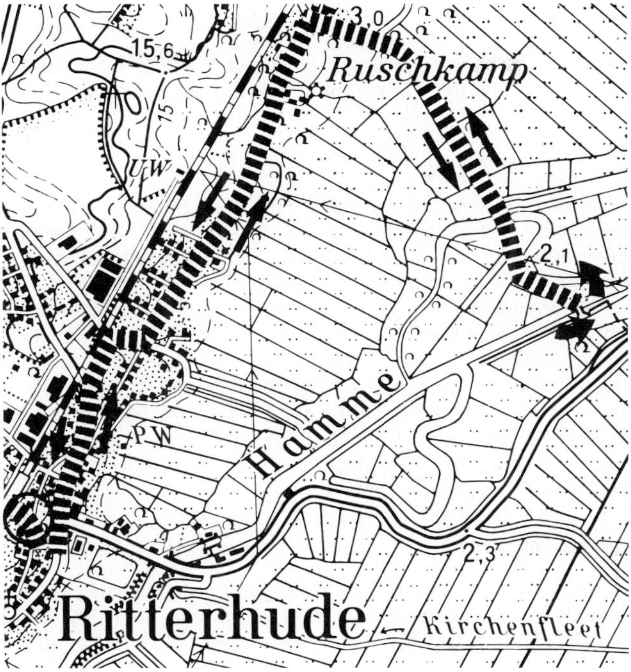
3,0
15,6
Ruschkamp
15
UW
2,1
Hamme
PW
2,3
Ritterhude
Kirchenfleet

N

4cm = 1Km

17 Von Osterholz-Scharmbeck nach Melchers Hütte

Weglänge: 9,5 km; Dauer der Wanderung: 3 Stunden

Anfahrt: Autobahn Richtung Bremerhaven, Abfahrt Bremen-Nord – oder über Lilienthal–Frankenburg. Bahn: Richtung Bremerhaven.

Ausgangspunkt

Bahnhof Osterholz-Scharmbeck. Günstige Eil- und Personenzugverbindung von Bremen und Bremen-Burg. – Wir gehen vom Bahnhof durch das Klosterholz in Richtung Heimatmuseum. Am Museum vorbei führt dann die Bachstraße und der Kuhdamm in die Hammeniederung. Wir wandern genau in östlicher Richtung über den Fangstaken bis zum Gasthaus Melchers Hütte und zur Hamme. Zurück geht es entlang der Bahnlinie, die wir alsdann überqueren zum Ahrensfelder Damm. Von dort kommen wir durch den Ortsteil Ahrensfelde über die Straßen Pferdeweide und Buchenweg zum neuen Kreishaus. Rechts neben diesem Verwaltungssgebäude führt ein kleiner Weg ins Klosterholz, der uns zurück zum Bahnhof bringt.

Was wir sehen:

Gleich zu Beginn des Weges gelangen wir in das Klosterholz mit seinen riesigen Buchen; der Wald ist bereits über 200 Jahre alt. Wenn die Zeit es erlaubt, sollten wir einen Blick in das am Wege gelegene Heimatmuseum werfen. Wir finden dort eine Fülle kulturhistorisch interessanter Schätze aus der Geschichte des Landkreises Osterholz. Wenn wir dann in die weite Wiesenniederung der Hamme hinauswandern, sehen wir links die schöne Backsteinkirche (12. Jahrhundert) des früheren Klosters Osterholz, daneben steht das im 17. Jahrhundert erbaute alte Amtshaus, romantisch gekrönt mit einem uralten Storchennest (vergl. archaischer Symbolwert der Giebelbretter mit gekreuzten Pferdeköpfen und Storchennester). Binnen kurzem befinden wir uns draußen in der Weite der Hammeniederung mit ihren vereinzelten Baum- und Gebüschgruppen. Die Hammeniederung ist bekannt für ihre herrlichen Wolkenbilder und den Reichtum an Vögeln, wobei auch Störche keine Seltenheit sind. Das Gasthaus liegt direkt am Fluß unter großen Bäumen. Es ist ein beliebtes Ziel für Wasserwanderer. Hier einen Sommerabend zu verbringen, ist wegen der Großräumigkeit und Weite der Landschaft ein besonderes Erlebnis.

N
Krhs
22,4
20
staken
7,3
Ahrensfelder-
damm
2,4
Im Posch
Weyerdamm
Kirchdammgraben
11,2
PW
9,1
OSTERHOLZ-
SCHARMBECK
1,8
4 cm = 1 Km
B 74
Worpswede

18 Rund um Osterholz-Scharmbeck

Weglänge: 17 km; Dauer der Radtour: 1¾ Stunden

Ausgangspunkt:

Bahnhof Osterholz-Scharmbeck. – Vom Bahnhofsvorplatz zur Bahnhofstraße. Zwischen dem Kaufhaus Reuter und der Gaststätte beginnt der Radweg durch das Klosterholz. Am Ende des Waldes halten wir uns auf der Wohnstraße links bis zur nächsten Kreuzung. Hier wieder auf der Landstraße, wieder links (Radweg). Wir gelangen so nach Pennigbüttel. Gegenüber dem Feuerwehrhaus führt uns dort eine Straße nach links. Wir kreuzen die Landstraße und gelangen unter der Umgehungsstraße (B 74) hindurch und über die Bahnlinie hinweg nach Wiste. Hier stoßen wir alsbald auf eine Querstraße, der wir nach links folgen. Nach gut 100 m biegen wir rechts ab. Wir kommen jetzt nach Westerbeck, kreuzen eine Landstraße und gelangen bei dem Gasthaus Ludwigslust auf eine Querstraße, in die wir links einbiegen. Die Straße macht nach gut 300 m eine scharfe Rechts-Linkskurve (nicht geradeaus fahren!) und führt uns zu einer Landstraße, die Osterholz mit der Bundesstraße 6 verbindet. Wir kreuzen diese Landstraße und fahren auf der gegenüber beginnenden Straße durch Buschhausen nach Scharmbeckstotel. Hier erreichen wir eine Straße, die linker Hand zur Bundesstraße 74 führt. Auf dem gegenüberliegenden Radweg kommen wir nun in nördlicher Richtung (nach links) zurück nach Osterholz-Scharmbeck. Am Stadtrand folgen wir der nach rechts abzweigenden Straße nach Worpswede (Wegweiser). Über die Bahnlinie hinweg bis zu einer größeren Straßenkreuzung. Wir halten uns links und gelangen nach 500 m zurück zum Bahnhof.

Was wir sehen:

Diese Radtour zeigt uns, in welch schöne Landschaft die Stadt Osterholz-Scharmbeck eingebettet liegt. Nicht ganz zu Unrecht bezeichnet sie sich als „Gartenstadt am Teufelsmoor“. Ein besonderes Kleinod ist das Klosterholz, ein herrlicher, alter Buchenwald. Bei der Fahrt nach Wiste sehen wir vom hohen Geestrand über die Stadt hinweg in die weite Hammeniederung hinein.

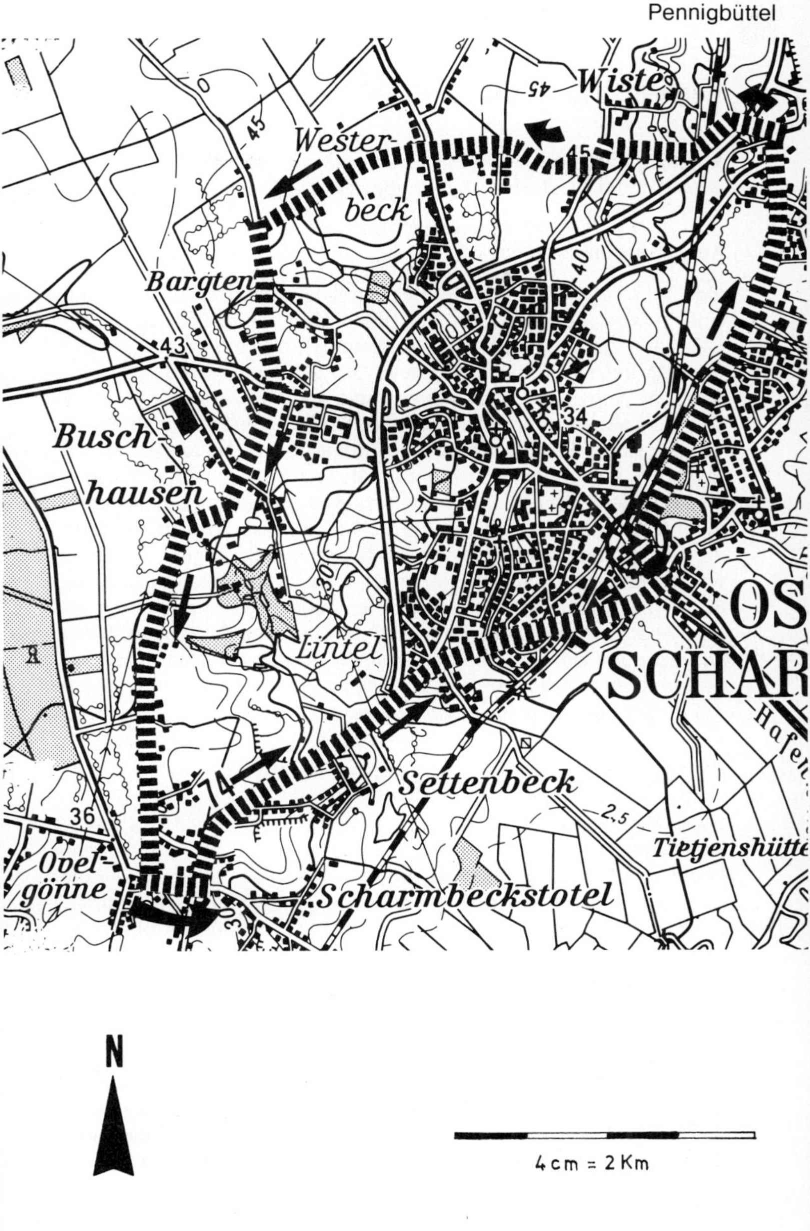
Pennigbüttel
Wiste
Wester-
beck
Bargten
Busch-
hausen
Lintel
OS
SCHAR
Settenbeck
Tietjenshütte
Ovel-
gönne
Scharmbeckstotel
N
4 cm = 2 Km

19 Von Pennigbüttel nach Altenbrück

Weglänge: 8 km; Dauer der Wanderung: $2^3/_4$ Stunden

Anfahrt: Autobahn Richtung Bremerhaven, Abfahrt Bremen-Nord, B 74 Richtung Osterholz-Scharmbeck bis Abzweigung Pennigbüttel

Ausgangspunkt:

Gasthaus Lindenhof in Pennigbüttel. Endstation der Buslinie Buschmann; Abfahrt vom Busbahnhof in Burg-Lesum. – Vom Gasthaus geht es auf der Hauptstraße, die einen abgetrennten Fußweg besitzt, in den Ort hinein. Bei der ersten Kreuzung folgen wir dem Wegweiser nach Worpswede. Nach etwa 300 m folgen wir der links abzweigenden kleinen Ortsstraße „Neuendammer Straße" (an der Ecke: Feuerwehrhaus mit Sirene) durch Neuendamm. Nach etwa $1^1/_2$ km gabelt sich die Straße. Wir biegen rechts ab in die Neuenfelder Straße und folgen dieser Straße bis zum letzten Gehöft. Dort biegt eine Straße rechts ab in die Wiesenniederung. Je nach Neigung können wir ihr beliebig weit folgen. Der Rundwanderweg allerdings zweigt nach links ab und bringt uns nach 500 m zur Siedlung Altenbrück. Hier machen wir noch einen kleinen Abstecher bis zum Ende der nach rechts führenden Straße, kehren dann um und wandern auf ihr zurück bis zum Ortsanfang Neuendamm. Dort erreichen wir wieder die Neuendammer Straße, auf dieser geht es zurück zum Ausgangspunkt.

Was wir sehen:

Diese Wanderung führt uns durch drei alte, aus der Mitte des 17. Jahrhunderts stammende Moorsiedlungen, die im wesentlichen heute noch in ihrer Eigenart erhalten sind. Wir bekommen einen Eindruck von der Unzugänglichkeit des wilden und „verkuhlten", d. h. ungeregelt abgebauten Hochmoores. Wir müssen uns hüten, ohne ortskundigen Führer in das mit Busch bestandene Moorgelände seitlich der Straße eindringen zu wollen. Viele mehrere Meter tiefe Moorkuhlen bedecken das Gelände. Sie stehen voll Wasser und sind nur oberflächlich zugewachsen. Wunderschön und wegen seiner Stille faszinierend ist der Ausblick von der Straße vor den letzten Höfen in Altenbrück in die weite Flußniederung hinein. Hinter uns liegt das dunkle, unzugängliche Hochmoor, vor uns erleben wir eine helle baumlose Weite der Niederung: eindrucksvoll zu jeder Jahreszeit.

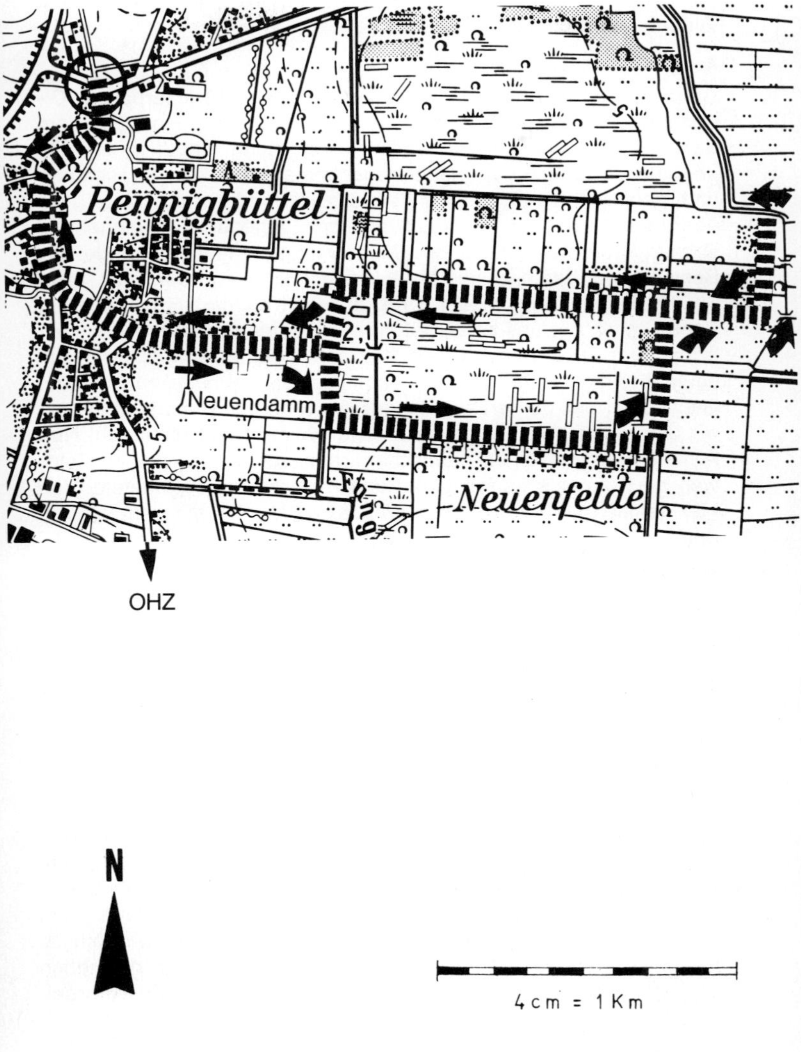
Pennigbüttel
Neuendamm
Neuenfelde
2,1
OHZ
N
4cm = 1Km

20 In das Sandhauser Moor

Weglänge: 10 km; Dauer der Wanderung: 3½ Stunden

Anfahrt: B 74 Richtung Bremervörde, bis nach Ortsausgang Ströhe die Kreuzung in Spredding erreicht ist, dort links ab (Schild Oldenbüttel Bahnhof)

Ausgangspunkt:

Bahnhof Oldenbüttel auf der Strecke Bremen–Bremerhaven. Oldenbüttel ist nur Personenzugstation. – Gleich gegenüber dem Bahnhofsgebäude führt ein Fußweg den Hang hinauf in das Oldenbüttler Gehölz. Wir halten uns immer in östlicher Richtung und gelangen so durch den Wald zur Bundesstraße 74. Diese überqueren wir und wandern auf der gegenüber beginnenden Ortsstraße Preishamm in das Moor hinunter. Mit dem Ende der Besiedelung beginnt ein asphaltierter Fahrweg, dem wir etwa 1½ km folgen. Nach dieser Strecke zweigt rechts, spitzwinklig ein Sandweg ab, der uns zu der alten Moorsiedlung Niedersandhausen bringt. Dort erreichen wir zwischen dem zweiten und dritten Haus einen breiten, schnurgeraden asphaltierten Fahrweg zurück zum Geestrand. Bei der ersten Querstraße (Sandhausenstraße) halten wir uns rechts und biegen nach etwa 100 m erneut rechts ab. Nun kommen wir auf einem landschaftlich besonders reizvollen Feldweg nach einer scharfen Linkskurve zurück zum Preishamm. Von hier nehmen wir den gleichen Weg zum Bahnhof, mit dem wir von dort aus unsere Wanderung begonnen haben.

Was wir sehen:

Diese Wanderung führt uns durch das Oldenbüttler Holz, einen Buchenmischwald mit selten schönem und altem Baumbestand. Am Wege finden wir eine unter Naturschutz stehende, besonders alte Buche und im Wald mehrere bronzezeitliche Grabhügel. Allerdings wird sie nur ein Ortskundiger finden (deshalb auf der Bundesstraße unten am Waldrand ein Hinweisschild). Besonders bei klarem Wetter ist diese Wanderung den Geesthang hinab in das Moor ein immer wieder großartiges Erlebnis. Der eigentliche Rundwanderweg liegt in der Niederung. Der Hinweg führt uns durch die Wiesen. Von der Siedlung Niedersandhausen, die etwa in der Mitte des 17. Jahrhunderts entstanden ist und heute einige Ferienhäuser zeigt, kommen wir ins Sandhauser Moor. Teilweise wird hier das Moor noch industriell genützt. Der Feldweg am Rande des Moores entlang ist vor allem im Sommer herrlich zu bewandern. Rechts können wir zwischen den Bäumen die hohen Torfmieten liegen sehen, die im Winter zu Humusdünger verarbeitet werden.

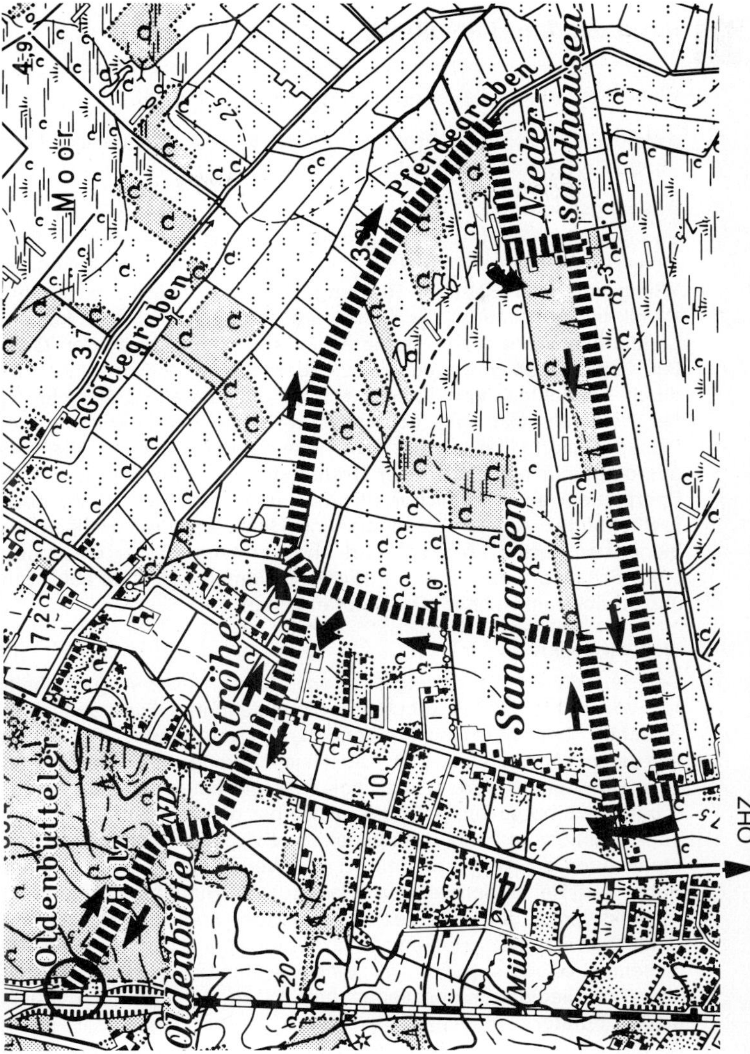

Moor
Göttegraben
Pferdegraben
Nieder-
sandhausen
Sandhausen
Sandhausen
Ströhe
Oldenbütteler
Holz
Oldenbüttel
74
OHZ
N
4 cm = 1 Km

21 Rund um den Heimelberg

Weglänge: 10 km; Dauer der Wanderung: 3 Stunden

Anfahrt: B 74 Richtung Bremervörde. Kurz nach Sandhausen links ab, Schild Bahnhof Oldenbüttel

Ausgangspunkt:

Bahnhof Oldenbüttel an der Bundesbahnstrecke Bremen–Bremerhaven. Oldenbüttel ist nur Personenzug-Station. – Wir gehen vom Bahnhof Richtung Bahnübergang beim Gasthof Waldkrug, überqueren die Gleise und folgen nun etwa 2 km der Landstraße. An einer stillgelegten Fabrik vorbei, durch den Ortsteil Kiebitzsegen gelangen wir zur Abzweigung der Dorfstraße, die durch Vorwohlde führt. Dieser von der Landstraße 200 m hinter der Hammebrücke links abbiegenden Straße folgen wir bis zum letzten Gehöft, überqueren dann abermals die Hamme, die hier allerdings nur ein 2 m breiter Graben ist, und benutzen dann den Spurplattenweg in südlicher Richtung über den Heimelberg nach Freißenbüttel. An der Wegegabelung Heimelberg/Am Heimelberg biegen wir rechts ab. Dort führt uns der Weg zu der Gaststätte „Alte Schänke", vor der wir in Richtung Hambergen links abbiegen und zurück zum Bahnhof Oldenbüttel gehen.

Was wir sehen:

Der Reiz dieser Wanderung liegt vor allem in dem Wegabschnitt von Vorwohlde über Freißenbüttel bis Oldenbüttel. Die Landschaft zwischen Vorwohlde und Freißenbüttel ist von seltener Schönheit und noch völlig unbesiedelt. Der Heimelberg gewährt mit seinen 37 m Höhe einen weiten Überblick über die tiefer gelegene Landschaft. Besonders reizvoll sind im Herbst die zahlreichen großen Vogelbeerbüsche und Heideflecken zwischen Findlingen und Steinhaufen am Wegesrande. Bei der Wegebiegung oben auf der Höhe des Heimelberges (auf Plattdeutsch Himmelberg) können wir links hinter der Ecke des Kiefernwaldes noch ein flaches, mit Heide bewachsenes Hünengrab im Acker liegen sehen. Auch von diesem Grabhügel haben wir einen weiten Blick nach Norden über die Siedlung Kiebitzsegen hinweg zu den großen Lübberstedter Forsten.

An der Straße von Freißenbüttel zurück zum Bahnhof Oldenbüttel fällt das Gelände zur Teufelsmoorniederung ab, die wir kurz hinter dem Schäferberg etwa auf halbem Wege zum Bahnhof voll übersehen können. Daß dieser Rundwanderweg zu Beginn erst einmal 2 km durch besiedeltes Gebiet führt, sollte uns nicht stören; die restlichen 8 km entlohnen diese Mühe durchaus.

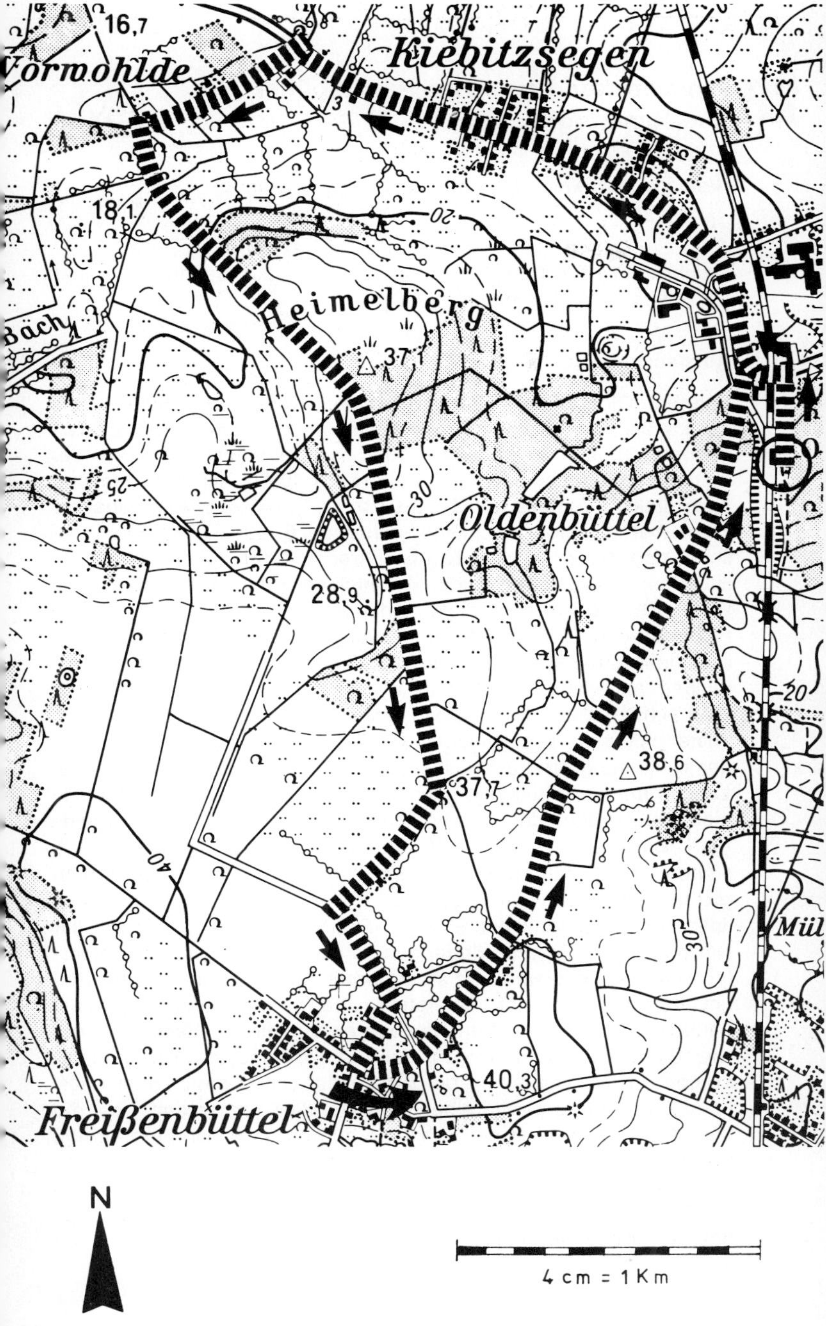
Vormohlde
16,7
Kiebitzsegen
18,1
Bach
Heimelberg
37,1
Oldenbüttel
28,9
37,7
38,6
40,3
Freißenbüttel
Mül
20
25
30
40
N
4 cm = 1 Km

22 Am Geestrand zwischen Pennigbüttel und Hambergen

Weglänge: 23 km; Dauer der Radtour: 2½ Stunden

Anfahrt: B 74 Richtung Bremervörde. Kurz nach Sandhausen links ab, Schild Bahnhof Oldenbüttel

Ausgangspunkt:

Bahnhof Oldenbüttel (Bremen–Bremerhaven). Vom Bahnhof bis zur Landstraße, überqueren die Gleise und auf der linken abzweigenden Straße durch den Wald nach Freißenbüttel. An der ersten Straßengabelung rechts und nach 100 m auf der Kreuzung nach links, Richtung OHZ („Stadtmitte"). Diesen Westerbecker Weg über die erste nach links führende Straße („OHZ-Sandhausen") und die erste nach rechts führende Abzweigung hinaus bis zu ihrem gepflasterten Ende. Wir bleiben auf dem „Kattenhorner Weg". Etwa 200 m nach dieser Abzweigung knickt der Weg scharf rechts ab und führt als Spurplattenweg bis zur nächsten Kreuzung. Hier links ab, überqueren nach gut 300 m eine Kreuzung und erreichen nach weiteren 150 m Wiste. Den nach links führenden Weg „Im Grünnen" nach 100 m erneut rechts ab und fahren durch Wiste hindurch, den Geesthang hinab über die Bahn und unter der Umgehungsstraße (B 74) hindurch nach Pennigbüttel. Auf der Landstraße nach links und nach 50 m (Gasthof Lindenhof) rechts in eine Landstraße, die in das Teufelsmoor und nach Worpswede führt. Die erste, nach etwa 100 m links abzweigende Straße nach stehen. Zurück fahren wir mit dem Zug vom ca. 500 m entfernten rechts in den Weg „Am Heudamm". Nach weiteren 100 m zweigt links die „Sandhausener Straße" (Schild „Schwimmbad") ab, der wir folgen. Mit einigen Windungen verläuft diese Straße, die mehrfach ihren Namen wechselt stets parallel zur B 74. In Heißenbüttel am Gasthaus „Am Brink" Querstraße, die wir nach links zur B 74 hin befahren. Am Rathaus von Hambergen auf die Bundesstraße, der wir 100 m nach rechts folgen, dann in die Landstraße nach Hambergen. In den Ort hinein bis zur Kirche. Direkt hinter dem Kaufhaus Tecklenburg zweigt eine kleine Straße („Langenend") ab, die uns aus dem Ort über die Bahnlinie hinweg nach Schrumm bringt. Wir folgen dem Hauptweg (überwiegend Spurplattenweg), bis er sich bei Einzelhäusern gabelt. Nun erst links und nach 200 m rechts und gelangen nach Kibitzsegen auf die Landstraße, nach links zurück zum Bahnhof Oldenbüttel.

Hambergen
Schrum
Ferienpark
Kiebitz
Heimel-B
segen
Spreddig
Oldenbüttel
Göttegr
Ströhe
Sandhausen
Myhle
Altendamm
Bredbeck
Wiste
Pennigbüttel
N
OHZ
4 cm = 2 Km

Was wir sehen:

Auf dieser Radrundtour erleben wir die eigenartige Schönheit der Geestrandlandschaft zwischen Pennigbüttel und Hambergen. Am Übergang von Geest und Moor hat sich ein langes Siedlungsband alter und neuer Bebauung entwickelt. Zwischen alten, reitgedeckten Moorkaten stehen schmucke neue Wohnhäuser. Dazwischen fällt der Blick in die nahegelegenen dunklen Abtorfungsflächen. Wir sollten uns die Zeit nehmen und einen kurzen Abstecher in das Moor machen, um aus der Nähe die Torfbänke und die dunklen, mit Wasser gefüllten Moorkuhlen zu sehen. In diesem Bereich gibt es auch noch sehr seltene Vogelarten, so u. a. sogar das Birkhuhn. Um diese Vögel beobachten zu können, bedarf es allerdings großer Geduld und vor allem viel Glück.

Ganz anders ist das Erlebnis oben auf der hohen Geest. Meistens liegt ein leichter, blauer Dunst über den dunkelgrünen oder schwarzbraunen Moorflächen, über die wir aus rund 40 m Höhe weit hinwegsehen können. Der Schäferberg zwischen Oldenbüttel und Freißenbüttel bietet eine besonders gute Aussicht.

Ein überraschendes Erlebnis ist es auch, wenn wir von Wiste aus den Geesthang nach Pennigbüttel hinunterradeln. Bevor wir diese für unsere Landschaft beachtliche Steigung hinunterfahren, sollten wir einen Moment bei dem letzten Gehöft in Wiste verweilen und den herrlichen Rundblick genießen, der bei klarem Wetter deutlich die Hochhäuser der Vahr erkennen läßt. Eine besonders romantische Partie ist die Strecke von Hambergen über den verwunschenen, kleinen Ortsteil Schrum nach der Siedlung Kiebitzsegen. Es ist eine Wiesenlandschaft mit reichem Baum- und Heckenbestand. Während der Weidezeit sind die Wiesen mit großen schwarzweißen Viehherden besetzt. Auch Pferde sind in dieser Gegend noch keine Seltenheit.

wa

23 Von Hambergen in den Schrum

Weglänge: 6 km; Dauer der Wanderung: 2 Stunden

Anfahrt: B 74 Richtung Bremervörde, links ab nach Hambergen

Ausgangspunkt:

Kirche in Hambergen. Hinter dem rechter Hand stehenden Kaufhaus Tecklenburg beginnt die geteerte Straße „Langen End“, die wir benutzen. Wir lassen alle abzweigenden Wege unberücksichtigt und kommen so aus dem Ort heraus. Ab Ortsausgang ist die Straße geflastert und heißt jetzt „Schrumstraße“. Nach 1½ km überqueren wir die Bahngleise der Strecke Bremen–Bremerhaven und gelangen in den versteckt im Busch liegenden Ortsteil Schrum. Etwa 150 m nach dem Bahnübergang knickt die Straße links ab. Wir folgen der jetzt wieder geteerten Straße, die nach etwa 600 m in einen Spurplattenweg übergeht. Nach weiteren 500 m erreichen wir die nächste Wegkreuzung (rechts befindet sich der Übungsplatz des Hamberger Schäferhundvereins). Wir wählen die nach links führende Abzweigung und erreichen nach 500 m einen Bahntunnel. Der Weg läuft direkt auf den Ort Hambergen zu und zur Kirche zurück.

Was wir sehen:

Diese Wanderung führt uns durch ein reines Grünlandgebiet. Wiesen und Weiden, unterbrochen von dichten Wallhecken und offenen Gräben, begleiten uns zu beiden Seiten des Weges. Während der Weidezeit ist die Landschaft belebt von vielen schwarz-weißen Viehherden. Schrum ist eines der verstecktest gelegenen, bewohnten Gebiete im weiten Umkreis. Noch vor wenigen Jahren führte nicht einmal eine feste Straße hierher. Diese Ansiedlung entstand in den Jahren politischer Unsicherheit nach dem Ersten Weltkrieg, als sich ehemals engagierte Persönlichkeiten in die Einsamkeit zurückzogen.

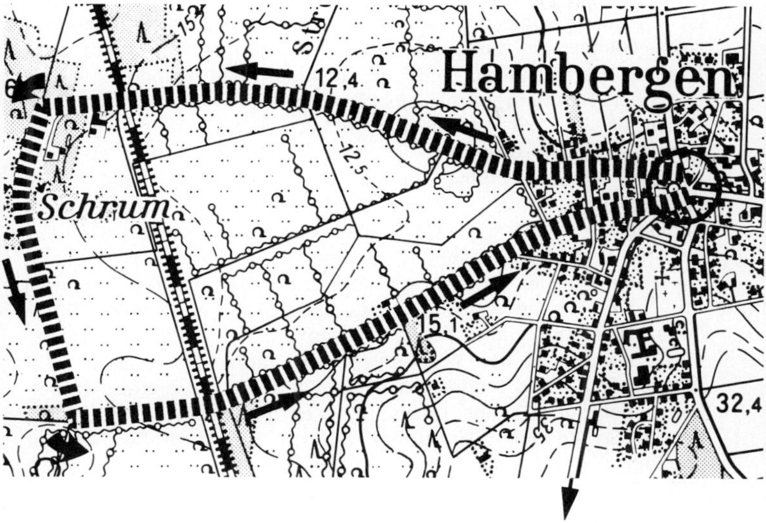

4 cm = 1 Km

24 Rund um das Hamberger Moor

Weglänge: 10 km; Dauer der Wanderung: 3½ Stunden

Anfahrt: B 74 Richtung Bremervörde, links ab nach Hambergen

Ausgangspunkt:

Gasthaus »Windhorns Eck« in Hambergen. Der Ort Hambergen ist mit der Buslinie der Bundesbahn Bremen–Osterholz-Scharmbeck–Hambergen–Lübberstedt zu erreichen; Abfahrt vom ZOB Bremen-Hauptbahnhof. – Vom Gasthaus aus wandern wir in südlicher Richtung durch den Buchen-Mischwald bis zur Bundesstraße 74. Wir halten uns rechts, nach 70 m zweigt eine schmale Straße ebenfalls in südöstlicher Richtung ab, der wir den Geesthang hinab in das Moor folgen. Nach ca. 700 m stoßen wir auf eine befestigte Straße. Nachdem wir nach rechts abbiegend ca. 300 m dieser Straße gefolgt sind, biegen wir links in einen Sanddamm (genannt „Damendamm"). Diesen Weg gehen wir in südöstlicher Richtung ins Moor und folgen ihm bis zu seinem Ende. Dort halten wir uns rechts und folgen nach etwa 300 m links abbiegend einem Pfad, der uns an das Ende des Moores und zum Beginn der Wiesenniederung führt. Dieser Weg führt uns am Rand des Moores rechts entlang bis zur ersten Abzweigung, bei der wir uns rechts, also in nordwestlicher Richtung, halten. So kommen wir zurück bis zur Bundesstraße 74. Hier angelangt, wenden wir uns nach links, wo in etwa 100 m Entfernung die Landstraße nach Ohlenstedt (Wegweiser) abzweigt. Wir folgen ihr aber nur etwa 250 m und biegen in den ersten, nach rechts abzweigenden unbefestigten Sandweg ein, der uns nach etwa 100 m durch ein kleines Gehölz führt. Am Waldrand entlang kommen wir zu einer Wohnsiedlung, wo wir alsbald auf eine Kreuzung (von rechts kommt eine Wohnstraße und führt geradeaus weiter) stoßen. Wir wenden uns nach links und folgen dem unbefestigten Weg. Hinter einem rechts liegenden Hof halten wir uns erneut rechts und folgen nun einem nur schwach begangenen Grasweg in den aus Buchen und späterhin aus Fichten bestehenden Wald zu dem Weg, der uns nach etwa 200 m rechts zum Gasthaus zurückbringt.

Was wir sehen:

Die Wanderung bringt uns von der hohen Geest durch herrlichen Laubwald hinunter in das Moor. Der Weg durch den Buchenwald wird wegen seines romantischen Charakters von den Ortsbewohnern auch „Amorweg" genannt. Im Hamberger Moor können wir noch sehr schön den bäuerlichen Torfstich beobachten, der jetzt mehr und mehr ausstirbt, weil auch in den bäuerlichen Betrieben kaum noch Torf als Heizmaterial Verwendung findet.

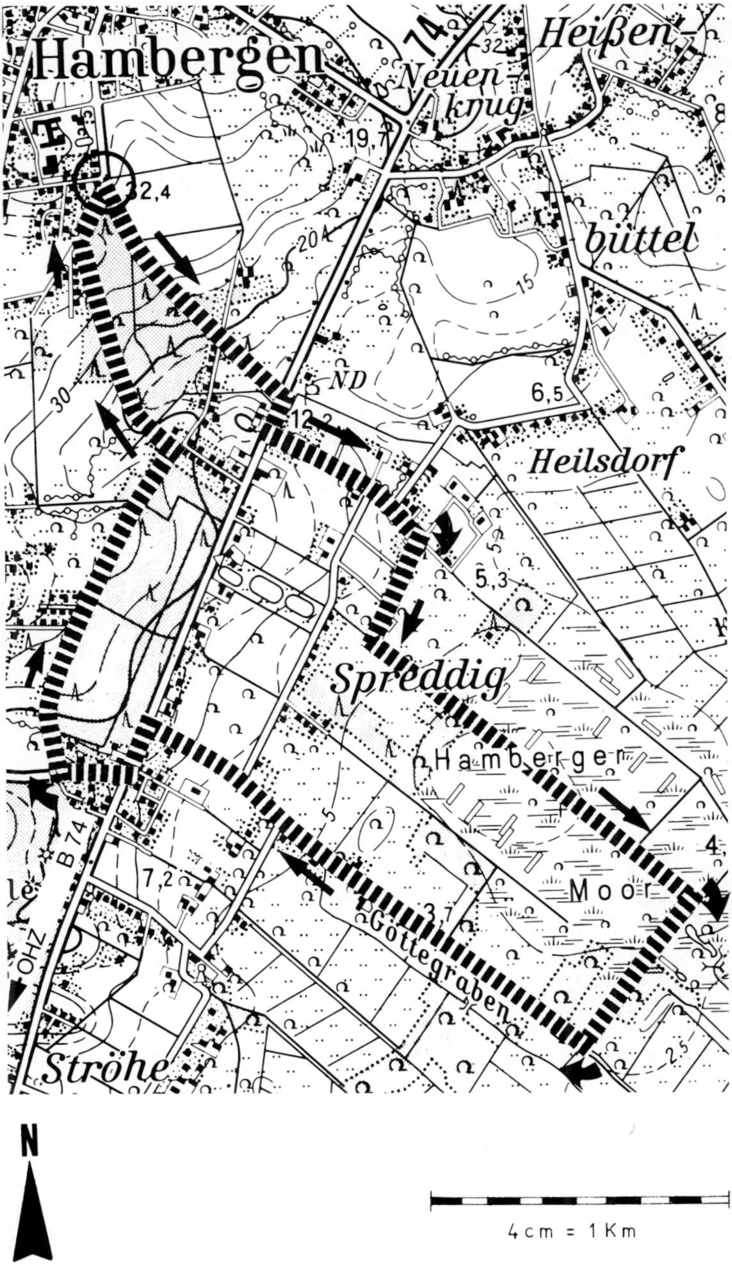
Hambergen
Neuen-
krug
Heißen-
büttel
74
32
19,7
32,4
20
15
ND
12,2
6,5
30
Heilsdorf
5,3
Spreddig
Hamberger
Moor
4,
3,7
Göttegraben
7,2
B 74
OHZ
Ströhe
2,5
N
4cm = 1Km

25 Rund um das Heilsmoor

Weglänge: 12 km; Dauer der Wanderung: 4 Stunden

Anfahrt: B 74 Richtung Bremervörde. Kurz nach Wallhöfen links ab Richtung Steden. Der Ausgangspunkt liegt am Waldausgang

Ausgangspunkt:

Ausgangspunkt ist der Parkplatz an der Kreisstraße Vollersode–Steden. Man kann jedoch auch von Wallhöfen an der B 74 die Wanderung beginnen. Diese Siedlung kann mit der Postbuslinie Bremen–Itzehoe erreicht werden; Abfahrt vom ZOB Hauptbahnhof Bremen. – Vom Parkplatz am Waldrand entlang bis zur nächsten Wegkreuzung. Dort folgen wir rechts dem Sandweg bis zu seinem Ende vor dem Waldstück, durch das uns ein wenig befahrener Weg führt. Wir gehen jetzt am Rande des Heilsmoores den Weg am Waldsaum entlang ein kurzes Stück durch jungen Waldbestand bis zu einem wieder stärker befahrenen Feldweg, der rechts nach etwa 50 m in den Wiesen endet. Wir halten uns links und folgen einem Weg, der uns bei einem einzelnen Haus auf den Hauptweg führt. Links leitet uns dann der Weg an einem Reitplatz vorbei den Waldweg entlang und später mitten durch den Kiefernwald hindurch zum Heilsberg. Von dort mit einem kurzen Abstecher zu einem kleinen Moorsee zurück zum Ausgangspunkt.

Was wir sehen:

Ohne Übertreibung kann dieser Weg als einer der schönsten in unserem Wandergebiet bezeichnet werden. Er führt weite Strekken durch herrliche Kiefernwälder. Vom Heilsberg, einem direkt zwischen Waldrand und Moor gelegenen großen Hügel, haben wir einen wunderschönen Blick über das wie verzaubert und unberührt daliegende Heilsmoor. Da das Gebiet wenig besucht ist, können wir bei etwas Glück Rehwild und anderes Getier in aller Ruhe beobachten. Das Heilsmoor mit seiner weiten Heidefläche ist im Frühherbst zur Blütezeit am schönsten. Aber auch in allen anderen Jahreszeiten ist diese Landschaft für den Wanderer ein Erlebnis. Sehr reizvoll ist der kurze Abstecher zu dem heimlichen, kleinen Moorsee in all seiner weltlichen Abgeschiedenheit.

Steden
Wallhöfen
Heilsmoor
NSG
Heilsberg
Bullwinkel
Reitplatz
Bach
N
4 cm = 1 Km

26 Durch das St. Jürgensland zum Ortsteil Wührden

Weglänge: 11 km; Dauer der Wanderung: 2³/₄ Stunden zu Fuß – ³/₄ Stunde mit dem Rad

Anfahrt: Lilienthal–Falkenberg, hier Richtung Ritterhude. Durch Frankenburg bis kurz vor Abzweigung Ritterhude–Osterholz-Scharmbeck, links eine schmale Straße, die auf die St.-Jürgen-Kirche zuführt, an dieser vorbei bis auf den Höftdeich, unmittelbar links am Deich liegt der Ausgangspunkt

Ausgangspunkt:

Gasthaus »Höftdeich« an der Wümme
Vom Gasthaus führt uns rechter Hand die schmale Deichstraße (Richtung Lilienthal) am Schöpfwerk vorbei bis zur ersten, nach links abzweigenden Straße, „Höftdeich", der wir folgen. Nach etwa 2 km kreuzt eine Straße. Wir folgen ihr nach rechts und gelangen in den Ortsteil Wührden und danach auf die Landstraße. Nun wenden wir uns nach links in Richtung Ritterhude. Beiderseits der Straße liegen jetzt die Höfe der Ortsteile Mittelbauer und Vierhausen. Kurz vor dem Ortsteil Niederende zweigt rechts ab die Straße nach Osterholz-Scharmbeck; genau gegenüber, nach links, führt uns eine schmale, feste Wirtschaftsstraße an der St. Jürgenskirche vorbei zurück zum Ausgangspunkt.

Was wir sehen:

Diese Wanderung führt uns im ersten Teil am gewundenen Wümmedeich entlang, vorbei an dem alten Schöpfwerk. Wir sollten uns die Zeit nehmen, eine Weile auf dem Deich auszuruhen und den idyllischen Blick über die Schilfwälder zum Fluß genießen. Dafür allerdings müssen wir eine passende Stelle aussuchen, denn teilweise verdecken die Schilfwälder den Blick aufs Wasser. Hübsch ist der noch rein bäuerliche Ortsteil Wührden, dessen Höfe unter dichtem alten Eichenbestand liegen. Zum Abschluß unserer Wanderung sollten wir bei der romantischen St. Jürgenskirche halten und die alte Anlage, die Warft und die Kirche, die in der ersten Hälfte des 13. Jahrhunderts erbaut und im 18. Jahrhundert sowie 1931 renoviert wurde, besichtigen.

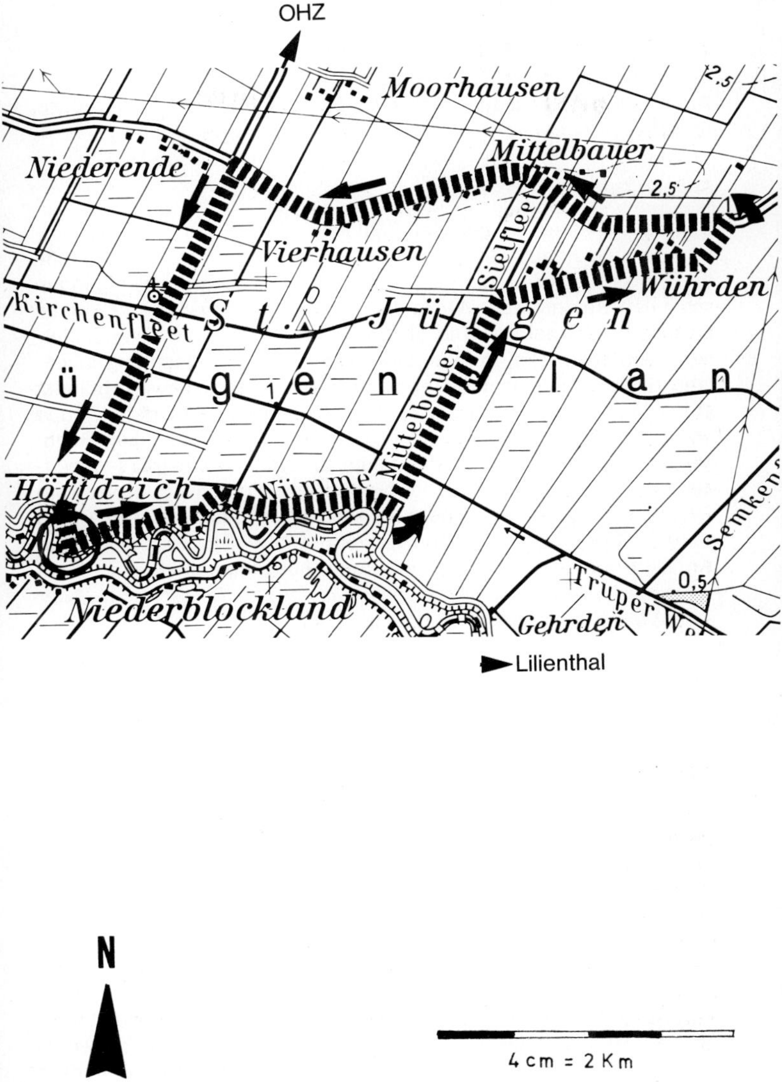

OHZ
Moorhausen
Niederende
Mittelbauer
Vierhausen
Sielfleet
Wührden
Kirchenfleet
St. Jürgen
ürgenland
Mittelbauer
Höftdeich
Wümme
Niederblockland
Gehrden
Truper
Semken
Lilienthal
N
4 cm = 2 Km

27 Am Wümmedeich entlang

Weglänge: 10 km; Dauer der Wanderung: 2½ Stunden

Anfahrt: Am Ortsausgang Borgfeld, 200 m nach der Wümmebrücke, im spitzen Winkel links ab auf die Straße am Deich

Ausgangspunkt:

Gasthaus Geffken an der alten Schleuse
Vor dem Gasthaus Geffken wenden wir uns auf der Deichstraße nach links bis zur ersten, nach rechts in die Wiesen abzweigenden schmalen Betonstraße. Wir folgen ihr; sie biegt nach einer kurzen Strecke scharf nach rechts ab und verläuft dann in einer Entfernung von etwa 1 km parallel zum Wümmedeich in Richtung Lilienthal. Diese Straße, ein reiner bäuerlicher Wirtschaftsweg, mündet in die Truper Ortsstraße ein. Wir durchwandern den Ortsteil Trupe und stoßen kurz hinter der alten Kirche auf den ehemaligen Bahndamm des ›Jan Reiners‹, der heute zu einer Wohnstraße geworden ist; sie verrät nur noch im Namen ihre Herkunft (›Jan Reiners Weg‹). Hier wenden wir uns nach rechts und gelangen durch eine neue Wohnsiedlung zurück zur Deichstraße (Truper Deich). Auf der Deichstraße geht es zurück zum Ausgangspunkt.

Was wir sehen:

Diese Wanderung gehört für den Naturfreund mit zu den schönsten, die in dieser Gegend möglich sind. Da ist zum Beispiel der Abschnitt entlang der Wümme. Wenn wir auf dem Deich entlanggehen, können wir hinter dem dichten Schilfwald den Fluß erkennen. Bleiben wir unten auf dem Deichverteidigungsweg, dann können wir die geheimnisvollen Kolke, Spüllöcher von alten Deichbrüchen, betrachten. Die Kolke sind wegen der Vorkommen seltener Pflanzen und Wassertiere für Kenner eine Besonderheit. Beim Gasthaus Geffken liegt der Fluß mit seiner erstaunlich starken Strömung offen vor uns. Hier können wir den regen Bootsverkehr beobachten. In der Niederung aber umfängt uns die unendliche Weite, die für die norddeutschen Flußlandschaften so bezeichnend ist. Aber auch der alte Ortsteil Trupe mit seinen großen Höfen und der romantischen alten Kirche ist ein schöner Abschnitt dieser abwechslungsreichen Wanderung.

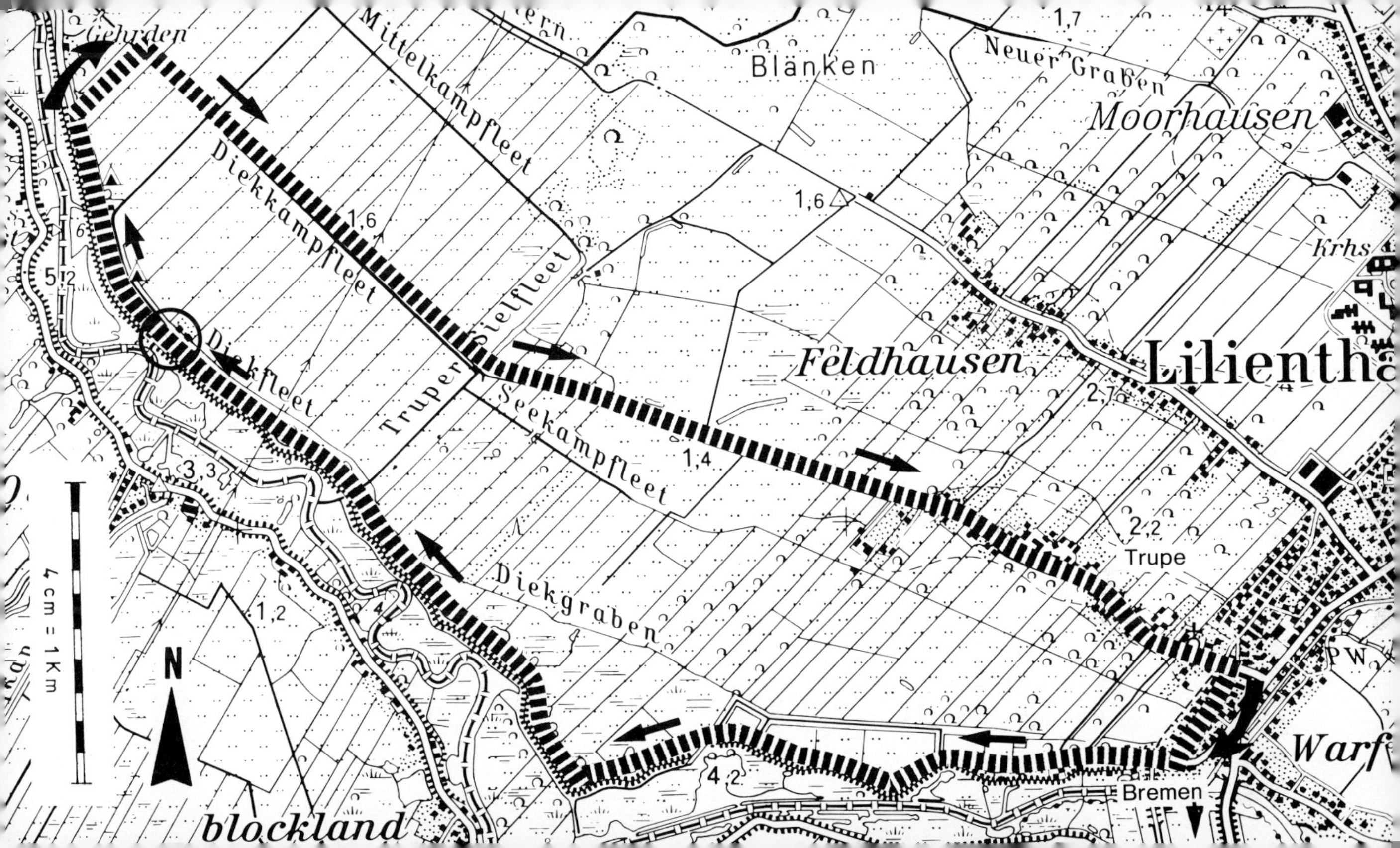
Gehrden
Mittelkampfleet
Blänken
Neuer Graben
Moorhausen
Krhs
Diekkampfleet
1,6
1,7
Dieckfleet
Truper Sielfleet
Seekampfleet
Feldhausen
Lilientha
1,4
2,2
Trupe
Diekgraben
3,3
5,2
1,2
4,2
PW
Warf
Bremen
blockland
N
4 cm = 1 Km

28 In die Wümmeniederung

Weglänge: 6 km; Dauer der Wanderung: 1½ Stunden

Abfahrt: Ab Kirche Oberneuland nach rechts bis zum Ende der Oberneulander Landstraße, links ab in die Hodenberger Straße.

Ausgangspunkt: Parkplatz am Hodenberger Deich.

Wir gehen über die Brücke auf dem asphaltierten Weg in das Wiesengebiet, nach 500 m links ab bei einer weiteren Brücke und folgen diesem leicht gewundenen Weg bis wir nach 500 m an eine schmale Straße gelangen. Hier rechts ab bis zur Wümmebrücke. An der Wümme (Südarm) entlang bis zur nächsten Brücke, und auf der anderen Seite wieder zurück, zus. etwa 2 km. Auf dem Rückweg halten wir uns geradeaus und erreichen den Hodenberger Deich, hier links ab zum Ausgangspunkt zurück.
Alternative: Von der Wümmebrücke aus entgegengesetzt rechts ab bis wir nach gut 2 km eine Wehranlage mit Brücke erreichen und auf der anderen Wümmeseite zurückwandern. Weglänge ab Ausgangspunkt 8 km – 2 Stunden.

Was wir sehen:

Die Weite und Einsamkeit der Wümmeniederung ist hier besonders spürbar, reine Wiesenlandschaft. Der Deichweg gestattet einen weiten Blick, Wild und Vogelwelt sind gut zu beobachten. Einige sehr seltene Arten: großer Brachvogel, Sumpfohreule, Rohrweihe, Uferschnepfe.

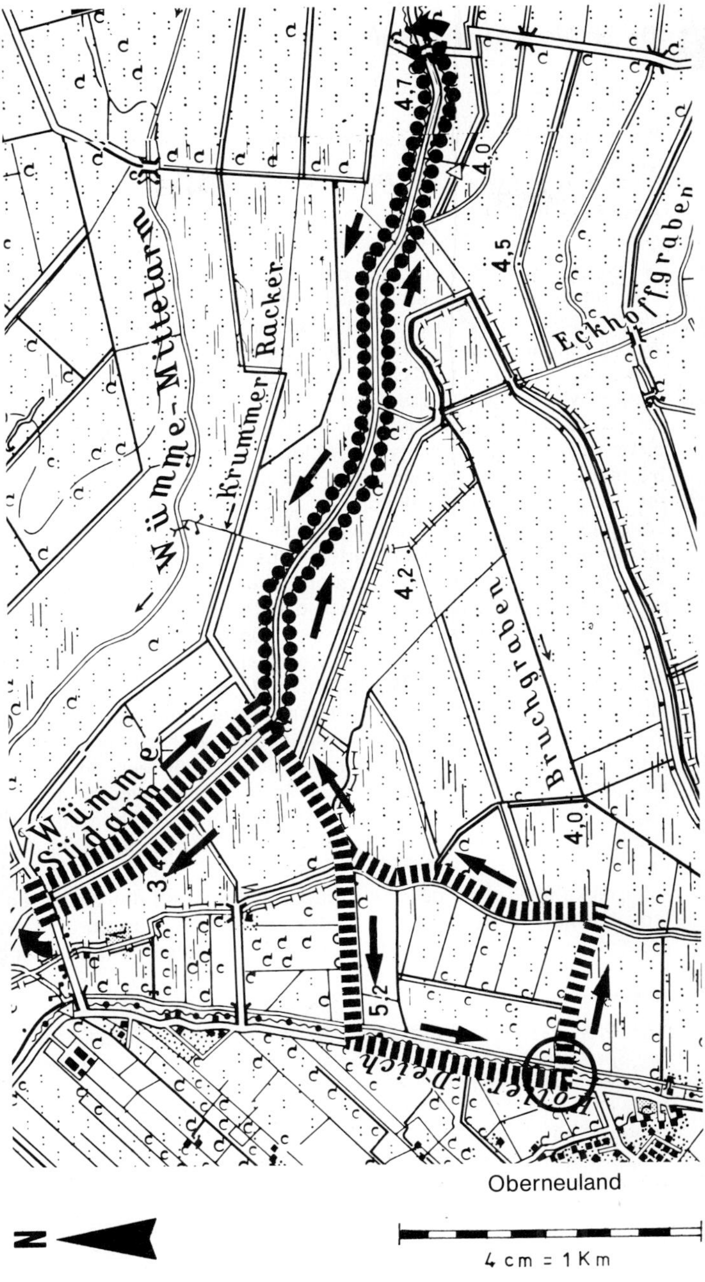

Wümme-Mittelarm
Krummer Racker
Eckhoffgraben
Bruchgraben
Wümme Südarm
4,7
4,0
4,5
4,2
3,4
5,2
4,0
Oberneuland
N
4 cm = 1 Km

29 Durch die Wörpewiesen nach Heidberg

Weglänge: 15 km; Dauer der Wanderung: 1¼ Stunden

Anfahrt: Lilienthal bis Ortsausgang Falkenberg

Ausgangspunkt:

Gasthaus „Kutscher Behrens" in Lilienthal–Falkenberg.
Gleich hinter dem Parkplatz des Gasthauses führt eine Brücke über die Wörpe. Auf dieser Brücke überqueren wir die Wörpe und biegen links ab auf einen Schlackenweg, der direkt am Ufer der Wörpe entlang führt. Wir folgen diesem Weg bis zur Straße Lilienthal–Ottersberg in Höhe einer Brücke über die Wörpe. Hier biegen wir rechts ab und folgen dem Radweg etwa 1,3 km weit bis kurz hinter einem links der Straße gelegenen Gehöft und vor einer Bushaltestelle rechts ein Feldweg abbiegt, der mit Eichenbäumen bestanden ist. Wir folgen ihm etwa 700 m an einem größeren Hof vorbei zur Timmersloher Landstraße. Der Timmersloher Landstraße folgen wir Richtung Timmersloh vorbei an der rechts gelegenen Schule bis wir direkt vor uns ein Feuerwehrgerätehaus der Feuerwehr Bremen-Timmersloh sehen. Hier biegen wir rechts in die Eichenallee ab, an der sich die Polizeistation Lilienthal befindet. Etwa 150 m nach der Polizeistation biegen wir rechts in die Butendieker Landstraße ein und wenig später überqueren wir die rechter Hand gelegene Wörpebrücke (rechts liegt der Gasthof Murken). Wir radeln am links gelegenen neuen Rathaus von Lilienthal vorbei, das direkt neben der sehenswerten Klosterkirche liegt. Kurz darauf biegen wir rechts in die Amtsstraße ein, der wir bis zu ihrem Ende folgen, um dann links in den Konventshof abzubiegen. Nach etwa 100 m erreichen wir die Falkenberger Landstraße, der wir nun rechts Richtung Worpswede bis zum Ausgangspunkt folgen.
Alternative für Fußgänger: Vom Ausgangspunkt an der Wörpe entlang bis zur Kirche Lilienthal und den gleichen Weg zurück, insgesamt gut 4 km – 1 Stunde. Sehr reizvoll. Beliebige Abkürzung.

Was wir sehen:

Besonders reizvoll ist der Wiesenweg durch die Wörpeniederung. Der Spaziergänger fühlt sich so recht eingebettet in das Grün der Wiesen. Nur vereinzelt stehen ein paar Weiden oder Erlen am Wege. Zur Heuzeit im Juni herrscht ein fast betäubender Duft nach Gräsern und Wiesenblumen. Nach der Heuernte aber, wenn die weiten Flächen sauber gemäht und abgeerntet sind, sieht die Landschaft aus wie ein großer Park.

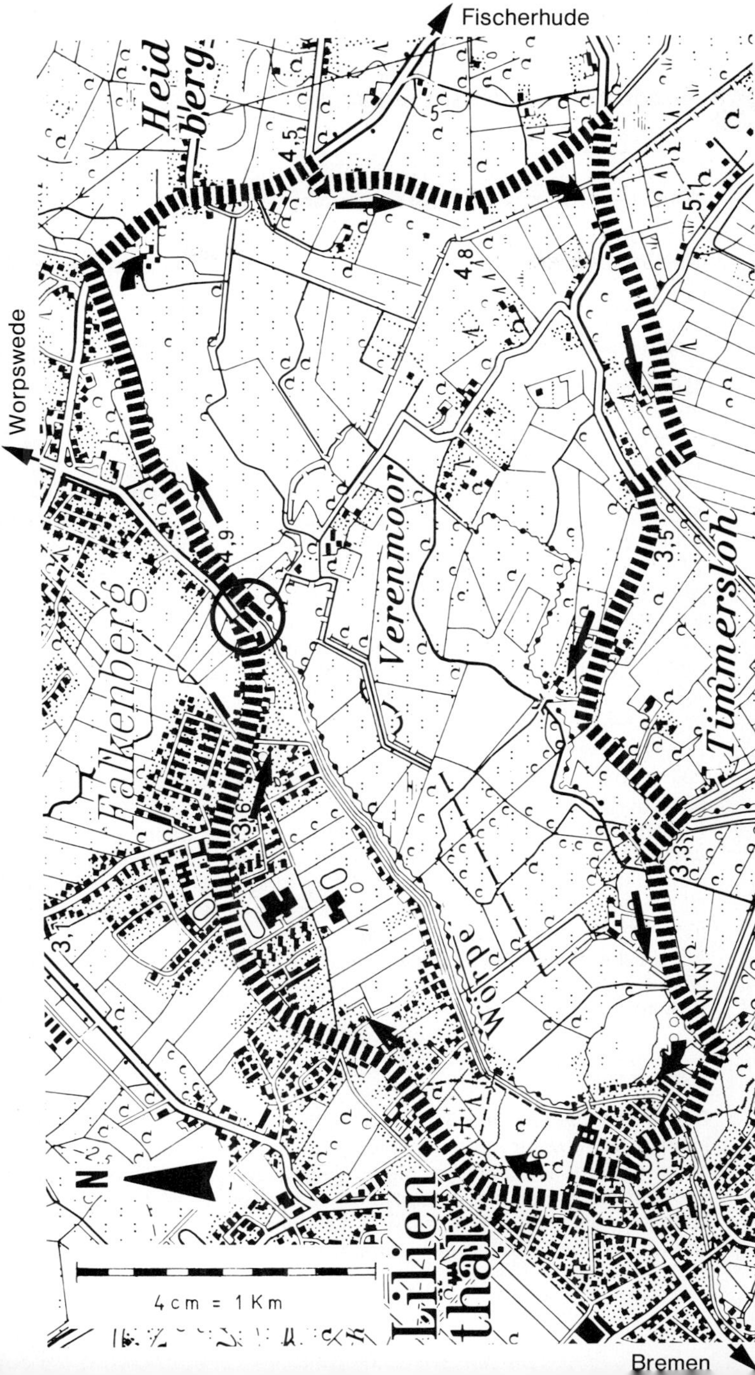

Fischerhude
Worpswede
Heid berg
Verenmoor
Timmersloh
Falkenberg
Wörpe
Lilien thal
N
4cm = 1Km
Bremen

30 Durch die Worphauser Feldmark

Weglänge: 7,5 km; Dauer der Wanderung 1¾ Stunden

Anfahrt: Ab Lilienthal Richtung Worpswede bis Ortsausgang Worphausen

Ausgangspunkt:

Gerdes Landhaus in Worphausen
Dem Gasthaus gegenüber gehen wir geradeaus die Lüninghauser Straße etwa 900 m entlang, bis links eine schmale Asphaltstraße („Kiefernweg") abzweigt. Wir folgen ihr bis zur nächsten Querstraße („Querreihe"). Hier wenden wir uns nach rechts und nach 100 m wieder nach links in die Feldstraße. Der asphaltierte Weg bringt uns an einigen Häusern vorbei nach 800 m an eine Wegkreuzung. Wir überqueren die Asphaltstraße „Graspad" und wandern geradeaus weiter auf dem nun nur noch schwach benutzten Feldweg, bis nach etwa 1 km ein schwach befestigter Sandweg nach rechts abzweigt. Dieser führt uns unter einer Hochspannungsleitung hindurch über die erste Feldwegkreuzung hinweg bis zu einem Hof und einem stärker befahrenen asphaltierten Querweg. Wir wenden uns nach rechts und folgen diesem Weg an mehreren Häusern und einer ehemaligen Hühnerfarm vorbei. Nach etwa 200 m biegt der asphaltierte Weg nach links ab. Dieser Linksabbiegung folgen wir nicht, sondern dem geradeaus führenden Feldweg. Wir überqueren nach 400 m erneut die Straße „Graspad" und erreichen nach weiteren 500 m einen rechts abbiegenden Feldweg, dem wir folgen. Nach ca. 350 m biegen wir in Höhe einer Gärtnerei links ab. Über einen leicht welligen Weg erreichen wir nach 500 m einen Querweg, dem wir nun nach rechts folgen. Auf diesem Weg gelangen wir zurück zur Feldstraße, die wir schon vom Beginn unserer Wanderung kennen. Ihr folgen wir zurück zum Ausgangspunkt.

Was wir sehen:

Dieser Wanderweg ist einer der wenigen, überwiegend nicht bekannten Rundwege, die es in Worphausen noch gibt. Er führt uns durch größere Ackerflächen, die im Teufelsmoor selten sind, da für den Getreideanbau der Boden nicht besonders geeignet ist. Hier aber können wir im Frühling die Feldlerchen singen hören und uns an dem hellen Grün der Getreidesaat erfreuen.

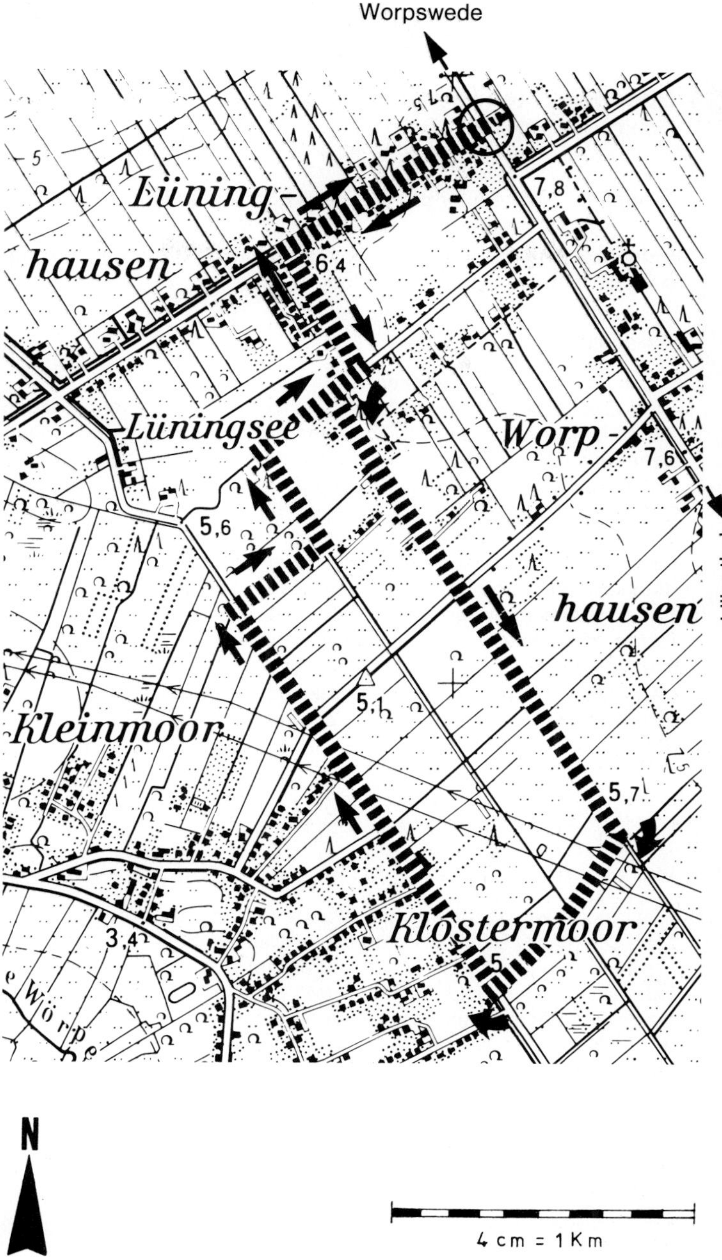
Worpswede
Lüning-
hausen
Lüningsee
Worp-
hausen
Kleinmoor
Klostermoor
Lilienthal
7,8
6,4
7,6
5,6
5,1
5,7
3,4
5
N
4 cm = 1 Km

31 Über den Totenweg zu den Waakhauser Schießanlagen

Weglänge: 7 km; Dauer der Wanderung: 1 3/4 Stunden

Anfahrt: Lilienthal–Worpswede, hier Richtung Osterholz-Scharmbeck, Wirtshausschild rechts an der Straße

Ausgangspunkt:

Gasthaus Meyer „Zur Semkenfahrt“ in Waakhausen
Vom Gasthaus aus wandern wir entlang dem Semkenfahrtkanal zurück zur Landstraße. Wir überqueren sie und folgen der gegenüberliegend beginnenden Gemeindestraße („Worpheimer Straße“). Auf der ersten Wegekreuzung wenden wir uns nach rechts und folgen der asphaltierten Straße („Totenweg“), die nach etwa 1 km in einen befestigten Schlackenweg übergeht. Nach etwa weiteren 400 m biegen wir rechts in einen Feldweg ein, der uns durch Birkengehölz an einem Hof vorbei zurück zur Hauptstraße bringt. (Es besteht auch die Möglichkeit, nach weiteren 400 m den rechts abbiegenden Schlackenweg zur Hauptstraße zu wählen). Auf der Hauptstraße wenden wir uns nach rechts und gelangen nach etwa 2 km zurück zur Semkenfahrtkanalbrücke und damit zum Zufahrtsweg der Gaststätte „Zur Semkenfahrt“.

Was wir sehen:

Wenngleich wir bei dieser Rundwanderung mangels einer anderen Möglichkeit ein Stück Landstraße in Kauf nehmen müssen, so ist sie doch in besonderem Maße interessant und abwechslungsreich. Schon das gemütliche Gasthaus und seine romantische Lage unter großen Bäumen am Semkenfahrtkanal ist anziehend. Der Kanal, der 1 1/2 km entfernt in die Hamme einmündet, wird im Sommer bis zum Gasthaus von vielen Booten, insbesondere von Kanus befahren. Besonders schön ist auch die Wanderung auf dem Totenweg, einem stillen, wenig befahrenen Feldweg, entlang an einigen kleinen Einzelhöfen. Der Weg zurück zur Hauptstraße führt teilweise durch hohen Kiefernbestand, der in dieser Gegend selten ist. Hier liegen dicht beieinander ein Trainingszentrum für Olympischen Schießsport und die Schießanlage eines Bremer Schützenvereins.

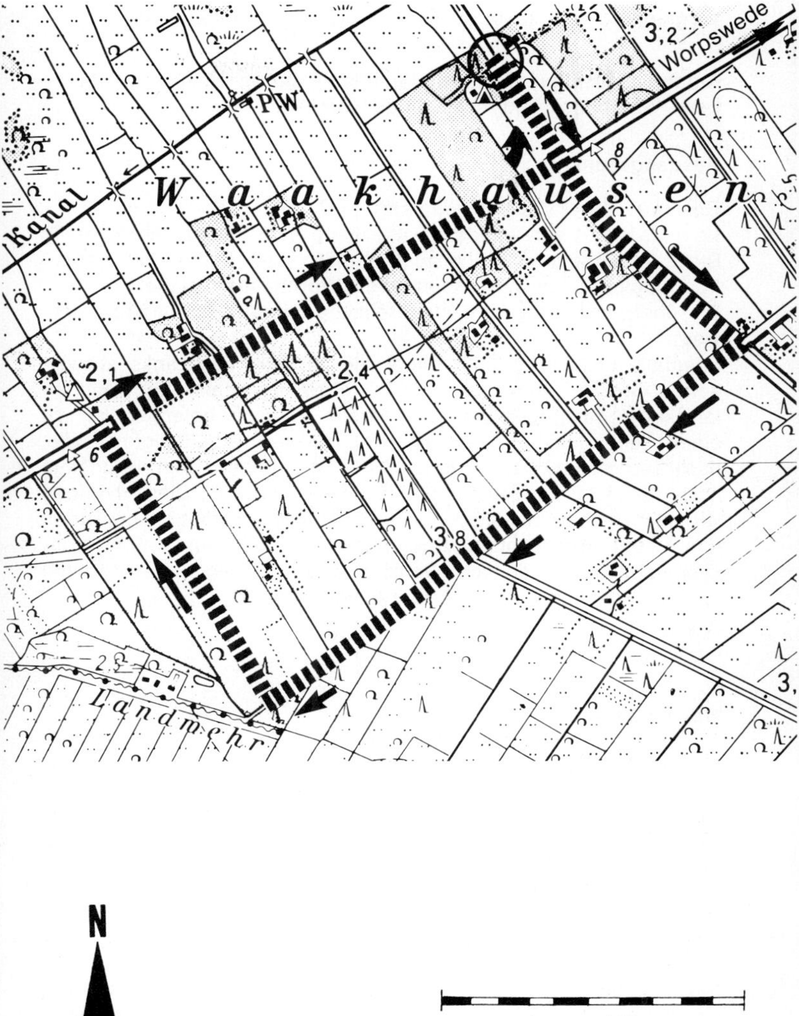

3,2
Worpswede
PW
8
Kanal
W a a k h a u s e n
2,1
2,4
6
3,8
Landmehr
3,
N
4 cm = 1 Km

32 Am Semkenfahrtkanal

Weglänge: 7 km; Dauer der Wanderung: 1¾ Stunden

Anfahrt: Lilienthal–Worpswede, hier Richtung Osterholz-Scharmbeck, Wirtshausschild rechts an der Straße

Ausgangspunkt:

Gasthaus Meyer „Zur Semkenfahrt“
Vom Gasthaus aus wandern wir entlang dem Semkenfahrtkanal in Richtung Landstraße, überqueren diese und folgen der gegenüber beginnenden Gemeindestraße („Worpheimer Straße“).
Wir überqueren die erste Wegkreuzung (Nordweder Straße/Totenweg).
Ebenfalls unberücksichtigt bleibt die nächste, nach links abzweigende Straße (Südweder Straße). Kurz nachdem der Semkenfahrtkanal nach links von der Straße abbiegt, gelangen wir zu einer Wegekreuzung. Hier führt nach links eine befestigte Straße, nach rechts ein Weg („Heudamm“). Wir folgen dem Heudamm nach rechts, bis dieser in den Querweg mündet. Diesem folgen wir nach rechts, bis dieser auf den Totenweg stößt. Wir wenden uns erneut nach rechts und gelangen nach gut 1 km zurück zu der Gemeindestraße, die vom Semkenfahrtkanal begleitet wird. Von hier aus kommen wir zurück zum Ausgangspunkt.

Was wir sehen:

Das gemütliche Gasthaus nimmt sich in seiner hübschen Umgebung sehr reizvoll aus. Die Wanderung führt uns anfangs am Semkenfahrtkanal entlang. Das ist zwar nur ein kleiner, in diesem Bereich nicht mehr mit Booten befahrbarer Kanal. Er bietet aber zu jeder Jahreszeit ein lebendiges Bild. In dem langsam fließenden schwarz-blauen Wasser spiegeln sich die Wolken und die dichte Reihe der jungen Birken, die auf der Böschung zwischen Kanal und Straße stehen. Manchmal treffen wir einen Schwarm Enten, der von einem der nahen Höfe hierher geschwommen ist. Der Rückweg führt uns durch ein wundervoll ruhiges und einsames Gebiet, es ist der Bereich der Wasserscheide zwischen Hamme- und Wümmeniederung. Mit etwas Glück können wir hier Rehwild und Hasen beobachten oder auch einen Fuchs vorbeischnüren sehen.

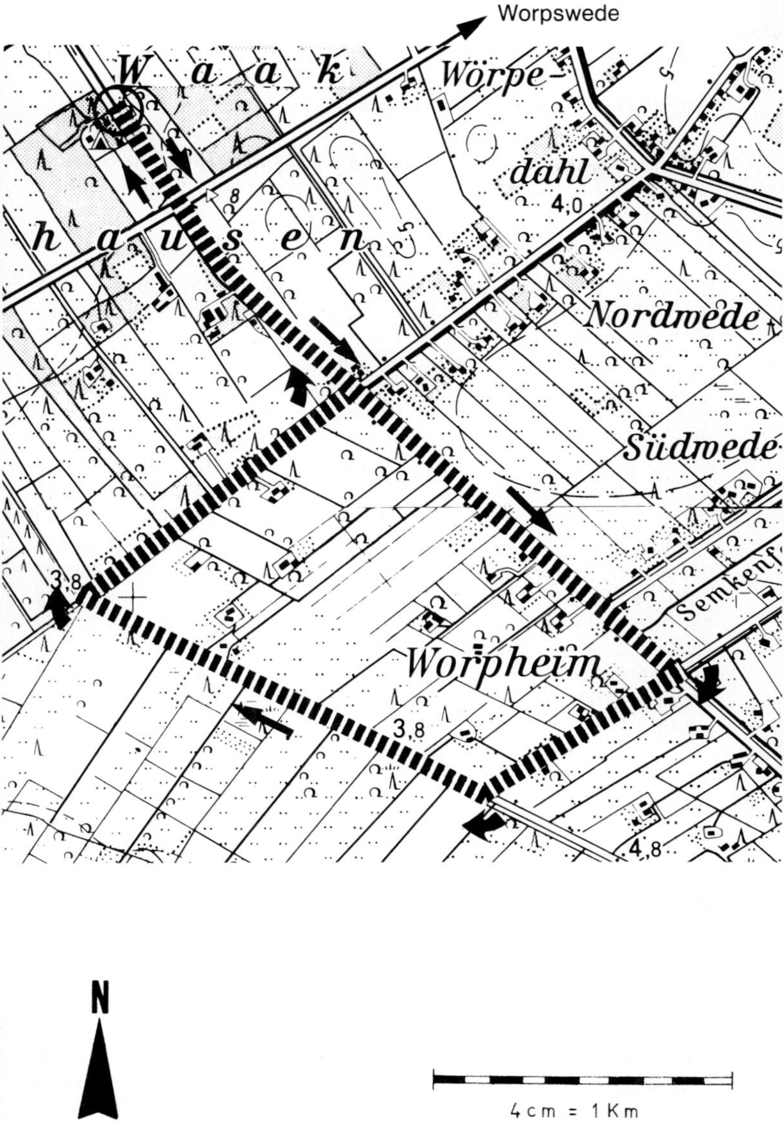

Worpswede
W a a k
h a u s e n
Wörpe-
dahl
4,0
Nordwede
Südwede
Worpheim
3,8
3,8
4,8
N
4cm = 1Km

33 Von Neu-Helgoland in das Naturschutzgebiet »Breites Wasser«

Weglänge: 4 km; Dauer der Wanderung: 1 Stunde

Anfahrt: Lilienthal–Worpswede, hier Richtung Osterholz-Scharmbeck, an der Jugendherberge rechts ab, Schild Neu-Helgoland

Ausgangspunkt:

Hammebrücke bei ›Neu-Helgoland‹ (Abstellmöglichkeit für das Auto.) Die Wanderung kann auch vom Bahnhof Worpswede unternommen werden.
Wir überqueren die Hamme und wenden uns sogleich hinter der Brücke nach rechts. Dem parallel der Hamme führenden Weg folgen wir etwa einen Kilometer. In den ersten, nach links abzweigenden Weg biegen wir ein. Nach etwa 400 m stoßen wir auf einen Querweg, der uns ein kurzes Stück nach links führt. Jetzt halten wir uns rechts. Nach abermals 400 m gelangen wir auf einen breiten, stärker befahrenen Sandweg. Es ist der Hauptweg, der von Teufelsmoor nach Worpswede führt. Wir folgen ihm links zurück in Richtung Worpswede. Etwa 100 m von der Hammebrücke zweigt nach rechts ein etwas zugewachsener Grasweg in Richtung auf ein Erlenwäldchen ab. Es ist ein Stichweg, auf dem wir bis an die Beeke, sowie an eine besonders große Blänke (Flußverbreiterung – Altwasser) gelangen können. Auf dem gleichen Weg geht es zurück zum Hauptweg; mit ihm gelangen wir zurück zum Ausgangspunkt.

Was wir sehen:

Diese kurze, unbeschwerliche Wanderung erschließt uns den ganzen Zauber dieses Landschaftsteiles. Er wird auch »Nasses Dreieck« genannt, weil die Hamme und die Beeke hier zusammenfließen und sehr breite Blänken geschaffen haben, bzw. die Hamme früher durch dieses Gebiet ihren Lauf genommen und nach der Verlegung breite Altwässer zurückgelassen hat. Besonders wegen der Vielzahl und dem Artenreichtum der Vogelwelt ist dieses Gebiet für den Vogelfreund interessant und unter Naturschutz gestellt worden.

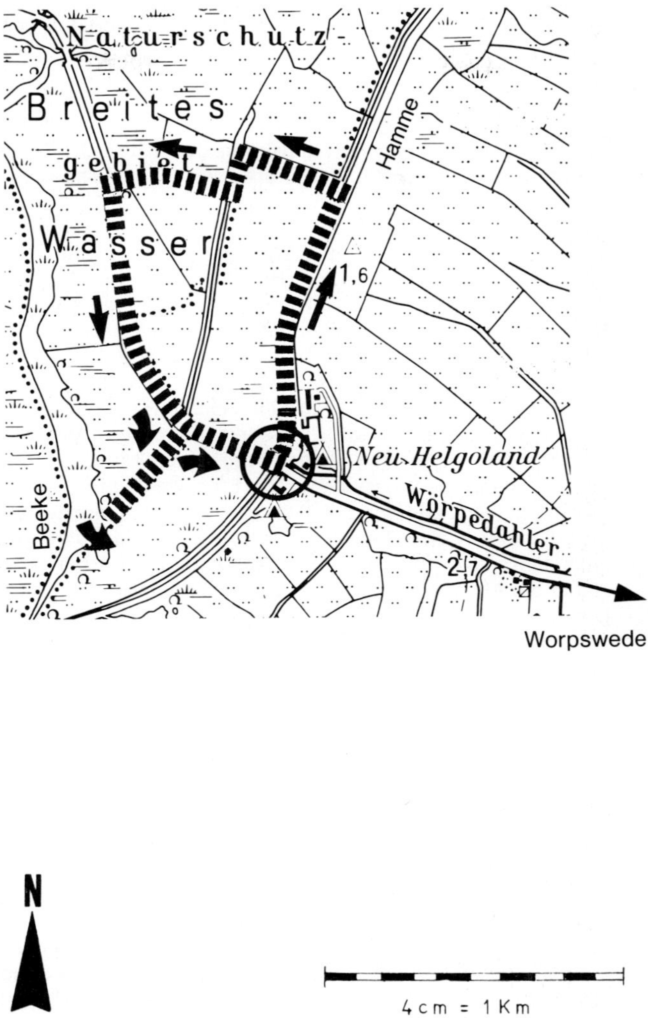
Naturschutz-
gebiet
Breites
Wasser
Hamme
1,6
Beeke
Neu Helgoland
Wörpedahler
2,7
Worpswede
N
4 cm = 1 Km

34 Von der Wulfsburg über Niedersandhausen nach Sandhausen

Weglänge: 7 km, Dauer der Wanderung: $1^{3}/_{4}$ Stunden.

Anfahrt: B 74 Richtung Bremervörde, in Pennigbüttel rechts ab, Schild Teufelsmoor–Worpswede.

Ausgangspunkt:

Beekebrücke im Zuge der Landstraße durch den Ort Teufelsmoor (Teufelsmoorstraße). Vor der Brücke ist ausreichender Platz zum Abstellen des Pkw vorhanden.
Von der Brücke aus wandern wir in Richtung Osterholz-Scharmbeck/Pennigbüttel. Nach etwa 200 m zweigt rechts die Straße „Wulfsburg" ab. Kurz vor dem Hof Wulfsburg gabelt sich der nun nicht mehr befestigte Weg. Wir folgen dem linken sandigen Weg. Nach etwa 1,7 km erreichen wir die nach rechts führende Abzweigung zu dem in 400 m Entfernung unter Bäumen am Ufer der Beeke gelegenen Wirtshaus „Bargschütt", dessen Besuch einen Abstecher lohnt. Der Rundweg führt noch etwa 400 m weiter, dann müssen wir links beim Schild „Niedersandhausen" abbiegen. Nach weiteren 300 m verläuft dieser Weg in einem Linksbogen. Wir nehmen dann den nächsten rechts abzweigenden, jetzt wieder geteerten Weg, den wir 2 km bis nach Niedersandhausen folgen. Im Ortsbereich erreichen wir eine Kreuzung. Wir folgen der nach links führenden Sandhausener Straße und erreichen nach etwa 200 m die Altendammer Straße, der wir ebenfalls nach links folgen. Die scharfe Rechtsbiegung nach etwa 2 km lassen wir unbeachtet. Wir nehmen den geradeaus weiterführenden Weg und erreichen nach 600 m die Straße „Wulfsburg". Von dort zurück zur Beekebrücke.

Was wir sehen:

Schon der Blick von der Beekebrücke in nördlicher wie in südlicher Richtung lohnt sich. Im Norden können wir das winzig kleine Gasthaus „Bargschütt" erkennen, welches einsam unter großen Bäumen liegt und nur auf diesem Wanderweg oder mit dem Boot zu erreichen ist. Das romantische, auf der Landzunge zwischen Beeke und Torfkanal gelegene kleine, sehr einfache Gasthaus reizt zum Ausruhen im Schatten der mächtigen, rauschenden Pappeln. Auf der weiteren Wanderung erleben wir das Sandhauser Moor, ein zum Teil noch echtes Hochmoor mit mächtigen Torfbänken. Auf dem Weg nach Niedersandhausen leitet uns die sich über Sandhausen erhebende Mühle.

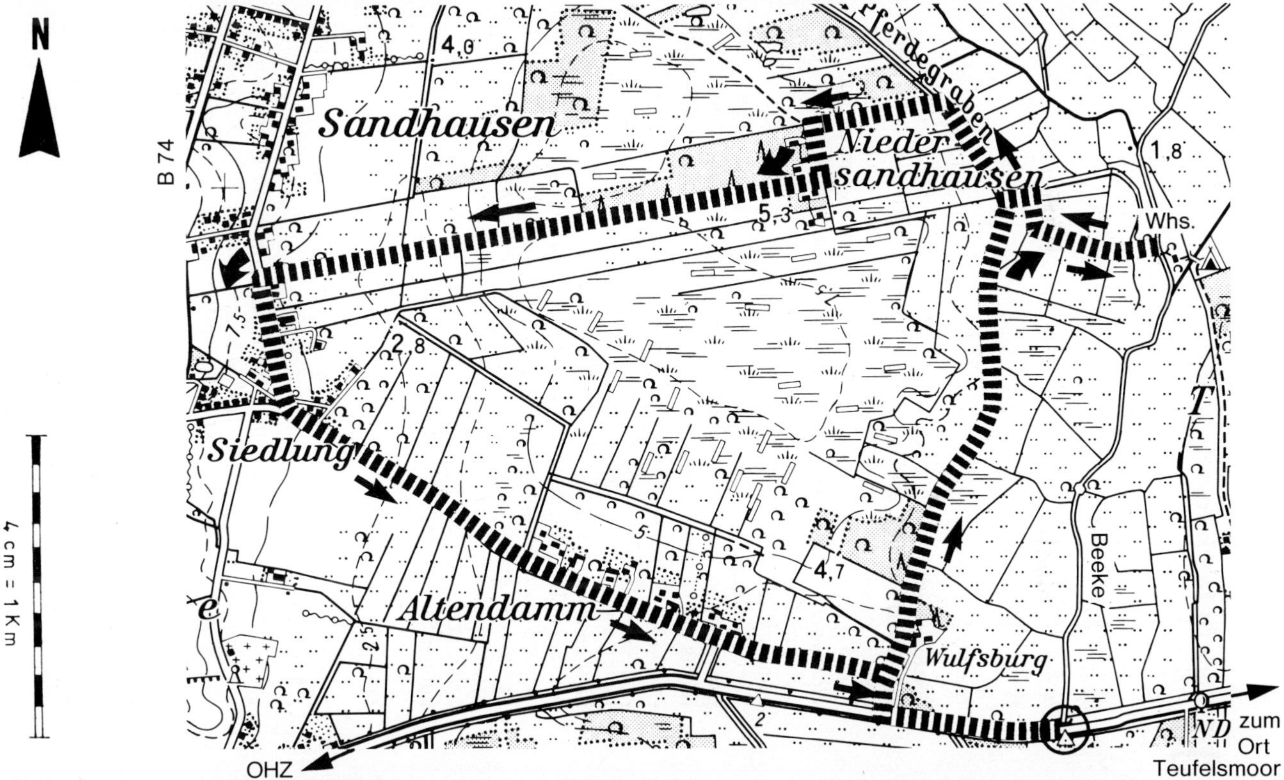
N
B 74
Sandhausen
Nieder
sandhausen
Pferdegraben
Whs.
Siedlung
Altendamm
Wulfsburg
Beeke
4,0
5,3
1,8
2,8
4,7
OHZ
zum
Ort
Teufelsmoor
4 cm = 1 Km

35 Zum Torfwerk Teufelsmoor

Weglänge: 4 km; Dauer der Wanderung: 1 Stunde

Anfahrt: B 74 Richtung Bremervörde. In Pennigbüttel rechts ab, Schild Teufelsmoor–Worpswede

Ausgangspunkt:

Gasthaus Schützenhof im Ort Teufelsmoor
Wir erreichen das Gasthaus von der Landstraße Osterholz-Scharmbeck/Pennigbüttel–Worpswede aus über die Gemeindestraße „Zur Kleinen Reihe", die etwa 1 km vor der Straßengabelung nach Worpswede nach links von der Landstraße abzweigt (an der Abzweigung befindet sich ein Wartehäuschen und ein Hinweisschild zum Gasthaus). Parkplatz ist vorhanden.
Vom Gasthaus aus wenden wir uns nach rechts und folgen dem gepflasterten Weg. Nach etwa 500 m biegt der Weg scharf nach rechts ab, wobei wir den geradeausführenden Moorweg unbeachtet lassen. Nach abermals etwa 500 m endet die Befestigung des Weges in Höhe eines rechts gelegenen Gehöftes. Etwa 150 m hinter diesem Hof biegen wir erneut nach rechts ab und gelangen über einen unbefestigten Moordamm zum Torfwerk Teufelsmoor. Auf dem Querweg, den wir vor dem Torfwerk erreichen, wenden wir uns nach rechts und gelangen nach etwa 1 km zurück zur Landstraße genau an der Straßengabelung Worpswede–Osterholz-Scharmbeck. Wir biegen nach rechts in Richtung Osterholz-Scharmbeck ab und wandern jetzt auf der Landstraße und später auf der Straße „Zur kleinen Reihe" zurück zum Gasthaus.

Was wir sehen:

Diese Wanderung ist vor allem für die am Torfabbau Interessierten ein Erlebnis. In Höhe des Torfwerkes streift der Blick Kilometerweit über die abgetorften Flächen. Im Vordergrund dicht am Wege steht meistens eine ungeheuer große Torfmiete und wartet auf den Abtransport. In der Ferne können wir die großen Abbaumaschinen erkennen. Trotz des weit vorangeschrittenen industriellen Abbaues gewinnen wir bei dieser Wanderung noch immer einen guten Einblick in den besonderen Zauber dieser einsamen Hochmoorlandschaft.

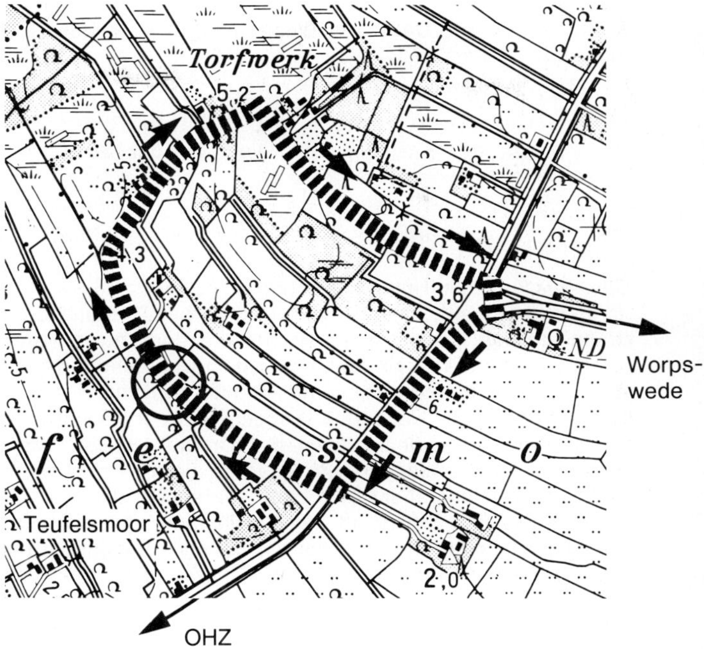
Torfwerk
5,2
4,3
3,6
6
2,0
Teufelsmoor
Worps-
wede
OHZ

N
4 cm = 1 Km

36 Durch Heudorf und Hüttendorf

Weglänge: 9,5 km; Dauer der Wanderung: 2½ Stunden zu Fuß – ¾ Stunde mit dem Rad

Anfahrt: Lilienthal–Worpswede, hier Richtung Gnarrenburg bis Hüttenbusch, der Ausgangspunkt liegt an der Straße auf der linken Seite

Ausgangspunkt:

Gasthaus Finken in Hüttenbusch (Parkplatz vorhanden)
Vom Gasthaus aus wandern wir in nördlicher Richtung die Landstraße entlang, lassen den Ortsteil Hüttendorf rechts liegen und gelangen nach etwa 3 km kurz hinter dem Überqueren der eingleisigen Kleinbahnstrecke zu einer Straßenkreuzung. Linker Hand liegt der Haltepunkt Heudorf. Wir folgen aber der Heudorfer Straße nach rechts und kommen durch den Ortsteil Heudorf. Am Ende der Ortsbebauung knickt der Weg scharf nach rechts ab auf den gepflasterten Nullgrabendamm. Auf der neuen Straße gelangen wir am Ortsteil Fünfhausen zur Schulstraße, der wir mit allen Windungen folgen, sie führt uns am Bahnhof Hüttenbusch vorbei bis zur Hüttenbuschstraße an den Ausgangspunkt.

Was wir sehen:

Diese Wanderung führt uns durch zwei noch nahezu in ihrer ursprünglichen Art erhaltene Findorffsiedlungen. Die unterschiedlich großen Hofstellen liegen etwas abgesetzt von der Straße inmitten der Hofgehölze von Eichen und Birken. Das Reetdach herrscht hier noch vor. Die wenigen, neu erstellten Gebäude passen sich in ihrer Klinkerbauweise meistens gut in die alten Hofanlagen ein. Das Gebiet beiderseits der Schulstraße, durch das wir auf dem Rückweg gelangen, ist stark besiedelt, durch den dichten Bewuchs mit Birken und Kiefern jedoch zu einer angenehmen Kulturlandschaft geworden.

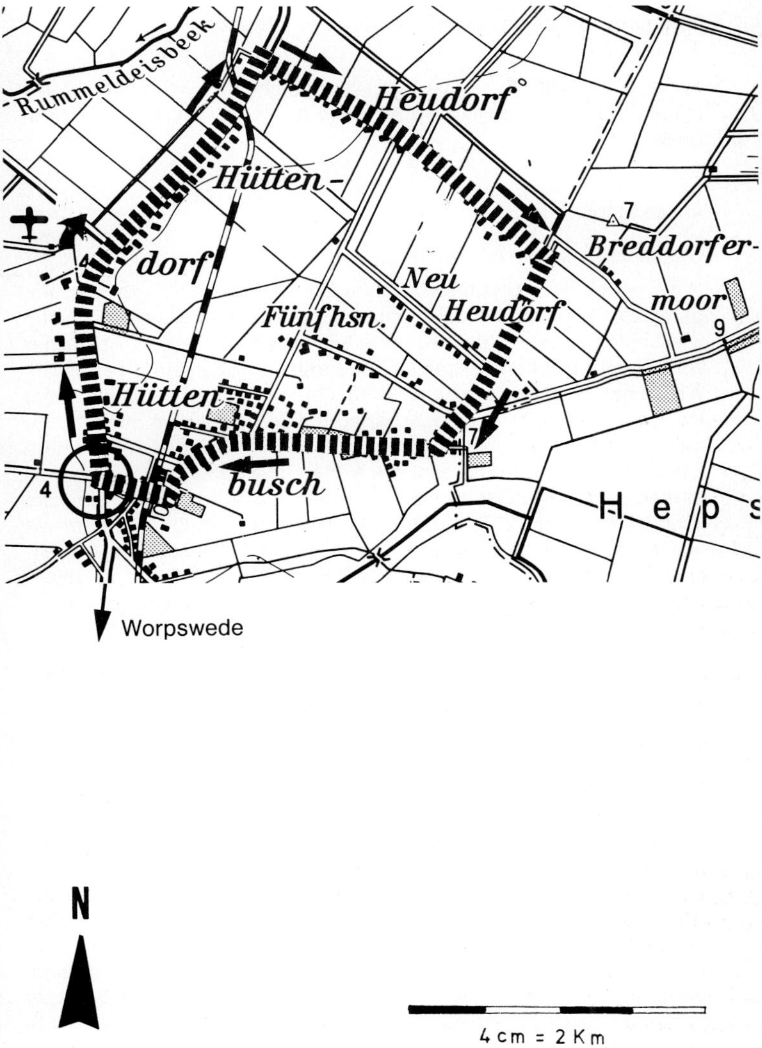

Rummeldeisbeek
Heudorf
Hütten-
dorf
Breddorfer-
moor
Neu
Heudorf
Fünfhsn.
Hütten-
busch
Heps
Worpswede
N
4 cm = 2 Km

37 Von Hüttenbusch in die Hammewiesen

Weglänge: 8 km; Dauer der Wanderung: 2 Stunden

Anfahrt: Lilienthal–Worpswede, hier Richtung Gnarrenburg bis Hüttenbusch, der Ausgangspunkt liegt an der Straße auf der linken Seite

Ausgangspunkt:

Gasthaus Finken in Hüttenbusch

Dicht neben dem Gasthaus beginnt ein asphaltierter Weg, der hinunter zur Hamme führt; ihm folgen wir etwa einen Kilometer. Wenn wir Lust haben, sollten wir von hier aus noch einen Abstecher zur Hamme machen. Unser Rundwanderweg aber biegt rechts ab. Wir folgen jetzt stets diesem Weg der mit Spurplatten ausgelegt ist, der nach 300 m eine scharfe Links-Rechtskurve macht. Vor dem Flugplatz gehen wir rechts ab. Nach etwa zwei Kilometern kommen wir zur Landstraße, die Vollersode und Hüttenbusch verbindet. (Am besten gehen wir den gleichen Weg zurück, weil die Straße meist stark befahren ist). Auf der Straße wenden wir uns nach rechts und gelangen nach einem Kilometer zur Hüttenbuscher Dorfstraße. Jetzt halten wir uns wieder rechts und gelangen durch das alte Dorf Hüttenbusch zurück zum Ausgangspunkt.

Was wir sehen:

Besondere Attraktion bei dieser Wanderung dürfte sicher der kleine Sportflugplatz sein. Der Wanderweg führt unmittelbar am unteren Ende der Flugschneise vorbei. Wir können so aus allernächster Nähe zuschauen, wie die kleinen Flugzeuge sich leicht vom Boden abheben und dicht über unseren Köpfen dahinbrausen. Aber auch landschaftlich hat diese Wanderung nicht geringe Reize. Es ist immer wieder ein Erlebnis, die bebauten Dorfgebiete hinter sich zu lassen und einzutauchen in die Weite der Flußniederung. Wenn dann noch der für die Hammeniederung typisch bewegte Sommerwolkenhimmel dazukommt und das vielstimmige Gezwitscher der Vogelwelt, so ist sicher die Freude an dieser Wanderung vollkommen.

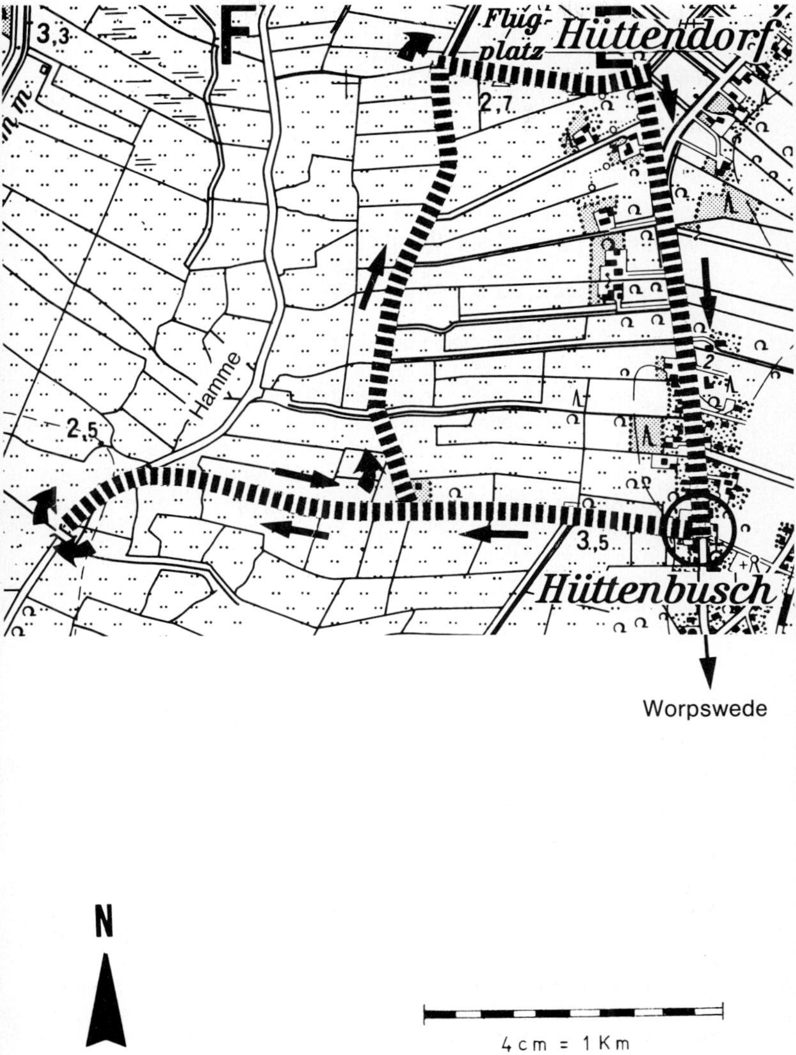

F
3,3
Flug-
platz
Hüttendorf
2,7
Hamme
2,5
2
3,5
Hüttenbusch
Worpswede
N
4 cm = 1 Km

38 Durch die Hepstedter Wiesen

Weglänge: 7 km; Dauer der Wanderung: 1¾ Stunden

Anfahrt: Ab Lilienthal Richtung Worpswede, hier Richtung Hüttenbusch. Im Ortseingang Hüttenbusch rechts ab in die Straße „Am Bahnhof"

Ausgangspunkt:

Bahnhofsgaststätte Hüttenbusch
Wir folgen der Straße „Am Bahnhof" noch 150 m, überqueren dann rechter Hand die Bahngleise und wandern an der Schule vorbei immer geradeaus, bis die Straße einen scharfen Knick nach links macht.
An dieser Stelle halten wir uns weiter geradeaus, bis die Straße nach 130 m endet und rechts ein Feldweg beginnt, der schon kurze Zeit später nach links verläuft. Wir durchqueren eine etwas moorige Heidefläche, wenden uns nach 400 m wieder nach rechts und stoßen auf einen querlaufenden Sandweg, dem wir nach rechts folgen. Wir überqueren auf einer Holzbrücke die Schmoo. An der nächsten Linkskurve des Weges wenden wir uns nach rechts und folgen einem nur wenig begangenen Grasweg. Nach etwa einem Kilometer treffen wir auf einen stärker befahrenen Feldweg, dem wir wieder nach rechts folgen. Wir überqueren erneut die Schmoo und gelangen zurück in den Ort. Auf der Dorfstraße gelangen wir rechter Hand zum Ausgangspunkt zurück.

Was wir sehen:

Zu Beginn durchwandern wir einen hübschen, stark mit Birken und Kiefern durchsetzten Ortsteil von Hüttenbusch. Nachher gelangen wir an den Rand des Breddorfer Moores, eines besonders im Sommer unendlich reizvollen, sehr einsamen, unbesiedelten Gebietes. Auf dem Rundweg begleitet uns in geringer Entfernung die Schmoo, ein kleiner Moorfluß, der bei der Schleuse in Teufelsmoor in die Hamme mündet.

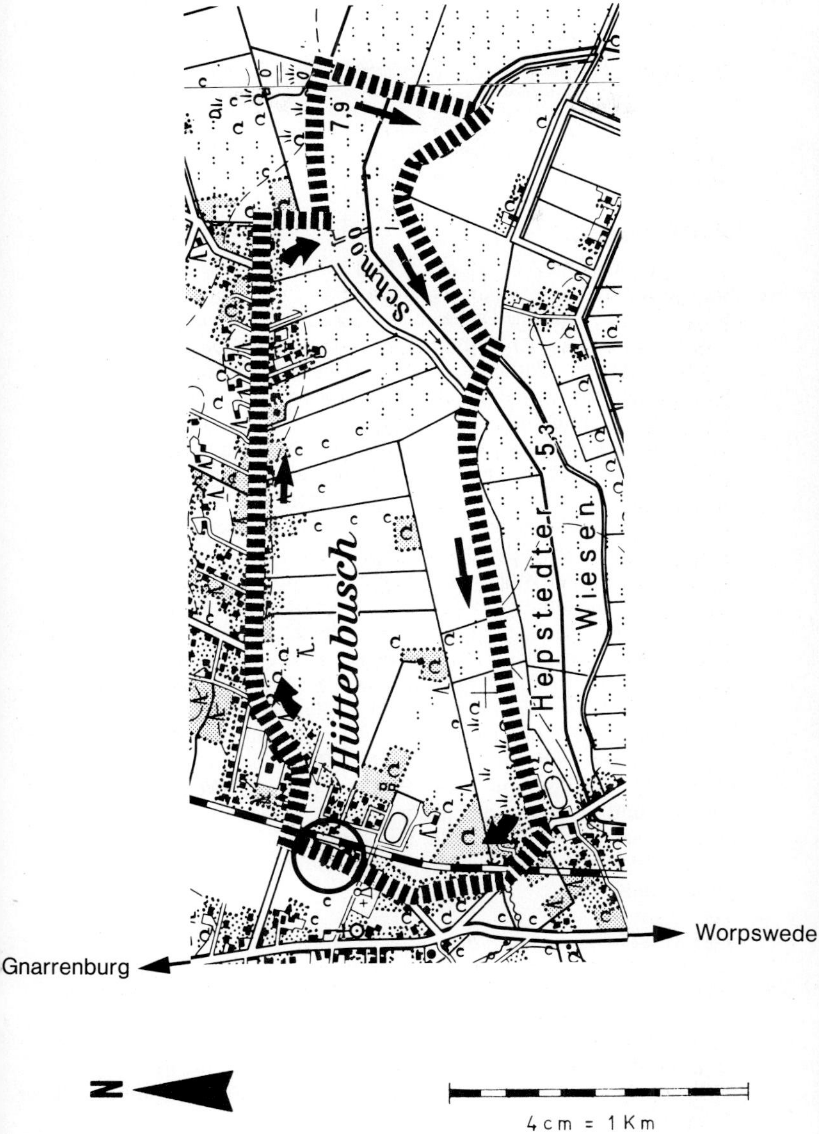
Hüttenbusch
Hepstedter Wiesen
Schm.o
7,9
Worpswede
Gnarrenburg
N
4cm = 1 Km

39 Durch Überhamm und Mevenstedt

Weglänge: 10 km; Dauer der Wanderung: 2½ Stunden zu Fuß – ¾ Stunde mit dem Rad

Anfahrt: Lilienthal–Worpswede, hier Richtung Bremervörde bis Ortseingang Neu Sankt Jürgen

Ausgangspunkt:

„Tienkens Gasthof“ Am Bahnhof Neu St. Jürgen
Vom Gasthaus aus folgen wir etwa 250 m der Dorfstraße in Richtung Neu St. Jürgen. Die zweite nach links abzweigende Straße („Am Mühlendamm“) führt uns in Richtung Hüttenbusch. An der dann folgenden Wegekreuzung wenden wir uns nach links, den Spurplattenweg entlang. Wir überqueren die Kleinbahngleise, kreuzen die Landstraße und folgen weiter der Straße in Richtung Osterholz-Scharmbeck–Pennigbüttel. Nach etwa 700 m zweigt nach links die Überhammer Dorfstraße ab. Auf ihr gelangen wir durch den Ort Überhamm zur Umbeckbrücke. Direkt hinter der Brücke zweigt wieder nach links – vor dem Ortsschild Worpswede – eine asphaltierte Straße ab, die parallel zur Umbeck verläuft. Unser Weg kreuzt wieder die Kleinbahn und führt zur Landstraße zurück, der wir ein kurzes Stück nach links folgen um dann rechts in die Straße nach Tarmstedt („Schlußdorfer Straße“) einzubiegen. Wir können nun gut 1 km auf einem gut ausgebauten Radweg entlang dieser Straße fahren, bis wir zu einer Straßengabelung gelangen, an der wir links in den Kreiendamm abbiegen. Nach abermals 1 km stoßen von links zwei asphaltierte Straßen auf unsere Straße, die hier eine leichte Rechtsbiegung macht. Wir folgen der rechten der zwei Straßen („Neuer Weg“) in Nordrichtung und gelangen durch das Neusiedlungsgebiet von Neu St. Jürgen über die Rabienstraße zur Dorfstraße von Neu St. Jürgen. Hier wenden wir uns nach links und kommen direkt zurück zum Ausgangspunkt.

Was wir sehen:

Diese Tour (größere Wanderung) führt uns auf durchgehend guten Wegen durch einen sehr hübschen Teil der Teufelsmoorlandschaft. Das Dorf Überhamm liegt unmittelbar am Rande der Hammeniederung, welche durch Lücken in den Hofgehölzen mit ihrer schier endlosen Weite zu sehen ist. Am Horizont können wir die hohe Osterholzer Geest erkennen.

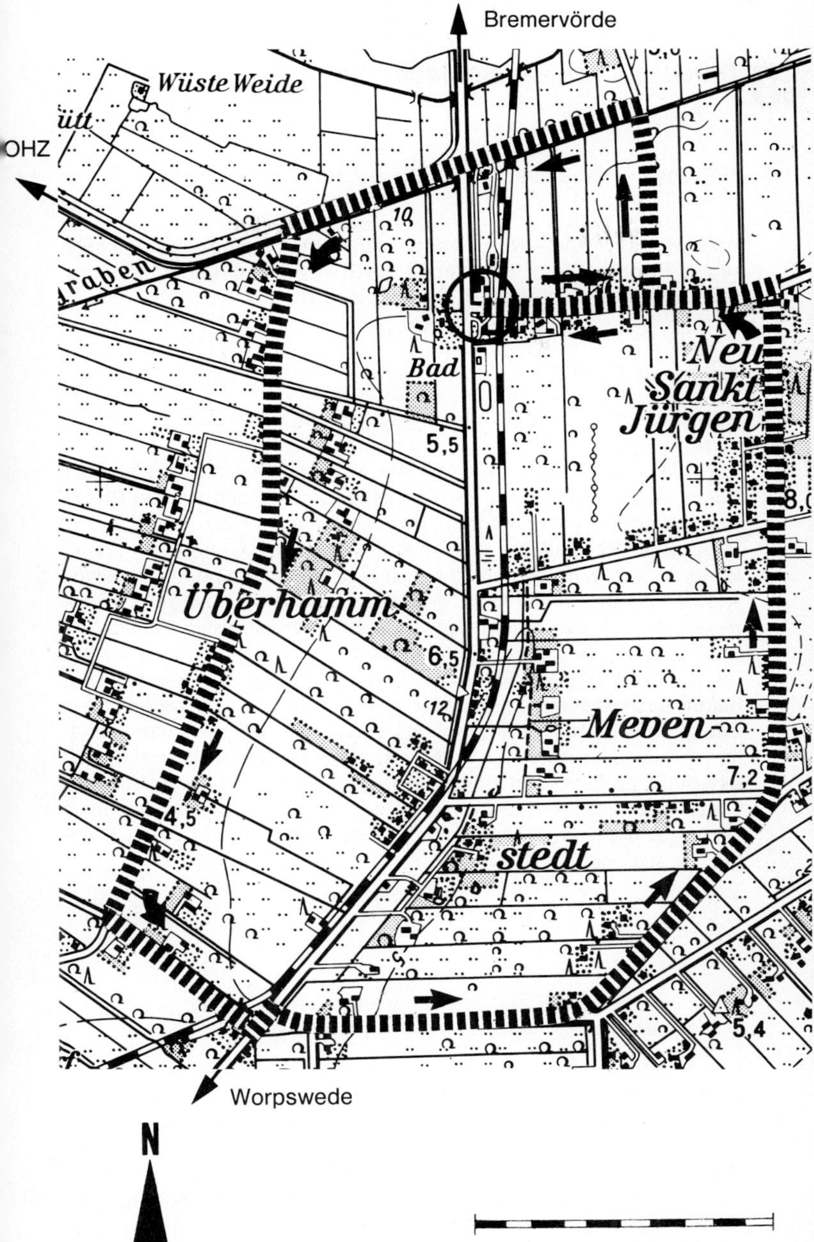

Bremervörde
Wüste Weide
OHZ
graben
10
Bad
Neu Sankt Jürgen
5,5
8,0
Überhamm
6,5
12
Meven-
7,2
4,5
stedt
5,4
Worpswede
N
4 cm = 1 Km

40 Durch das Tarmstedter Moor

Weglänge: 8 km; Dauer der Wanderung: 2 Stunden

Anfahrt: Lilienthal–Worpswede. Am Ortseingang scharf nach rechts Richtung Grasberg. Nach etwa 2 km links ab und kurz darauf rechts ab nach Adolphsdorf, Schild „Schützenhof"

Ausgangspunkt:

Gasthof Schützenhof (Otten) in Adolphsdorf (Parkplatz ist vorhanden)
Vom Gasthof aus wandern wir ein kurzes Stück die Straße nach Tüschendorf entlang. An der Rechtskurve verlassen wir die Straße und folgen dem befestigten Weg geradeaus. Nach etwa 300 m folgt eine Rechtskurve und nach weiteren 200 m eine Wegekreuzung. Wir folgen dem nach links abbiegenden Sandweg (Rothensteiner Damm, kein Namensschild). Diesem Weg folgen wir etwa 2,5 km bis zu einem gepflasterten Querweg. Hier wenden wir uns nach rechts und folgen dem asphaltierten Weg bis zu einer kleinen Siedlung. Am Ende der Siedlung gabelt sich der Weg. Wir halten uns wieder rechts („Moordamm"). Nach einem weiteren km zweigt bei einem Wochenendhaus erneut ein schmaler unbefestigter Weg nach rechts ab. Dieser ist bei trockenem Wetter gut zu begehen. Er führt uns quer durch das noch weitgehend unkultivierte Moor zurück zum Rothensteiner Damm. Wir halten uns links und gelangen nun auf dem uns schon bekannten Weg zum Gasthof Schützenhof.

Was wir sehen:

Diese Wanderung vermittelt uns einen guten Eindruck von noch weitgehend unkultiviertem Moor. Bei feuchtem Wetter und im Herbst benötigen wir für diesen Weg festes Schuhzeug. Im Moor finden wir noch große Porstvorkommen, einem stark duftenden Kleinstrauch, der im Frühling golden schimmert und uns an die Moorromantik von Hermann Löns erinnert; auch Glockenheide gibt es hier noch in größeren Mengen.

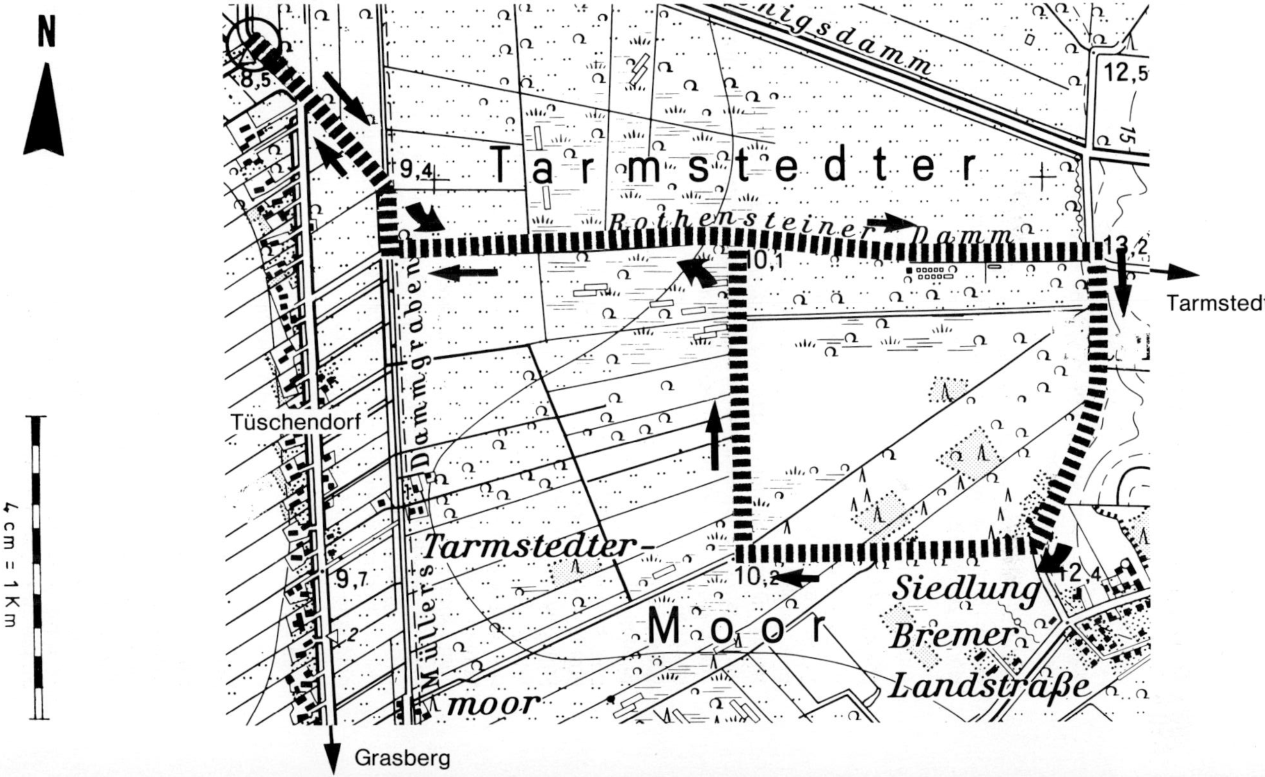
N
Tarmstedter
Rothensteiner Damm
Königsdamm
Dammgraben
Müllers
Tarmstedter-
Moor
moor
Siedlung
Bremer
Landstraße
Tüschendorf
Tarmstedt
Grasberg
8,5
9,4
10,1
13,2
12,5
15
10,2
12,4
9,7
4 cm = 1 Km

41 Durch Neu St. Jürgen und Winkelmoor

Weglänge: 11 km; Dauer der Wanderung: $2\frac{3}{4}$ Stunden zu Fuß – $\frac{3}{4}$ Stunde mit dem Rad

Anfahrt: Lilienthal–Worpswede. Am Ortseingang scharf nach rechts Richtung Grasberg. Nach etwa 2 km links ab und kurz darauf rechts ab nach Adolphsdorf, Schild „Schützenhof"

Ausgangspunkt:

Gasthaus »Schützenhof« in Adolphsdorf

Vom Gasthaus aus folgen wir der gepflasterten Straße nach Neu St. Jürgen. Wir biegen links in die Dorfstraße dieses Ortes ein und erreichen nach etwa 300 m die rechts abbiegende Tietjenstraße. Dieser Straße folgen wir und gelangen nach 200 m auf einen asphaltierten Weg, in den wir links abbiegen. Er läuft parallel zur Dorfstraße, die wir in einem Abstand von 200 m erkennen können. Nach $2\frac{1}{2}$ km zweigt nach links eine gepflasterte Straße („Oetjenstraße") über eine Brücke zurück zur Dorfstraße ab. Dieser Straße folgen wir. Wir biegen nach rechts in die Dorfstraße ein und erreichen nach $1\frac{1}{2}$ km die nach links abzweigende Rabienstraße. Wir folgen dieser Straße durch das Neusiedlungsgebiet von Neu St. Jürgen, überqueren eine Kreuzung und stoßen nach knapp 2 km auf eine Querstraße. Es ist eine Gemeindestraße, die den Ortsteil Winkelmoor erschließt. Hier wenden wir uns im spitzen Winkel nach links in die Straße „Im Winkelmoor" und gelangen zum Ortsteil Winkelmoor. Diesen Ortsteil durchqueren wir bis wir zu einer scharfen Rechtskurve kommen, die uns auf die Schlußdorfer Straße führt. Wir überqueren diese Straße und folgen dem gegenüberliegenden unbefestigten Feldweg geradeaus. Auf ihm gelangen wir zum Ausgangspunkt zurück.

Was wir sehen:

Unser Weg führt uns zunächst an den Rand der Hepstedter Weiden, einem unendlich weitem Wiesengelände, in welchem unser Blick, nur unterbrochen durch hohe Pappeln, die den Weg säumen, frei umläuft. Sehr reizvoll ist der Rückweg durch den kleinen Ortsteil Winkelmoor. Ein besonders schöner Abschluß dieser Radtour ist die Fahrt über den dicht mit Birken bestandenen alten Moordamm zum Gasthaus Schützenhof. In der feuchten Jahreszeit können wir jedoch auch der Schlußdorfer Dorfstraße nach links bis zur Dorfstraße nach Neu St. Jürgen folgen und auf dieser Straße zurück zum Ausgangspunkt kommen.

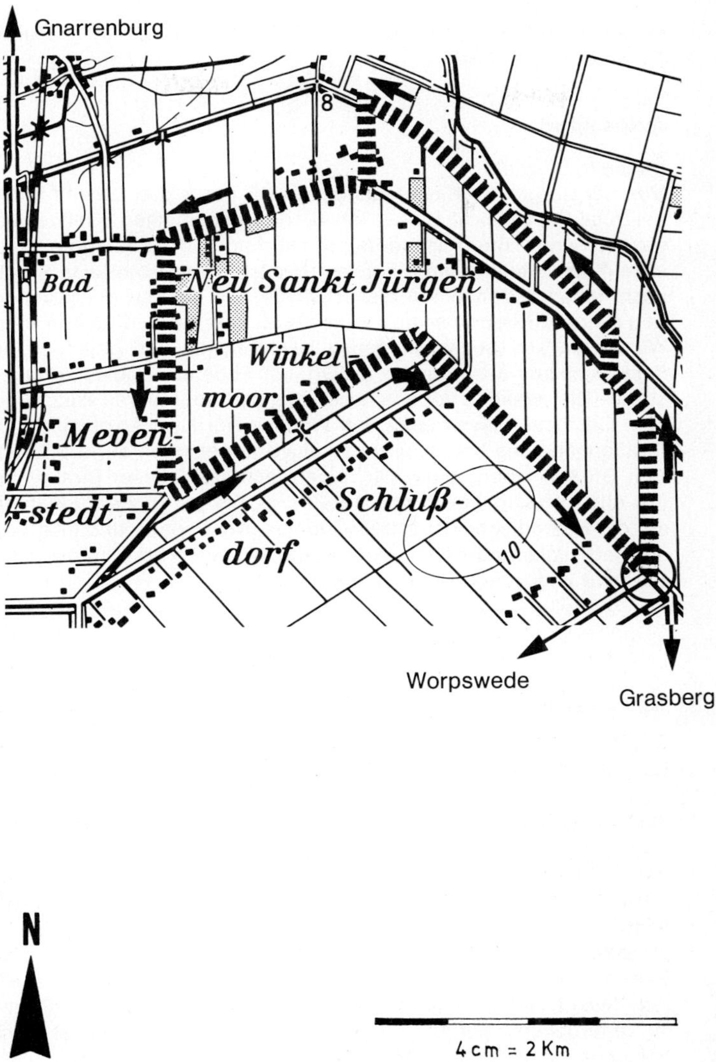

Gnarrenburg
8
Bad
Neu Sankt Jürgen
Winkel-
moor
Meven-
stedt
Schlüß-
dorf
10
Worpswede
Grasberg
N
4 cm = 2 Km

42 Von Borgfeld zum Hexenberg

Weglänge: 13 km; Dauer der Wanderung: $3^{1}/_{2}$ Stunden zu Fuß – 1 Stunde mit dem Rad

Ausgangspunkt:

Kirche in Borgfeld
Von der Borgfelder Kirche aus fahren wir durch den Ortsteil Katrepel zum Hollerdeich. Dieser ist für den allgemeinen Kraftverkehr gesperrt und daher besonders gut mit dem Rad zu befahren. Nach etwa 4 km zweigt in einer flachen Rechtsbiegung eine feste Straße nach links ab. Wir folgen dieser Straße, die uns auf geschwungenen Betonbrücken über den Wümme-Südarm und -Mittelarm führt. Wir lassen alle Abzweigungen unberücksichtig und gelangen bei dem Gasthaus Meyerdierks im Ortsteil Ebbensiek auf eine Querstraße. Hier wenden wir uns nach links und überqueren kurz hinter dem Gasthaus Meyerdierks den Wümme-Nordarm. An der nächsten Straßengabelung halten wir uns links und gelangen auf die Straße ›Am Großen Moordamm‹. Wir folgen jetzt stets dieser Straße, lassen alle Abzweigungen unberücksichtigt, bis wir kurz vor Lilienthal auf die Butendieker Landstraße stoßen. Wir wenden uns jetzt wieder nach links und gelangen über die Wümmebrücke zurück nach Borgfeld und zum Ausgangspunkt.

Was wir sehen:

Zweifellos ist diese Tour eine der schönsten, die wir in diesem ganzen Bereich machen können. Es sind durchgehend gute, aber für den Kraftverkehr weitgehend gesperrte Straßen, die uns durch eine bezaubernd hübsche und abwechslungsreiche Landschaft führen. Weit kann der Blick von der hohen Deichstraße, dem Hollerdeich, schweifen. Linker Hand erstreckt sich die vollkommen unberührte und stille Flußniederung mit den großen Viehherden. Rechts liegt ein stärker parzelliertes und mit Siedlungen und Bäumen durchsetztes Gelände. Wer es einrichten kann, sollte für diese Radwanderung einmal einen Spätsommerabend wählen, wenn bereits leichte Nebel in den Niederungen aufkommen und die Sonne im Untergehen begriffen ist. Die Flußniederung offenbahrt dann ganz besonders ihren geheimnisvollen Reiz. Am Wege liegen mehrere Gastwirtschaften, welche zum Ausruhen einladen.

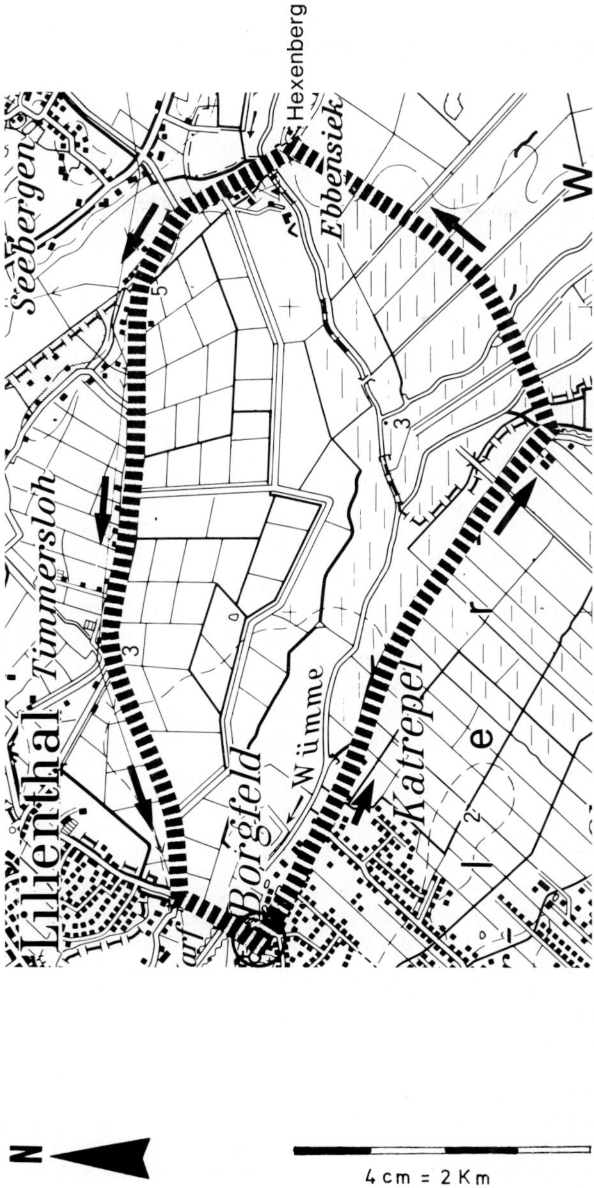

Hexenberg
Seebergen
Ebbensiek
Timmersloh
Lilienthal
Borgfeld
Wümme
Katrepel
N
4 cm = 2 Km

43 Um das Naturschutzgebiet Sodenstich

Weglänge: 6 km; Dauer der Wanderung: 1½ Stunden

Anfahrt: Durch den Ort Borgfeld, an der Kirche vorbei. Nach der Wümmebrücke rechts ab Richtung Hexenberg. Nach etwa 2,5 km links der Ausgangspunkt

Ausgangspunkt:

Gasthaus ›Auberge de France‹ in Timmersloh—Großer Moordamm Genau gegenüber dem Gasthaus beginnt ein schmaler, befestigter Wirtschaftsweg. Wir folgen ihm geradeaus, lassen den nach etwa 1 km nach links abzweigenden Weg unbeachtet. Einige hundert Meter hinter dieser Wegeabzweigung beschreibt unser Weg eine scharfe, etwa spitzwinklige Rechtskurve. Da andere befestigte Wege nicht abzweigen, ist eine Verfehlung des richtigen Weges nunmehr ausgeschlossen. Wir folgen weiter der schmalen, festen Straße. Kurz vor dem Naturschutzgebiet Sodenstich zweigt nochmal ein Wirtschaftsweg nach rechts ab. Er ist jedoch nur auf den ersten Metern befestigt. Auch ihn lassen wir unberücksichtigt und gelangen nach kurzer Strecke auf die Straße „Am großen Moordamm", eine etwas stärker befahrene Straße. Wir wenden uns hier nach rechts, lassen die nach links abzweigenden Straßen und Wege unberücksichtigt und gelangen so direkt zum Ausgangspunkt zurück.

Was wir sehen:

Diese unbeschwerliche Wanderung kann je nach Witterung und Jahreszeit ein eigenartiges und beglückendes Erlebnis sein. Wir gelangen auf unserem Weg tief in die Wümmewiesen. Der Weg verläuft auf einem flachen Damm, der uns das Gefühl vermittelt, als schwebten wir dicht über dem weiten, grünen Wiesenmeer. Bei Bodennebel kann dieser Eindruck noch verstärkt sein, da wir dann über den „Nebelwolken" stehen; manchmal schaut gerade noch das Vieh mit dem Rücken heraus. Da besonders der Blick nach Westen weit ausholen kann, ist dieser Spaziergang zur Zeit des Sonnenunterganges ganz besonders reizvoll. Das Naturschutzgebiet Sodenstich ist ein kleiner Erlenbruch, in welchen wir selber nicht hineingehen können. Er liegt in dem Winkel zwischen unserem Wirtschaftsweg und der Straße ›Am großen Moordamm‹.

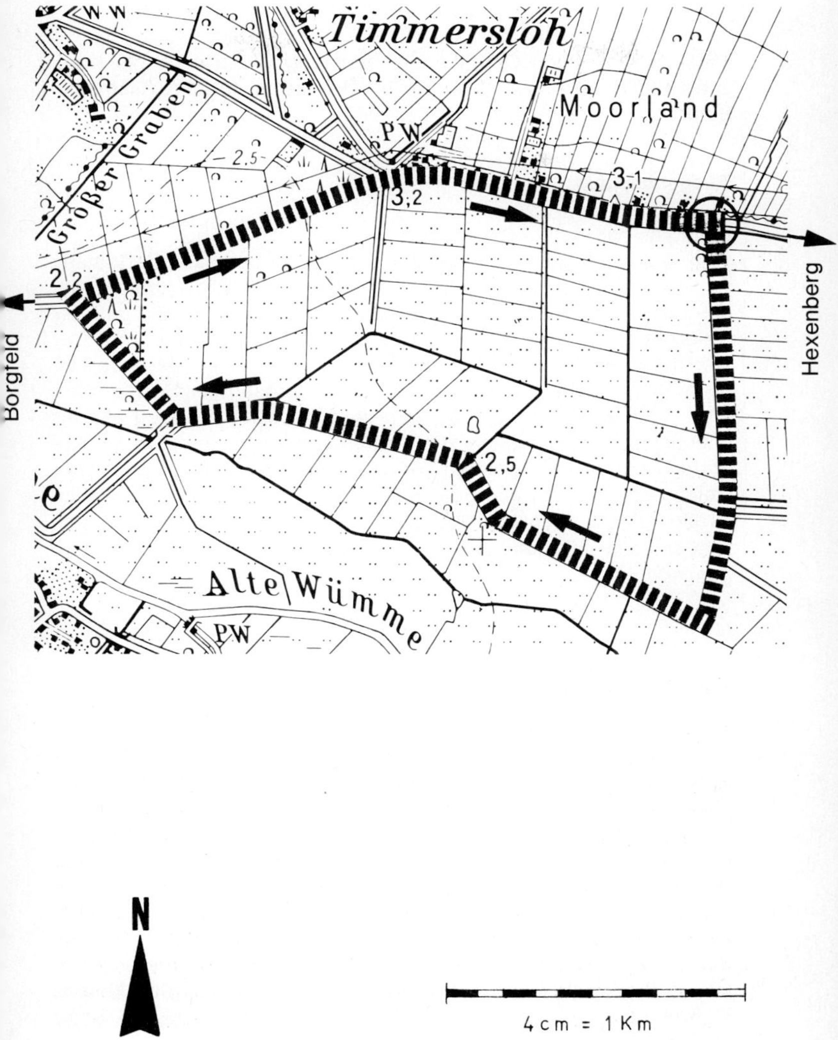
Timmersloh
Moorland
PW
Großer Graben
2,5
3,2
3,1
2,2
2,5
Borgfeld
Hexenberg
Alte Wümme
PW
N
4 cm = 1 Km

44 Von Grasberg in die Wörpewiesen

Weglänge: 6 km; Dauer der Wanderung: 1½ Stunden

Anfahrt: Durch den Ort Lilienthal Richtung Worpswede bis Kreuzung rechts ab nach Grasberg. Im Ort rechts ab zum Ausgangspunkt

Ausgangspunkt:

Gasthaus Zur Post in Grasberg
Vom Gasthaus aus gehen wir auf das gegenüberliegende Rathaus zu und biegen in die daneben liegende Straße Wiesendamm ein. Mit dem kleinen neuen Wohngebiet endet die feste Straße und der zunächst befestigte Wiesenweg durch die Wörpewiesen führt. Der Weg läuft immer entlang der Wörpe, an einer Kläranlage vorbei, bis zu einer kleinen Brücke, die über den Grasberger Schiffgraben führt. Vor der Brücke zweigt nach links ein schmaler Weg ab; wir folgen ihm und gelangen zur Straße Eickedorf–Heidberg (Eickedorfer Damm). Hier wenden wir uns nach links und gelangen an vielen rechts der Straße gelegenen Bauernhöfen vorbei zur Kreisstraße (Speckmannstr.). Auf der Kreisstraße wenden wir uns wieder nach links und gelangen durch den Ort zurück zum Ausgangspunkt.

Was wir sehen:

Einmal ist es der Ort Grasberg selbst, der unser Interesse erweckt. Wir sollten einen kurzen Spaziergang über den Findorffhof (Bauernhausanlage) und den Kirchhof mit der von Findorff erbauten Kirche machen. Bedingt durch die Kirche, dem teilweise künstlich aufgeschütteten Friedhof, die modernen Geschäfte und besonders in neuerer Zeit durch die zentrale Schule, ist Grasberg zu einem echten Mittelpunkt für die umliegenden kleinen Reihendörfer geworden. Besonders reizvoll aber ist die Wanderung hinaus in die Wörpewiesen an dem recht munter fließenden kleinen Fluß entlang und zurück über Eickedorf mit seinen schönen, unter großen Bäumen versteckten Höfen.

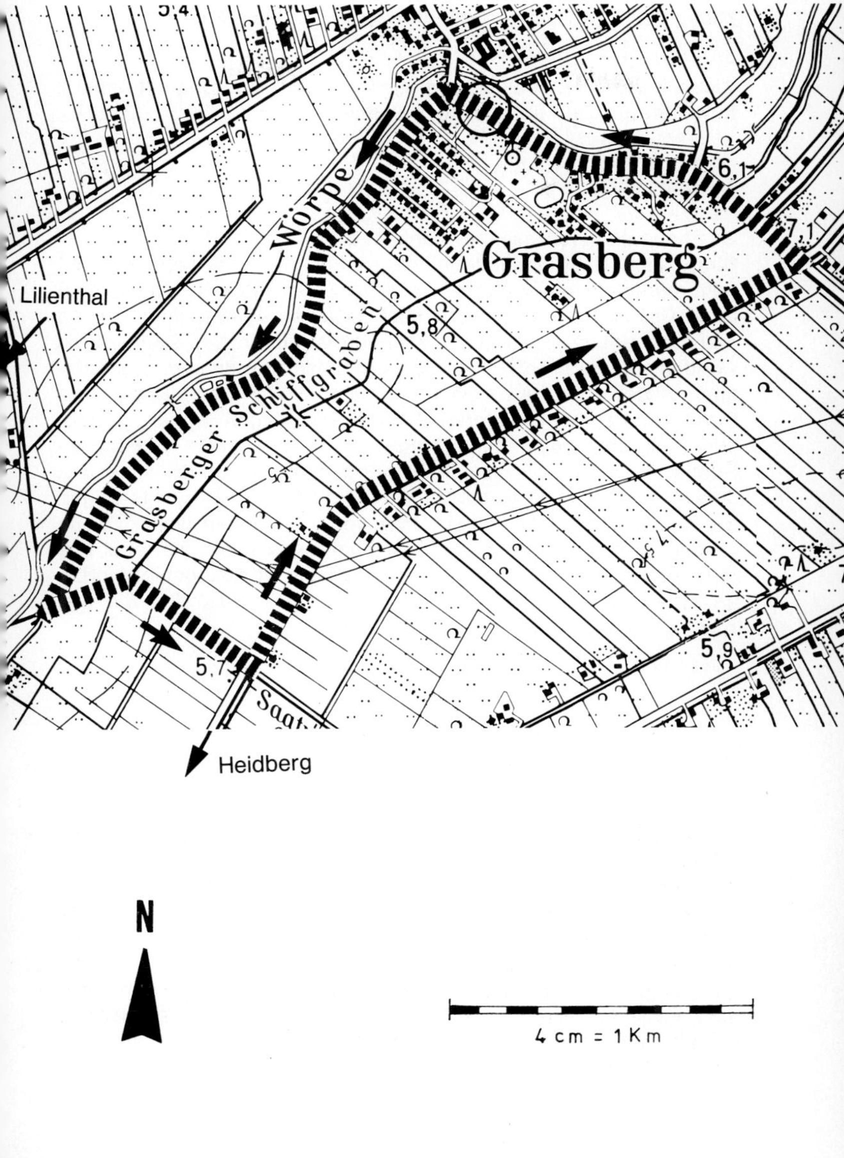
5,4
Wörpe
Grasberg
6,1
7,1
Lilienthal
5,8
Grasberger Schiffgraben
5,7
5,9
Heidberg
N
4 cm = 1 Km

45 Durch die Heidberger Schweiz

Weglänge: 7 km; Dauer der Wanderung: 1 3/4 Stunden

Anfahrt: Lilienthal–Falkenberg, hier rechts ab Richtung Ottersberg. In Heidberg scharf links ab nach Dannenberg

Ausgangspunkt:

Gasthaus Niedersachsenhof Dannenberg
Hinter dem Hauptgebäude führt uns ein gleichfalls zum Gasthof gehörender Privatweg durch die Wiesen zum Ortsteil Neu-Dannenberg. Der schwer erkennbare Pfad an einem Wiesenzaun entlang endet an einem Sportplatz. Auf der Dorfstraße in Neu-Dannenberg wenden wir uns nach links und folgen dieser Straße immer geradeaus, letzter Teil: Auf dem Moorlande. Wir überqueren eine Straßenkreuzung, Grasdorfer Damm, und folgen weiter geradeaus dem hier beginnenden Weg, bis zur nächsten befestigten Straße Eickedorfer Damm. Hier wenden wir uns nach links und gelangen nach etwa 500 m an eine Straße, der wir rechts folgen bis zur Landstraße Lilienthal–Ottersberg. Wir folgen dieser Straße nach links bis zur Einmündung Heidberger Schweiz, sie leitet uns jetzt durch ein mit Ferienhäusern durchsetztes Waldgebiet, vorbei an einem großen Niedersachsengehöft zur Landstraße, die uns rechter Hand zum Ausgangspunkt zurückführt.

Was wir sehen:

Die Wanderung zeigt uns zwei vollkommen gegensätzliche Landschaften. Anfangs ist es die typisch-weite Teufelsmoorlandschaft mit den gepflegten Wiesen und den schnurgeraden Reihendörfern aus der Zeit des Moorkolonisators Findorff. Nachher ist es der hügelige, mit Büschen und Bäumen bestandene Geestrücken der sogenannten Heidberger Schweiz, durch den sich das schmale Tälchen des neuen Rautendorfer Schiffgrabens zieht. Die vielen, teils recht alten Ferienhäuschen, die versteckt im Gebüsch zu erkennen sind, zeigen, daß der besondere Reiz dieser Landschaft schon lange erkannt worden war.

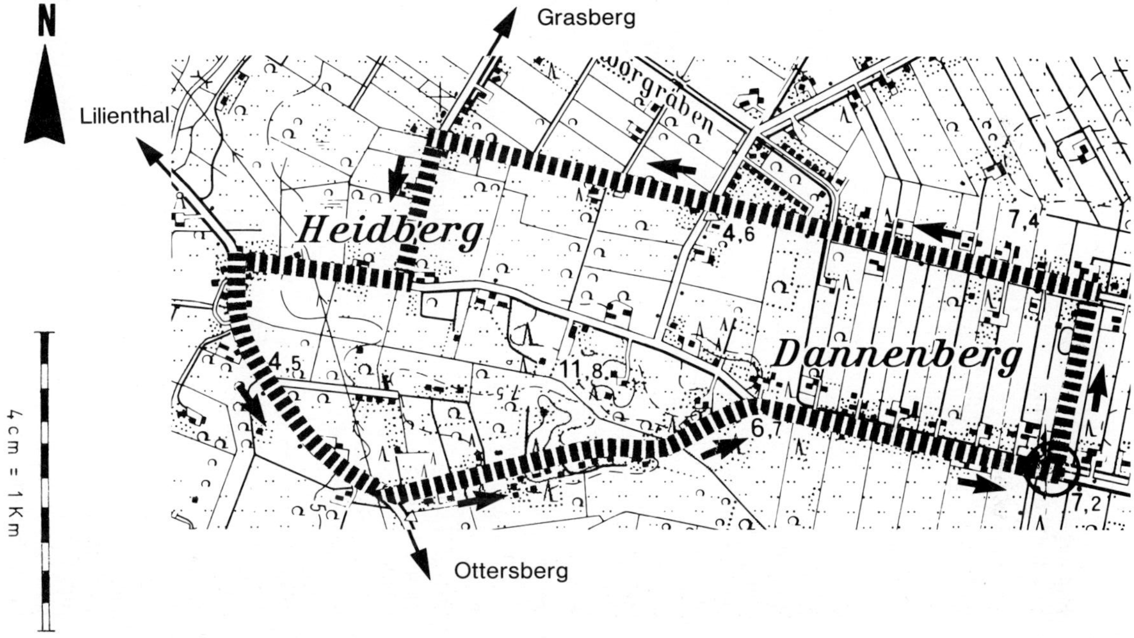
N
Grasberg
Lilienthal
Heidberg
Dannenberg
Ottersberg
4,6
7,4
4,5
11,8
6,7
7,2
4cm = 1Km

46 Rund um Meinershausen

Weglänge: 11 km; Dauer der Wanderung: 2¾ Stunden zu Fuß – ¾ Stunde mit dem Rad

Anfahrt: Lilienthal-Falkenberg, hier rechts ab Richtung Fischerhude–Ottersberg. In Heidberg scharf links ab nach Dannenberg

Ausgangspunkt:

Gasthaus „Niedersachsenhof" in Dannenberg
Vom Gasthaus führt ein zum Gasthaus gehörender Feldweg durch Wiesen und über ein Sportplatzgelände zur Neu-Dannenberger Straße. Wir wenden uns nach links, bis zur ersten rechts abbiegenden leicht befestigten Straße (Saatmoorgraben) und gelangen an eine Straßenkreuzung. Auf der Kreuzung folgen wir dem rechts abbiegenden Grasdorfer Nebenweg. Er führt uns auf einem leichtbefestigten Weg an einigen Einzelhöfen vorbei durch eine ruhige Moorlandschaft. Bis wir nach etwa 800 m einem Privatweg rechts folgen, der uns zur Grasdorfer Straße führt. Hier wenden wir uns nach links in Richtung Grasberg bis zur Meinershauser Straße. Wenden uns hier ein kurzes Stück nach rechts und folgen dann der ersten nach links abbiegenden Straße, dem Huxfelder Damm. Hier kann man nach etwa 500 m an der rechten Straßenböschung, die in Europa seltene unter Naturschutz stehende Pflanze, die Kalmia (Gattung der Erakaeen) bewundern. Wie diese sehr seltene Pflanze hierher gekommen ist, bleibt unergründet. Der Huxfelder Damm ist eine fast 2 km lange Straße, an deren Ende wir nach rechts einbiegend in die Mittelsmoorer Straße gelangen. An der nächsten Kreuzung, an der links ein Gasthaus steht, wenden wir uns nach rechts, die Neu-Rautendorfer Straße und gelangen nach etwa 1¼ km wieder zur Meinershauser Straße. Dieser folgen wir etwa 150 m nach rechts in Richtung Grasberg bis zur der ersten links abbiegenden Straße. Es ist die Dannenberger Straße, die uns nach etwa 500 m zurück zum Ausgangspunkt führt.

Was wir sehen:

Diese Wanderung führt uns durch mehrere typische Findorffsiedlungen, die auch heute noch weitgehend in ihrer Struktur erhalten sind. Die Straßen, auf denen wir fahren, sind durchweg verkehrsarm und ungefährlich. Mit wenigen Ausnahmen sind sie von schönen Birkenalleen gesäumt und somit im Sommer wie im Winter besonders reizvoll.

Grasdorf
Dannenberg
Hux
feld
Raute
lienthal
N
4 cm = 1 Km

47 Durch die Seeberger Schweiz

Weglänge: 6,5 km; Dauer der Wanderung: $1\frac{1}{2}$ Stunden

Anfahrt: Lilienthal–Falkenberg, hier rechts ab Richtung Ottersberg. In Heidberg scharf links ab nach Dannenberg

Ausgangspunkt:

Gasthaus Niedersachsenhof in Dannenberg (Parkplatz vorhanden)

Vom Gasthof aus wandern wir die Straße entlang in Richtung Heidberg. An der ersten Straßenbiegung zweigt nach links ein Sandweg ab, dem wir folgen; er führt uns durch dichten Kiefern- und Birkenwaldbestand zu einem großen Hof mit mächtigen alten Eichen. Wir überqueren den Hof und gelangen an einer größeren Anzahl versteckt im Busch gelegener Ferienhäuser vorbei zur Landstraße. Auf der Landstraße halten wir uns nach rechts, etwa 100 m, und biegen dann links ab in einen anfangs mit Eichen bestandenen Weg, direkt an einem Hof. Wir überqueren abermals einen größeren Hof und gelangen auf die von Timmersloh kommende Straße. Hier wenden wir uns nach links und gelangen zurück zur Landstraße, der wir etwa 100 m nach rechts folgen. An dieser Stelle beginnt linker Hand die Bergstraße (Straßenschild), die uns durch die Seeberger Schweiz führt, vorbei an einer Vielzahl neuer, versteckt gelegener Häuser. Wir folgen den vielen Windungen der Bergstraße, lassen alle Abzweigungen unberücksichtigt, bis sie an der Straße Seeberger Moor endet. Dieser folgen wir nach links und gelangen geradeaus weiter direkt an den Ausgangspunkt zurück.

Was wir sehen:

Diese Wanderung führt uns durch eine außerordentlich abwechslungsreiche Landschaft, wie wir sie in diesem flachen und weitläufigen Gebiet kaum vermuten würden. Bewaldete Sandhügel umschließen kleine Bachtäler. Auch die Straße windet sich in vielen Kurven durch diese hübsche Landschaft. Die ungeregelte Bebauung wird durch den dichten Busch- und Brombeerwuchs teilweise völlig verdeckt.

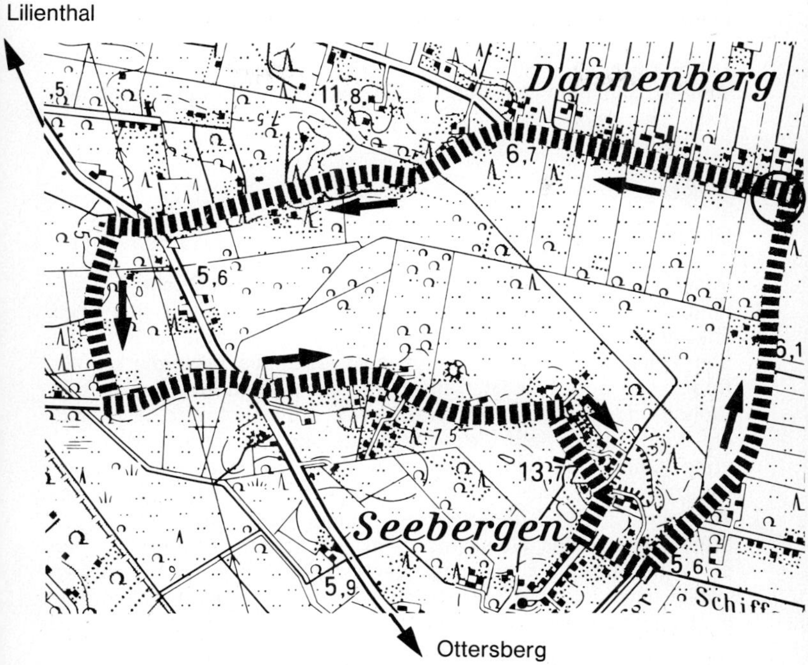
Lilienthal
Dannenberg
Seebergen
Schiff
11,8
6,7
5,6
6,1
7,5
13,7
5,9
Ottersberg

N
4 cm = 1 Km

48 Durch das Tal der Wümmeniederung

Weglänge: 5 km; Dauer der Wanderung: 1¼ Stunden

Anfahrt: Lilienthal–Falkenberg, hier rechts ab Richtung Ottersberg nach Seebergen

Ausgangspunkt:

Gasthaus Seeberger Krug

Vom Gausthaus aus wandern wir auf der schmalen Straße in Richtung Hexenberg. Bei der Wegegabelung wenden wir uns nach links und gelangen, am Hexenberg vorbei, über die Brücke, die den Wümmenordarm überquert, zum Gasthaus Meyerdierks. Wir folgen nun dem hier noch nicht weiter ausgebauten Weg an den Wohngrundstücken vorbei. Nach etwa 400 m erstreckt sich links ein Wald, rechts liegt die weite Niederung der übrigen Wümmearme (Mittel- und Südarm). Nach weiteren 500 m zweigt bei einer Kreuzung nach links durch den Wald eine schmale Straße ab. Wir folgen ihr und überqueren auf einer hoch gewölbten Betonbrücke wieder den Wümmenordarm. Wir folgen der Straße weiter bis zum Sportplatz mit dem Vereinshaus. Vor dem Sportplatz zweigt nach links ein Feldweg ab, der uns am Bohnengraben entlang und nach einer scharfen Rechtsbiegung, ab hier gepflastert, zur Landstraße führt. Auf der Landstraße wenden wir uns nach links und gelangen hier schnell zurück zum Ausgangspunkt.

Was wir sehen:

Diese Wanderung zeigt uns die Schönheit der beiden Haupttäler der Wümme, zuerst das Tal des Nordarmes, welches von der eigentlichen Wümmeniederung durch einen bewaldeten Sandrükken getrennt wird. Von ganz besonderem Reiz ist der Bereich um die alte Brücke beim Gasthaus Hexenberg. Der Wümmenordarm fließt hier unter hohen Bäumen. Von der neuen, hochgewölbten Betonbrücke am Waldrand können wir sehr schön die flinken Fische beobachten, die in der starken Strömung des Flusses stehen.

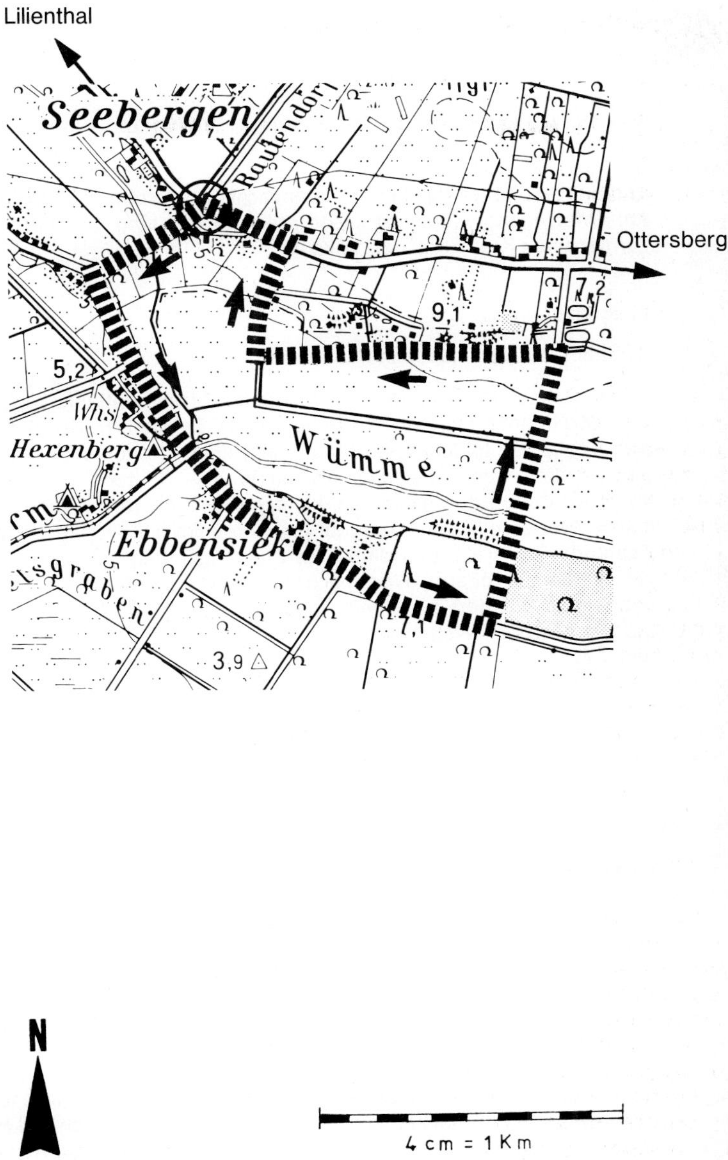
Lilienthal
Seebergen
Ottersberg
7,2
9,1
5,2
Whs
Hexenberg
Wümme
Ebbensiek
3,9
N
4 cm = 1 Km

49 Durch die Gemarkung Rautendorf

Weglänge: 5 km; Dauer der Wanderung: 1¼ Stunden

Anfahrt: Lilienthal–Falkenberg, hier rechts ab Richtung Ottersberg. Am Ortseingang Wilhelmshausen links ab Richtung Grasberg bis zur nächsten Kreuzung, dort links ab

Ausgangspunkt:

Gasthaus Zur Dorfklause in Rautendorf

Vom Gasthaus aus wandern wir rechts die Straße entlang, bis uns nach 300 m links ein Weg zur Schule führt. Es geht an der Schule vorbei, und wir folgen dem ersten, nach links abzweigenden, sehr schwach befahrenen Feldweg. Dieser Weg – Rautendorfer Meinheide – führt an drei einsamen, kleinen Gehöften vorbei zur Kreisstraße. Wer es eilig hat, kann auf ihr, sich links haltend, zurück zur Rautendorfer Straße und damit zur Ausgangspunkt gelangen. Wer jedoch einen größeren Weg machen möchte, überquert die Kreisstraße und wandert an einem schön gelegenen Einzelhof vorbei bis zur nächsten Wegabzweigung. Wir biegen quer ab nach links und folgen dem Feldweg vorbei an einem weiteren Einzelhof bis der Fahrweg endet und nur noch als Fußpfad weiterführt. Diesem folgen wir und gelangen auf ihm zum Endpunkt der Rautendorfer Straße an einem Gehöft. Die Rautendorfer Straße führt uns dann zurück zum Ausgangspunkt.

Was wir sehen:

Zu Beginn und zum Ende der Wanderung ist es das wirklich saubere und hübsche Dorf Rautendorf mit seinen gepflegten Höfen, welches uns erfreut. Das Dorf hat häufiger bei Dorfwettbewerben Preise errungen. Hinter der Schule gelangen wir in die Ackerfeldmark, das sogenannte ›Fischerhuder Moorland‹. Ackerflächen sind in der Niederung selten. Zwischen den Acker- und Weideflächen liegen noch große unkultivierte Moorstücke, so daß sich beim Durchwandern dieses Gebietes immer wieder neue Einblicke öffnen. Auf den Kulturflächen können wir bei etwas Glück Rehwild beobachten. Wie ein Pirschgang auf der Jagd ist der Weg zurück auf dem schmalen Moordamm zur Rautendorfer Dorfstraße.

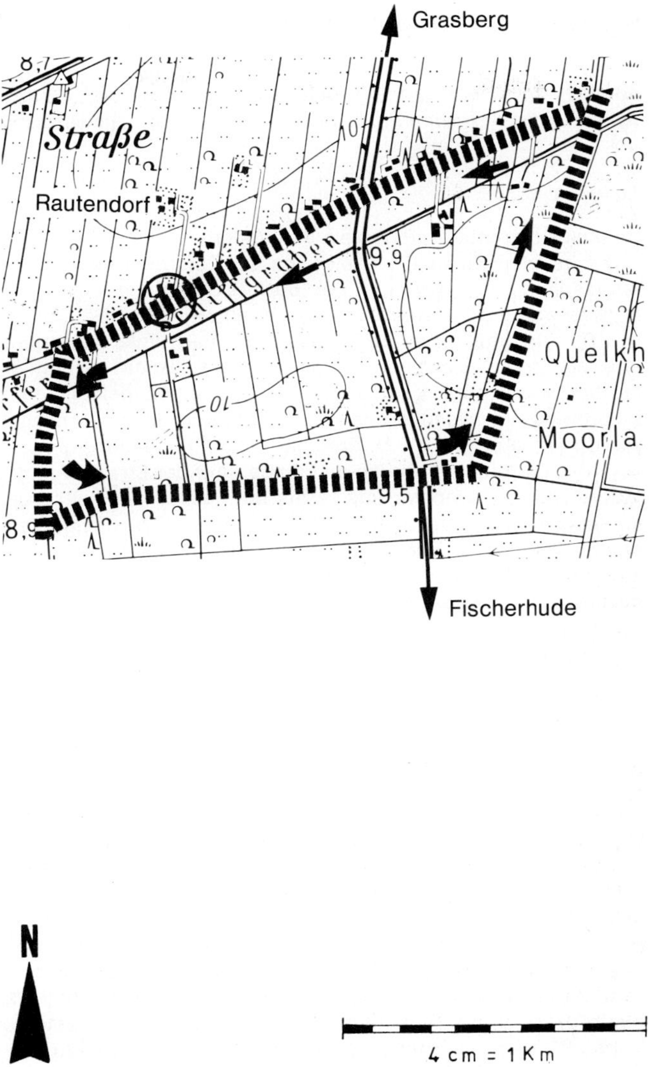

Grasberg
Straße
Rautendorf
9,9
9,5
8,9
10
Quelkh
Moorla
Fischerhude
N
4 cm = 1 Km

50 Vom Hexenberg in die Niederung des Wümme-Nordarms

Weglänge: 5,5 km; Dauer der Wanderung: 1¼ Stunden

Anfahrt: Durch den Ort Borgfeld, an der Kirche vorbei, nach der Wümmebrücke rechts ab Richtung Hexenberg (Hinweisschilder)

Ausgangspunkt:

Gasthaus Hexenberg (Parkplatz vorhanden)
200 m vor dem Gasthaus zweigt von der Zufahrtstraße nach rechts ein asphaltierter Weg ab, der nach Überqueren eines kleinen Entwässerungskanals direkt in die Wümmewiesen führt. Ihm folgen wir. Den unmittelbar an der Kanalbrücke nach links abzweigenden und zu einem Einzelhof führenden Weg lassen wir unberücksichtigt. Nach etwa 2 km stoßen wir auf einen befestigten Wirtschaftsweg. Wir wenden uns nach rechts und gelangen nach 1 km zur Straße ›Am großen Moordamm‹. Der Einmündung gegenüber liegt das Gasthaus ›Auberge de France‹. Auf der Straße ›Am großen Moordamm‹ wenden wir uns rechts und lassen alle seitlichen Abzweigungen unberücksichtigt. Nachdem wir eine kleine Siedlung durchquert haben, kommen wir an die Straßenabzweigung nach Seebergen. Wir bleiben jedoch auf unserer Straße und gelangen nach einigen hundert Metern zurück zum Ausgangspunkt.

Was wir sehen:

Die Orte Borgfeld und Lilienthal sind nur noch ganz in der Ferne am westlichen Horizont zu erkennen. Links von uns verläuft in geringer Entfernung der Wümme-Norddamm hinter seinem Hochwasserdeich. Dahinter, in weiter Ferne, durchzieht eine Reihe hoher Pappeln die Niederung. Im Frühling und Frühsommer sind die Wiesenflächen wie ein prächtiger Farbenteppich, der durch Wiesenschaumkraut, Hahnenfuß und an den sehr feuchten Stellen durch gelbe große Sumpfdotterblumen gebildet wird. Eine reiche Vogelwelt trägt mit ihrem vielstimmigen Gezwitscher dazu bei, daß wir den Lärm der Stadt bei dieser Wanderung vergessen können.

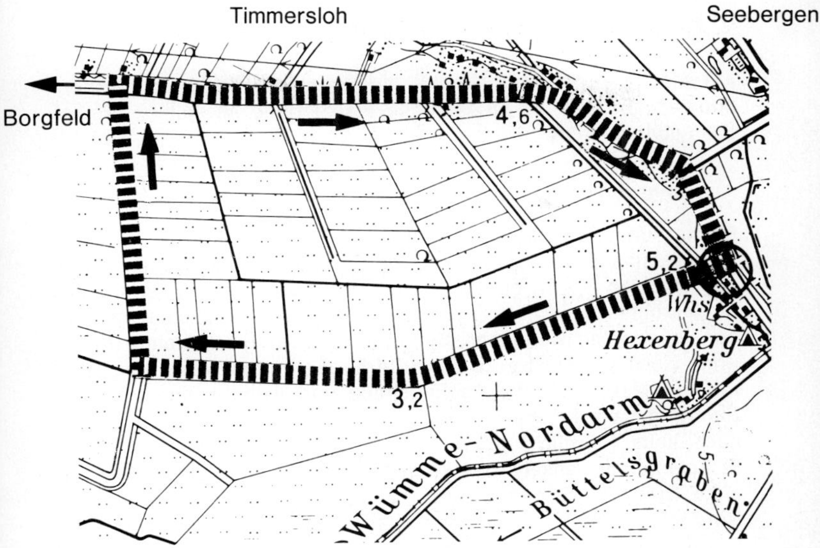

Timmersloh
Seebergen
Borgfeld
4,6
5,2
Whs
Hexenberg
3,2
Wümme-Nordarm
Büttelsgraben

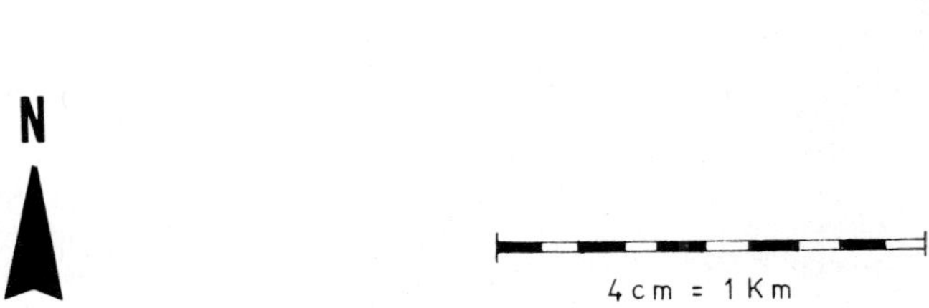

N
4 cm = 1 Km

51 Von Fischerhude über die Wümme in den Wald bei Surheide

Weglänge: 6,5 km; Dauer der Wanderung: 1½ Stunden

Anfahrt: Lilienthal–Falkenberg, hier rechts ab Richtung Fischerhude–Ottersberg. Im Ortseingang Fischerhude im spitzen Winkel links ab in den Ort

Ausgangspunkt:

Fischerhude, Gasthaus Berkelmann
Vom Gasthaus aus durchwandern wir den Ortsteil Bredenau auf der einzigen schmalen Dorfstraße. Sie biegt nach 1½ km, am Modersohnhaus, scharf links ab und bringt uns mit einer modernen, hoch geschwungenen Betonbrücke über die Wümme (Nordarm). Nach kurzer Strecke führt die Straße in den Wald. Am Waldrand verlassen wir die Asphaltstraße und wenden uns auf dem Sandweg nach rechts. Wir folgen dann gleich dem ersten, schräg nach links (nördlich) abzweigenden Weg, der von einer Reihe Eichenbäumen jenseits des Wegegrabens begleitet wird. Über die erste Kreuzung folgen wir dem alten Weg, der geradeaus nach Norden verläuft, bis er aus dem Wald herausführt. Dort folgen wir, uns links haltend, dem Waldrandweg, der nach etwa 500 m wieder in den Wald hineinführt. Wir kreuzen die Asphaltstraße nach Quelkhorn und gelangen nun durch den nur aus einigen kleinen Höfen bestehenden Ortsteil Surheide, zurück nach Fischerhude. Auf der mit einem Fußweg versehenen Hauptstraße gelangen wir, nochmals die Wümme überquerend, zurück zum Ausgangspunkt.

Was wir sehen:

Diese Wanderung gehört zu den abwechslungsreichsten in der Umgebung von Fischerhude. Wir erleben den mit vielen neueren und hübschen Häusern durchsetzten Ortsteil Bredenau, durchqueren das hier sehr schmale Flußtal und gelangen in einen herrlichen Kiefernmischwald, der hier den Geestrand des Wümmetales bedeckt. Dieser Wald mit seinen vielen trockenen Wegen, seinen Kuppen und Senken und seinen schönen Ausblicken ist ideal zum Wandern und Reiten. Das Gebiet steht teilweise unter Landschaftsschutz.

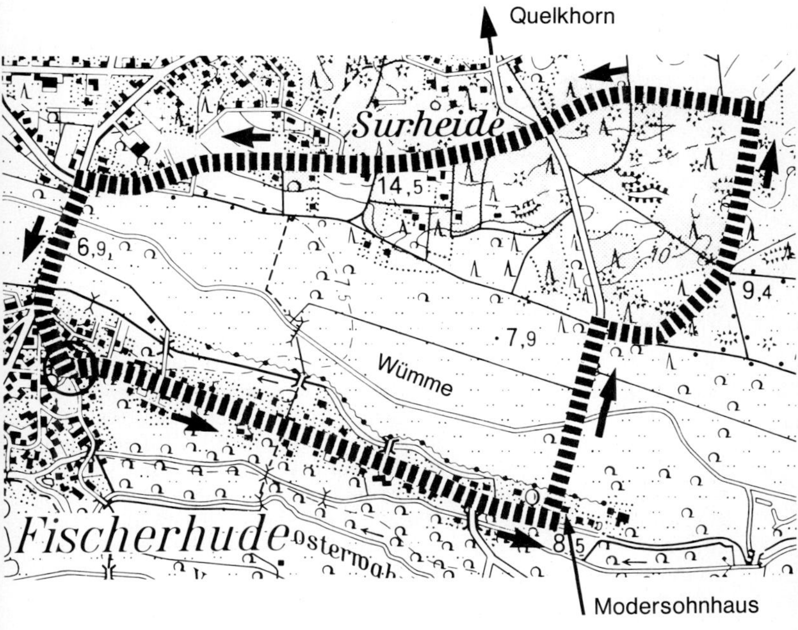
Quelkhorn
Surheide
14,5
6,9
10
9,4
7,9
Wümme
Fischerhude
8,5
Modersohnhaus

N
4 cm = 1 Km

52 Zwischen Fischerhude und Rautendorf

Weglänge: 12 km; Dauer der Wanderung: 3 Stunden zu Fuß – 1 Stunde mit dem Rad

Anfahrt: Lilienthal–Falkenberg, hier rechts ab Richtung Fischerhude–Ottersberg. Im Ortseingang Fischerhude rechts ab in den Ort. Der Ausgangspunkt liegt neben der Kirche

Ausgangspunkt:

Gasthaus »Berkelmann« in Fischerhude
Vom Gasthaus aus fahren wir ein kurzes Stück auf der Straße in Richtung Quelkhorn. Kurz hinter der Wümmebrücke wenden wir uns nach links in Richtung Lilienthal, indem wir die Landstraße Quelkhorn–Lilienthal überqueren. Die Straße führt uns geradeaus bis in den Ort Rautendorf. Auf der Kreuzung mit der Rautendorfer Dorfstraße wenden wir uns nach links und fahren die Dorfstraße entlang, kreuzen die Verbindungsstraße Rautendorf–Huxfeld und stoßen nach weiteren etwa 1½ km auf die Landstraße nach Grasberg. Wir wenden uns nach links und gelangen nach etwa 800 m zur Kreuzung mit der Landstraße Lilienthal–Fischerhude. Etwa 50 m rechts von der Kreuzung mündet auf der gegenüberliegenden Straßenseite eine schmale, befestigte Straße. Wir folgen dieser und gelangen am Sportplatz vorbei über die Wümme und durch den Wald zum Verbindungsweg nach Fischerhude. Hier halten wir uns links und kommen auf diesem Weg nach 4 km zum Ausgangspunkt zurück nach Fischerhude.

Was wir sehen:

Dieser Ausflug führt uns auf durchweg festen Wegen und gefahrlosen, verkehrsarmen Straßen durch den hübschesten Teil von Rautendorf, einem besonders sauberen und gepflegten Reihendorf. Weiterhin gelangen wir zweimal diagonal durch das Wümmetal, wobei von besonderem landschaftlichen Reiz die Durchquerung des Flußtales im Seeberger Raum · ist. Für Radfahrer geradezu ideal ist die Fahrt auf der schmalen Feldstraße am Waldrand entlang und längs der Wümme zurück nach Fischerhude.

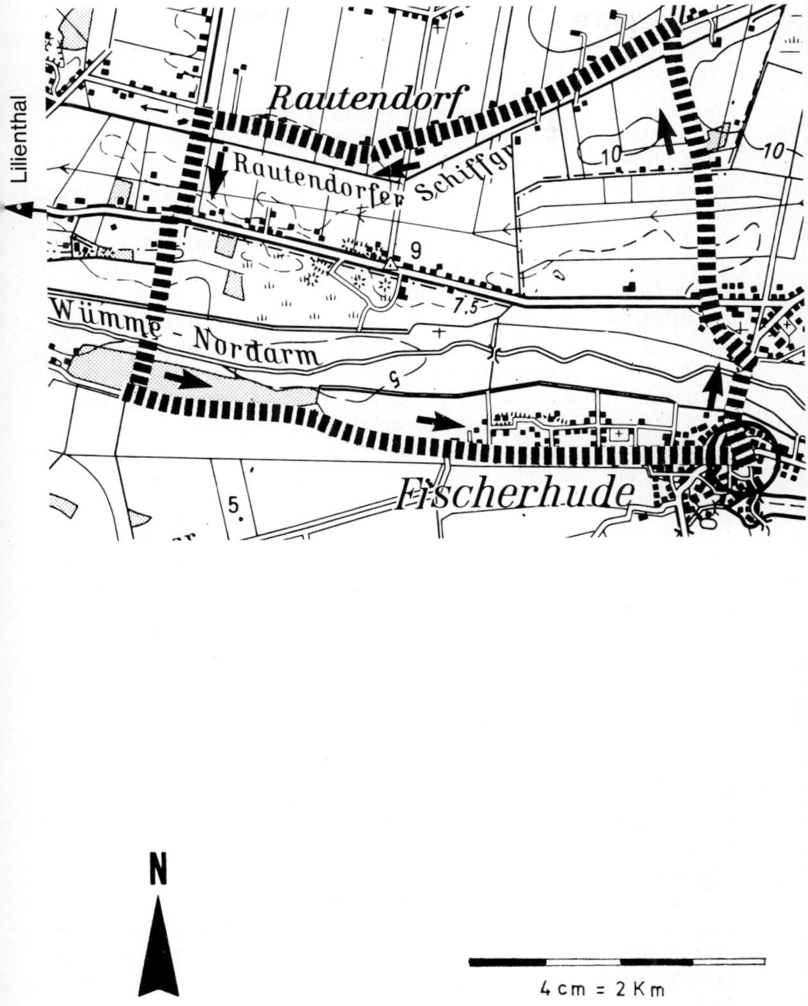
Lilienthal
Rautendorf
Rautendorfer Schiffgr
10
10
9
7,5
Wümme - Nordarm
5
5.
Fischerhude
N
4 cm = 2 Km

53 Wiesenwanderung und an der Wümme entlang zwischen Fischerhude und Sagehorn

Weglänge: 10 km; Dauer der Wanderung: 3 Stunden

Anfahrt: über Lilienthal–Fischerhude oder über Oyten–Sagehorn

Ausgangspunkt:

Gasthaus »Backsberg« an der Straße Fischerhude–Sagehorn, Wümmebrücke

Vom Gasthaus wandern wir in Richtung Fischerhude, vorbei am ersten Feldweg nach 600 m bis zum zweiten Weg nach 1 km. Hier links ab in die Wiesenlandschaft, der Weg ist von Eichen auf der rechen Seite gesäumt. In einigen Windungen, mit wechselnder Wegebefestigung, vorbei an einer kleinen Baumgruppe, sehen wir kleine Hütten für die Entenjagd, in der Ferne rechts den Wald von Hexenberg. 3 km nach dem Ausgangspunkt erreichen wir einen Querweg (Krummer Racker), dem wir nach rechts folgen. Nach 500 m biegen wir links ab und wandern bis zum Endpunkt. Hier folgen wir einem Wiesenweg rechts ab und sehen vor uns ein Vogel- und Wildschutzgehölz sowie in der Ferne rechts eine Pappelreihe, die in Richtung Hexenberg führt. Links neben uns in etwa 200 m Entfernung fließt parallel die Wümme. Am Gehölz biegen wir links ab und erreichen die Wümmebrücke des Wümme-Südarms mit Stauwerk. (Von hier führt eine kleine Straße Richtung Sagehorn).

Auf der anderen (Süd-) Seite gehen wir nun immer direkt an der Wümme entlang und erreichen nach etwa 4 km unseren Ausgangspunkt.

Was wir sehen:

Der Weg führt durch eine reine Wiesenlandschaft, hier erleben wir die Weite der Wümmeniederung wie sonst nirgends. Die Einsamkeit des Gebietes ist besonders bemerkenswert, man sieht zahlreiche Hütten der Entenjäger. Der Vogelfreund kann den großen Brachvogel, die Unferschnepfe und Bekassine, viele Wildenten und Raubvögel beobachten. Der Weg ist nahezu baumlos. Frühjahrs- und Herbstwanderungen sind vorzuziehen.

Kurz vor dem Wümmeübergang sind bei hohem Wasserstand sumpfige Stellen – Schuhzeug! Je nach Tageszeit, Sonnenstand und Windrichtung kann der Weg auch in umgekehrter Folge zweckmäßig und reizvoll sein.

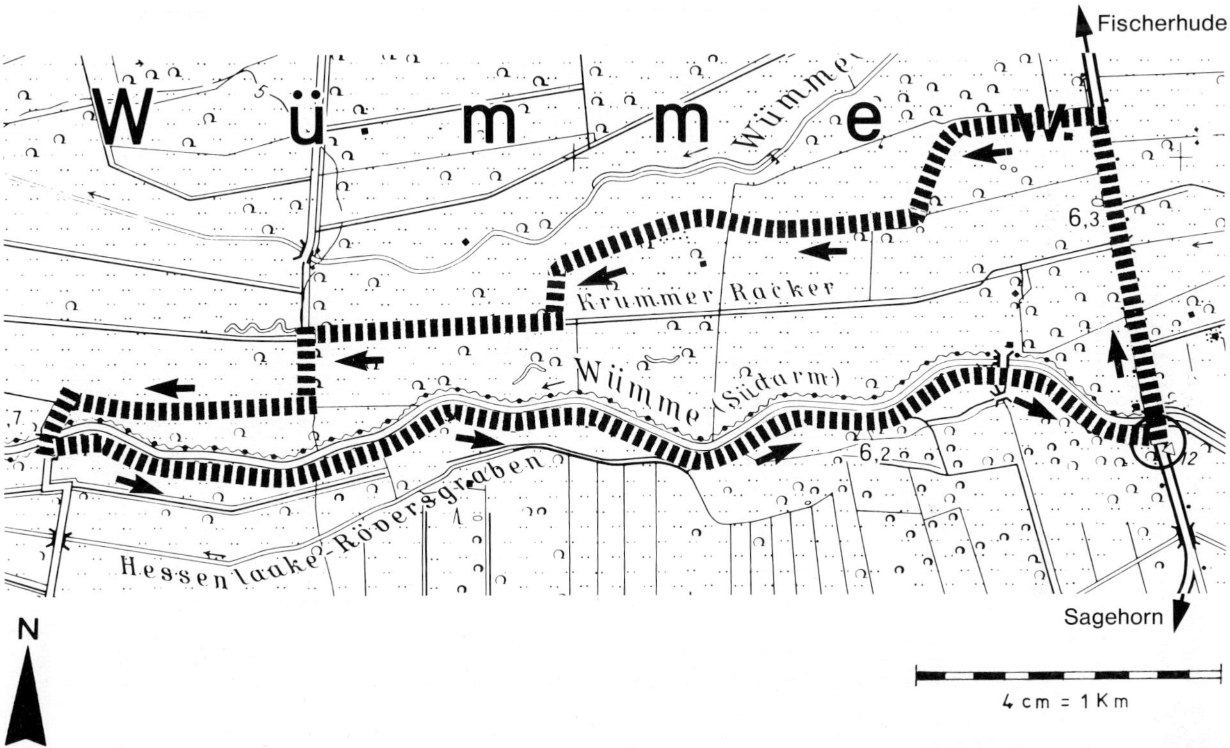

Fischerhude
Wümme
Wümme
Krummer Racker
Wümme (Südarm)
Hessenlaake-Rövergraben
6,3
6,2
Sagehorn
N
4 cm = 1 Km

54 Von Schaphusen über Lindheim zum Wittkoppenberg und über Achim–Borstel–Laheit zurück

Weglänge: 10 km; Dauer der Wanderung: 3 Stunden

Anfahrt: B 75 Richtung Ottersberg bis kurz nach Oyten

Ausgangspunkt:

Bahnbushaltestelle Schaphusen der Strecke Bremen–Rotenburg. Autofahrer können diese Wanderung auch von Borstel bei Achim aus beginnen und die Strecke zwischen Lindheim und Schaphusen aussparen, indem sie vor Lindheim nach rechts gleich auf den Wald zu gehen.

Über die Bundesstraße und die Autobahn hinweg führt uns der Weg durch Lindheim die Dorfstraße links entlang und weiter auf die Landstraße Achim–Bassen zu. Nach 200 Schritten links in Richtung Bassen zweigt bei einem Schild »Wasserschutzgebiet« der Weg zum Wald rechts ab. Durch den Wald hindurch stoßen wir auf eine fünffache Wegespinne am Rande einer großen Sandgrube. Wir nehmen den als ersten nach rechts abzweigenden Feldweg, der zur Landstraße und dann linker Hand zum Dorfeingang von Borstel führt. Hier zeigt uns ein Wegweiser die Straße nach Laheit. Dort biegen wir – gleich vorn im Ort – in den rechtwinklig auf das hohe Feld und genau auf Lindheim zuführenden Feldweg ein. Dort, wo wir nach einem Rechts- und Linkswinkel die Dorfstraße erreichen, gehen wir geradeaus auf die Autobahn-Brücke bei Bassenerkamp zu und von da nach links zurück zum Ausgangspunkt.

Was wir sehen:

Wir machen eine abwechslungsreiche Wald-, Wiesen- und Heidewanderung, auf der wir ein eindrucksvolles Bild von der wechselhaften Struktur der Landschaft dieses diluvialen, durch Eis, Wasser und Wind geschaffenen und geprägten Geländes bekommen. Der Wittkoppenberg überragt als höchste Erhebung mit 10 m seine Umgebung; er entstand, wie viele andere Hügel seiner Art, in nacheiszeitlichen Trockenperioden als Zusammenwehung von Sandablagerungen an den Rändern der Schmelzwasserströme. Auf dem Rückweg über das hohe Feld zwischen Laheit und Lindheim sehen wir etwa in der Mitte des Weges rechter Hand abseits ein großes und ein kleines Wasserloch, welche nach Ansicht der Geologen sog. Strudellöcher oder Gletschertöpfe sind, also Auskolkungen durch das von den zurückweichenden, auftauenden Eismassen herabstürzende Schmelzwasser.

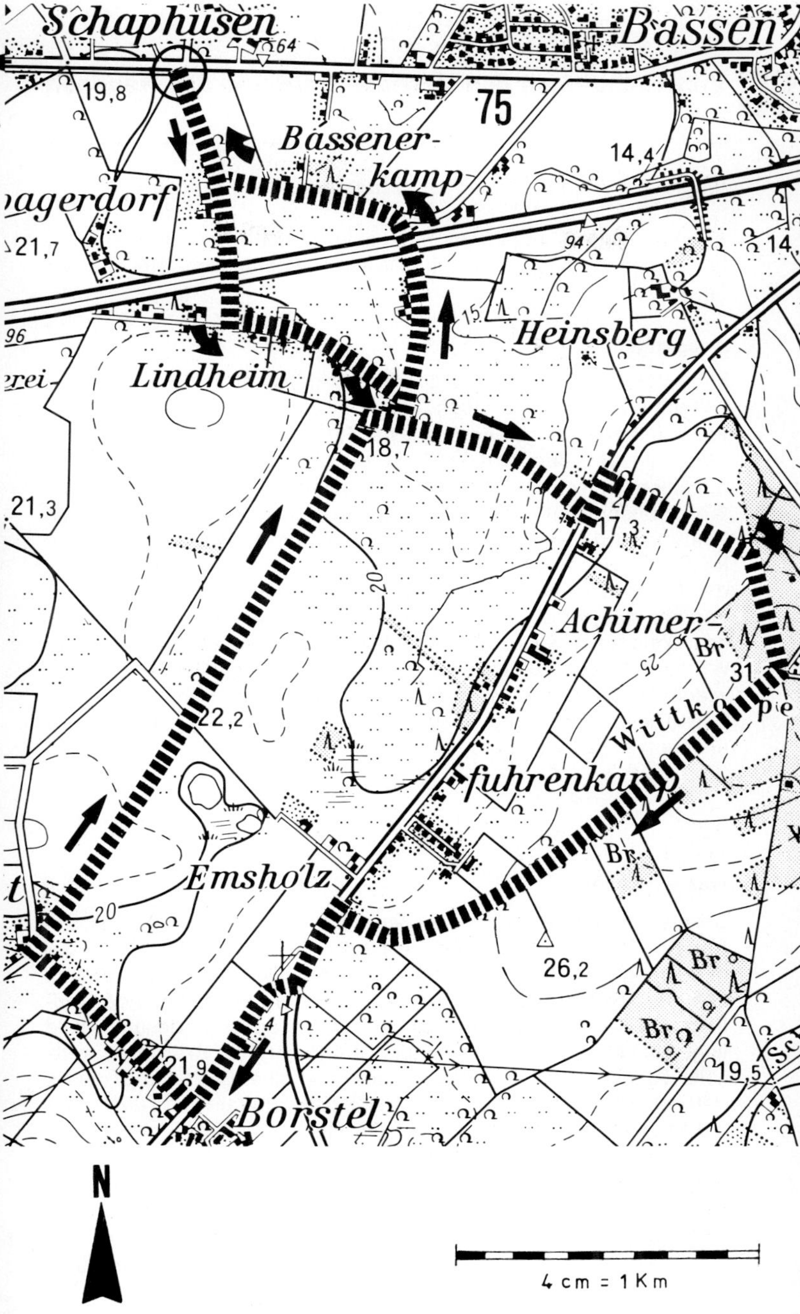

Schaphusen
Bassen
75
Bassener-
kamp
Hamburg
Lindheim
Heinsberg
Achimer-
fuhrenkamp
Emsholz
Borstel
19,8
21,7
14,4
18,7
21,3
17,3
22,2
26,2
21,9
19,5
N
4 cm = 1 Km

55 Von Tüchten um den Uesener Wald und das Hagenoh

Weglänge: $7^{1}/_{2}$ km; Dauer der Wanderung: $2^{1}/_{2}$ Stunden

Anfahrt: B 75 Richtung Ottersberg. Im Ortsteil Bassen rechts ab, hinter der Autobahn links in Richtung Posthausen. Nach 2 km links ab zum Ortsteil Tüchten.

Ausgangspunkt:

Mitte des Ortsteils Tüchten der Gemeinde Oyten mit Parkmöglichkeit unter schattigen Bäumen

Wir wandern zuerst in nordöstlicher Richtung zur Brücke und über diese hinüber. Jenseits der Brücke treffen wir nach etwa 500 m auf einen nach rechts in das Moor führenden Weg. Ihm folgen wir, am Wald Hohenoh entlang, bis zu dem links in den Wald hineinführenden Feldweg. Auf diesem wandern wir, ganz am Waldrand entlang, bis kurz vor die Bundesstraße 75. Die letzten 500 m gehen wir im Wald, da der Außenweg mit Gebüsch fast zugewachsen ist und der örtliche Verkehr sich diesen Richtweg gebahnt hat. Beim Heraustreten aus dem Wald sehen wir vor uns zwei kleine landwirtschaftliche Anwesen. Wir nehmen den Feldweg vor dem links liegenden Gehöft, der uns, wieder am Wald entlang, an die neue feste Straße im Ortsteil Egypten führt. Diese Straße bringt uns geradeaus über die Autobahn zurück zu unserem Ausgangspunkt.

Was wir sehen:

Unsere Wanderung beginnt bei den vier großen Heidehöfen dieses in früheren Zeiten selbständigen Dorfes. Es ist, wie die vielen allein oder in kleinen Gruppen zusammenliegenden Einzelhöfe der großen Feldmark Bassen, eine aus urgeschichtlicher Zeit stammende Siedlung. Am Rande des Höhenrückens, auf dem auch der Uesener Wald liegt, zum Moore hin, hat man aus Steingräbern der Bronzezeit wertvolle Aufschlüsse über die vorgeschichtliche Besiedlung dieses Raumes gefunden. Erwähnenswert ist, daß der Wald von Tüchten einer Forstinteressengemeinschaft der Gemeinde Uesen gehört. Die Erklärung liegt darin, daß die grünlandarmen Geestgemeinden ihre reichlich vorhandenen Waldflächen bei den holzarmen Marschgemeinden gegen gute Weiden getauscht haben – eine Regelung, die entlang dem Wesertal vielfach zu beobachten ist.

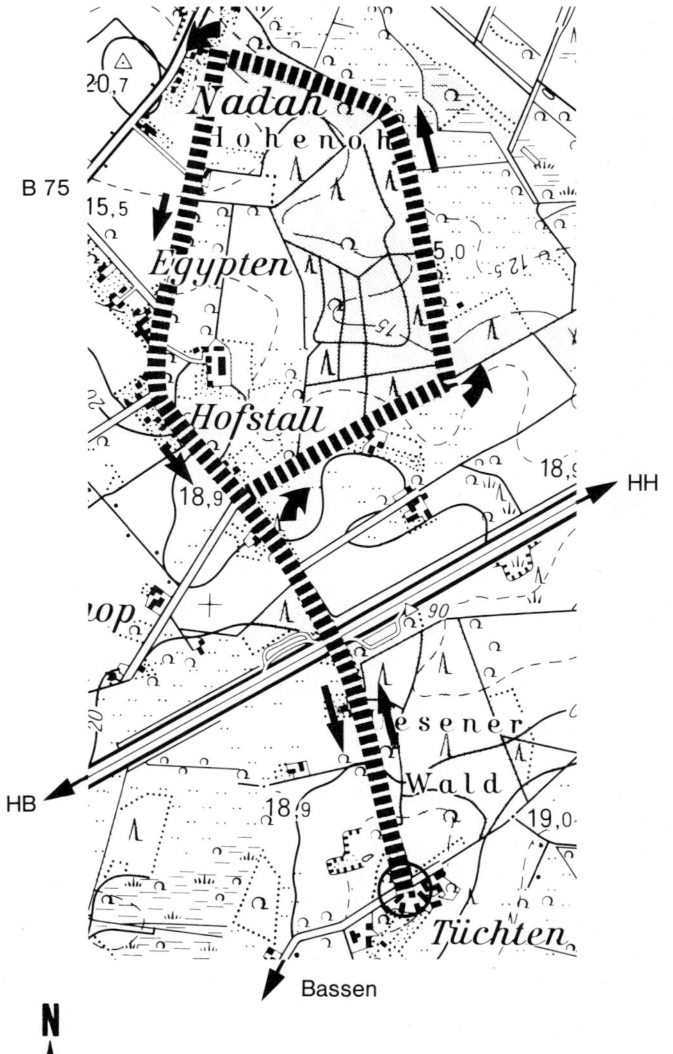
B 75
HH
HB
Bassen
Nadah
Hohenoh
Egypten
Hofstall
Wald
Tüchten
20,7
15,5
18,9
19,0
90
N
4 cm = 1 Km

56 Rund um Tüchten und den Uesener Wald

Weglänge: 6 1/2 km; Dauer der Wanderung: 2 Stunden

Anfahrt: B 75 Richtung Ottersberg. Im Ortsteil Bassen rechts ab, hinter der Autobahn links in Richtung Posthausen. Nach 2 km links ab zum Ortsteil Tüchten.

Ausgangspunkt:

Mitte des Ortsteils Tüchten der Gemeinde Bassen; Autowanderer können die Wanderung auch von dem Parkplatz aus an der Tüchtener Autobahn-Brücke (Strecke Bremen—Hamburg, 6 1/2 km) nach der Abfahrt Oyten beginnen.
Diesmal wandern wir auf der Westseite des Waldes auf die Autobahn zu, biegen am Fuße der Brückenrampe vor der Autobahn rechts ein und bleiben, wenn wir am Walde vorbei sind, auf dem dort leicht schräg abknickenden Feldweg, der geradeswegs auf das Moor zu führt. Bei der zweiten Wegspinne, an der wir links eine Sandgrube mit Buschwerk und rechts ein einsam gelegenes Wohnhaus sehen, gehen wir nach rechts am Moorrand entlang bis zu einer weiteren Sandgrube. Hier biegen wir wieder rechts ein und gehen den Höhenrücken hinan, bis wir auf den vom Dorf Tüchten her kommenden Feldweg stoßen. Gleich hinter der Waldecke zweigt nach links ein grasbewachsener Wiesenweg ab, auf dem wir nach einem Knick rechts die Kreisstraße von Wümmingen nach Bassen erreichen. Diese verlassen wir nach 300 Metern rechts wieder und kommen auf dem dort abzweigenden Feldweg nach Tüchten zurück.

Was wir sehen:

Wir lernen auf dieser Wanderung über Heide und Acker, durch Wiesen und Moor eine typische Geestlandschaft und -Landwirtschaft kennen mit der Ansiedlung einiger großer Heidehöfe, deren Haupteinnahmequellen in früheren Zeiten die großen Heidschnuckenherden und die Bienen waren; sie ergänzten einander in einer Art von Symbiose insofern, als die Schafe bei ihrer Futtersuche breit ausschwärmten und so die zahlreichen Spinnengewebe von der blühenden und Honig bringenden Heide abstreiften, während auf den zur Gewinnung von Einstreu abgeplaggten Flächen mit alter, verholzter Heide, die weniger honigtragend ist, junge honigliefernde Heide nachwuchs. Wir sehen weiter, wie der Mensch, nachdem die Schafhaltung durch den Import ausländischer Wolle unrentabel geworden war, die Heideflächen in Acker verwandelt und nach Einführung der mineralischen Düngung die Moore zu Grünland kultiviert hat.

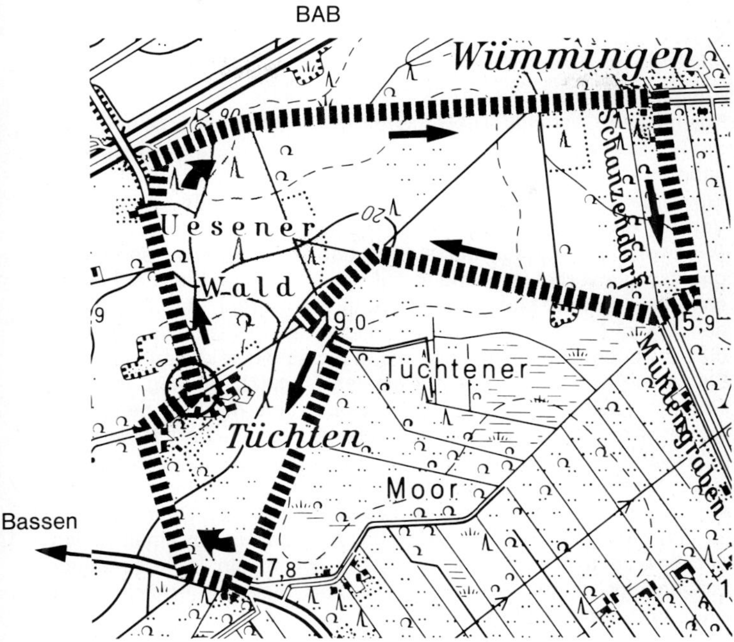
BAB
Wümmingen
Schanzendorf
Uesener
Wald
9,0
20
9
15,9
Tüchtener
Tüchten
Moor
7,8
Bassen

N

4 cm = 1 Km

57 Von Posthausen aus um das Gut Stelle

Weglänge: 7 km; Dauer der Wanderung: 2 Stunden

Anfahrt: B 75 Richtung Ottersberg. Nach der Bahnüberquerung rechts ab nach Posthausen

Ausgangspunkt:
Posthausen, Gasthaus »Drei Linden« in der Nähe der Kirche und eines großen Supermarktes, auf dessen Parkplätzen tausend Pkw's Platz haben.
Wir gehen an der Straßenkreuzung der Kreisstraße Ottersberg–Verden und der Straße Baden–Hellwege in östlicher Richtung (Wegweiser: Flugplatz) auf einer geteerten Straße an der Mittelpunktschule vorbei in Richtung auf das Gut Stelle. Die Straße führt an einer großen ehemaligen Sandgrube vorbei, am Gut Stelle entlang und dann auf die nach Hellwege führende Straße. Auf dieser wandern wir nach links 200 m bis zu der leicht erkennbaren Einfahrt in den Weg an dem schmalen Flugplatz entlang. In diese Einfahrt biegen wir ein. Am Ende eines Kiefernwaldes gehen wir rechts hoch bis zu der Ecke vor dem Ackerland. Dort biegen wir rechts ab und erreichen nach 100 m eine Waldwegekreuzung. Wir folgen dem linken Weg am Waldrand. Nach 200 m überqueren wir erneut eine Wegekreuzung und biegen am nächsten Querweg links ab und bleiben immer am Waldrand. Wir umwandern einen hohen Buchenwald und erreichen nach etwa 650 m ein früheres Sandabbaugebiet. Immer noch am Waldrand bleibend erreichen wir einen Weg, der zu der großen Sandgrube, die wir auf dem Hinweg rechter Hand liegen sahen, führt. Wir biegen im spitzen Winkel links ab und erreichen nach 350 m ein Gehöft und ein Wohnhaus. Geradeaus zwischen diesen beiden Bauwerken hindurch führt ein Weg direkt auf die Kreisstraße Ottersberg–Verden. Wir halten uns nun rechts und wandern auf dem Radweg zurück zum Ausgangspunkt.

Was wir sehen:
Wir sehen einen Ausschnitt aus der Reihe der neun Moorsiedlungen, die um die Wende des 18./19. Jahrhunderts nach den Plänen des königl. hannoverschen Moorkommissars Findorff angelegt worden sind; am Ausgangspunkt finden wir die für diese Siedlungen charakteristische kleine Kirche mit dem Friedhof.
In dem Gut Stelle erkennen wir einen wahrsscheinlich aus der frühesten Zeit der Besiedlung stammenden großen Heidehof, auf welchem vermutlich ein sächsischer Edeling gesessen hat. Auf den noch unkultivierten weiten Heideflächen weidet heute eine der letzten Schnuckenherden unserer Gegend.

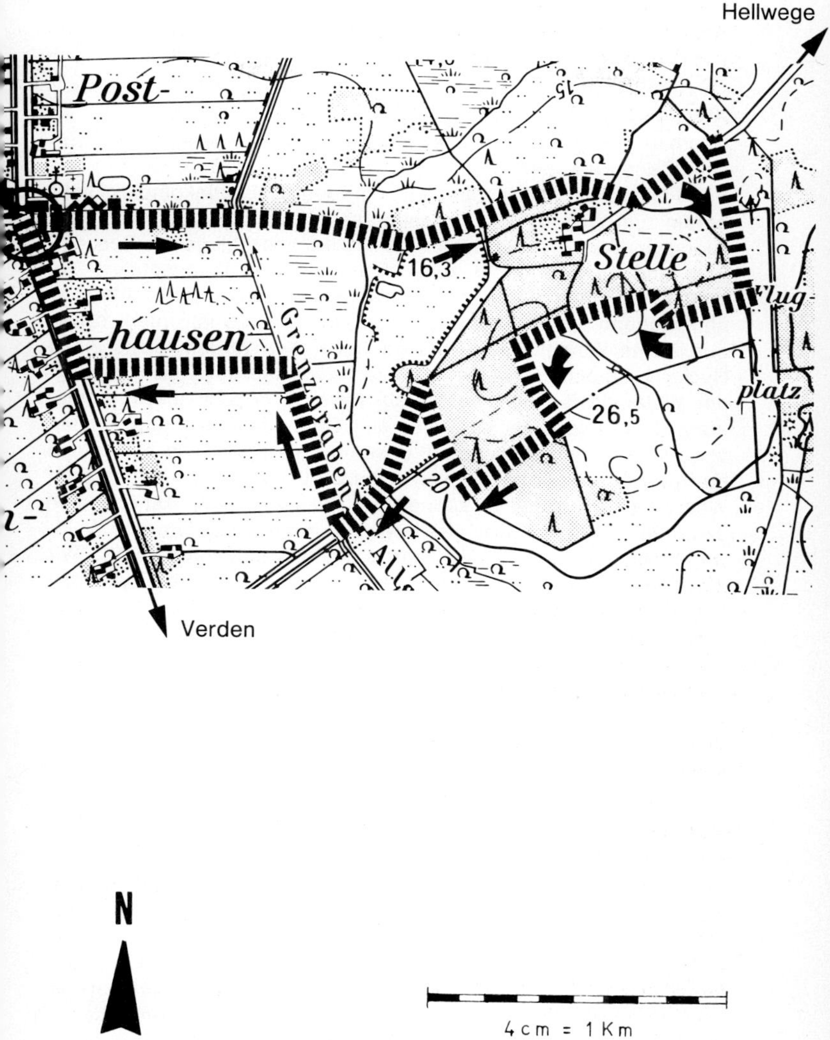

Hellwege
Post-
hausen
Grenzgraben
16,3
Stelle
Flug
platz
26,5
20
Verden
N
4 cm = 1 Km

58 Vom Fährhof Sottrum durch Wiesen, Wald und Heide

Weglänge: 5,5 km; Dauer der Wanderung: 1¾ Stunden

Anfahrt: Autobahn Richtung Hamburg, Abfahrt Stuckenborstel, auf der B 75 nach Sottrum. Im Ortseingang rechts ab Richtung Wittorf–Hellwege.

Ausgangspunkt:

Gasthaus »Fährhof« zwischen Sottrum und Hellwege, Gartenwirtschaft und Parkplatz

Vom Gasthaus aus gehen wir um den Gebäudekomplex links herum zum Weg an der Rückseite des Grundstücks. Der Weg führt zuerst an dem kleinen, hinter dem Gasthaus gelegenen See entlang und dann hinunter zum Dünenrand des Wümmetales. Der Weg führt immer geradeaus – alle Abzweigungen mißachtend – überwiegend am Waldrand entlang, lediglich einmal unterbrochen durch eine Weidefläche – bis wir nach etwa 1,8 km rechts einen Hochsitz erkennen können. 500 m hinter diesem Hochsitz biegt der Waldrandweg nach rechts ab. Etwa 50 m nach dieser Abbiegung (linker Hand befindet sich eine Tannenaufpflanzung) stoßen von rechts zwei Waldwege auf unseren bisherigen Weg. Wir folgen nun dem in einem Winkel von nahezu 90° wegführenden rechten Weg. Nach etwa 500 m können wir links auf einer Anhöhe eine Jagdhütte erkennen. Nach weiteren 200 m erreichen wir eine Waldwegegabelung (Schild: Vossberge Wanderdünenlandschaft). Wir überqueren diese Gabelung auf dem Weg, der nach wenigen Metern zwischen Wiese und Wald nordwärts erneut in den Wald hineinführt. Nach weiteren 600 m erreichen wir einen breiten befestigten Weg, in den wir nach rechts einbiegen. Nach etwa 300 m erreichen wir eine Wegekreuzung, bei der wir nach rechts – d. h. nach Süden – abbiegen. Wir folgen diesem Weg nunmehr geradeaus bis zur ersten Waldwegekreuzung. An dieser Kreuzung nehmen wir die nach links führende Abzweigung und erreichen auf dieser immer geradeaus gehend unseren Ausgangspunkt.

Was wir sehen:

Dieser Wanderweg zeigt uns in eindrucksvoller Weise die wechselvolle Struktur einer eiszeitlichen Dünenlandschaft am Rande eines Schmelzwasser-Abflusses, dessen tief ausgespültes Bett im Laufe der Jahrtausende mit Schlick und Niederungsmoor angefüllt wurde und hochgewachsen ist, bis die Pflanzendecke begehbar war und von den Menschen in Nutzung genommen werden konnte. Wir erleben die weite Sicht der Wiesenlandschaft mit ihrem Grün in vielen Schattierungen, beobachten die für das Niederungsgebiet typische Vogelwelt und können auf einigen Lichtungen die ganz anders geartete Pflanzenwelt erkennen.

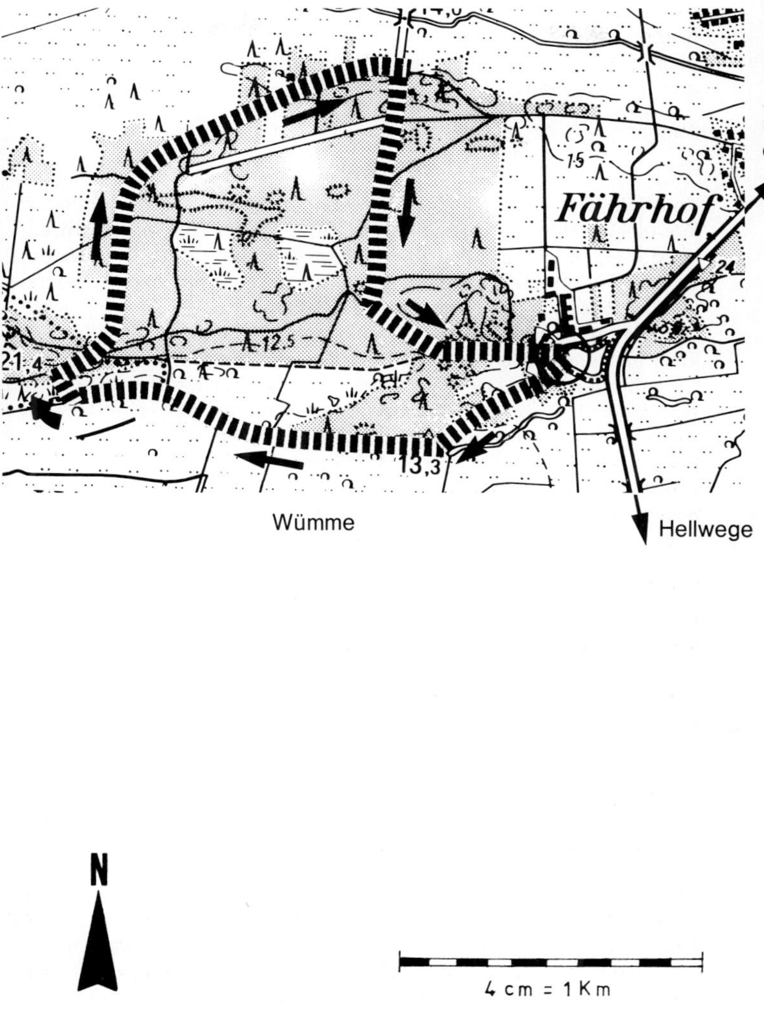
Fährhof
15
24
12,5
21,4
13,3
Sottrum
Wümme
Hellwege
N
4 cm = 1 Km

59 Von der Ahauser Mühle durch die Wümmewiesen und den Wald

Weglänge: 5 km; Dauer der Wanderung: 2 Stunden

Anfahrt: Autobahn Hamburg, Abfahrt Stuckenborstel, auf der B 75 nach Sottrum. Im Ortseingang rechts ab nach Hellwege, hier links ab nach Ahausen

Ausgangspunkt:

Die Ahauser Mühle mit Gaststätte und Parkmöglichkeit

Vom Mühlenhof aus an der stilliegenden Mühle vorbei gehen wir auf einer schmalen asphaltierten Straße zweimal rechtsschwenkend durch den Wald und über 2 Bachbrücken. Hinter der zweiten Brücke wenden wir uns auf einem Sandweg nach rechts, gehen in die Wiesen hinein und über die Wümmebrücke hinweg. Nach reichlich 100 m zweigt ein einspuriger Wiesenweg rechts ab; er führt uns nach fast 1½ km entlang der Wümme an den nächsten asphaltierten Weg, der uns aus den Wiesen wieder über eine Wümme-Brücke in den Wald bringt. Wir folgen diesem Weg weiter, bis wir an den quer verlaufenden Sandweg gelangen (links – Felder und Telegrafenleitung) auf dem wir nach rechts schwenkend von der entgegengesetzten Seite über die „Freiflut" und an dem großen Mühlenteich vorbei zu unserem Ausgangspunkt, dem Mühlenhof, zurückkommen.

Verlängerungsvorschlag – siehe Karte ●●● weitere 2,5 km

Was wir sehen:

Diese Wanderung durch einen der idyllischsten, abgelegensten Winkel des ganzen Wandergebietes zwischen Wümme und Weser bietet in ihrem abwechslungsreichen Verlauf eine vielfältige Landschaftsstruktur mit Laub- und Kiefernwald und weitem Wiesenland. Unsere Wanderung gibt Gelegenheit, die artenreiche, vielfältige, für Sumpf, Moor und Wiesen typische Vogelwelt zu beobachten. Bachstelze, Bekassine, Brachvogel, Kiebitz, Kuckuck und Kornweihe sind hier nicht selten. Wo wir auf dem Wiesenrandweg den ersten, von oben ins Wiesental führenden Weg queren, sehen wir linker Hand eine kleine Sandgrube, die bis an das Grundwasser reicht. Auf dem nassen Untergrund haben sich neben alten Baumstümpfen von Kiefern, Erlen und Birken Sumpfgräser, Seggen und Moose angesiedelt; sie werden von einer dichten Schicht Sphagnummoos überwuchert. Ein Miniatur-Lehrbeispiel für die Entstehung unserer großen Moore!

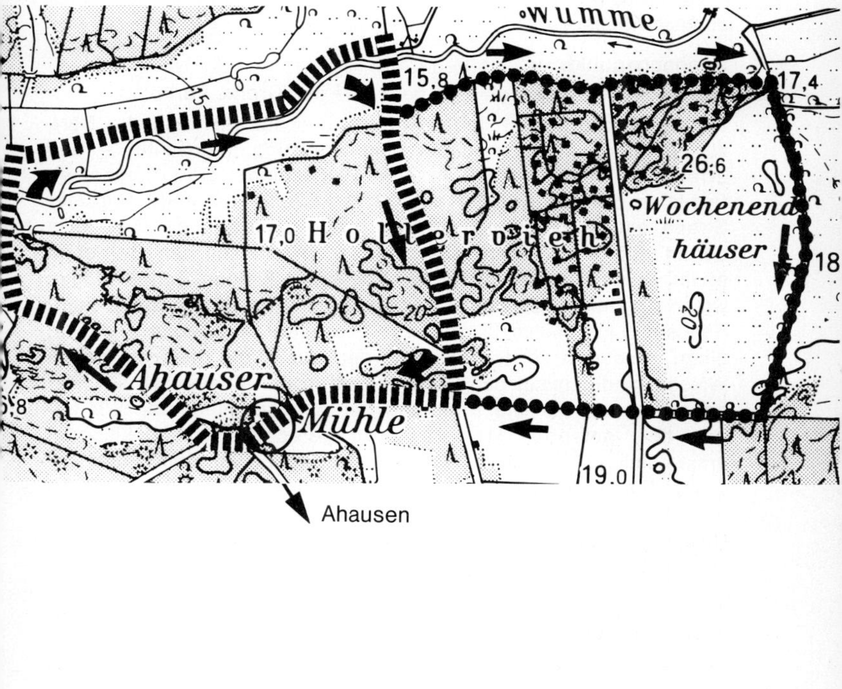
Wümme
15,8
17,4
26,6
Wochenend
häuser
18
17,0 Hollerweih
20
20
Ahauser
Mühle
19,0
Ahausen

N

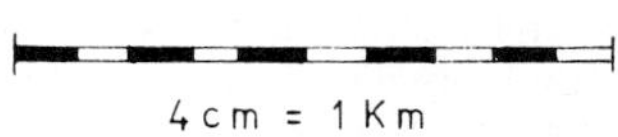
4 cm = 1 Km

60 Von Ahausen durch Feld und Wald um den Staatswald »Auf dem Bortel«

Weglänge: 8 km; Dauer der Wanderung: 3 Stunden

Anfahrt: Autobahn Hamburg, Abfahrt Stuckenborstel, auf der B 75 nach Sottrum. Im Ortseingang rechts ab nach Hellwege, hier links ab nach Ahausen

Ausgangspunkt:

Gasthaus »Ahauser Hof« – in der Nähe der Kirche. Parkplatz

An der Kirche vorbei gehen wir in südlicher Richtung die Dorfstraße hinab – lassen dabei eine Kreuzung unbeachtet – und erreichen nach etwa 500 m eine Wegespinne. Dort biegen wir rechts in die rechtwinklig auf die Ackerhöhe führende Bockeler Straße ein. Vor dem kleinen Wäldchen „Altdorf" geht es links herum auf den kleinen, aus zwei landwirtschaftlichen Betrieben erwachsenen Ortsteil Bockel zu. Vor einem kleinen Gehöft biegen wir in die links abzweigende schmale geteerte Straße ein (Schild: Bockel). Nach 550 m biegen wir vor mehreren Gehöften links in einen geteerten Wirtschaftsweg, der durch die tiefergelegenen Wiesen hindurch auf den Wald zu und in ihn hineinführt, ab. Hier haben wir die höchste Erhebung der Ahauser Feldmark. Wir folgen dem geteerten Wirtschaftsweg geradeaus weiter bis zum ersten linksabbiegenden Waldweg (ca. 20 m vor dem Soldatengrab). Dieser führt uns – im spitzen Winkel rückwärts – durch eine Waldschneise auf eine befestigte Straße, auf der wir linker Hand immer geradeaus ins Dorf und zu unserem Ausgangspunkt zurückkommen.

Was wir sehen:

Wir lernen einen großen Teil der sehr unterschiedlich strukturierten Feldmark Ahausen kennen, ein Gebiet, das ursprünglich nur auf den hochgelegenen Teilen um das Dorf landwirtschaftlich genutzt wurde, während die sandigen Dünenflächen und die tiefliegenden Moore mit ihrer Heide den Heidschnucken und Bienen Nahrung gaben. Erst in neuerer Zeit begannen Aufforstung und Grünlandkultivierung. Bemerkenswert ist, daß noch im ersten Viertel des 20. Jahrhunderts die Verdener Artillerie in diesem wenig kultivierten Gebiet bis hinüber in das gleichartige der großen Gemeinde Hellwege ihre Scharfschieß-Übungen abhielt. Vom Dorfe selbst ist im Jahre 1933 bei einem verheerenden Brand ein bedeutender Teil einschließlich der Kirche vernichtet worden; man erzählt, ein junges Mädchen habe in einer Art von »zweitem Gesicht« diesen Brand vorausgesehen.

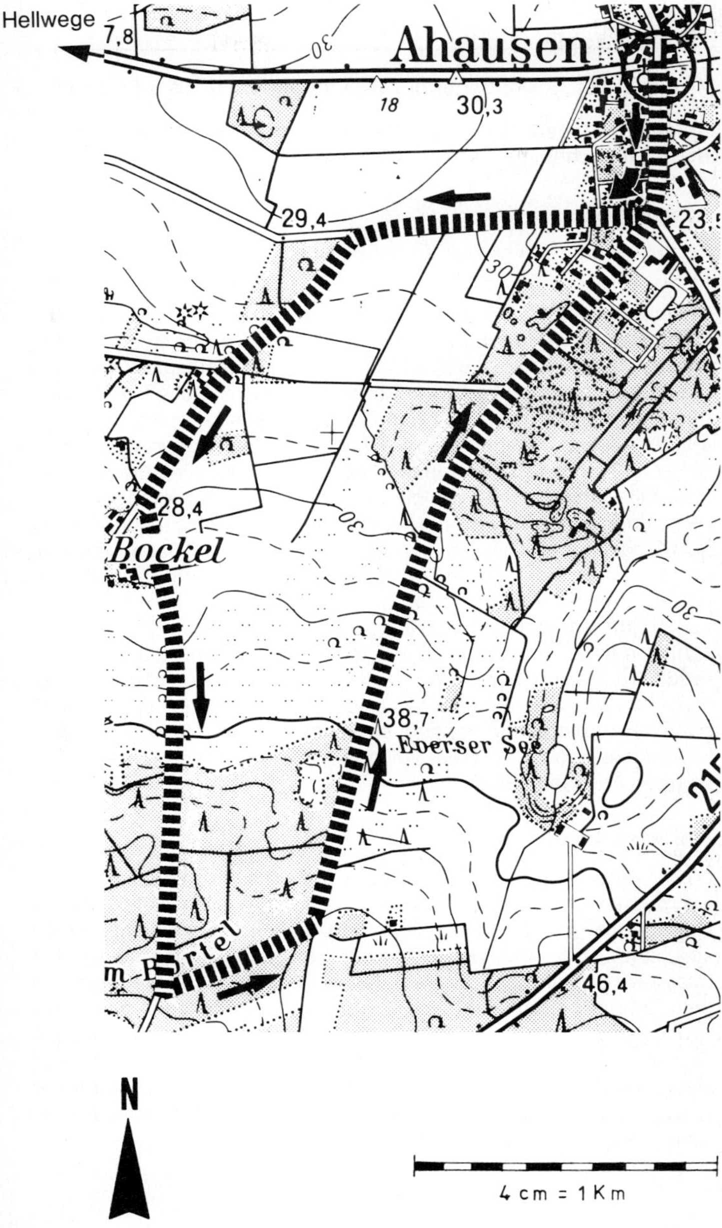
Hellwege
7,8
Ahausen
30
18
30,3
29,4
30
28,4
Bockel
30
30
38,7
Everser See
46,4
N
4 cm = 1 Km

61 Rund um den Steinberg

Weglänge: ca. 8 km; Dauer der Wanderung: 2 1/2 bis 3 Stunden

Anfahrt: Autobahn Richtung Hannover, Abfahrt Verden-Nord, auf der B 215 Richtung Rotenburg nach Heidkrug

Ausgangspunkt:

Gastwirtschaft »Heidkrug« an der Bundesstraße 215 Verden–Rotenburg

Unsere Wanderung beginnt gegenüber der Gastwirtschaft auf der festen Straße nach Holtum(G). Wir folgen ihr bis zu ihrem tiefsten Punkt, wo ein kurzer Feldweg rechts hinüber zu einer Waldspitze führt. Am Walde entlang erreichen wir, den befestigten Wirtschaftsweg überquerend, den Hochwald. Wir wandern geradeaus in ihn hinein, bis wir auf ein Ackerstück stoßen. Den Wald zur Linken, gehen wir an dem Acker entlang bis zum ersten Querweg, der uns nach rechts zur Bundesstraße führt. Nach einem die Bundesstraße überquerenden ›Rösselsprung‹ wandern wir weiter am Walde entlang bis zu dem einsam gelegenen Gehöft Overing. Vor dem Hof biegen wir nach rechts ab und folgen der Fahrspur in den Wald hinein. Dort treffen wir nach einer weiteren Rechtsabbiegung auf eine schattenspendende Buche, die zur kurzen Rast einlädt. Einige Schritte weiter zweigt eine Waldschneise links ab, die uns in gerader Linie an den nördlichen Waldrand führt. Bei einer umzäunten Schonung stoßen wir auf einen Feldweg, dem wir nach rechts folgen bis zum nächsten nach links führenden Weg. In diesen einbiegend, erreichen wir nach Überquerung der Kreisstraße nach Völkersen, vor dem Waldrand rechtsschwenkend, unseren Ausgangspunkt.

Was wir sehen:

Diese Wanderung zeigt uns eine ständig wechselnde Landschaft: Zuerst rechter Hand das Geest-Ackerland und links den weiten Blick in das Holtumer Moor und sein Grünland; nach kurzem Weg am Rande von Laub- und Mischwald nimmt uns der Nadel-Hochwald auf. Ihn haben wir auf dem ganzen Rest des Weges zu unserer Rechten. Bei dem Gehöft Overing zieht eine gewaltige uralte Eiche mit mächtiger Krone den Blick auf sich. Wenn wir zu Beginn unserer Wanderung zur Höhe des Waldgebietes hinaufblicken, fällt uns ein hoher, schmaler eiserner Turm auf. Es ist der Sendeturm für den Fernsehsender der britischen Truppen. Neuerdings ist ein weiterer Fernseh-Leitsendeturm hinzugekommen.

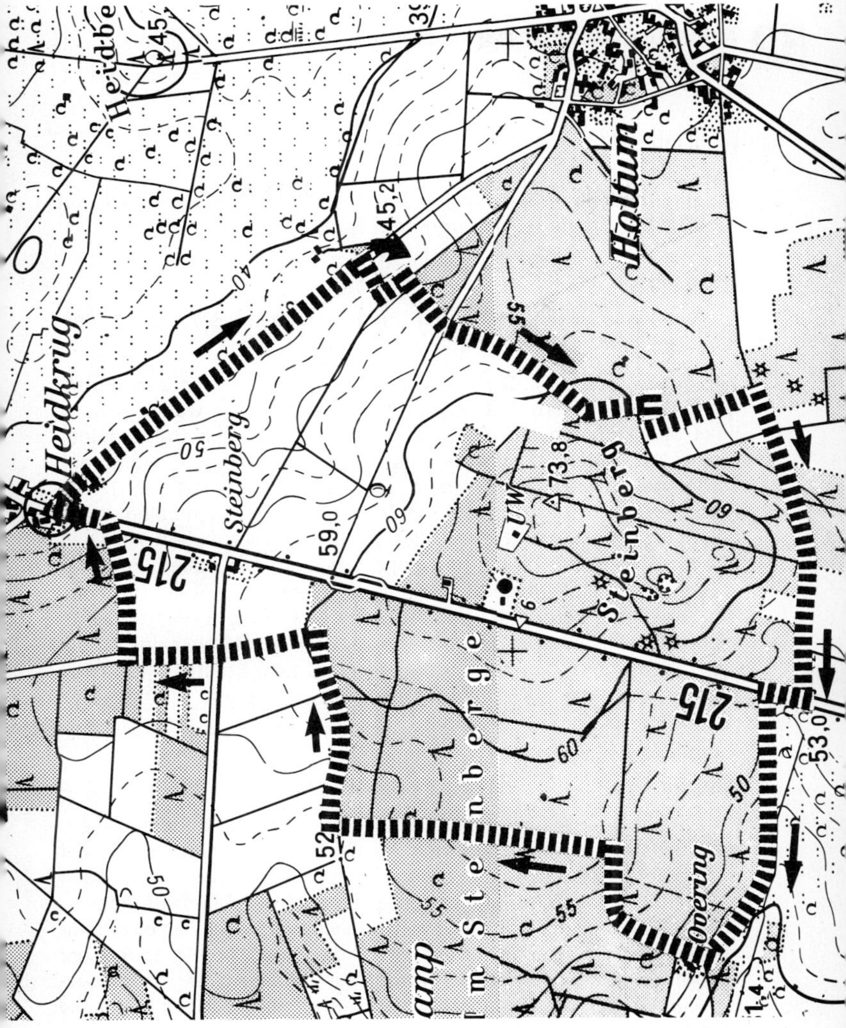
Heidkrug
Holtum
Steinberg
Steinberge
Overing
215
45,2
59,0
73,8
53,0
N
4 cm = 1 Km

62 Rund um den Forstort Spange

Weglänge: 6 km; Dauer der Wanderung: 2 Stunden

Anfahrt: Autobahn Richtung Hannover, Abfahrt Verden-Nord, auf der B 215 Richtung Rotenburg nach Heidkrug

Ausgangspunkt:

Das Gasthaus »Heidkrug« an der Bundesstraße 215 Rotenburg – Verden mit Parkplatz und schattigem Garten

Wir gehen, aus dem Gasthaus tretend, links den Weg zum Forsthaus. Bei der ersten Abzweigung verlassen wir ihn, wandern nach links und kommen auf die beschotterte Straße nach Breitenfeldsmoor. An einem Fachwerkhaus (ehem. Waldarbeiterwohnung) vorbei gehen wir bis zu einem Querweg bei Jagen-Stein 76/84. Hier wenden wir uns nach rechts, um an dem schmalen Wildackerstück entlang den jenseitigen Waldrand zu erreichen. Hier halten wir uns wieder rechts und gehen ganz an der Außenkante des Waldes, welche gleichzeitig die Kreisgrenze zwischen Rotenburg und Verden ist, bis zu einem von links aus der Ahauser Feldmark kommenden Feldweg beim Jagen-Stein 78. Hier wenden wir uns erneut nach rechts und kommen durch den Wald zum Forsthaus und von dort auf dem festen Weg zurück zum Ausgangspunkt.

Was wir sehen:

Eine ausgesprochene Waldwanderung führt uns durch den gepflegten Staatsforst Spange, der noch vor etwa 120 Jahren mit 350 ha der größte Heidehof des Amtes Verden gewesen ist, dann aber vom Staat aufgekauft und aufgeforstet wurde. Es erscheint nicht unwahrscheinlich, daß auf diesem Hof schon in frühgeschichtlicher Zeit ein Stammesfürst der Sachsen gesessen hat, da die vielen Hügelgräber in der Umgebung auf eine sehr frühe Besiedlung dieses Gebietes hindeuten. Der Weg an der Außenkante des Waldes bietet schöne Ausblicke in das tiefgelegene moorige Wiesengelände der Feldmark Ahausen. Dem stillen Wanderer zeigt sich bei etwas Glück gelegentlich der Anblick eines Stückes Damwild. Wer die Mühe des Bückens und Pflükkens nicht scheut, findet im Monat Juli auch Waldbickbeeren. Dem botanisch Interessierten wird an der Breitenmoorer Straße eine mannshohe Staudenpflanze auffallen: Es handelt sich um den Sachalin-Knöterich.

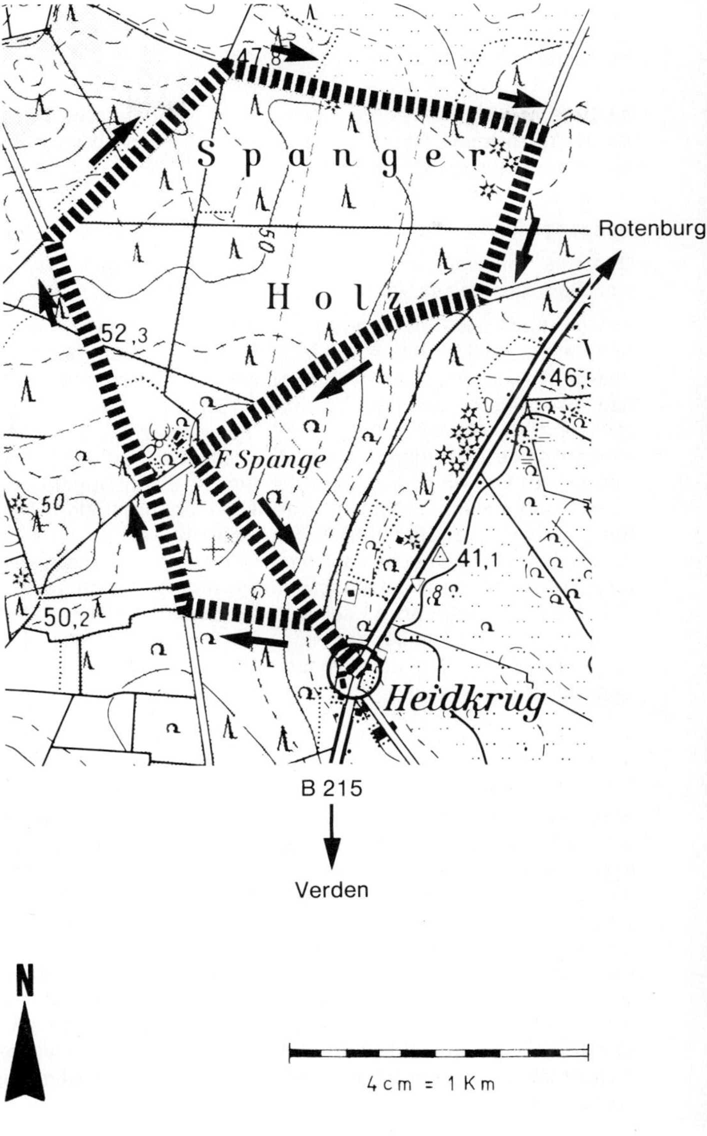

47,8
Spanger
Holz
Rotenburg
52,3
46,5
F Spange
50
41,1
50,2
Heidkrug
B 215
Verden
N
4 cm = 1 Km

63 Durch Wald und Heide bei Haberloh und Breitenfeldsmoor

Weglänge: 8 km; Dauer der Wanderung: 3 Stunden

Anfahrt: Autobahn Richtung Hannover, Abfahrt Verden-Nord, auf der B 215 Richtung Rotenburg. In Steinberg links ab nach Völkersen, hier rechts ab nach Haberloh (Haberloher Straße).

Ausgangspunkt:

Ortsmitte von Haberloh, (Kreuzung) Whs Hof Rugen, dem kleinsten Dorf des Kreises Verdens, Parkmöglichkeit.

Auf der durch das Dorf hindurch zu dem Militär-Schießstand führenden neuen, breiten Straße von Völkersen gekommen, beginnen wir unsere Wanderung nach rechts, ostwärts auf dem geraden Wege nach Breitenfeldsmoor (Wegweiser nach Spange!), biegen jedoch bereits nach 100 Metern rechts von ihm ab in den Weg, der an einigen kleinen Anwesen entlang in das Moorgelände führt. Den Wald zur Linken wandern wir nach einem Kilometer bei einem Hügelgräberfeld schräg links in den Wald hinein und auf den schnurgeraden Weg nach Spange zu. Vor der Siedlung Breitenfeldsmoor wenden wir uns halbspitz nach links und gehen nach einem kleinen Knick rechts wieder linealgerade nordwärts auf einem anfangs sandigen, dann befestigten Weg nach Hellwege bis an seine tiefste Stelle an einem Entwässerungsgraben. Unmittelbar dahinter – spitz-links rückwärts – beginnt der lange gerade Weg, der uns durch Heide und Wald direkt ins Dorf Haberloh zurückbringt.

Was wir sehen:

Wir erleben auf dieser Wanderung durch Wald und Heide, durch Wiesen und Felder die unterschiedliche und abwechslungsreiche Geländegestaltung, aber auch – fern unserer modernen Betriebsamkeit – die erholsame Einsamkeit einer Landschaft, die noch vor einem Jahrhundert fast unberührt dalag. Die vielen verstreut liegenden Hügelgräberfelder machen deutlich, daß in der Vorgeschichte der norddeutschen Tiefebene sich hier unsere urgermanischen Vorfahren ansiedelten. Noch vor fünfzig Jahren war dieses heute in beachtlichem Umfange kultivierte Gelände wüste Heide- und Moorlandschaft. Das kleine Dorf Haberloh auf einem Höhenrücken mit dem teilweise lehmigen Untergrund einer Endmoräne ist als eine der ältesten Ansiedlungen dieses Gebietes anzusehen.

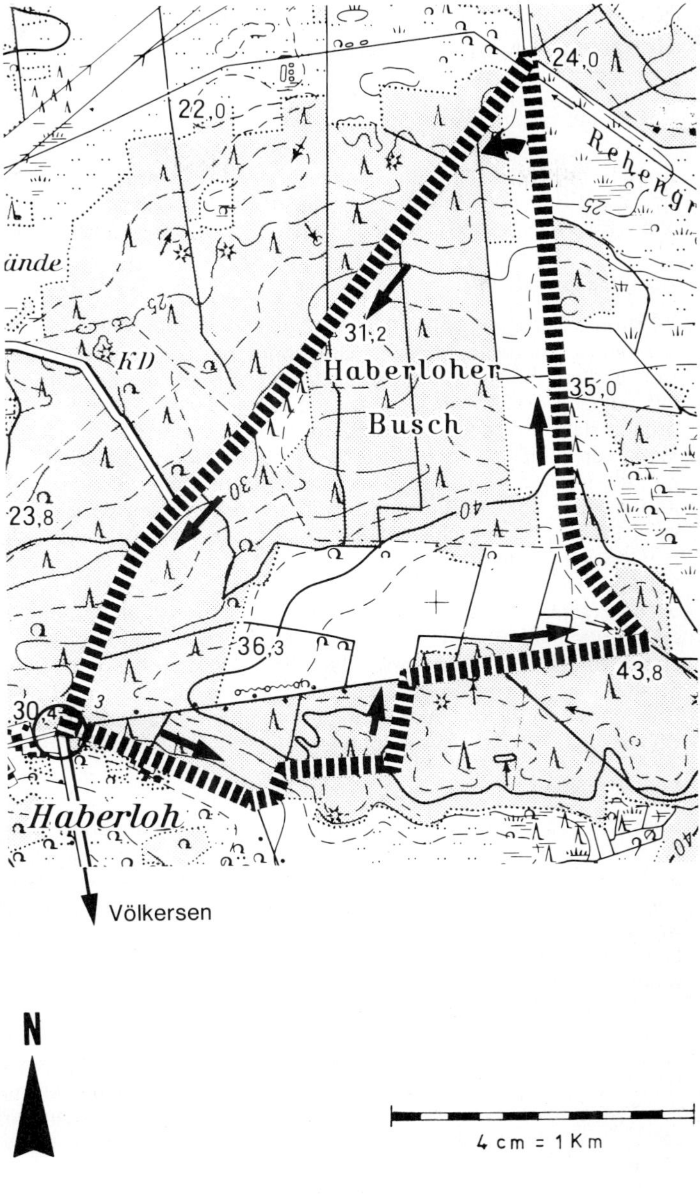
22,0
24,0
Rehengr
ände
KD
31,2
Haberloher
Busch
35,0
23,8
36,3
43,8
30,4
Haberloh
Völkersen
N
4 cm = 1 Km

64 Radwanderung von Völkersen über Haberloh – Allerdorf – Langwedel

Weglänge: 19 Km; Dauer der Wanderung: 2 Stunden

Anfahrt: Autobahn Richtung Hannover, Abfahrt Verden-Nord, auf der B 215 Richtung Rotenburg. In Steinberg links ab nach Völkersen. (Ebenfalls erreichbar über Oyten – Bassen – Posthausen)

Ausgangspunkt:

Völkersen, Gasthaus »Zur Post« oder Raststätte Langwedel

Wir fahren zuerst in Richtung Ottersberg bis zur alten Molkerei. Dort beginnt die Haberloher Straße. Auf der Kreuzung am dortigen Ortseingang drehen wir links ab und fahren beim letzten der drei großen Höfe rechts schwenkend, danach im Linksbogen durch das Moor zur Straße Verden–Ottersberg bei Allerdorf, die wir überqueren. Nachdem wir den Geestrand erreicht haben, kommen wir an den nach links in Richtung Daverden verlaufenden Wirtschaftsweg. Diesem folgen wir über die Autobahn bis an die Feldstraße (Kreisstraße). Wir fahren spitzwinklig links, an dem Kiesweg vorbei über die Brücke nach Langwedelermoor. Dort schwenken wir wieder rechts und kommen über die Moorstraße, die Autobahn zum drittenmal überquerend, nach Langwedel. Um die Hauptstraße zu meiden, benutzen wir nach dem Bahnübergang die erste Straße links (Herrenkamp) und folgen ihr bis zur Bahnhofstraße. Hier fahren wir wieder über Bahn und Autobahn und kommen über Dahlbrügge – links schwenkend – zurück nach Völkersen.

Was wir sehen:

Eine abwechslungsreiche Fahrt führt uns durch Moor und Heide, Wald, Acker und Wiesen. Wir lernen das kleinste Dorf des Kreises Verden, Haberloh, mit drei großen Höfen und einigen Anbauern, kennen. Die Straße, auf der wir kommen, führt durch den Wald weiter zu den Schießständen der Bundeswehr am Hellweger Moor. Wer Interesse, Zeit und Lust hat, kann den zwei Kilometer weiten Abstecher dorthin mühelos machen. Bei Allerdorf sehen wir einen kleinen Ausschnitt der Gesamtanlage der Moorsiedlungen des Hellweger Moores von 1790. Von der Geesthöhe haben wir einen herrlichen Blick über das Kiebitzmoor auf die bewaldeten Höhen von Haberloh, Völkersen und den Steinberg. Auf diesem, mit 73 Metern höchstens Berg des Kreises Verden, erkennen wir den Antennenturm des britischen Soldatensenders und einen 139 m hohen Leitturm der Bundespost.

Hintzen-
dorf
Stellen-
felde
Haberloh
Allerdorf
Daverdener
Lang-
medeler-
moor
Brand
(A 27)
Rhs
Daverdener-
bruch
Dahlbrügge
Völkersen
Häse-
sel
feld
Förth
Nin-
Langwedel
N
4 cm = 2 Km

65 Von Völkersen um das Gräberfeld Düwelshagen und durch den Forst Spange

Weglänge: 8 km; Dauer der Wanderung: 3 Stunden

Anfahrt: Autobahn Richtung Hannover, Abfahrt Verden-Nord, auf der B 215 Richtung Rotenburg. In Steinberg links ab nach Völkersen. (Ebenfalls erreichbar über Oyten – Bassen – Posthausen)

Ausgangspunkt:
Gasthaus »Zur Post« in Völkersen
Wir beginnen unsere Wanderung auf der Straße nach Holtum (Rotenburger Str.), die wir links vom Gasthaus über eine leichte Biegung erreichen. Hier gehen wir etwa 800 m bis zu dem ersten, nach links abzweigenden befestigten Feldweg Düwelshagen. Diesem folgen wir, uns immer links haltend, am Rande des Moorwiesen-Geländes bis an einen nur wenige Meter breiten Kiefernstreifen. Hier wenden wir uns nach rechts und gehen hügelan bis zu dem quer verlaufenden Feldweg, welcher nach rechts genau über das Gräberfeld und die höchste Erhebung der Feldmark (TP 53,5 m) führt. Rechts sehen wir, etwas abseits, einen gewaltigen Findling, den einzig übriggebliebenen Stein eines Großsteingrabes. Dem Feldweg nun geradeaus weiter folgend, kommen wir an den Rand des Spanger Forstes und gehen bis an den breiten, geschotterten Weg von Breitenfeldsmoor nach Heidkrug. Dieser Weg führt uns an dem einsam im Walde liegenden Forsthaus Spange vorbei und schließlich an die anfangs erwähnte Kreisstraße. Auf ihr gelangen wir rechter Hand nach Völkersen zurück.

Was wir sehen:
Völkersen ist ein mittelgroßes, früher eindeutig landwirtschaftlich orientiertes Dorf am Rande der Geest vor einem moorigen Wiesengelände; heute geben viele neu erbaute Wohnhäuser, die größtenteils von ›Pendlern‹ bewohnt werden, diesem Dorf ein fast vorstädtisches freundliches Gepräge. Außerhalb, in der hohen Geest, bewegen wir uns wieder auf frühgeschichtlichem Boden mit den Hügelgräbern und dem vor kurzem freigelegten Großsteingrab. Letzteres stammt aus einer wesentlich älteren Siedlungsperiode als die daneben liegenden Hügelgräber. Von diesem Steingrab ist nur noch der jetzt weithin sichtbar aufgerichtete Stein, im Volksmund »Großer Kurfürst« genannt, der Verwendung als Pflaster- oder Grundmauerstein entgangen. Wir sehen auch hier wieder, wie auf den meisten Wanderungen, im Raum zwischen Wümme und Weser ein stets wechselndes Gelände mit einem dem jeweiligen Boden angepaßten Pflanzenbewuchs.

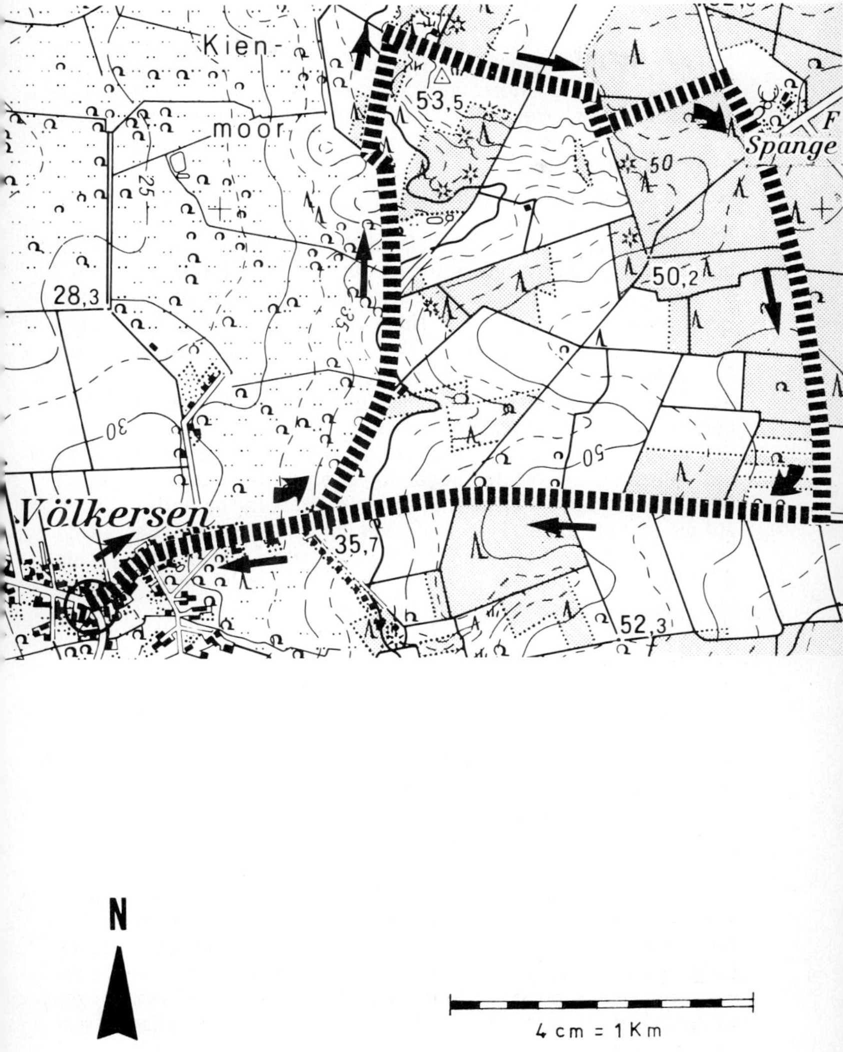
Kien-
moor
53,5
Spange
F
50
25
28,3
35
50,2
30
50
Völkersen
35,7
52,3
N
4 cm = 1 Km

66 Von Völkersen durch Wald und Feld über Overing und Schülingen

Weglänge: 7 km; Dauer der Wanderung: 2½ Stunden

Anfahrt: Autobahn Richtung Hannover, Abfahrt Verden-Nord, auf der B 215 Richtung Rotenburg. In Steinberg links ab nach Völkersen. (Ebenfalls erreichbar über Oyten – Bassen – Posthausen)

Ausgangspunkt:

Gasthaus „Zur Post" in Völkersen

Wir gehen wieder auf die Straße nach Holtum (Rotenburger Str.) bis zu der nach rechts abbiegenden Straße „Hinterm Damm". Dieser folgen wir bis „Zum Bornkamp"; dort biegen wir linker Hand in den Feldweg hinein. Nach 1½ km Weges treffen wir, anfangs zu beiden Seiten von Wald begleitet, am Ende eines zur Rechten liegenden freien Feldes auf eine eingezäunte Schonung. Auf einer schmalen Waldschneise gehen wir vor der Schonung geradeaus in den Wald hinein. Wir stoßen dann auf einen breiten Waldweg, gehen auf ihm nach rechts und gelangen im Bogen an das einsam im Walde liegende ehemalige Waldwärtergehöft Overing. Vor diesem wandern wir weiter nach rechts und erreichen auf einem befestigten Feldweg, nach links schwenkend, das kleine Bauerndorf Schülingen. Am Ende des Dorfes zweigt nach rechts ein Feld- und Wiesenweg ab (Torfweg), auf dem wir geradenwegs über eine Höhe nach Völkersen zurückkommen.

Was wir sehen:

Der Staatswald, Forst Spange, durch den wir gehen, gehört zu dem Forstort Steinberg. Das kleine Dorf Schülingen zeigt uns einige alte, typisch niedersächsische Heidehöfe im Schatten schöner Eichen. Die alten Bauernhäuser mit den traditionellen Strohdachhäusern sind jedoch größtenteils neuzeitlichen Gebäuden gewichen. Die vorhandenen Fachwerkhäuser werden liebevoll gepflegt. In Völkersen, beim Friedhof, eine alte Mühle.

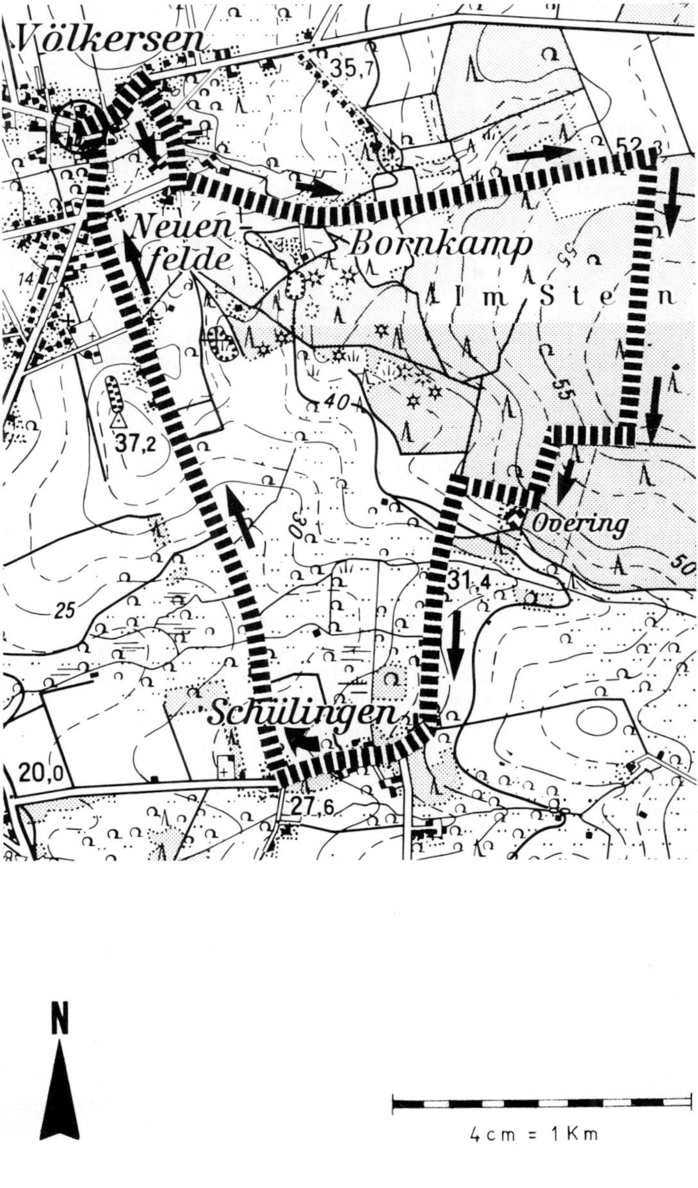

Völkersen
35,7
52,3
Neuen-
felde
Bornkamp
55
Im Ste n
14
37,2
40
55
30
Overing
50
31,4
25
Schülingen
20,0
27,6
N
4cm = 1Km

67 Von Daverden bis Cluvenhagen durch Wald und Wiesen

Weglänge: 6 km; Dauer der Wanderung: 2 Stunden

Anfahrt: Autobahn Richtung Hannover, Abfahrt Langwedel–Daverden, rechts ab nach Uesen – Langwedel, Ortsteil Daverden.

Ausgangspunkt:

Der Platz vor der Daverdener Kirche (schattiger Parkplatz) oder Gasthaus »Zum alten Dorfkrug« an der Marschstraße

Nach einem empfehlenswerten Rundgang um die Kirche mit einem weiten Ausblick in das Wesertal gehen wir zur Straße in die Marsch hinunter auf den »Alten Dorfkrug« zu (Weserstr.). Wir lassen diesen rechts liegen und kommen über die ansteigende Dorfstraße an eine mit Verkehrsschild bezeichnete Sackgasse. Nach einigen Schritten in diese hinein führt uns eine Treppe auf den am Rande des Abhangs verlaufenden Fußweg. Mit ihm gelangen wir in den Wald hinein und treffen nach etwa 500 Metern auf eine idyllisch am Abhang gelegene Freilichtbühne. Nach einigen hundert Metern steigen wir an der Stelle, wo der Fahrweg nach rechts zum Daverdener Schützenplatz abzweigt, mit dem Hohlweg nach links zum unteren Waldrand hinab und kommen zur »Fischerhütte«. Wir gehen daran vorbei und sehen rechter Hand eine große, wassergefüllte Sandgrube. Von hier zweigt der befestigte Ellernbuschdamm (Wirtschaftsweg) nach Cluvenhagen links ab. Ihm folgen wir und umgehen das auseinandergezogene, auf Einzelwarften liegende alte Dorf Cluvenhagen. Wir wenden uns linker Hand dem Schleusenkanal zu und kommen an die Kanalböschung. Hier halten wir uns links und wandern zunächst am Kanal entlang, dann halblinks abbiegend auf Daverden und unseren Ausgangspunkt zu.

Was wir sehen:

Wir sehen zunächst die historische Daverdener Kirche auf dem beherrschenden Platz hoch am Rande der Düne inmitten des Friedhofes mit alten, reliefgeschmückten Grabsteinen. Am Daverdener Wald finden wir eine amphitheatralisch in den Hang hinein angelegte Waldbühne. Idyllisch auch der Abstieg zum Wiesenrand, der hin und wieder Ausblicke auf grüne Marschwiesen und schilfumrandete Wasserstellen des alten Laufes der Aller gewährt. Interessant ist auch das alte Marschdorf Cluvenhagen, dessen einzeln auf Warften liegende Gehöfte auf eine Ansiedlung hindeuten zu Zeiten, da noch keine Deiche die alljährlichen Überflutungen abwehrten und das ganze Flußtal sich in einen See verwandelte.

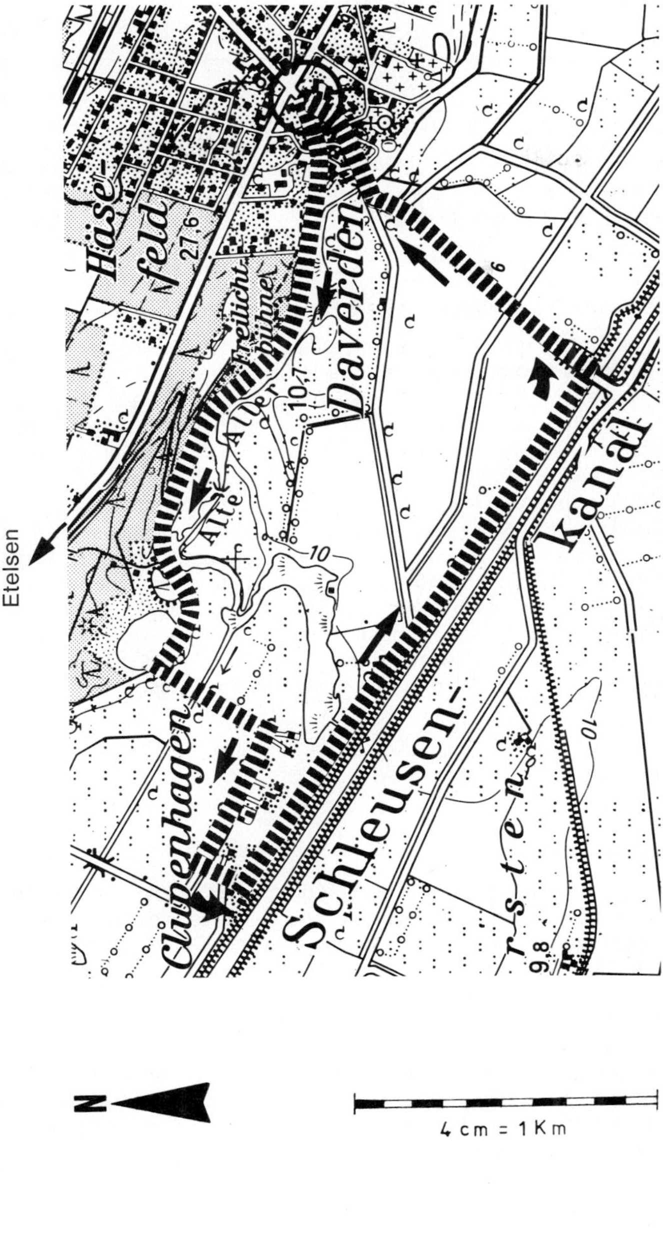

Etelsen
Häse-
feld
27,6
Freilicht-
bühne
Daverden
10,7
Alte
Aller
10
Clüvenhagen
Schleusen-
kanal
9,8
N
4 cm = 1 Km

68 Hagen-Grinden: Rundum durch die Marsch

Weglänge: 7 km; Dauer der Wanderung: 2 Stunden

Anfahrt: Autobahn Richtung Hannover, Abfahrt Achim-Ost, rechts ab nach Uesen, dann links ab nach Etelsen. In Ortsmitte rechts ab über den Kanal nach Hagen

Ausgangspunkt:

Gasthaus »Zur grünen Gilde« am Fuße der Brückenrampe in Hagen

Wir beginnen unsere Wanderung auf der Uferstraße des Schleusenunterkanals und gehen stromabwärts bis zu dem ersten nach links abzweigenden Klinkerweg. Dieser bringt uns geradeaus zur Kreisstraße nach Grinden. Wir sehen die beiden großen Höfe dieses Dorfes halbrechts vor uns liegen und gehen zwischen ihnen hindurch bis an die ehemalige Fährstelle an der Weser. Gleich hinter dem früheren Fährhaus gehen wir links hinein in den schmalen Wirtschaftsweg, der gleichzeitig als Sommerdeich dient und dann nochmals links in den breiten, mit Gras bewachsenen Feldweg, vor dem Haus Heemhude. Nach rund 10 Min. erreichen wir einen Querweg mit Graben, dem wir nach rechts in Richtung alte Ziegelei, jetzt Campingplatz, folgen. Hier können wir auf dem Weserdeich einen kleinen Abstecher aufwärts einlegen, guter Rastplatz. Vom Campingplatz führt der Weg zurück über die Zufahrtsstraße.

Was wir sehen:

Wir erkennen auf dieser Wanderung durch die Hagener Marsch, bekannt als eine der fruchtbarsten unseres Gebietes, die Strukturänderungen, die der Eingriff des Menschen bewirkt: Bau des Schiffahrtskanals und Veränderungen des Wasserstandes; Betriebsumstellungen, Übergang zu Ackernutzung waren die Folge. Diese Umstellung, verbunden mit dem Wegfall der Hecken, die jahrhundertelang das Landschaftsbild der Marschen geprägt haben, ist noch nicht abgeschlossen, da der weserabwärts gelegene Teil der Gemarkung nicht voll gegen Hochwasser geschützt ist. In dem modern eingerichteten Campingplatz sehen wir ein weiteres Beispiel der Anpassung an die moderne Entwicklung zum Industriestaat.

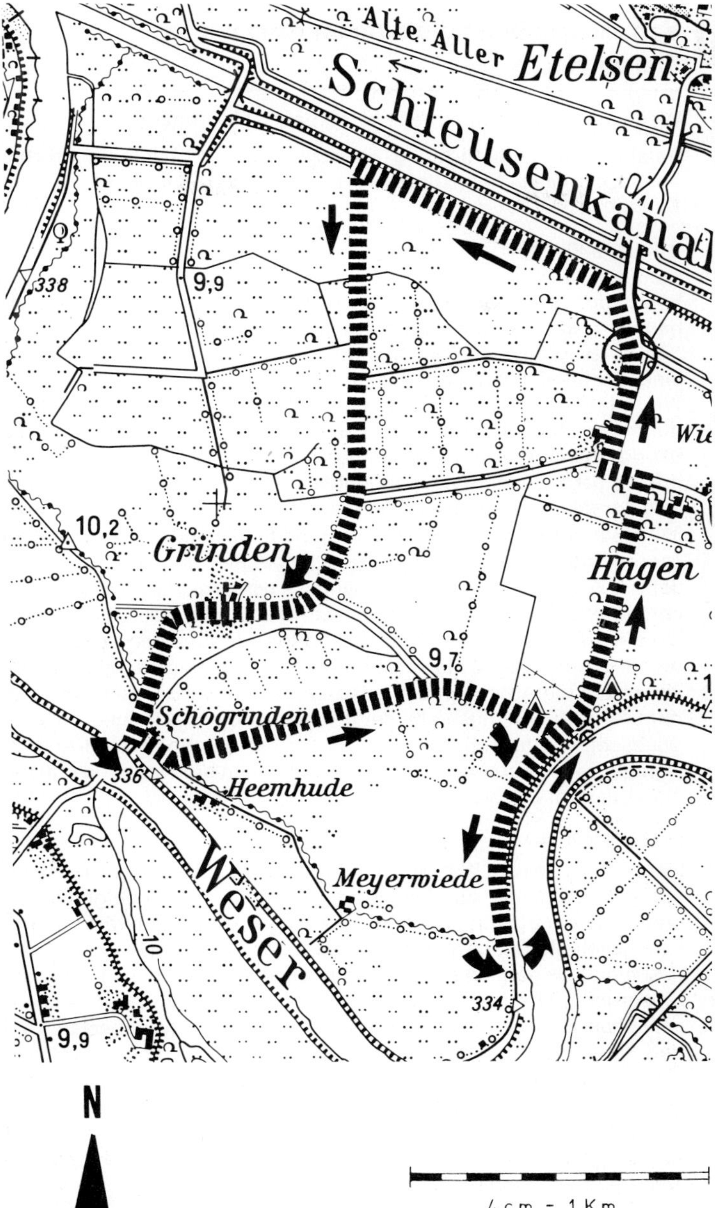
Alte Aller
Etelsen
Schleusenkanal
338
9,9
10,2
Grinden
Hagen
Wie
9,7
Schogrinden
336
Heemhude
Weser
10
Meyerwiede
334
9,9
N
4 cm = 1 Km

69 Von Etelsen bis Badenermoor rund um das Etelser Holz

Weglänge: 8 km; Dauer der Wanderung: 2 1/2 Stunden

Anfahrt: Autobahn Richtung Hannover, Abfahrt Achim-Ost, rechts ab nach Uesen, dann links ab nach Etelsen, hier links ab zum Bahnhof

Ausgangspunkt:

Bahnhof Etelsen

Wir gehen über die Bahn auf der Hustedter Straße nach Posthausen etwa 150 Meter bis zu dem ersten, nach links abzweigenden befestigten Weg (Gabundstr.). Dieser macht nach 500 Metern eine Rechtsbiegung und gabelt sich nach weiteren 200 Metern. Wir folgen dem linken Weg und gehen auf ihm hügelan ganz durch den Wald hindurch. An dessen Ende sehen wir eine große Sandgrube und erreichen eine von Baden über die Autobahnbrücke nach Badenermoor führende Straße. Über die Brücke hinweg kommen wir an die Straße nach Posthausen. Dieser folgen wir 300 Meter entlang des uns rechter Hand begleitenden Waldes bis zu dessen Ende. Ein dort rechts abzweigender Feldweg führt uns – wieder am Wald entlang – später halblinks schwenkend zwischen Feldern und Wiesen hindurch bis zum gegenüberliegenden Wald und in ihn hinein. Nach einigen Schritten treffen wir auf einen breiten, von rechts kommenden Waldweg. Ihm scharf rechts folgend, überqueren wir erneut die Autobahn und gehen am Fuße der Brückenrampe an dem Kennzeichnungspfahl der Erdgasleitung nach links in eine Waldschneise hinein. An ihrem Ende, bei der Sperrventil-Anlage, wenden wir uns erneut nach rechts und gehen am Waldrand entlang zum Friedhof und von dort aus nach Etelsen zurück.

Was wir sehen:

Der erste Teil dieser Wanderung führt uns auf und über ein sehr sandiges Hochgelände, auf dem sich früher zahlreiche Hügelgräber befanden. Sie zeugen noch heute, allerdings vielfach zerstört und nur dem geschulten Auge erkennbar, davon, daß wir uns auf einem frühgeschichtlich-germanischen Siedlungsgebiet befinden. Die große Kiesgrube gibt Aufschluß über den geologischen Aufbau dieses eiszeitlichen Höhenzuges. Auch der dürftige Kiefernwaldbestand auf den Sandhöhen und der auf Geschiebelehm gut gedeihende Mischwald am Friedhof weisen darauf hin. Auf der Waldschneise mit der Erdgasleitung fällt dem botanisch Interessierten eine Reihe der bei uns seltenen amerikanischen Traubeneichen auf, die sich von unseren deutschen Arten durch ihre spitzgezackten Blätter und die dickeren, runden Eicheln unterscheiden.

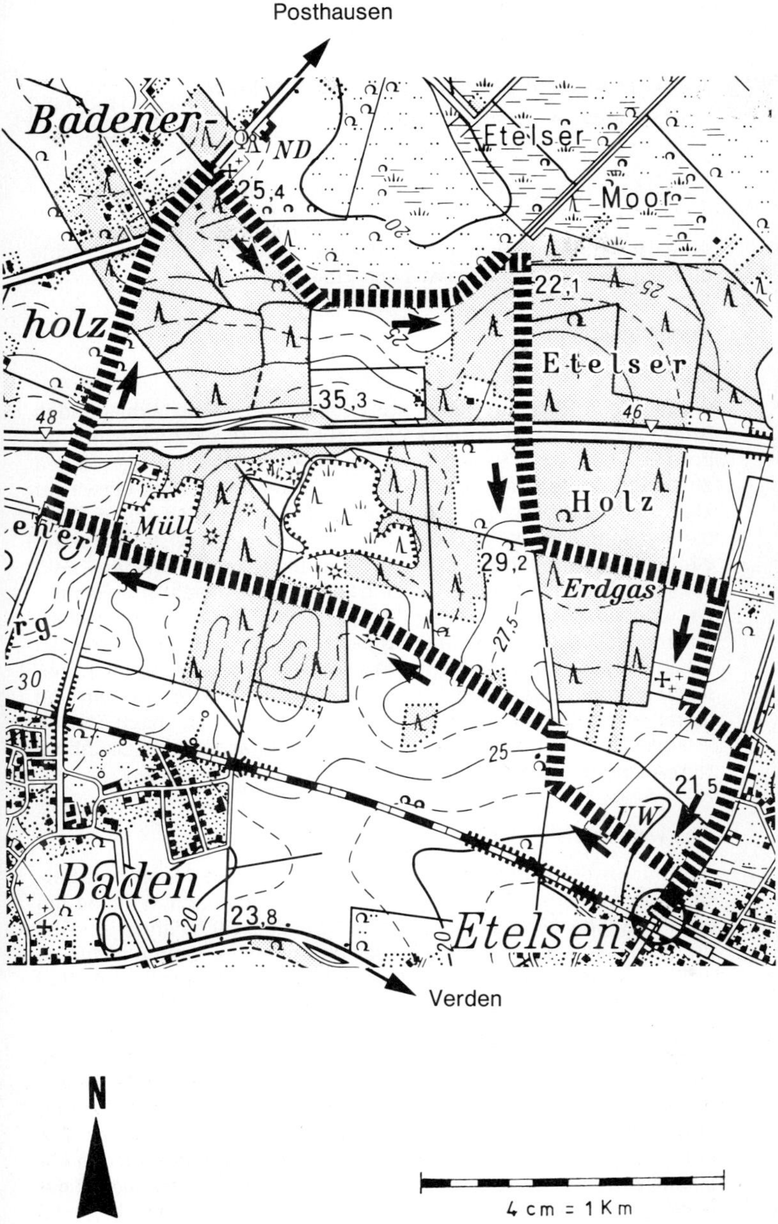
Posthausen
Badener-
holz
ND
25,4
Etelser
Moor
22,1
Etelser
Holz
35,3
48
46
Müll
29,2
Erdgas
27,5
30
25
21,5
UW
Baden
23,8
20
Etelsen
Verden
N
4 cm = 1 Km

70 Radwanderung von Etelsen über Lindholz und die Moordörfer

Weglänge: 18 km; Dauer der Wanderung: 2 Stunden

Anfahrt: Autobahn Richtung Hannover, Abfahrt Achim-Ost, rechts ab nach Uesen, dann links ab nach Etelsen

Ausgangspunkt:

Gasthaus »Zum Mittelpunkt« in Etelsen

Wir fahren in Richtung Bahnhof bis zur Etelser, rechts abbiegenden Straße und auf dieser, vorbei an der neuen Kirche, bis zur Eisenbahnbrücke. Über diese hinweg kommen wir nach Lindholz und biegen dort in die zweite Straße nach rechts ein. An ihrem Ende stoßen wir auf die Kreisstraße Daverden-BAB-Raststätte, wenden uns scharf links, bleiben jedoch an der flachen Kurve auf dem festen Wirtschaftsweg, der über die Autobahnbrücke geradeaus bis auf den höchsten Punkt der Feldmark führt. Dort wird er zum Feldweg und macht eine Rechtsbiegung auf den Ortsteil Allerdorf zu. Die nach wenigen Metern links abgehende Straße nach Grasdorf lassen wir links liegen und fahren weiter den Feldweg entlang, der alsdann wieder fest ist, bis zur Kreisstraße Verden–Ottersberg. Hier schwenken wir wieder links ein und fahren einen Kilometer bis zur Abzweigung der Straße nach Etelsen (Wegweiser!). Auf dieser kommen wir über Grasdorf und Steinberg zum Ausgangspunkt zurück.

Was wir sehen:

Bald hinter der Bahn überqueren wir die schmale Moorrinne Berkelsmoor, welches durch den Berkelsmoorgraben zur Wümme hin entwässert; der schmale Dünenrücken, auf dem wir gefahren sind, ist die Wasserscheide zwischen Weser und Wümme. Lindholz ist eine weit auseinandergezogene jüngere Ansiedlung. Der einzige größere Hof – neben dem hübschen Buchenwäldchen – ist im Mittelalter das Heidschnucken-Vorwerk des adligen Gutes Lessel gewesen. Von der Höhe des Daverdener Brand haben wir einen weiten Blick über Langwedelermoor und die Moorrinne Kiebitzmoor hinweg auf die bewaldeten Höhen bei Haberloh, Völkersen und auf die höchste Erhebung des Kreises Verden, den Steinberg, mit seinen Antennentürmen. Die Fahrt durch die Moordörfer mit ihren beiderseits und im gleichen Abstand von der Straße aufgereihten Siedler-Höfen läßt uns die Art der Besiedlung erkennen, die noch nach den Plänen des Moorkommissars Findorff etwa 1790 durchgeführt worden ist.

Giersdorf
Hintzen-
Stellen-
dorf
feld
Grasdorf
Bullersee
Steinberg
Giers-
berg
E 71 (A 27)
Daverdener
Brand
Lang-
wedeler
Lind-
holz
Rhs
Speckenholz
Etelsen
N
4 cm = 2 Km

71 Von Badenermoor um das Etelser Moor und den Bullersee

Weglänge: 6 km; Dauer der Wanderung: 2 Stunden

Anfahrt: Autobahn Richtung Hannover, Abfahrt Achim-Ost, dann Richtung Badenermoor–Posthausen

Ausgangspunkt:

Gasthaus »Zum Falken« in Badenermoor

Vom Gasthaus »Zum Falken« wandern wir zuerst auf der Kreisstraße in Richtung Baden am Friedhof entlang bis zu dem vor einem Wald nach links abgehenden Feldweg. Auf diesem umkreisen wir das Etelser Moor, anfangs rechter Hand Wald, dann Feld, und biegen vor dem vor uns liegenden Etelser Holz links in den Moordamm ein. Dieser, anfangs durch Büsche eingeengt, bildet die Gemarkungsgrenze zwischen Badenermoor und Etelsen und führt geradewegs am »Bullersee« vorbei auf den vom Ortsteil Steinberg herabkommenden Weg zu. Auf diesem erreichen wir, links einschwenkend, die Kreisstraße und auf dieser, wieder links, unseren Ausgangspunkt.

Verlängerungsvorschlag – siehe Karte ●●●

Was wir sehen:

Wir wandern um und durch eine Moorlandschaft, die teils zu Wiesen kultiviert, teils wild vergraben und mit Gebüsch und Heide bestanden ist. Am Anfang unseres Weges sehen wir neben dem Friedhof eine riesenhafte, dickstämmige alte Eiche mit breit ausladender Krone und darunter einen Gedenkstein für den früheren Landrat des Kreises Achim, Roedenbeck. Dieser ist der Initiator und Förderer der Moorsiedlung Badenermoor gewesen, die auf den entwässerten Hochmoorflächen beiderseits der Straße begründet worden ist. In dem »Bullersee« genannten Wasserloch sehen wir den Rest und wohl die tiefste Stelle eines Gebietes, welches in der nacheiszeitlichen Periode eine geschlossene Wasserfläche gewesen und mit der Zeit ausgetrocknet und vermoort ist. Wir können hieran sehr schön den erdgeschichtlichen Vorgang einer Hochmoorbildung erkennen: erst Wasser, mit fortschreitender Austrocknung Absetzung von Schlick, der die Voraussetzung bildet für Wasserpflanzen wie Schilf, Rohrglanzgras; auf ihrer abgestorbenen Pflanzenmasse können sich die ersten Moose ansiedeln, die zur Moorbildung führen.

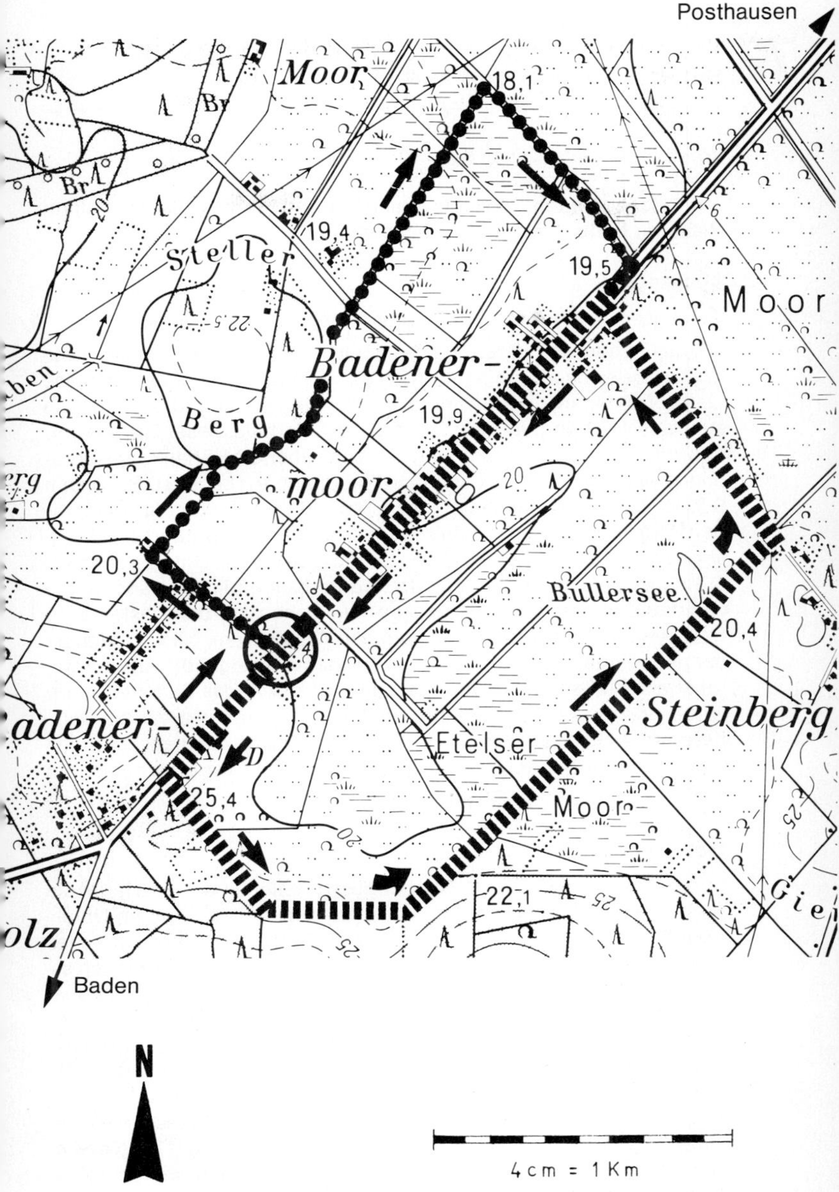

Posthausen
Moor
Br
Br
18,1
19,4
Steller
19,5
Moor
22,5
Badener-
Berg
19,9
20
moor
20,3
Bullersee
20,4
Steinberg
Badener-
Etelser
25,4
Moor
20
22,1
25
25
olz
Baden
N
4 cm = 1 Km

72 Von Badenermoor über den Steller Berg zum Wittkoppenberg und zurück

Weglänge: 7 km; Dauer der Wanderung: 2 Stunden

Anfahrt: Autobahn Richtung Hannover, Abfahrt Achim-Ost, dann Richtung Badenermoor–Posthausen

Ausgangspunkt:

Gasthaus »Zum Falken« in Badenermoor

Bis zur Sandgrube unterhalb des Steller Berges gehen wir die feste Dorfstraße entlang und nach 500 Metern rechts den Feldweg auf das kleine Wäldchen zu. Ein sanft ansteigender Feldweg, das Wäldchen zur Rechten, bringt uns zur Sandgrube. Oberhalb dieser Grube wenden wir uns nach links. Der Weg führt uns über die Höhenkuppe geradeaus auf den Wald zu, der den Wittkoppenberg bedeckt. Bei einem Schild »Wasserschutzgebiet« biegen wir in den dort rechts abgehenden Weg am Holze ein. Auf ihm wandern wir an der Einfahrt zum Wasserwerk und danach an der tiefen Sandgrube vorbei. Unten stoßen wir auf einen befestigten Wirtschaftsweg und sehen linker Hand einige Gehöfte des Ortsteils Ueserdicken. Wir gehen auf dem festen Weg halb-rechts und am Waldrande um den Wald herum, bis wir, nach einer neuerlichen Rechtswendung, vor einem Einzelgehöft auf eine Betonstraße stoßen. Diese führt geradewegs durch das Badener Moor, vorbei an zwei kleinen Siedlungsstellen und einer neu erbauten Gärtnerei auf die Kreisstraße Baden-Posthausen zu, an der die Siedlungen von Badenermoor aufgereiht liegen. Hier halten wir uns rechts und kommen so zum Ausgangspunkt zurück.

Was wir sehen:

Der Steller Berg und der Wittkoppenberg stellen in diesem Raum die höchsten Erhebungen dar. Aus dem tiefreichenden Sand im Untergrund holt das Wasserwerk des Kreises Verden ein klares, weiches Trinkwasser über für fast den ganzen Kreis Verden und gibt noch einen Teil an die Stadt Bremen ab. Die Versorgung mit gesundem Trinkwasser war besonders notwendig in den Moorgemeinden, die früher aus nur wenigen Metern Tiefe des Moores ihr Wasser holten, das durch seinen Ockergehalt, seine moorige Trübung und die Durchsetzung mit Sumpfgasen für den menschlichen Genuß nur gekocht tauglich war. – Einzig der dem Eingang zum Wasserwerk gegenüberliegende größere Hof ist eine alte Siedlung, auf der vorwiegend Schafe gehalten wurden, die ihre Nahrung in den weiten Heide- und Moorflächen fanden.

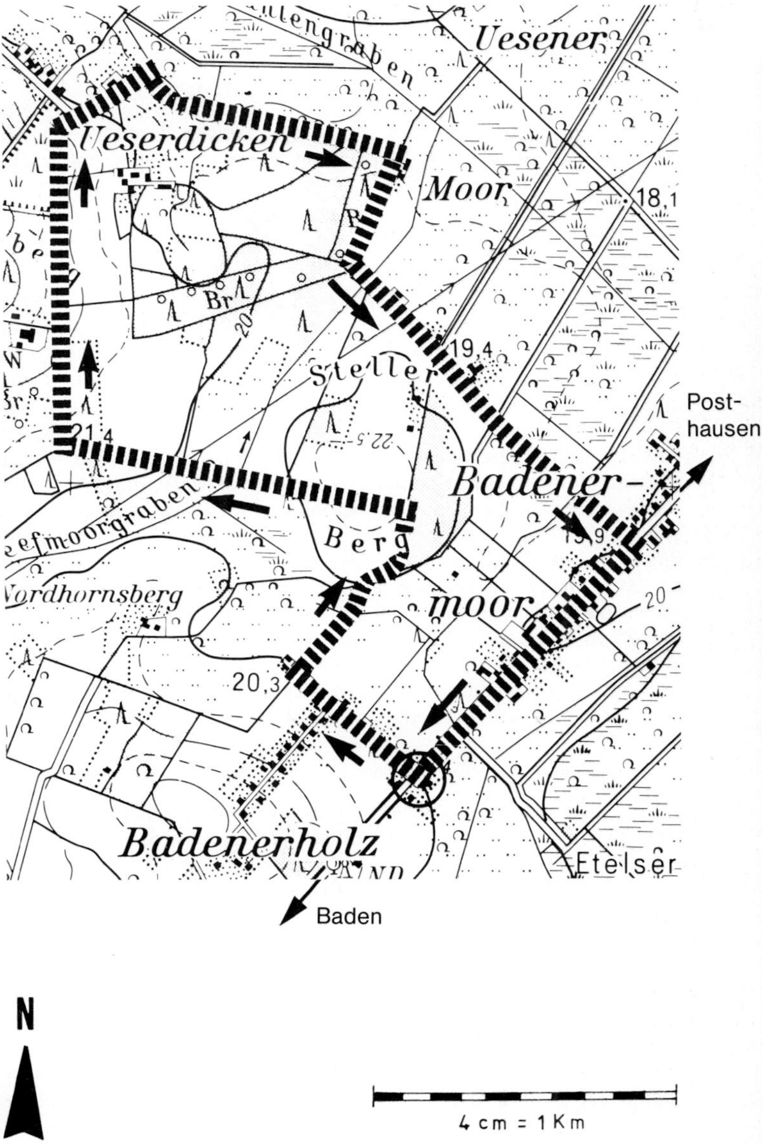

Uesener
Ueserdicken
Moor
18,1
Br
19,4
Steller
Post-
hausen
21,4
22,5
Badener-
Berg
moor
20
20,3
Badenerholz
Etelser
Baden
N
4 cm = 1 Km

73 Von Achim-Borstel zum Wasserwerk Wittkoppenberg

Weglänge: 8 km; Dauer der Wanderung: 3 Stunden

Anfahrt: Autobahn Richtung Hannover, Abfahrt Achim-Ost, links ab Richtung Bassen, an der ersten Querstraße links ab nach Borstel

Ausgangspunkt:

›Steakhaus Achim‹ in Borstel bei Achim, Straße Achim–Bassen

Dem Gasthaus gegenüber beginnt die Zufahrtstraße zum Gut Borstel. Auf ihr wandern wir an Gutshof und Park entlang bis zu dessen Ende und biegen dort links ein. Auf dem (privaten) Waldweg am Rande des Parkes kommen wir an das neu entstandene Industriegebiet zur Linken, an die Autobahnauffahrt Achim-Ost. Vor dieser zweigt die Straße nach Posthausen ab (Wegweiser!), der wir bis zu dem an einem Schild »Wasserschutzgebiet« nach links abgehenden festen Feldweg folgen. Dieser führt uns an dem Moor- und Wiesental »Scheefmoor» entlang auf die Anhöhe des Wittkoppenberges. An einer fünffachen Wegspinne zeigt uns eine freistehende einzelne Eiche unseren Weg, der nach etwa 500 Metern links auf den Wald zu führt. Am Walde entlang und an der Einfahrt zum Wasserwerk vorbei gehen wir bis an die Ecke einer tiefen Sandgrube und vor derselben links ab zur gegenüberliegenden Ecke. Dort ist wieder eine fünffache Wegspinne, von der wir den halblinks weisenden Arm nehmen, um auf ihm die Landstraße und unseren Ausgangspunkt im Dorfe Borstel wieder zu erreichen.

Was wir sehen:

Der erste Teil unseres Weges gewährt uns einen Einblick in den Lebensstil der führenden Gesellschaftsschicht einer vergangenen Feudalzeit auf ihren herrschaftlichen Gütern. Ein schloßartiges Wohnhaus, umfangreiche Wirtschaftsgebäude und ein an ausländischen Baumarten reicher Park mit Lauben, Heckengängen und einem Lusthügel waren selbstverständliches Statussymbol. Diesen Hügel sehen wir noch an der Parkecke des Gutes Borstel und erkennen an hochgewachsenen Hainbuchenstämmen, die den schmalen Waldweg säumen, Reste des Heckenganges. Auf dem Weg zur Autobahnauffahrt sehen wir das im Aufbau begriffene Achimer Industriegelände. Das Wasserwerk auf der bewaldeten Anhöhe liefert gutes Wasser aus großer Tiefe für den ganzen Kreis Verden. Am Wege dorthin finden wir noch einige größere Flecken, auf denen die so selten gewordene Heide (Calluna) blüht.

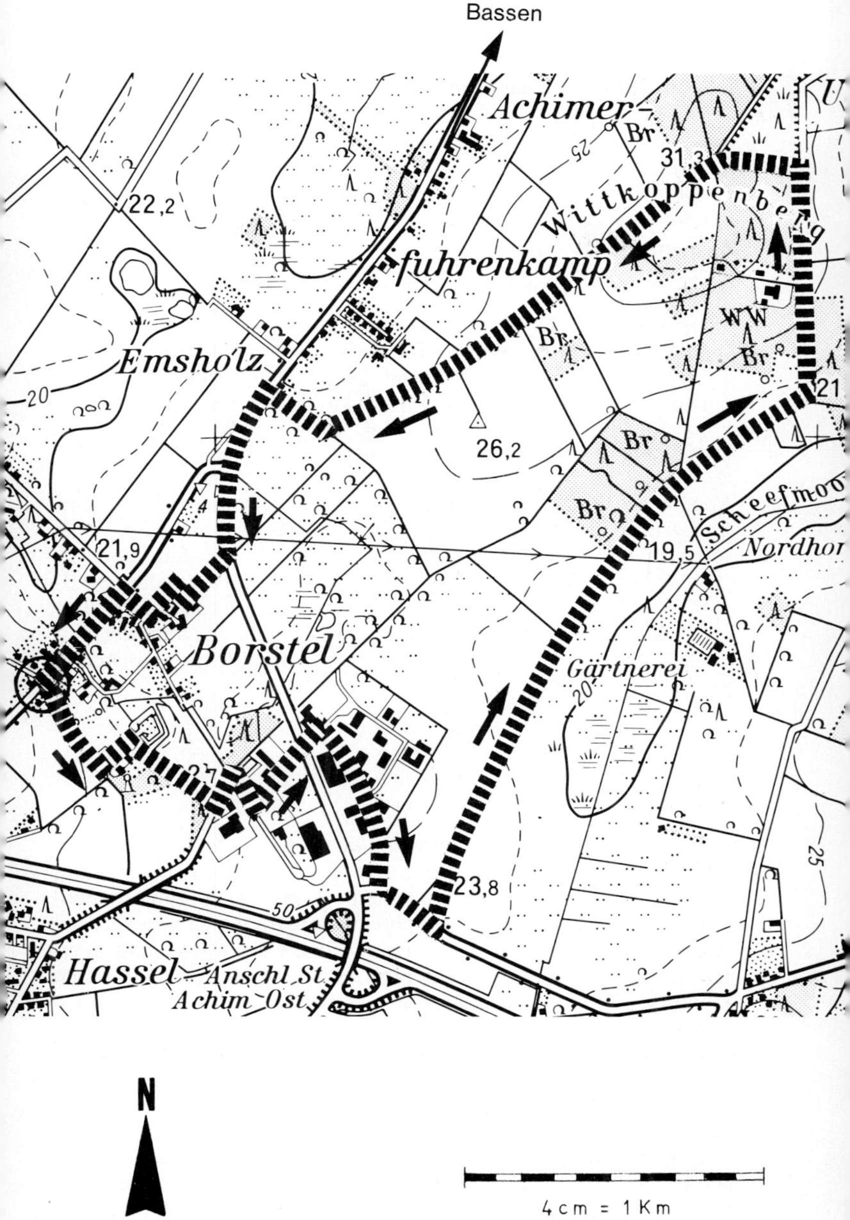
Bassen
Achimer-
Br
31,3
Wittkoppenberg
fuhrenkamp
22,2
Emsholz
Br
WW
Br
21
20
26,2
Br
Br
21,9
19,5
Scheefmoo
Nordhor
Borstel
Gärtnerei
20
25
23,8
50
Hassel
Anschl.St.
Achim-Ost
N
4 cm = 1 Km

74 Durch die Achimer Marsch

Weglänge: 6 km; Dauer der Wanderung: 2 Stunden

Ausgangspunkt:

Bahnhof Achim oder Ortsmitte Achim (Parkplatz)

Die Straße vom Bahnhof mündet in die Hauptstraße, die zugleich die Landstraße Bremen–Verden ist. An der rechten Straßenecke liegt »Gieschens Hotel«. Diesem genau gegenüber beginnt die Große Kirchenstraße, auf der wir zur Marsch hinabgehen. Auf halber Höhe sehen wir rechter Hand die Kirche, an der vorbei wir in die Marsch-Straße gelangen. Diese gabelt sich alsbald vor einer kleinen Abwässer-Kläranlage. Wir halten uns rechts und folgen dem befestigten Weg um alle Windungen, biegen am Ende der zur Weser hinunter führenden Betonbahn scharf links und an der nächsten Ecke wieder links auf den nach Achim zurückführenden Weg ein. Nach einem halben Kilometer zweigt nach rechts ein weiterer Betonweg ab, auf dem wir zu der Gartenwirtschaft »Hirtenhaus« kommen. Um diese herum führt der Zufahrtsweg zum Geestrand. An diesem ganz entlang kommen wir, am Fuße der hochragenden Windmühle vorbei, in die Stadt Achim zurück.

Was wir sehen:

Zu Beginn unserer Wanderung sehen wir im alten Ortskern von Achim die St. Laurentius-Kirche, ein aus dem 12. Jahrhundert stammender, einschiffiger romanischer Kirchenbau, dessen erste Umfassungswände aus Granitfindlingen errichtet waren. An einigen Stellen, besonders an dem achteckigen Turmbau, sind diese noch heute zu erkennen. Auf dem Rückweg am Hang entlang sehen wir die im Jahre 1761 erbaute, unter Denkmalschutz stehende Windmühle, die 1964 stillgelegt und im Jahre 1969 unter gemeinschaftlicher Anstrengung und Beteiligung der ganzen Bevölkerung des Kreises Achim restauriert worden ist. Sie dient heute geselligen und folkloristischen Veranstaltungen. Im Gegensatz zu den Eißeler und Hagener Marschen, ist die Achimer noch weitgehend im Zustand der reinen Wiesen- und Heckenlandschaft erhalten geblieben. In den vielen Hecken, deren Alter durch zahlreiche große Eschen unterstrichen wird, findet noch eine artenreiche Kleintier- und Vogelwelt günstige Lebensbedingungen, Schutz und Nahrung.

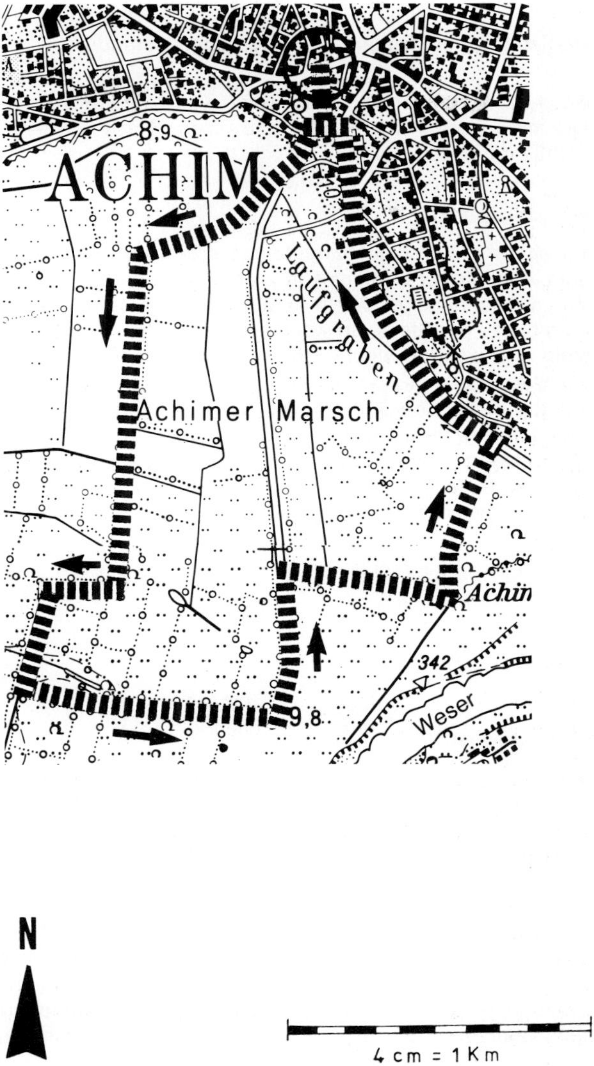
ACHIM
8,9
Laufgraben
Achimer Marsch
Achim
342
Weser
9,8
N
4 cm = 1 Km

75 Von Bierden nach Clüverswerder

Weglänge: 6 km; Dauer der Wanderung: 2 Stunden

Anfahrt: Autobahn Richtung Hannover, Abfahrt Achim-Nord. In Ortsmitte rechts ab Richtung Bremen. Nach 1,5 km links ab Richtung Bierden

Ausgangspunkt:

Bushaltestelle an der Abzweigung Bierden von der Landstraße Bremen–Achim oder Denkmalsplatz am Dorfeingang.
Vom Denkmal gehen wir in westlicher Richtung die Dorfstraße entlang bis zu der Stelle, an welcher von links der Deich an die Straße stößt. Hier wenden wir uns rechts und folgen dem Feldweg am Rande des Dünengeländes, an den Sandabgrabungen und dem Baggersee entlang bis an den Südrand von Uphusen, den Ortsteil »Keumeln«. Hier schwenken wir nach links und wandern geradewegs auf Clüverswerder zu. Wir bleiben auf der festen Straße, die vor dem Gutsgrundstück nach links auf den Deich umbiegt, und gehen auf dieser Straße hinter dem Deich oder auf ihm nach Bierden zurück.

Was wir sehen:

Wir erkennen in der ersten Hälfte unseres Weges zur Rechten die im Laufe der letzten 25 Jahre fast restlos abgegrabenen Dünen. Hier soll einmal eine ›Trabantenstadt‹ zu Bremen entstehen! Dem nachdenklichen Wanderer kommt die Legendengestalt des Ahasverus in den Sinn, der alle 500 Jahre wiederkehrt und da, wo früher ein Berg war, einen See vorfindet und nach weiteren 500 Jahren wieder eine Stadt. – Das frühere adelige Gut Clüverswerder, idyllisch am Weserufer liegend mit einer romantischen Insel in einem Teich voller weißer Seerosen, dient heute dem Landkreis Verden als Kindererholungsheim.
Der Rückweg zum Dorf bietet vom Deich aus eine wundervolle Fernsicht über die buntscheckig grüne Marsch auf die im Dunst verschwimmenden bewaldeten Höhen der Hoyaer Geest von Bruchhausen-Vilsen über Syke bis Harpstedt.

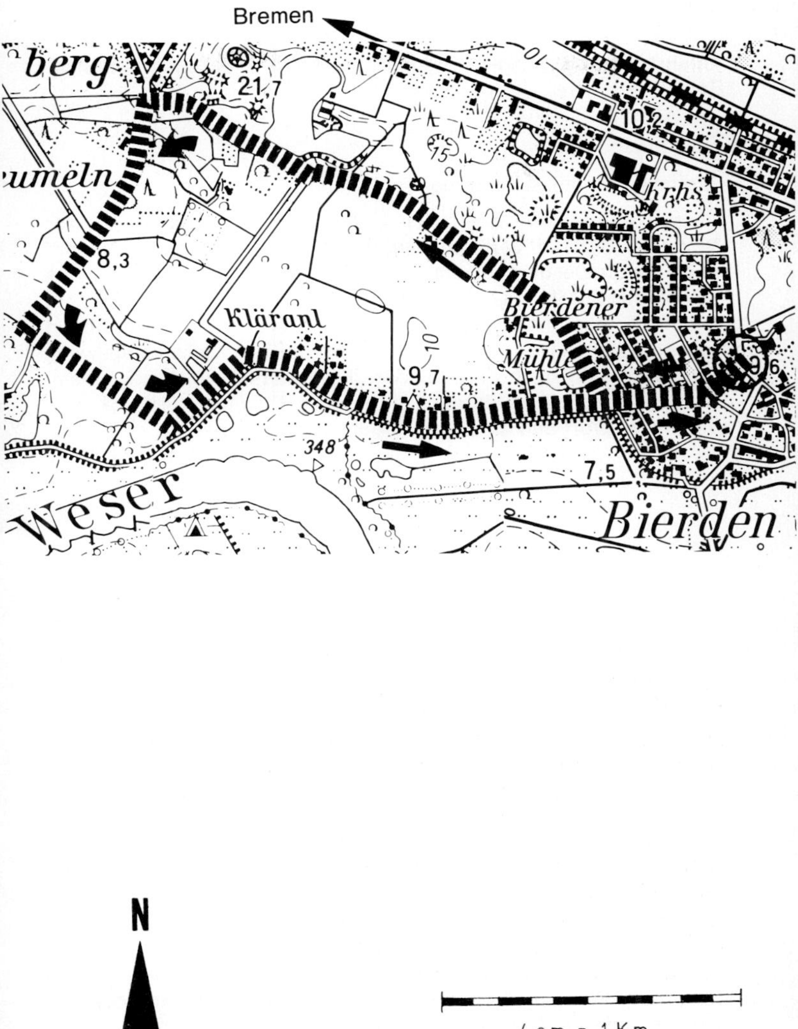
Bremen
berg
umeln
21,7
10,2
Krhs
8,3
Kläranl
Bierdener
Mühle
9,7
348
7,5
Weser
Bierden
N
4 cm = 1 Km

76 Von Bollen auf dem Deich nach Clüverswerder

Weglänge: 7 km; Dauer der Wanderung: 2 Stunden

Anfahrt: Hemelingen – Arbergen – Mahndorf, hier rechts ab nach Bollen

Ausgangspunkt:

Gasthaus »Bollener Dorfkrug« in Bollen

Diesmal wandern wir den Deich weseraufwärts bis unmittelbar vor Clüverswerder. Hier verlassen wir ihn und gehen durch den Gutshof bis an die Straße, dort kurz nach links und mit dem Verlauf der Straße nach rechts auf Uphusen zu. Vor dem Ortsrand zweigt nach links ein befestigter Wirtschaftsweg ab. Er führt uns bis ungefähr an die ersten Häuser des alten Dorfes. Hier wenden wir uns am »Geestkampsweg« (Straßenschild!) nach links wieder in die Marsch-Feldmark hinein. Dieser befestigte Weg führt uns mit einem rechtwinkligen Knick nach Westen ins Dorf und an unseren Ausgangspunkt zurück.

Was wir sehen:

Auch bei dieser Wanderung genießen wir im ersten Teil von der Deichkappe aus den weiten Blick in das breite Tal der Weser, sehen einmal zur Linken und weiterhin zur Rechten auf dem jenseitigen Weserufer Camping- und Wohnwagenplätze. Clüverswerder ist ein ehemals adliger Herrensitz des Geschlechtes der Clüver, die im Gebiet des ehemaligen Gohgerichts Achim und darüber hinaus eine führende Rolle gespielt haben. Die Anlage des Gutes mit einer idyllisch im seerosenbedeckten Teich gelegenen Insel und die Lage (unmittelbar an der Weser) gibt der Überlieferung Stütze, daß es bei diesem Herrensitz um die Beherrschung des Schiffahrtsweges Weser und die mehr oder weniger berechtigte Eintreibung einer Art von Maut oder Zoll von den Schiffern und Kaufleuten gegangen sei. Nach der Überlieferung soll in der Nähe am Ufer der Weser der Rest eines schweren Eichenpfahles zu sehen gewesen sein mit einem Stück der dicken Kette, mit der den Schiffern die Durchfahrt versperrt wurde, bis sie ihren Obolus erlegt hatten!
Der weitere Weg durch die Marsch zwischen Uphusen und Bollen ist geeignet, die vom Alltag strapazierten Nerven und Lungen neu zu beleben.

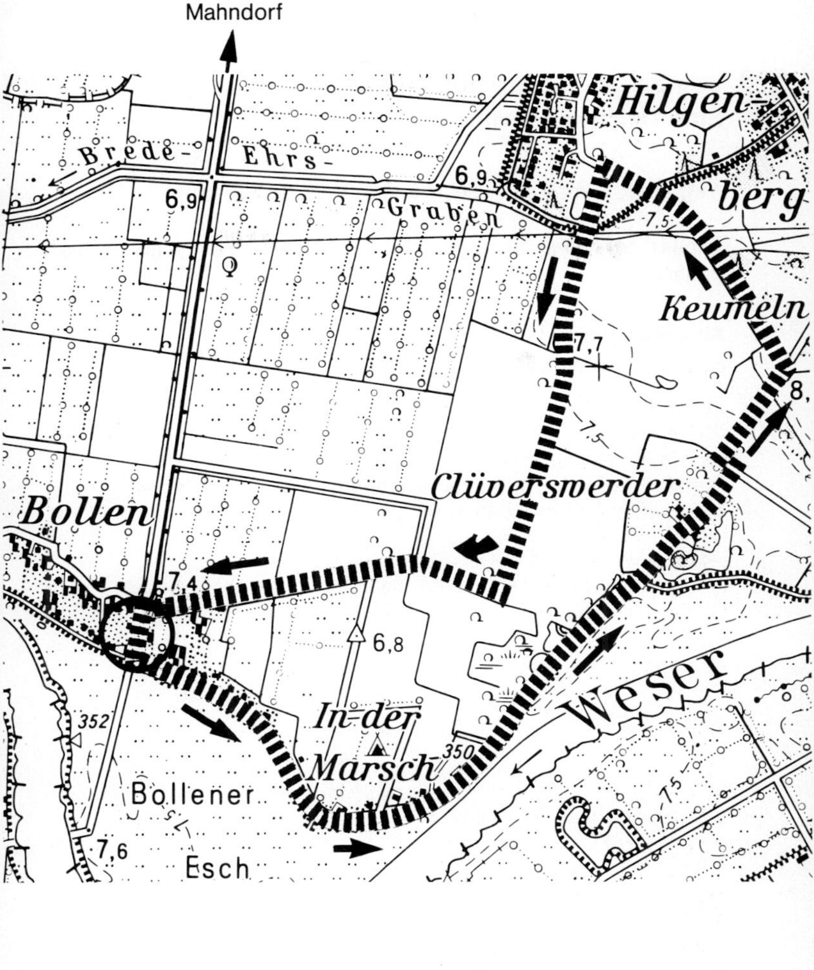

Mahndorf
Brede-Ehrs-Graben
6,9
6,9
Hilgenberg
7,5
Keumeln
7,7
8,
7,5
Clüverswerder
Bollen
7,4
6,8
In der Marsch
350
352
Bollener Esch
7,6
Weser
7,5
N
4 cm = 1 Km

77 Von Bollen zur Bremer Landesgrenze: Eine Deichwanderung

Weglänge: 5 km; Dauer der Wanderung: 1 1/2 Stunden

Anfahrt: Hemelingen – Arbergen – Mahndorf, hier rechts ab nach Bollen

Ausgangspunkt:

Gasthaus »Bollener Dorfkrug«

Von hier aus wandern wir auf dem Deich weserabwärts, vorbei an dem Campingplatz bei der Gastwirtschaft im Grummenstreek, immer weiter auf dem Deich entlang bis in die Mahndorfer Marsch bis an den Punkt, dort, wo nach rechts der Weg nach Arbergen abzweigt. Von hier geht es auf demselben Weg zurück.

Was wir sehen:

Dieser problemlose Spaziergang auf der Deichkappe bietet unseren Augen abwechslungsreiche Bilder: Auf der Weser den regen Verkehr der Frachtkähne, die den Weitertransport der Übersee-Waren aus dem Hafen von Bremen ins Binnenland bis zum Mittellandkanal und auf ihm besorgen; dazwischen an Wochenenden und Feierabenden die Ruder-, Segel- und Motorboote aus Bremen; an beiden Ufern die bunte Welt der Camping-Plätze mit Zelten und Wohnwagen; zum Binnenland hin der Blick über Wiesen und Weiden, Hecken und Äcker auf die Silhouette der Stadt Bremen mit ihren Vororten Hemelingen, Mahndorf und Arbergen; davor die in beiden Richtungen vorüberflitzenden Autos auf der »Hansalinie«. Ein lohnender Spaziergang nach Feierabend!

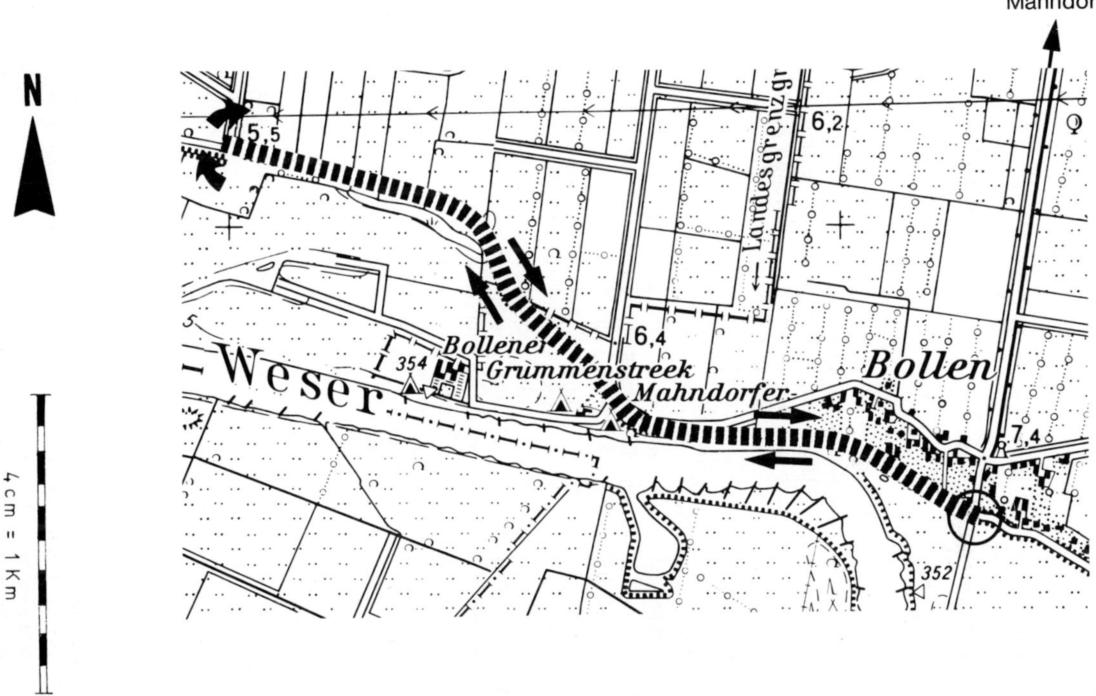
Mahndorf
N
5,5
6,2
Landesgrenzgr
6,4
Bollener
Grummenstreek
Mahndorfer-
Weser
354
Bollen
7,4
352
4 cm = 1 Km

78 Radwanderung von Thedinghausen durch Bruch und Marsch

Weglänge: 18 km; Dauer der Wanderung: 1½ bis 2 Stunden

Anfahrt: Achim – Weserbrücke Uesen – Thedinghausen

Ausgangspunkt:

Ortsmitte Thedinghausen bei der Kirche

Wir fahren zunächst durch den Ortskern von Thedinghausen ca. 500 m auf der Straße nach Emtinghausen/Syke und folgen dann, nachdem wir eine auf der linken Seite liegende Fabrik passiert haben, der etwas versteckt, gleich hinter einer Scheune nach links abbiegenden Straße ohne Wegweiser. Es ist die im Zuge der Meliorationsarbeiten am Lauf der Eiter neu geschaffene Betonstraße, die quer durch das Beppener Bruch bei Beppen den niedrigen Geestrand erreicht. Bei einer Dorfgastwirtschaft und dem ihr gegenüber liegenden Kriegerdenkmal überqueren wir die Landstraße nach Schwarme und kommen, immer geradeaus fahrend, nach Morsum. Auch bei den neuerdings abgeflachten Kurven der Landstraße Thedinghausen–Verden bleiben wir weiterhin geradeaus in Richtung Nottorf. Kurz vor Nottorf schwenkt links ein fester Weg nach Oetzen ab, der anschließend wieder in die Rechtskurve der Dorfstraße stößt. Ihr folgen wir immer im Abstand von 200 bis 300 m am Weserdeich entlang durch den locker bebauten Ortsteil Ahsen, bis sie mit einem scharfen Knick nach rechts direkt an den Deich herantritt. Beim Einzelhof Streek beginnt dann der neue Weser-Hochwasserdeich, und an ihm entlang führt uns eine ebenfalls neue Straße – die Landstraße Achim–Thedinghausen vor Werder überquerend –, bis zum Eitersperrwerk. Unmittelbar nach dem Überqueren der Eiter biegen wir links ab zur Ortschaft Eissel und fahren von dort auf der Straße nach Thedinghausen zurück.

Was wir sehen:

Bei einem Blick über den Deich zur Weser hin sehen wir in einiger Entfernung das Hirtenhaus Mullwerder, wo Freunde von Wasser und Einsamkeit einige Zeltplätze eingerichtet haben, sowie den einsam gelegenen Hof Finkenburg. Interessant ist daneben das neu errichtete Sperr- und Pumpwerk an der Eiter, welches – zusammen mit dem neuen Hochwasserdeich – dazu bestimmt ist, die Bruchniederung bis hinaus nach Hoya vor Katastrophenhochwassern zu schützen.

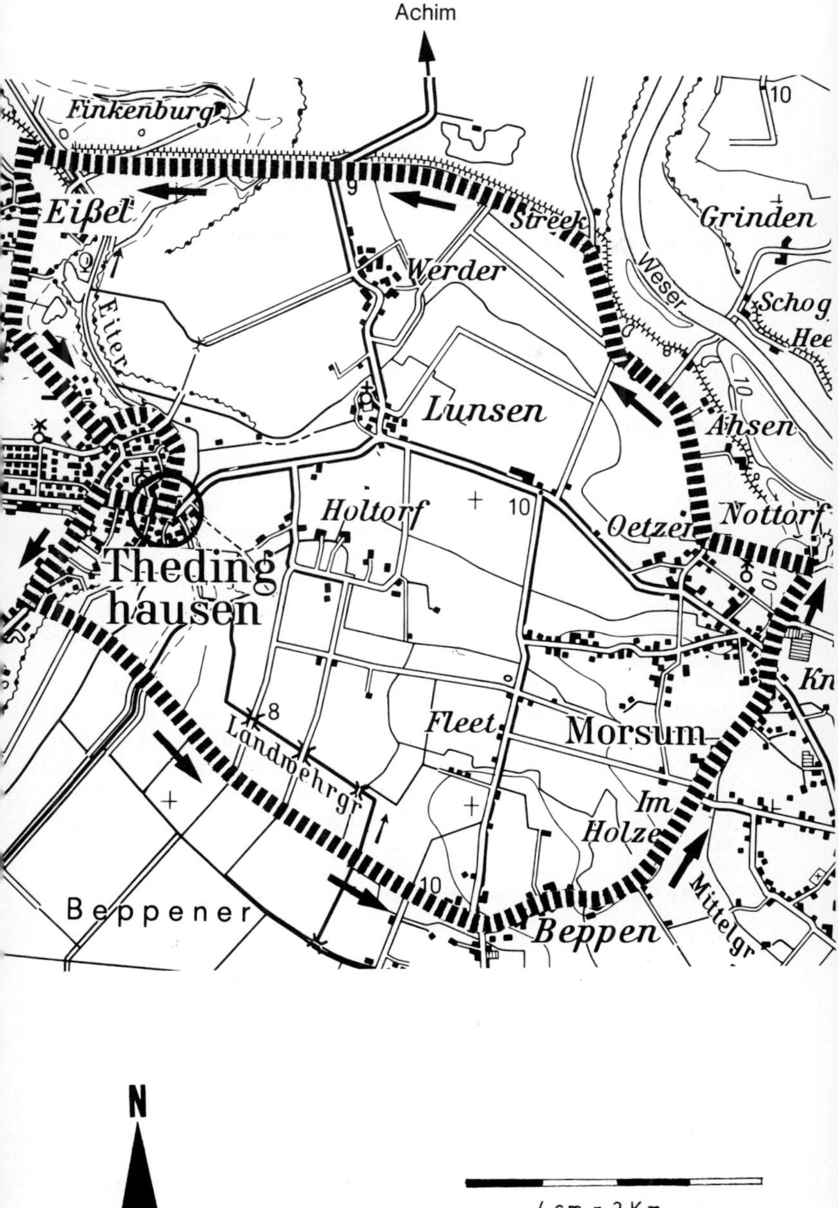
Achim
Finkenburg
Eißel
Eiter
Werder
Streek
Weser
Grinden
Schog
Hee
Ahsen
Lunsen
Holtorf
Oetzen
Nottorf
Theding
hausen
Fleet
Morsum
Kn
Landwehrgr
Im
Holze
Mittelgr
Beppener
Beppen
N
4 cm = 2 Km

79 Emtinghausen—Bahlum: ein völlig andersartiges Landschafts- und Siedlungsbild

Weglänge: 7 km; Dauer der Wanderung: 2 Stunden

Anfahrt: Achim – Weserbrücke Uesen – Thedinghausen, durch den Ort Richtung Syke. In Emtinghausen links ab Richtung Schwarme

Ausgangspunkt:

Gastwirtschaft »Zollhaus« am Rande des Schwarmer Bruches an der Straße von Riede nach Schwarme

Neben dem Zollhaus zweigt von der Landstraße nach Süden eine lange Straße mit Pappeln und Eichen ab, auf dem Deich dem Schwarmer Bruch entlang. Wir folgen ihr immer geradeaus, kommen nach etwa 2 Kilometern kurz vor dem größeren Hof »zum Busen« an einen schräg nach rechts abgehenden befestigten Weg. Er führt am Rande eines Waldes entlang, der zu dem am Wiesenrand liegenden Gut Willenbruch gehört. Auf der Rückseite des Waldes gelangen wir auf die Straße Riede—Gödesdorf—Syke. Ihr folgen wir in Richtung Riede über den Linksknick hinaus bis zur nächsten Rechtsdrehung. Dort sehen wir vor dem Eckhaus eine schöne Ulme, gehen 200 m geradeaus weiter und biegen vor dem nächsten Haus auf dem befestigten Weg nach links ab. Dieser wendet sich vor einem neuen, sehr schönen Wohngrundstück gleich wieder nach rechts und verläuft in einem sanften Rechtsbogen am Wiesental entlang. Hinter einem Transformator an der rechten Seite und einem diesen gegenüber nach links abzweigenden Weg biegt er vor einem Einzelgehöft scharf nach rechts ab. Wir folgen ihm weiter bis zur nächsten Wegegabel und gelangen auf dem in der gleichen Richtung weiterlaufenden Feldweg zur Straße Riede—Schwarme und nach 600 m zum Zollhaus zurück.

Was wir sehen:

Auf der mit etwa 10 m über NN und bis zu 40 m tiefer liegenden tischebenen Sandinsel inmitten einer Bruch- und Wiesenlandschaft finden wir kaum geschlossene Dorflagen, sondern über die ganze Gegend verstreute Einzelgehöfte und Wohnhäuser. Die Gründe für die weiträumige Bebauung sind zu Zeiten der Fachwerkbauten und Strohdächer in der Sorge vor Feuersbrünsten zu suchen, wo hingegen sich heutzutage aus dieser Weiträumigkeit große Schwierigkeiten für Straßenbau und Energieversorgung, Einkäufe, Schulbesuch der Kinder usw. ergeben.

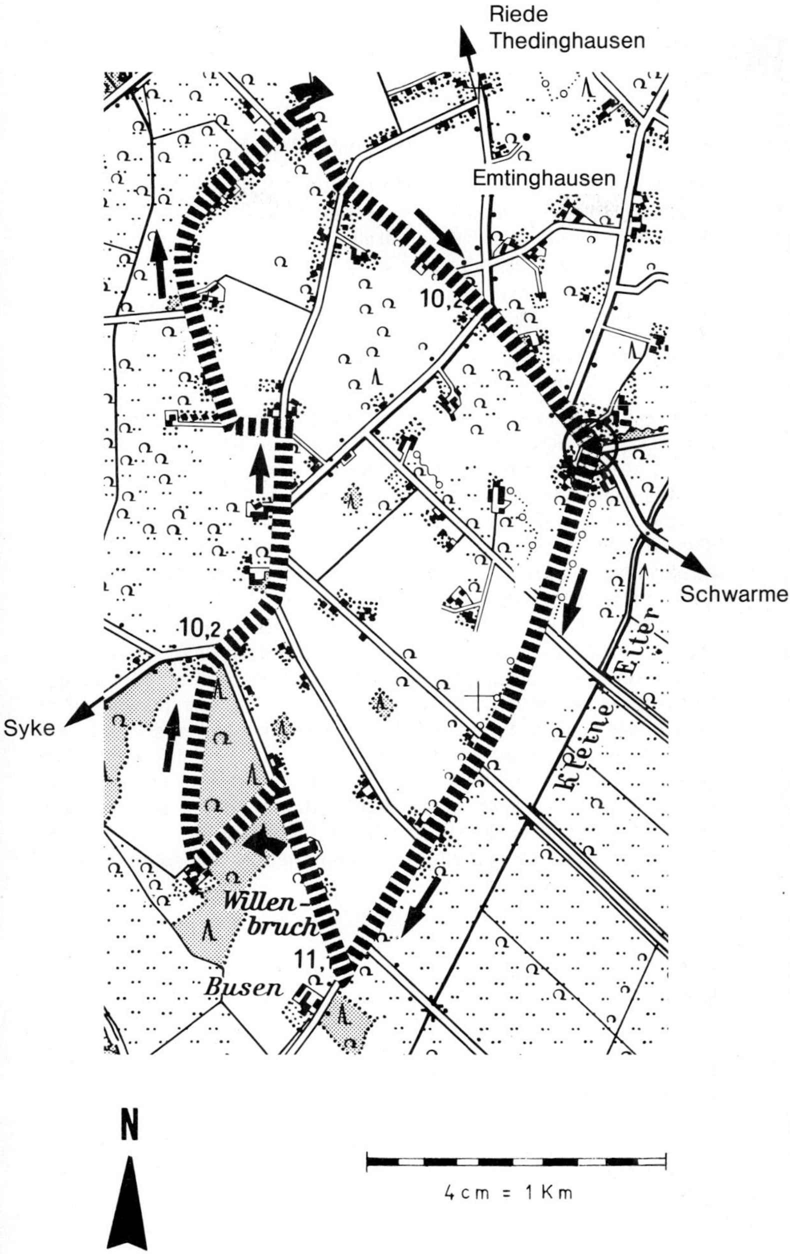

Riede
Thedinghausen
Emtinghausen
10,2
10,2
Schwarme
Syke
Kleine Eiter
Willen-
bruch
11,
Busen
N
4 cm = 1 Km

80 »Die Reise nach Jerusalem«: rund um den Drei-Dörfer-Wald

Weglänge: 6 km; Dauer der Wanderung: 2 Stunden

Anfahrt: Achim – Weserbrücke Uesen – Lunsen, hier links ab Richtung Verden, nach 1 km rechts ab nach (Schild Beppen) Schwarme. Entlang der Hauptstraße bis zur Kirche in Schwarme; hinter der Kirche links ab nach Jerusalem.

Ausgangspunkt:

Schützenhalle in Jerusalem an der Kreisgrenze Diepholz/Verden zwischen Schwarme und Blender.

Vom Schießstand aus gehen wir in südwestlicher Richtung auf Schwarme zu durch den Wald und erreichen an seinem Ende auf der rechten Seite eine Kreuzung, wo wir uns nach Norden wenden. Am Wald entlang passieren wir ein weiteres Gasthaus und stoßen auf die von Beppen herunterkommende Landstraße direkt an der Kreisgrenze. Hier wenden wir uns nach rechts und folgen der Straße nach Blender-Einste bis zu einem Feldweg, der hinter dem letzten Haus der ersten Häusergruppe von Neuwulmstorf wieder zum Walde führt. In östlicher Richtung am Wald entlang, überqueren wir dann einen von links zum Walde führenden, befestigten Holzabfuhrweg, vorbei an einer Waldschänke und stoßen an der Waldspitze bei einer Jagdhütte auf einen Wirtschaftsweg. Hier wenden wir uns nach rechts, dem befestigten Teil des Weges zu, wo sogleich ein weiterer nach rechts abbiegt. Er führt zu einigen einsam im Wald liegenden Wohnhäusern und tritt anschließend wieder in den Wald hinein. Nach 200 Metern folgen wir der nach links abzweigenden Waldschneise, auf der wir – über je zwei Rechts- bzw. Linkswendungen – unmittelbar vor unserem Ausgangspunkt herauskommen.

Was wir sehen:

In dem tiefer gelegenen Teil unseres Wandergebietes, dessen Struktur grundlegend abweicht von der hochgelegenen und in anderer Art abwechslungsreichen Endmoränenlandschaft des westlichen Gebietsabschnittes, lernen wir den reinen Kiefernwald, der anteilig den drei Gemeinden Schwarme, Wulmstorf und Hiddestorf gehört, kennen. Er ist ein allerseits beliebtes und viel besuchtes Ausflugsziel.

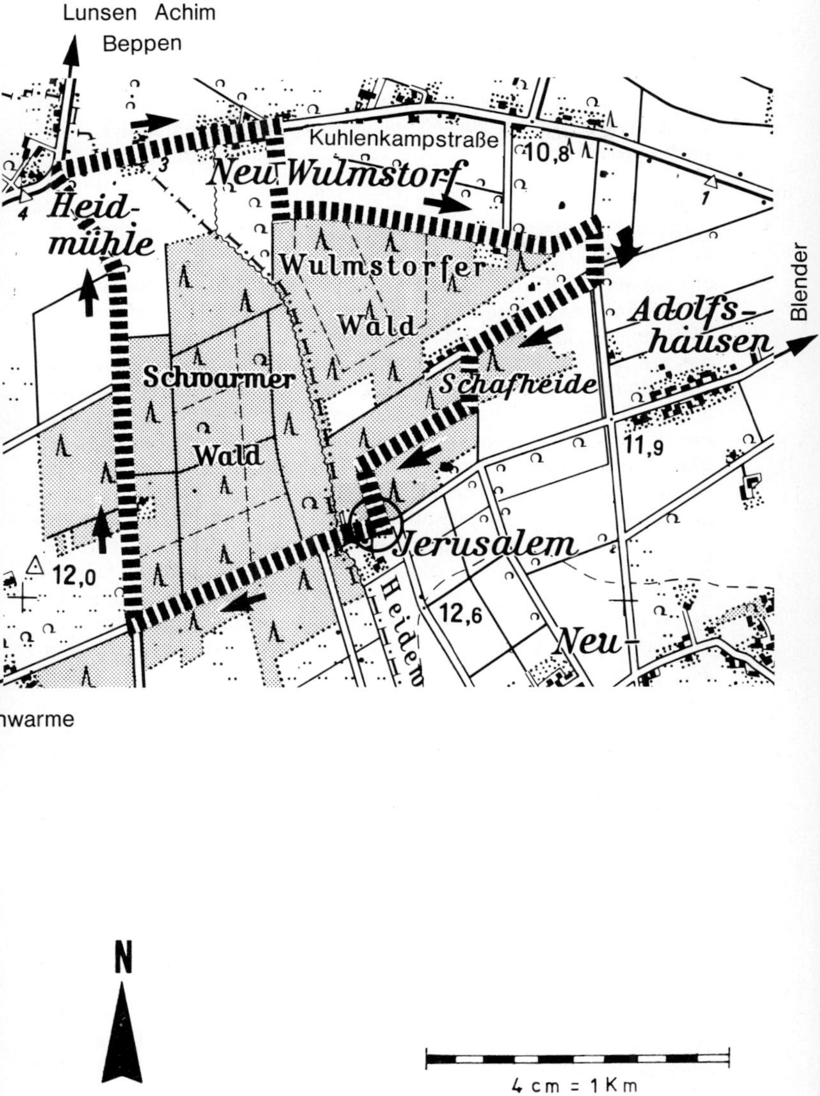
Lunsen Achim
Beppen
Kuhlenkampstraße
Neu Wulmstorf
10,8
Heid-
mühle
Wulmstorfer
Wald
Adolfs-
hausen
Blender
Schwarmer
Wald
Schafheide
11,9
Jerusalem
12,0
Heidem
12,6
Neu-
chwarme
N
4 cm = 1 Km

81 Von Blender über Varste–Oiste–Amedorf durch die Wesermarsch

Weglänge: 8 km; Dauer der Wanderung: 2½ Stunden

Anfahrt: Achim – Weserbrücke Uesen – Lunsen, hier links ab Richtung Verden bis zur Abzweigung rechts nach Blender (8 km nach Lunsen)

Ausgangspunkt:

Gasthaus »Scharfe Ecke« an der Landstraße Thedinghausen–Verden

Wir folgen der Straße zum Dorf, überqueren den Kirchplatz und stoßen auf der anderen Seite auf die Dorfstraße, die parallel zum Blender See, in einen Fußweg mündet, welcher anschließend wieder auf die Dorfstraße hinaustritt. Auf ihr wenden wir uns nach links, kommen in einem Rechtsbogen an den See heran und überqueren die Brücke über den jetzt schmalen Wasserlauf. Unmittelbar danach wenden wir uns nach links, um auf dem Pfad um den Park und das Gut Varste im weiten Rechtsbogen herum wieder an einen Wasserlauf zu kommen. In südlicher Richtung an ihm entlang, gelangen wir zu dem scharfen Rechtsknick der Dorfstraße, wo wir dem links abzweigenden Feldweg folgen, der – in östlicher Richtung verlaufend – in einen Fußweg zum Dorf Oiste mündet. Auf der Dorfstraße von Oiste erreichen wir die Kirche, überqueren den Kirchhof und stoßen auf die von Hoya nach Magelsen führende Hauptstraße. Auf dieser erreichen wir linker Hand die Landstraße nach Verden, auf der wir, uns rechts wendend, bis vor die Flutbrücke und den Deich kommen, wo wir die hinter ihm entlang laufende Straße in Richtung Amdedorf-Ritzenbergen einschlagen. Dort, wo sie sich vom Deich abwendet, halten wir uns jedoch rechts und wandern vor dem Deich entlang bis zu einem kleinen Schalthäuschen. Hier führt uns der Weg auf den Ortsteil Amedorf zu, knickt bei den Höfen nach links ab und bringt uns geradeaus, die Straße nach Intschede überquerend, zu unserem Ausgangspunkt zurück.

Verlängerungsvorschlag – siehe Karte ●●●

Was wir sehen:

Der erste Teil unserer Wanderung führt uns durch ein reizvolles altes Kirchdorf entlang dem Blender See, einem ehemaligen Wasserlauf der Weser, vorbei an dem schön gelegenen Gut Varste, das uns mit Park und Gartenpavillon noch Hinweise auf den Lebensstil der Feudalzeit gibt.

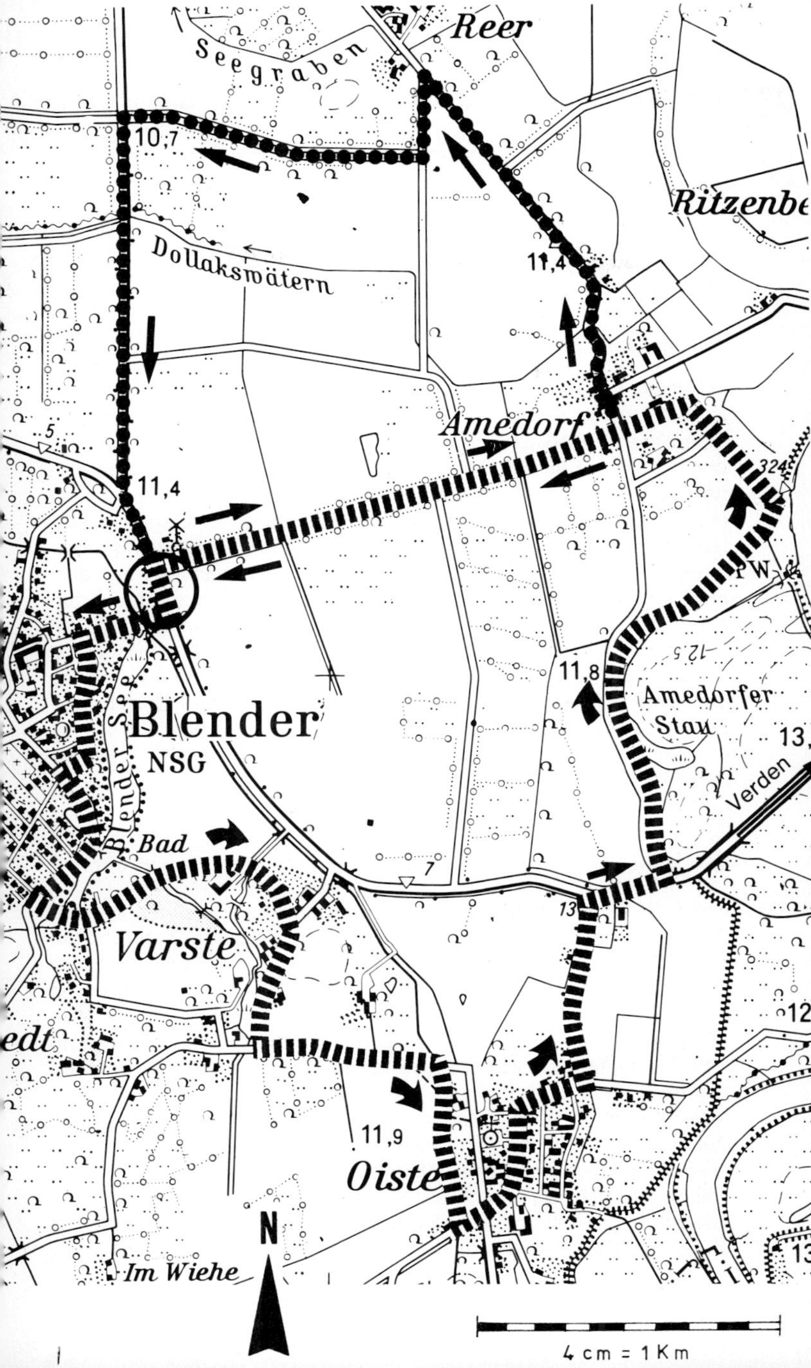
Reer
Seegraben
10,7
Ritzenbe
Dollakswätern
11,4
Amedorf
5
11,4
324
PW
Blender
NSG
11,8
Amedorfer
Stau
13,
Blender See
Verden
Bad
7
13
Varste
12
edt
11,9
Oiste
N
Im Wiehe
13
4 cm = 1 Km

82 Von Magelsen über Dahlhausen durch die Marsch zum Alveser See

Weglänge: 6 km; Dauer der Wanderung: 2 Stunden

Anfahrt: Achim – Weserbrücke Uesen – Lunsen, hier links ab Richtung Verden bis zur Abzweigung rechts nach Oiste–Magelsen

Ausgangspunkt:

Dorfmitte, »Lütjens Gasthaus«
Vom Gasthaus aus folgen wir der Straße zur früheren, jetzt aufgehobenen Fähre nach Rieda, und zwar links an der Kirche und dem Sportplatz vorbei bis zur großen Rechtskurve und biegen dort nach links ab. Auf dem leicht nach rechts drehenden Kiesweg kommen wir zu dem großen Marschhof Obernhude und an ihm entlang, linksdrehend, nach Dahlhausen. Die Dorfstraße entlang, überqueren wir die Landstraße Verden–Hoya und wandern auf dem befestigten Weg an einem Graben entlang bis zur nächsten Kreuzung und Brücke. Der Weg hinüber führt geradewegs auf das Dorf Alvesen am Alveser See zu. Auf der scharf nach links knickenden Dorfstraße erreichen wir nach je einer Rechts- und Linkswendung das Dorf Magelsen und, auf der Landstraße in das Dorf hinein, unseren Ausgangspunkt.

Verlängerungsvorschlag – siehe Karte ●●●

Was wir sehen:

Das Dorf Magelsen gehört zu den ältesten Ansiedelungen der früheren Grafschaft Hoya und geht in seinen Ursprüngen zurück auf das Benediktinerkloster Bücken südlich von Hoya, im Jahre 882 vom Bischof Rembert von Bremen gegründet. Sieben Chorherren des Klosters saßen auf je einem, ihnen als Pfründe dienenden großen Hof. Diese sieben Höfe tragen noch heute die Bezeichnung »Siebenmeierhöfe«. Einer davon lag in Magelsen, und wir können einen Blick in den Hofraum werfen, wenn wir den neben dem Gasthaus beginnenden kurzen Zufahrtsweg hineingehen. Unser Rundweg gewährt uns ferner einen Einblick in eine der fruchtbarsten Marschgegenden des linken Weserufers mit ehemals reichen Höfen, darunter der Hof Oberhude dicht am Weserufer. Besonders reizvoll ist der kleine Ort Alvesen mit dem See, vermutlich ein alter Weserlauf aus der letzten Postglazialzeit.

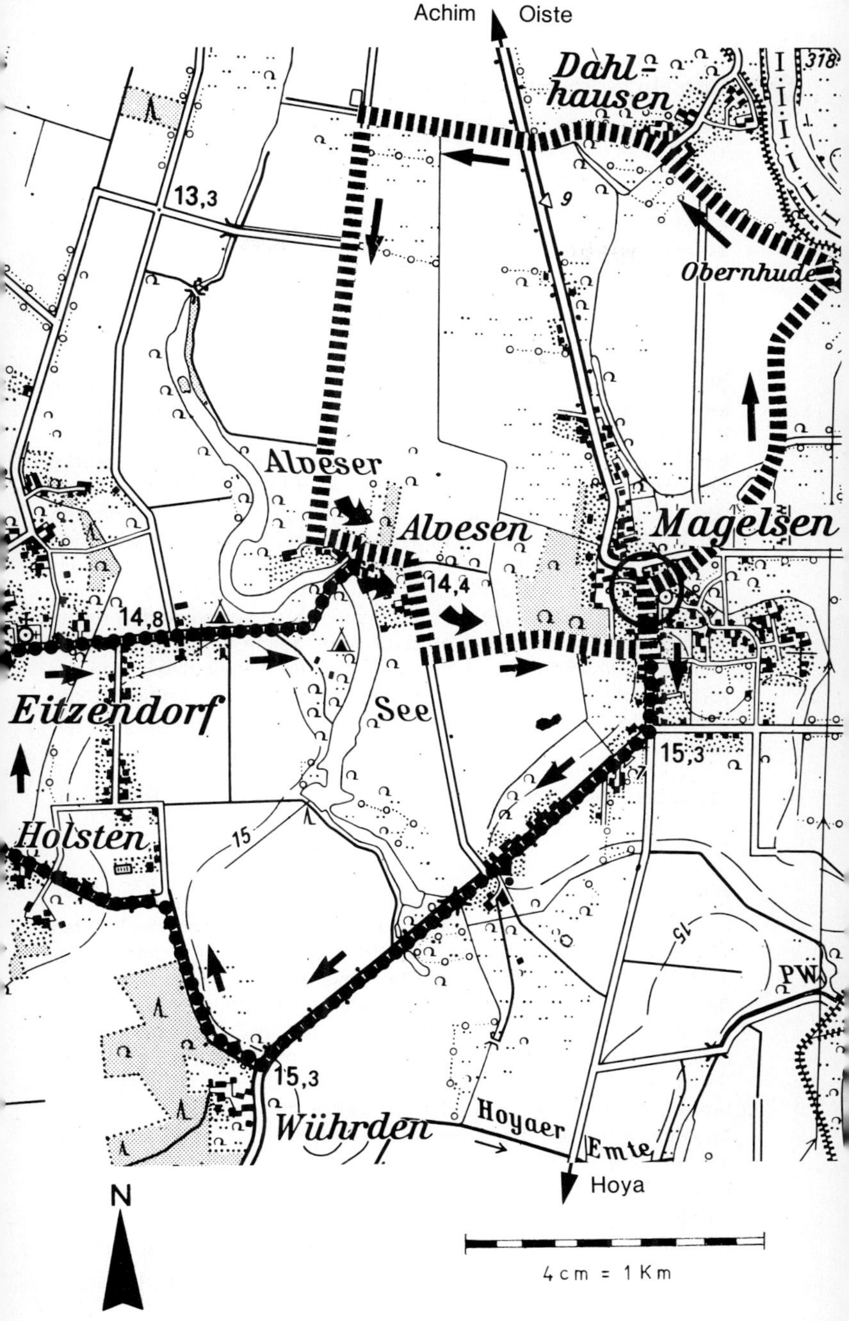

Achim
Oiste
Dahlhausen
318
13,3
9
Obernhude
Alveser
Alvesen
Magelsen
14,8
14,4
Eitzendorf
See
15,3
Holsten
15
15
PW
15,3
Wührden
Hoyaer
Emte
Hoya
N
4 cm = 1 Km

83 Von Hoyerhagen durch den Sellingsloher Wald

Weglänge: 4 km; Dauer der Wanderung: 1 Stunde

Anfahrt: B 6 Richtung Syke–Nienburg bis zur Abzweigung links ab Richtung Bruchhausen-Vilsen–Hoya – bis vor Hoyerhagen.

Ausgangspunkt:

Waldparkplatz (vor Hoyerhagen)

Wir überqueren die Straße und halten uns nach 100 m rechts an einem jungen Eichenwald entlang, nach 300 m erreichen wir einen Feldweg, den wir links ab verfolgen und erreichen nach 10 Min. einen gepflasterten Weg, direkt vor dem Kanal. Die Kanalbrücke bleibt rechts. Der gepflasterte Weg, der zuerst parallel zum Kanal verläuft, wendet sich in sanftem Bogen nach Süden. Wir verlassen ihn bei dem vor einer kleinen Dreiecksbaumgruppe abgehenden Feldweg und kommen durch den vor uns liegenden Wald. Quer durch den Wald gehend, treten wir auf der Ecke des vor uns liegenden Feldes ins Freie, aber tauchen sogleich wieder rechts im Walde unter. Auf der Holzabfuhrspur gehen wir in Windungen den Hügel abwärts und kommen wieder auf den Feldweg, den wir vorher verlassen haben. Wir wenden uns rechts, erreichen die Landstraße und kommen auf ihr zu unserem Ausgangspunkt zurück.

Verlängerungsvorschlag – siehe Karte ●●● hier Naturwald-Reservat

Was wir sehen:

Dieser kurze Spaziergang führt uns über den stark zerklüfteten Wald- und Ackerhügel zwischen der Landstraße und dem Meliorationshauptkanal. Dieser hat, von Hoya aus der Weser kommend, die Aufgabe, das große, tiefliegende Bruchgebiet vor dem Rand der Syker hohen Geest zu entwässern und in Trockenzeiten auch zu bewässern, sowie bei Katastrophenhochwassern der Weser Spitzen-Wassermengen aufzunehmen und sie zur Ochtum abzuführen, um die unterhalb liegenden Deiche zu schützen.
In seiner Entstehungsgeschichte und seiner ursprünglichen Zweckbestimmung noch nicht erforscht, jedoch sicherlich interessant ist eine kleine Wallanlage, die in etwa den in Niedersachsen anzutreffenden Verteidigungsanlagen des Frankenkaisers Karl vergleichbar ist.

Kanal
Bruchhsn.-
Vilsen
Hoya
Sellings
loh
Sellingeloh
nur Güterverkehr
Memsen
44,9
56,4
N
4 cm = 1 Km

84 Vilsen – Homfeld – Heiligenberg

Weglänge: 7 km; Dauer der Wanderung: 2 Stunden

Anfahrt: B 6 Richtung Syke–Nienburg bis Abzweigung Bruchhausen-Vilsen

Ausgangspunkt:

Vilser Kirche, an der Kreuzung Brautstraße – Lindenallee
Wanderweg mit roten Farbschildern: Von der Kirche am Friedhof entlang, an der Badeanstalt vorbei, durch den Kurpark. Vorbei an den Tennisplätzen auf dem Birkenweg nach Homfeld, dort bei der Gastwirtschaft die Straße überqueren und auf dem Fußweg durch die Talsenke bis zum Kriegerdenkmal. Nunmehr halbrechts den Feldweg hinauf über die Höhe, die Steintreppe hinunter zur Wassermühle Heiligenberg, von dort Fußweg rechts zum Forsthaus.

Rundweg auf dem Ringwall. Rückweg (blaue Farbschilder):
Von der Rückseite des Forsthauses den Weg zwischen den beiden Hecken durch den Hochwald, auf dem Forstweg links zum Hohenkamp, durch den Garten des dortigen Gasthofes in das Rutental einbiegen. Waldweg nach Bruchmühlen, von dort aus entlang der Kreisstraße Richtung Vilsen und 100 m hinter der Bruchmühler Wassermühle links, nach 200 m rechts über den Berg zum Kriegerdenkmal Homfeld und zurück nach Vilsen.

Was wir sehen:

Am Ausgangspunkt historischer Ortskern mit St.-Cyriakus-Kirche aus dem 10. Jahrhundert und zahlreichen Fachwerkhäusern an Kopfsteinpflasterstraßen, beheiztes Waldschwimmbad mit Kunsteislaufbahn, großzügig angelegter Kurpark, Tennisplätze, Grillplatz, bewaldeter Geestrücken, Dorf Homfeld, Talsenke, anschließend Überquerung des Geestrückens, Klostermühle Heiligenberg mit Töpferei, Kneipp-Freianlage, vor- und frühgeschichtliche Ringwallanlage Heiligenberg. (Weiteres darüber nach Wanderung 127). Forst Heiligenberg mit Forstlehrpfad und Forstlehrgarten, durchs Rutental, Wassermühle Bruchmühlen.

Wehler
Mühle
Autokino
Vilsen
Vil
Flec
Obere Eiter
Bad
Im Wiehe
19,7
50,4
28,6
Stubbendieck
seumsbahn
Zum
Haged
24,0
Bruch-
mühlen
Homfeld
54,7
Heiligen-
berg
53,2
Quickhof
Hohenkamp
52,9
Syke
Nienburg
N
4 cm = 1 Km

Heiligenberg und Bruchhausen-Vilsen

Im Raume südlich von Bremen war im Bewußtsein der Bevölkerung von jeher der Doppelname Bruchhausen-Vilsen mit dem Heiligenberg verbunden. Wenn es auch vorwiegend die landschaftlichen Schönheiten dieses Kleinods der Grafschaft Hoya und die imponierenden Ringwall-Anlagen auf der höchsten Erhebung des Gebietes waren und heute noch sind, so könnte doch unterschwellig die Ahnung einer mythologischen Bedeutung dieses geheimnisumwitterten Platzes bei den Nachfahren der Urbevölkerung vorhanden sein. Noch harrt das gesamte Wallgelände der archäologischen Erschließung, die Aufklärung darüber geben könnte, ob es sich um eine Befestigungsanlage aus der Römerzeit, um ein Kastell aus der Zeit des Frankenkaisers Karl, oder um Fluchtburgen einer jüngeren Zeitgeschichte handelt, bzw. ob hier nicht eine heidnische Kultstätte frühgeschichtlicher Zeit vermutet werden kann.
Die ersten schriftlichen Erwähnungen des Ortes finden sich, wie bei Syke, Thedinghausen und Neubruchhausen, zu Beginn des 13. Jahrhunderts. Ebenso hat er deren territorialherrschaftliches Schicksal bis in die Zeit nach dem 30jährigen Krieg geteilt.
Vom Heiligenberg ist bekannt, daß Graf Gebhard von Wernigerode dem Prämonstratenser-Orden den Platz zur Gründung eines Klosters im Jahre 1218 übergeben hat. Die Pfarrkirche des damaligen Gerichtsortes Vilsen gehörte mit zum Gründungsgut des Klosters. Die Grafen von Hoya, welche die Vogtei Heiligenberg erworben hatten, haben nach der Reformation das Kloster aufgehoben und aus dem reichen Landbesitz ein Domänengut gemacht. Die Klostergebäude verfielen oder wurden abgebrochen und für andere Bauten wiederverwendet. Das Vorwerkshaus wurde zum Forsthaus für den im Besitz des Fiskus verbliebenen Wald, während die Ländereien aufgesiedelt wurden.
Aus der Zeit der Bruchhauser und Hoyaer Grafen ist überliefert, daß die Wälder ringsum viele Reiher beherbergten, auf denen vom Bruchhauser Schloß aus Reiherbeizen veranstaltet wurden.
Die rührige Kurverwaltung des Luftkurortes Bruchhausen-Vilsen hat neben vielen Einrichtungen zum Wohle der Kurgäste eine beachtliche Zahl lohnender Wanderwege durch Schilder gekennzeichnet und in einer kleinen Schrift mit Karte zusammengestellt.
Zum Schluß sei noch auf eine besondere Attraktion, die »Erste deutsche Museumsbahn« hingewiesen.

Neubruchhausen

(Wanderungen Nr. 88, 89, 90)

Von den vier Orten unseres Wandergebietes, die eine in Archiven belegte geschichtliche Vergangenheit aufweisen, ist der Flecken Neubruchhausen derjenige, dessen historische Bedeutung nur für eine kurze Spanne kometenhaft am Himmel der Geschichtsschreibung geleuchtet hat, jedoch übertrifft er an Liebreiz seiner Lage alle übrigen. Wer während der Wanderungen die Schönheiten dieser Landschaft beiderseits der Hache erblickt, wird sich gern Gedanken darüber machen, weshalb gerade dieser Platz dazu ausersehen war, für eine kurze Zeitspanne Sitz einer Herrschaft zu sein.

Der Anlaß war eine Erbteilung, und zwar war im Jahre 1220 mit Graf Ludolf das Geschlecht der Grafen von Bruchhausen erloschen; Erbe wurde Graf Heinrich von Oldenburg aus der Wildeshauser Linie. Nachdem dieser im Kampf mit den Stedinger Bauern bei Altenesch gefallen war, teilten seine Söhne das Erbe und gründeten Neubruchhausen. Nach dem Aussterben auch dieses Geschlechts gingen im Jahre 1384 beide Grafschaften durch Kauf an die Grafen von Hoya über. Im Jahre 1582 zog, nach dem Tode des letzten Hoyaer Grafen, Herzog Wilhelm von Braunschweig-Lüneburg die Lehen ein und machte sie zu Ämtern. Schließlich wurden 1749 beide Ämter zusammengelegt, das Amtshaus in Neubruchhausen abgebrochen und zum Bau einer Wohnung für den Drosten in Bruchhausen verwendet. Auf den Gewölben der Burg wurde ein Fachwerkhaus errichtet, welches bis 1926 als staatliches Forstamt gedient hat. Diese Gebäude stehen noch heute an der Straße nach Sulingen.

Als ältester Bau aus Neubruchhausens Vergangenheit hat die im Jahre 1610 vom Drosten Eberhard von Bothmer in Fachwerk erbaute Kapelle noch bis 1962 gestanden. Da die geplante Renovierung infolge völligen Zerfalls des Fachwerks nicht möglich war, wurde sie durch eine neue, moderne Kapelle ersetzt, jedoch wurden die wertvollen Holzschnitzereien des Altars und des Gestühls sowie die Glocke mit der Jahreszahl 1608 in den Neubau mit einbezogen.

Aus den zum Amt gehörenden Ländereien wurde 1778 durch Ansiedlung von Neubauern das heutige Dorf Freidorf gegründet, während die Wälder als Staatsforst im Besitz des Fiskus blieben. Hier hat sich im 19. Jahrhundert der Forstmeister Erdmann mit seinen erfolgreichen Bemühungen um die Schaffung einer Mischwaldkultur anstelle der Monokultur ein bleibendes Denkmal gesetzt.

85 Vilsen – Fischteiche – Bruchhausen – Kanal – Hoyaer Weide – Bruchhöfen

Weglänge: 8 km; Dauer der Wanderung: 2 Stunden
Wegemarkierung: braune Farbschilder

Anfahrt: B 6 Richtung Syke–Nienburg bis zur Abzweigung links ab nach Bruchhausen-Vilsen (11 km nach Syke)

Ausgangspunkt:

Kreuzung Brautstraße / Lindenallee
Von hier am Friedhof entlang, auf der Höhe bleiben und nach links abbiegen zur Homfelder Straße (Altersheim). Nach Überqueren der Bahn in das Wieher Holz einbiegen. Hinter dem Wald nach links abbiegen, nach ca. 300 m rechts geradeaus an den Fischteichen vorbei dann auf der Straße links abbiegen in Richtung Marktplatz. An der rechten Seite des Marktplatzes durch die Schloßweide zur Kirche und zum Amtshof in Bruchhausen. Auf der „Schönen Reihe“ 150 m nach rechts, dann links in die Kanalstraße Richtung Verden und geradeaus in die Knesestraße bis zur Kläranlage am Kanal. Hier besteht die Möglichkeit, geradeaus in der Hoyaer Weide ausgedehnte Spaziergänge zu unternehmen oder entsprechend der Ausschilderung ab Kläranlage links, dem Kanal folgend, bis zur Schleuse am Haus des ehemaligen Schleusenwärters. Hier links abbiegen in Richtung Bruchhöfen. In Bruchhöfen die Straße beim Kriegerdenkmal überqueren und zum Gärtnereibetrieb. Von hier der schwarzen Wegebezeichnung folgen. Ab Gärtnerei der Bahnlinie folgen, an der nächsten Kreuzung rechts abbiegen und nach Bruchhausen-Vilsen zurückkehren.

Was wir sehen:

Ausgangspunkt ist der historische Ortskern Bruchhausen-Vilsen mit der St.-Cyriakus-Kirche aus dem 10. Jahrhundert. Der Forst Wiehe, Teichanlage, Marktplatz, Amtshaus und das Stadtbild bieten vielseitige Bilder. Wir lernen die Schmelzwasser-Abflußrinnen des Aller-Weser-Urstromtales kennen, deren östlicher Teil zur Weser zeigt, während der nordwestliche Arm die Schmelzwasser auf Bremen und den Lauf der Ochtum zugeführt hat. Die anmoorige Oberfläche dieser Tiefrinne liegt mit etwa zehn Metern über NN niedriger, als das Tal der Weser heute oberhalb Bremens. Sie war daher vor der Eindeichung der Weser bei Katastrophenhochwassern oftmals Überflutungen ausgesetzt gewesen.
Die zweite Hälfte dieser Wanderung läßt uns neben dem erheblichen Geländeunterschied auch noch eine völlig andere Struktur der Geestrandlage erkennen.

Nenndorf
Marschbruch
Bruch
Bruchhöfen
Autokino
Vilsen
Moor
Bruchhausen
Bruchhausen
Wehler Mühle
Vilsen
Flecken
Kanal
Obere Eiter
N
4 cm = 1 Km

86 Von Uenzen durch die Bruchwiesen

Weglänge: 7 km; Dauer der Wanderung: 2 Stunden

Anfahrt: Richtung Syke–Nienburg. In Heiligenfelde, an der Kirche vorbei, nach Menzen über Wachendorf, Süstedt

Ausgangspunkt:

Gasthaus »Zur Post« – Dorfmitte von Uenzen

Wir wandern auf der Straße in Richtung Vilsen, die das Dorf in einem Halbkreis umschließt, bis zu dem zweiten, linkerhand in die Wiesen hineinführenden festen Weg. Dieser läuft geradeaus auf den Geestrandgraben und den Meliorationshauptkanal zu. Dreihundert Meter vor dem Erstgenannten zweigt nach rechts beim Geländepunkt 13,8 ein unbefestigter Weg ab. Auf ihm überschreiten wir den ersten Graben und gehen auf den Kanal zu. Hundert Meter davor biegen wir wieder rechts in einen Feldweg ein, der uns an dem flachen Bogen des Geestrandgrabens ein Stückchen entlang und über dessen Brücke auf unseren Rückweg führt. Bei den ersten Häusern des Ortsteiles Kurzeheide schneiden wir den spitzen Winkel zur Landstraße nach rechts ab und kommen auf der Straße zum Ort und Ausgangspunkt zurück.

Was wir sehen:

Dieser Weg durch das weite, flache Wiesental stellt einen guten Kontrast dar zu den über die Hochebene führenden Wanderwegen auf der Geest. Nach Westen gewandt, stößt der Blick auf das ansteigende Gelände und die Höhen, von denen wir über das tiefgelegene Bruchgelände und das Tal der Weser bis zu den Höhen im Kreise Verden und Rotenburg blicken können. Hier werden Auge und Ohr entschädigt durch das satte Grün der Wiesen und Büsche in mannigfachen Schattierungen und durch die Stille eines Sommersonnentages, die nur gelegentlich unterbrochen wird durch den Triller einer Lerche oder den Ruf eines Greifvogels hoch in den Lüften, wo unsere Lungen noch eine unverpestete Luft einatmen können.

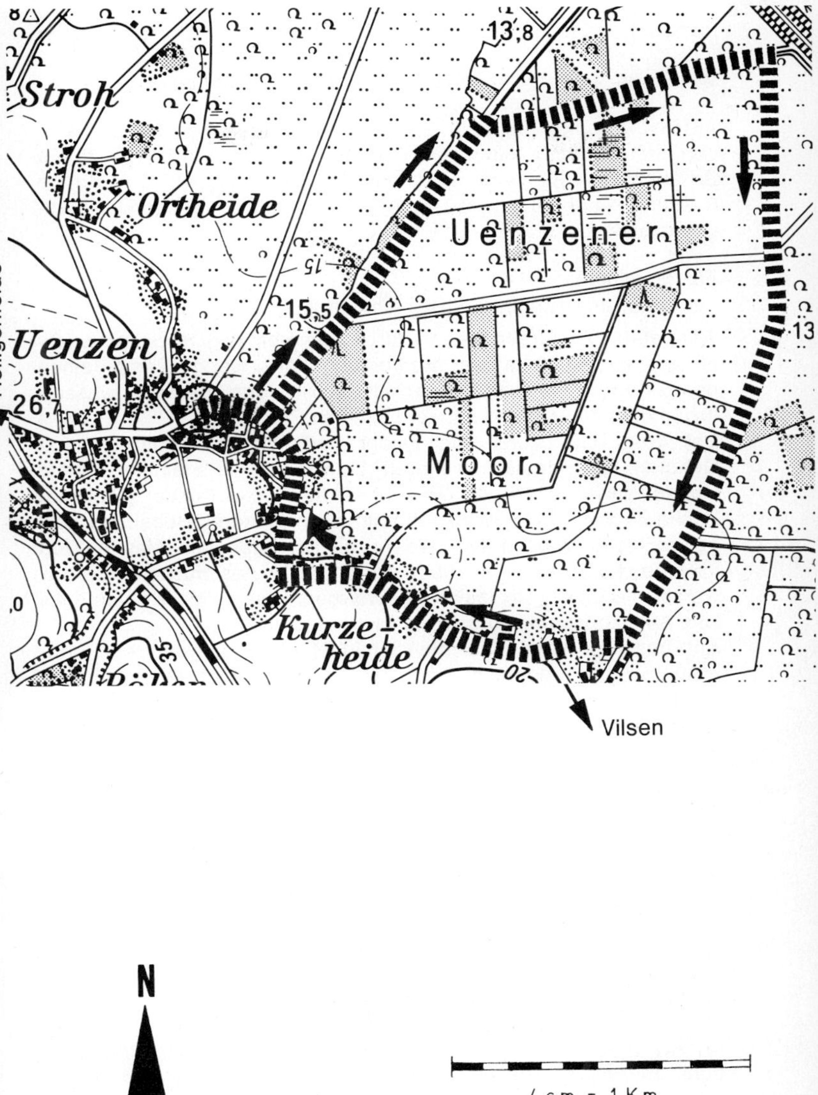
Stroh
Ortheide
Uenzener
Moor
Heiligenfelde
Uenzen
26,7
15,5
15
13,8
13
Kurze-
heide
35
20
Vilsen
N
4 cm = 1 Km

87 Steimker Hachetalweg bei Syke

Weglänge: 4,6 km; Dauer der Wanderung ca. 1 Stunde

Anfahrt: In Syke von der B 6 abzweigen, gegenüber der Kirche in den Mühlendamm (auch hier Parkplätze), dann links ab in die Schloßweide, Richtung Henstedt. Wir überqueren die Straße Bassum–Nienburg und erreichen nach 1 km ab Kirche den Ausgangspunkt.

Ausgangspunkt:
Parkplatz am Hallenbad, Straße am Lindhof

Wir gehen die Straße weiter durch den Hohlweg Hassinghausen, bis wir nach 800 m die Abzweigung links, Langenkamp, einen gepflasterten Fahrweg, erreichen. Wir folgen hier im wesentlichen dem Wanderweg mit dem Zeichen Reh.
Der Weg führt durch die Felder und Wiesen vorbei an drei Gehöften, bis wir nach weiteren 1,3 km auf die Steimker Straße stoßen, hier halten wir uns links über die Hache (Steimker Hachebrücke). Unser Weg führt links an lockerer Bebauung vorbei, rechts an Wiesen und Feldern, bis links der Hans-Mennel-Weg (Reh-Zeichen) abzweigt. Hier links ab durch das Hachetal, bis wir wieder die Straße Schloßweide erreichen. Hier halten wir uns links zum Ausgangspunkt zurück.
Auf unserem Weg sind die Schilder mehrerer weiterer Rundwanderwege angebracht, die das ganze Gebiet ausgezeichnet erschließen und auch auf der Rückseite der topographischen Karte L 3118, Syke, beschrieben werden.

Was wir sehen:

Zu beiden Seiten der Hache sehen wir die hohe Geest in ihrer reizvollen welligen Landschaftsform. Der Hohlweg am Ausgangspunkt ist eine ehemalige Schafdrift auf der Geest. Die Bruchlandschaft im Hachetal gehört zu den großen Seltenheiten unseres Gebietes mit einer vielfältigen Flora.

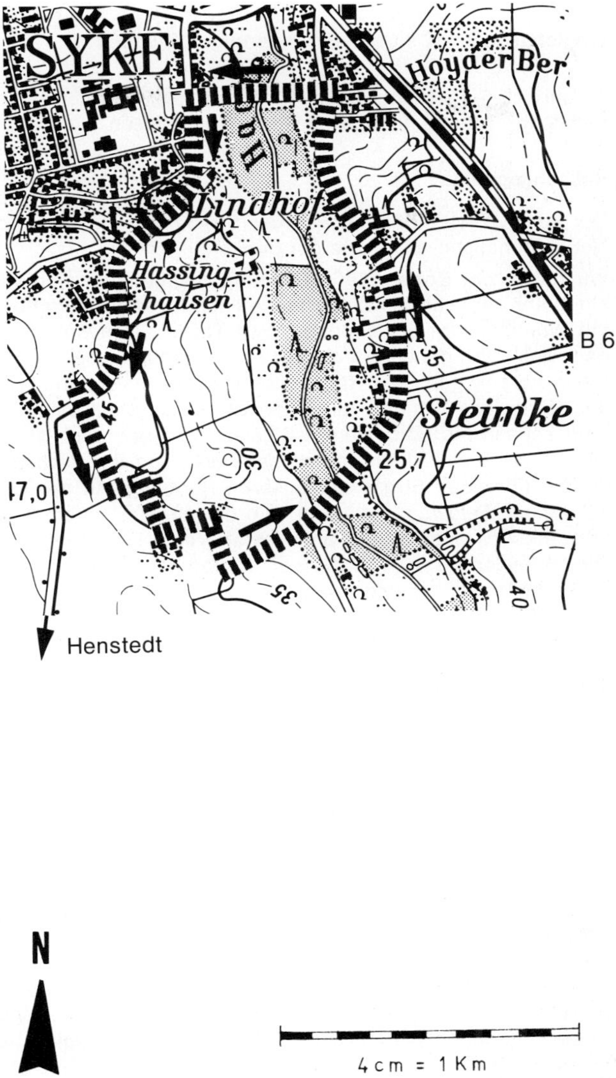
SYKE
Hoyaer Ber
Lindhof
Hassing-
hausen
B 6
35
Steimke
45
25,7
30
47,0
35
40
Henstedt
N
4 cm = 1 Km

88 Von Neubruchhausen an der Hache auf und ab

Weglänge: 8 km; Dauer der Wanderung: 2 Stunden

Anfahrt: B 6 Richtung Syke–Nienburg. Auf Höhe Heiligenfelde, rechts ab Richtung Fuldenriede–Neubruchhausen

Ausgangspunkt:

Der kleine Ort Fuldenriede an der Straße von Heiligenfelde nach Neubruchhausen; Dorfmitte am Denkmal

Wir folgen der Dorfstraße in Richtung Heiligenfelde und verlassen sie hinter der scharfen Rechtskurve linkerhand auf dem beiderseits mit Wohnhäusern bestandenen Weg. Nach 200 m wenden wir uns nach links und gehen auf die vor uns liegenden Höfe zu, rechts an ihnen vorbei, ganz am Rande des Hachetales entlang, vorbei an den Höfen von Wisloh. Nun wandern wir ganz am östlichen Uferrand entlang bis Halbetzen und gelangen durch den Ort hindurch nach nochmaliger Überquerung der Hache auf der nächsten, nach Süden führenden Straße auf unseren Rückweg. An der Gabelung mit einem Feldweg verlassen wir die Straße, indem wir linksschwenkend, diesem Weg am Westufer der Hache entlang folgen und gelangen so zur Straße von Neubruchhausen und damit zu unserem Ausgangspunkt zurück.

Was wir sehen:

Diese Wanderung von nur kurzer Dauer gibt den Blick auf die verborgenen Schönheiten und die vielfältig noch ungestörte und unzerstörte Landschaft frei. Wir sehen verborgene Wiesen- und Buschwinkel, wir gehen an lieblichen Wald- und Baumgruppen entlang und haben überraschende Ausblicke in die Weite der hochgelegenen Ackerlandschaft. Man fühlt sich veranlaßt, Vergleiche anzustellen zwischen den Lebensumständen in der Stadt und denen in der Freiheit des Ländlichen.

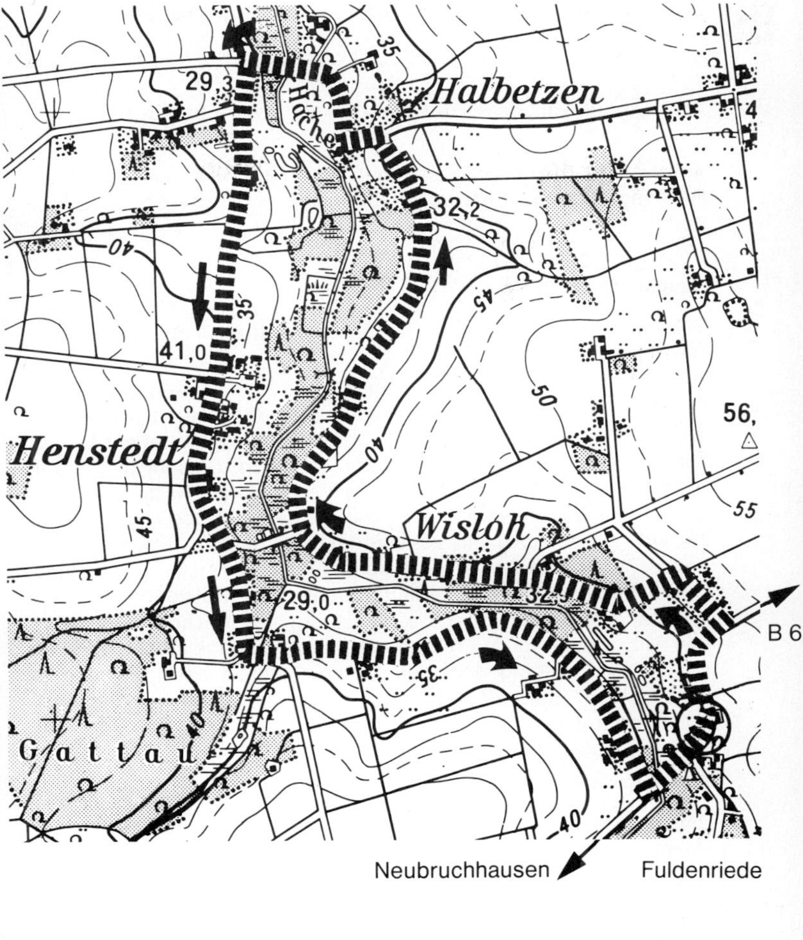
Halbetzen
Hache
Henstedt
Wisloh
Gattau
29,3
32,2
41,0
29,0
56,
B 6
Neubruchhausen
Fuldenriede

N
4 cm = 1 Km

89 Waldwanderung in dem Forst Erdmannshausen

Weglänge: 5 km; Dauer der Wanderung: etwa 2 Stunden

Anfahrt: B 6 Richtung Syke–Nienburg. 11 km nach Syke rechts ab Richtung Bassum. Kurz vor Neubruchhausen links ab nach Freidorf

Ausgangspunkt:

Waldrand an der Straße nach Bensen im streusiedlungsähnlichen Dorf Freidorf.

Vor dem Wald mit Blickrichtung nach Süden stehend, gelangen wir auf einem von dem Weg nach Bensen links abzweigenden Weg, außen an einem Hofplatz vorbei, in den Wald hinein bis zur Kreuzung mit einem stärker befahrenen Weg. Diesem folgen wir, nach rechts abbiegend, bis über die Hachebrücke. Nach dem Überqueren der Brücke wenden wir uns rechterhand der Waldschneise zu, wo gerade noch ein verwittertes Wegzeichen des Neubruchhauser Verkehrsvereins zu erkennen ist. Der teils gewundene, selten begangene Weg verläuft parallel zur Hache bis wir den Waldrand erreichen. Über die rechts liegende Hachebrücke gelangen wir wieder nach Freidorf. Auf dem entgegengesetzten Ufer können wir beliebig dem befestigten Dorfweg nach rechts oder links folgen. Beide führen zur Waldspitze unseres Ausgangspunktes zurück.

Was wir sehen:

Dieser Weg ist eine ausgesprochene Waldwanderung, die uns zur Hauptsache die Ruhe und Stille des Waldes, seine ozonreiche, je nach den Witterungsverhältnissen harzduftende oder nach Moos und Humus riechende Luft bietet und uns für eine kurze Zeit die Atmosphäre der Großstadt mit ihrem Lärm und ihren Abgasen vergessen lassen will. Der Wald selbst, nach seinem Schöpfer, Forstmeister Erdmann, benannt, ist ein Musterwald neuzeitlicher Forstbewirtschaftung, die von der Monokultur einseitiger Nadelholzwirtschaft abgegangen ist und heute den Mischwald aus Laub- und Nadelhölzern anstrebt, der neben der Verringerung des Risikos von Waldschäden, wie Feuer, Sturm oder Insektenfraß, auch seine landschaftliche Schönheit steigert und damit auch seinen Wert als Erholungsfaktor für die Menschen, die gezwungen sind, in Ballungsgebieten zu leben.

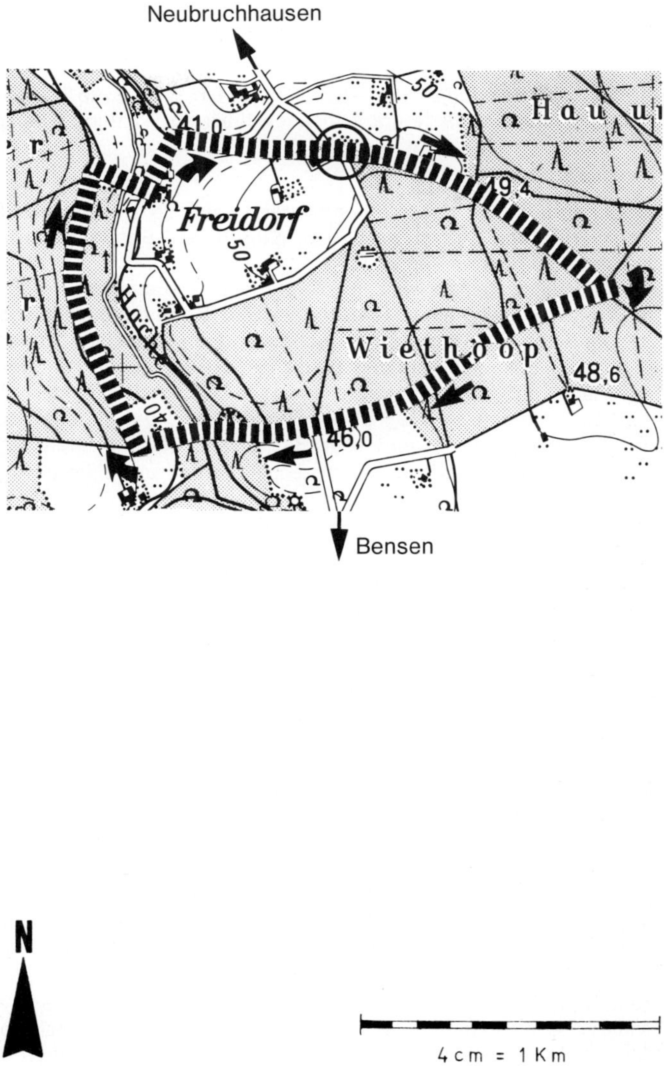
Neubruchhausen
41,0
50
H a u
19,4
Freidorf
50
Wiethoop
48,6
40
46,0
Bensen
N
4 cm = 1 Km

90 Eine weitere Waldwanderung im Forst Erdmannshausen

Weglänge: 5 km; Dauer der Wanderung: etwa 2 Stunden

Anfahrt: B 6 Richtung Syke–Nienburg. 11 km nach Syke rechts ab Richtung Bassum. In Neubruchhausen links ab Richtung Sulingen

Ausgangspunkt:

Orientierungstafel des Verkehrsvereins auf dem Parkplatz der Forstverwaltung 200 m nach dem Eintritt der Straße Neubruchhausen–Sulingen in den Wald.
Vom Parkplatz gehen wir zum Waldrand und in südöstlicher Richtung dem Waldweg am linken Ufer der Hache entlang bachaufwärts, bis wir links die Hachebrücke sehen und die Höfe von Freidorf. Die große Schneise/Fahrweg bleibt rechts; wir gehen geradeaus am Zaun entlang und erreichen nach wenigen Schritten den schwer erkennbaren Weg in den Wald. Alter, gewundener, teils überwucherter Weg parallel zur Hache bis zum südlichen Waldrand. Hier wenden wir uns nach rechts, vorbei an einem der großen landwirtschaftlichen Betriebe Menninghausens und überqueren dabei die Landstraße. In die erste rechts abzweigende Waldschneise, die parallel zur Landstraße nach Norden verläuft, biegen wir ein und erreichen an ihrem Ende den nördlichen Waldrand. Hier halten wir uns rechts und gelangen zum Parkplatz zurück.

Was wir sehen:

Zusätzlich zu dem, was bei der vorherigen Wanderung als sehenswert genannt wurde, lernen wir hier das Grab des Forstmeisters Erdmann kennen, dem Schöpfer dieses Mischwaldes. Sein Wunsch war, inmitten seines Waldes begraben zu werden. Auf dem Rückweg unserer Wanderung erreichen wir sein Grab am Ende der langen Waldschneise. Am Eingang des Waldes hat der Neubruchhauser Verkehrsverein eine schöne Wegetafel unter einem strohgedeckten Torgestell angebracht, auf der eine große Zahl von Wanderwegen vermerkt ist. Unbedingt empfehlenswert ist neben der hier beschriebenen Waldwanderung auch ein Gang durch den historisch bedeutenden Ort Neubruchhausen.

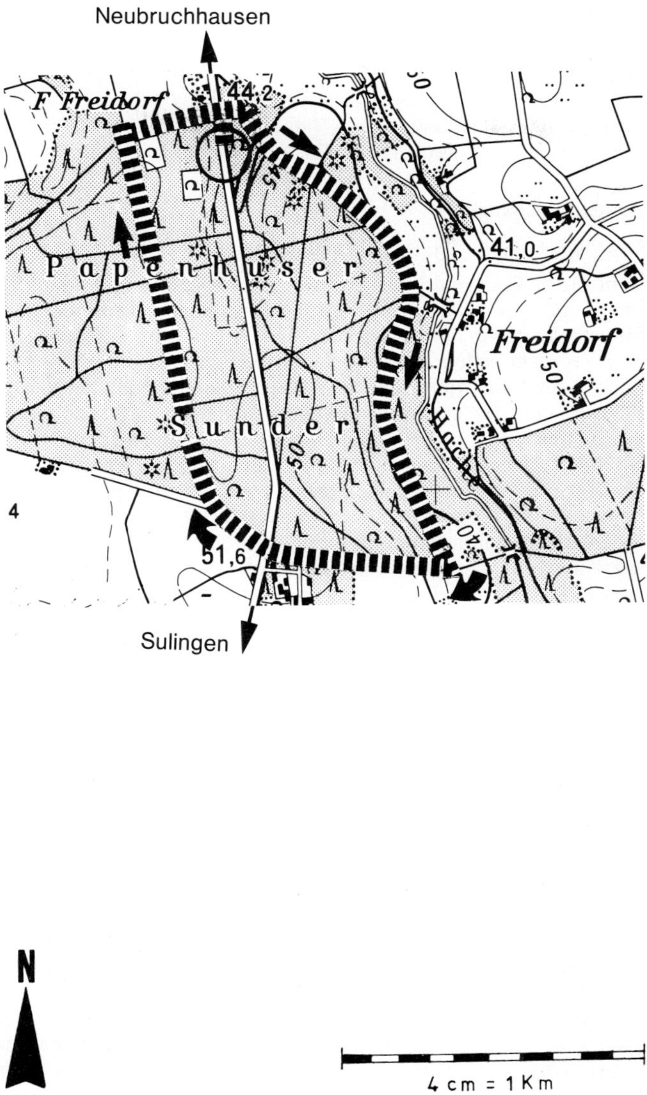

Neubruchhausen
F Freidorf
44,2
Papenhuser
41,0
Freidorf
50
Sunder
4
51,6
Sulingen
N
4 cm = 1 Km

91 Rund um den Henstedter Berg und durch die Gattau

Weglänge: 6 km; Dauer der Wanderung: 2 Stunden

Anfahrt: B 6 Richtung Syke–Nienburg. Auf Höhe Heiligenfelde rechts ab nach Haletzen, hier links ab Richtung Henstedt

Ausgangspunkt:

Gasthaus Albers an der Straße Henstedt–Neubrauchhausen

Vom Gasthaus halten wir uns zunächst rechts und folgen 300 m der Straße nach Halbetzen bis zur Abzweigung nach links. Der befestigte Dorfweg führt über den Henstedter Berg bis zu den beiden vor dem tiefen Wiesengelände liegenden Höfen. Dort knickt nach Süden der ganz an dem Wiesengelände entlang führende Feldweg ab, der streckenweise von Büschen stark eingeengt ist. Wo er nach gut einem Kilometer auf einen Querweg stößt, gehen wir halbrechts bis zum nächsten Querweg. Hier wenden wir uns an dem großen Hofeichenkomplex nach links und wieder links um denselben herum und wandern vor dem großen Hofgrundstück geradeaus auf der schönen dreireihigen Eichenallee hinein in den wundervollen Mischwald der Gattau. Am Rande des Waldes entlang folgen wir dann einem beschotterten Feldweg und gehen auf der Straße in nördlicher Richtung durch das kleine Dorf Henstedt zu unserem Ausgangspunkt zurück.

Was wir sehen:

Wir gehen zuerst über das mehr als 50 m über dem Meeresspiegel gelegene Ackergelände der Feldmark Henstedt und sehen dann rechterhand von unserem Weg das Wiesengelände, welches kaum einen sichtbaren Höhenunterschied gegenüber dem Ackerfeld aufweist. Diese Tatsache läßt den Schluß zu, daß es sich in geologischer Sicht um ein überdimensionales Schlatt handelt, wie wir dergleichen in dem unter Naturschutz stehenden »Schnepker Schlatt« und den beiden Schlatts bei Barrien antreffen. Eine besondere landschaftliche Schönheit ist der im Privatbesitz befindliche Wald der Gattau mit vielschichtigem Baumbestand. Darin gibt uns eine weitere Besonderheit Rätsel über ihren Ursprung auf: ein etwa zweihundert Meter im Quadrat umfassender Komplex in der Westseite des Waldes, der von einem jetzt noch etwa einen Meter hohen Erdwall umgeben ist. Ob es sich dabei nur um die Abgrenzung einer besonderen Parzelle handelt, oder um eine Art von Fluchtburg aus frühgeschichtlichen Zeiten, ist bis jetzt ungeklärt.

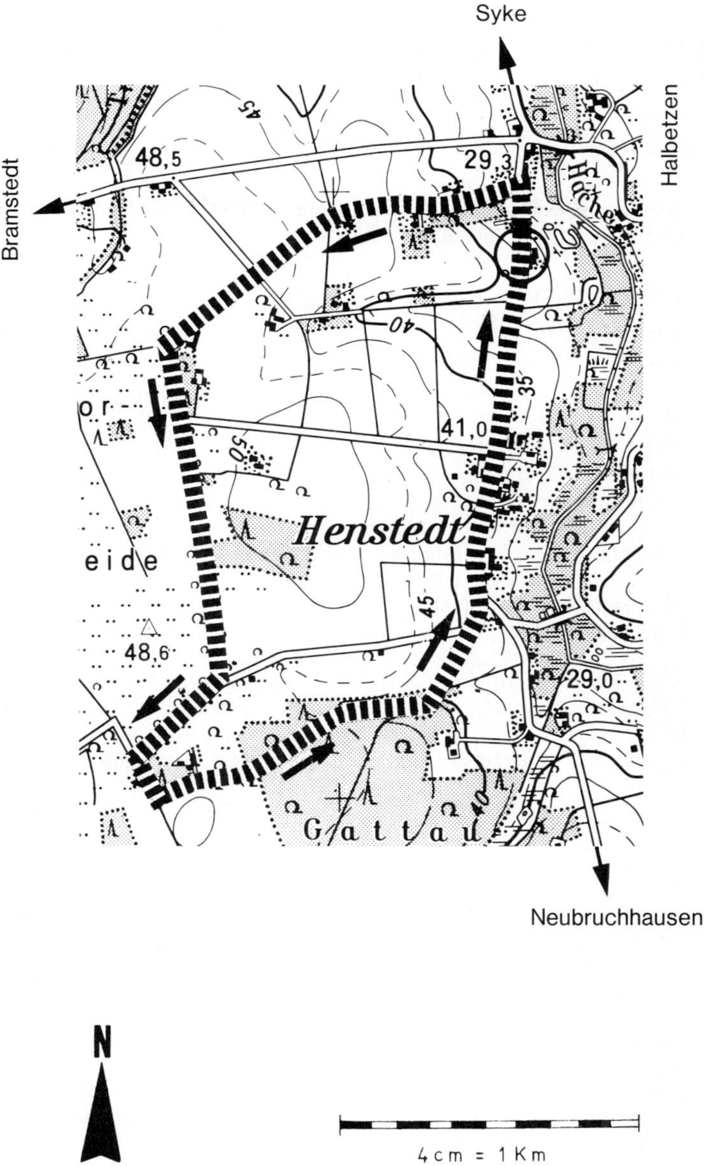
Syke
Bramstedt
Halbetzen
48,5
29,3
Hache
41,0
Henstedt
eide
48,6
29,0
Gattau
Neubruchhausen
N
4 cm = 1 Km

92 Von Halbetzen über Nienstedt und den Henstedter Berg zurück

Weglänge: 6 km; Dauer der Wanderung: 2 Stunden

Anfahrt: B 6 Richtung Syke–Nienburg. Auf Höhe Heiligenfelde rechts ab nach Halbetzen

Ausgangspunkt:

Am Kriegerdenkmal in Halbetzen an der Kreuzung der Straße Bramstedt–Heiligenfelde und Neubruchhausen–Syke

Vom Denkmal gehen wir in Richtung Heiligenfelde über die Hache und am anderen Ufer den ersten Weg nach links am östlichen Ufer der Hache entlang bis zur nächsten Brücke. Nach Überschreiten der Brücke wandern wir an den Höfen von Nienstedt vorbei auf dem befestigten Weg, der hügelan in sanftem Rechtsbogen auf die ersten Häuser der Kolonie Hoope zuführt. Vor den Häusern wenden wir uns nach links, gehen bei einem schwachen Linksknick weiter bis zu dem gleich danach nach Süden abgehenden Feldweg. Auf diesem stoßen wir vor das buschbestandene Ufer der Twillbeck, schwenken halbrechts und erreichen, den Wald zur Rechten, die Straße. Auf dieser gehen wir in Richtung Heiligenfelde 400 m bis zu dem bei einem Einzelgehöft rechts abzweigenden befestigten Weg. Hier verlassen wir die Straße, um auf diesem Weg, an der nächsten Kreuzung uns links wendend, über den Henstedter Berg zu unserem Ausgangspunkt zurückzukehren.

Was wir sehen:

Wir sehen einen weiteren Ausschnitt aus der für diesen Teil des ganzen Wandergebietes typischen Landschaft mit ihrer abwechslungsreichen Geländestruktur, ihren flachen Hochebenen, ihren Erosionsrinnen, in denen jetzt die Oberflächenwasser zu Tal fließen, ihren Wäldern, Wiesen und Feldern. Wir beobachten die ebenfalls für diese Gegend typische Streubesiedlung, die nur wenige wirklich geschlossene Ortschaften zeigt, aber um so mehr Einzelhöfe. Dies weist auf den individualistischen, in sich selbst gefestigten und auf die Wahrung seines Rechtes und seiner Eigenart bedachten Volkscharakter hin. Über den geologischen Aufbau der Landschaft geben gelegentlich anzutreffende Sandgruben Aufschluß.

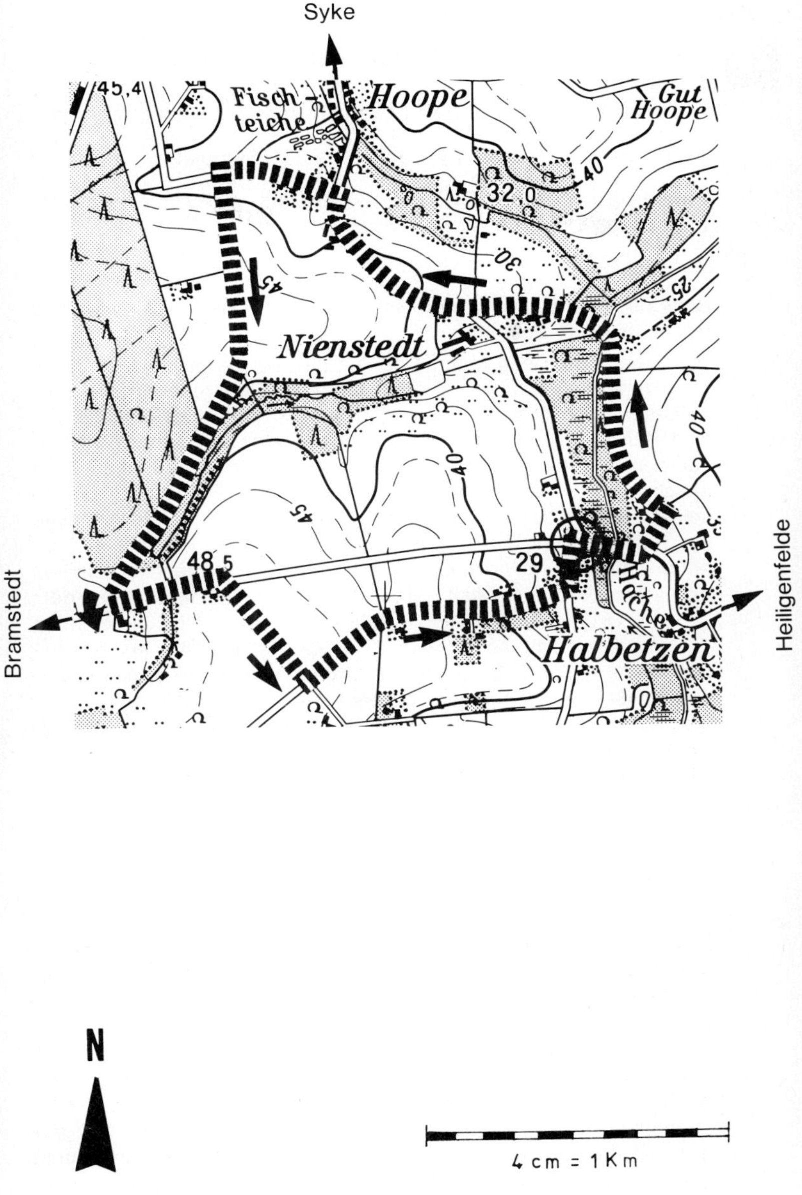
Syke
Fisch-teiche
Hoope
Gut Hoope
32,0
Nienstedt
48,5
29
Halbetzen
Hache
Bramstedt
Heiligenfelde
N
4 cm = 1 Km

93 Von Bramstedt rund um das Jedenbruch

Weglänge: 7 km; Dauer der Wanderung: $2^1/_2$ Stunden

Anfahrt: B 6 Richtung Syke. In Syke rechts ab Richtung Bassum. In Bramstedt links ab zur Bahnlinie

Ausgangspunkt:

Bahnhof Bramstedt an der Bahn Bremen–Osnabrück bzw. das Gasthaus »Zum Bahnhof«

Wir gehen durch den Bahntunnel auf der Straße nach Henstedt bis zur zweiten Querstraße mit dem Straßenschild »Jedenbruch«. Hier biegen wir rechts ein und wandern am Sportplatz entlang bis zur nächsten Kreuzung. Dort, vor dem letzten Hause, wandern wir nun vor dem Wald nach rechts und überqueren den Jedenbach, um gleich danach wieder in unsere bisherige Südrichtung einzuschwenken. Dieser Weg führt uns am Bachtal entlang abwechselnd durch Wiesen und Gehölz und nach fast $1^1/_2$ km bei Pkt. 47,3 an einen befestigten Wirtschaftsweg. Wir halten uns rechts, kommen an einem alten Schafstall vorbei nach einem Rechtsdreh zu dem kleinen Ort Rollinghausen. Vor den Höfen zweigt hinter dem Transformator halb schräg nach links ein Feldweg ab. Auf ihm gehen wir in einem kleinen Rechtsbogen bis zu dem nächsten nach rechts abgehenden langen, geraden Feldweg. Dieser bringt uns mit einem flachen Knick auf Bramstedt zu. Nach etwa 500 m erreichen wir die Bahnunterführung der Strecke Wanne–Bremen. Nach weiteren 50 m biegen wir nach rechts ab und erreichen nach etwa 100 m die Röllinghauser Straße. Diese überqueren wir und erreichen nach etwa 150 m unseren Ausgangspunkt, den Bahnhof in Bramstedt.

Was wir sehen:

Auch diese Wanderung bietet den Ohren die Stille des Waldes, den Augen das schonende Grün der Belaubung in seinen vielfältigen Schattierungen, das Braun des frisch bestellten Ackers oder das Gelb der reifenden Ernte. Daneben entdeckt ein wachsames Auge immer wieder einmal etwas Besonderes, sei es, was den Geologen interessiert oder den kulturgeschichtlich Versierten. So gibt z. B. bei unserer Wanderung der alte Schafstall bei Rollinghausen einen Hinweis darauf, daß in früheren Zeiten ein großer Teil des hohen Feldes noch in Heide gelegen hat und durch Schafe und – in deren Gefolge – durch Bienenzucht genutzt worden ist.

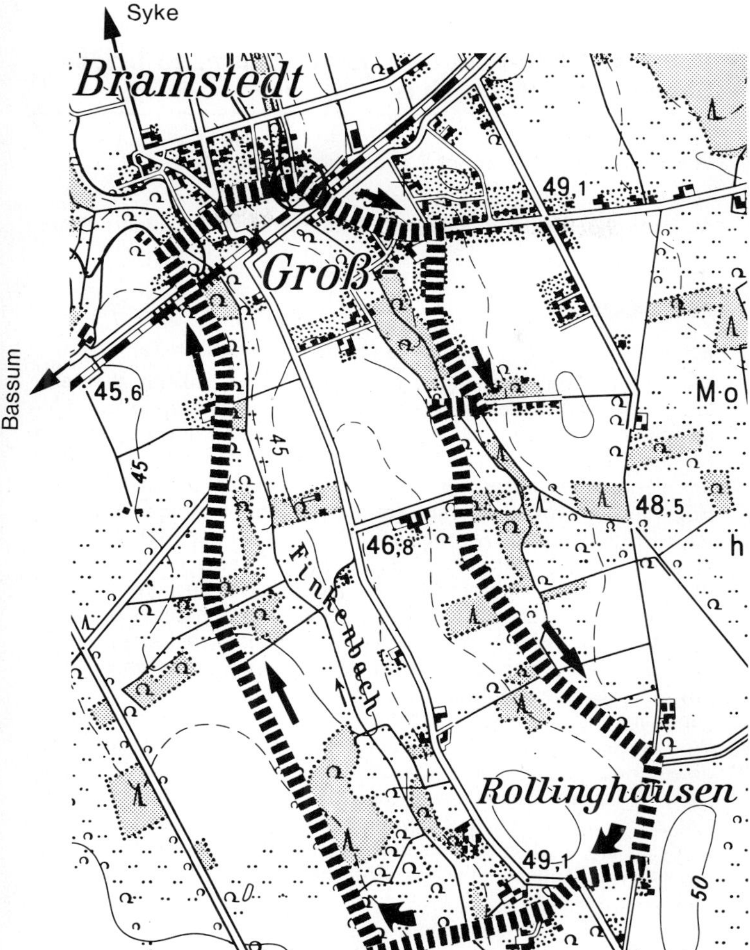
Syke
Bramstedt
Groß-
Bassum
45,6
45
45
49,1
Mo
48,5
h
46,8
Finkenbach
Rollinghausen
49,1
50
N
4 cm = 1 Km

94 Von Klein-Bramstedt über Högenhausen zu beiden Seiten des Finkenbaches

Weglänge: 8 km; Dauer der Wanderung: 2½ Stunden

Anfahrt: B 6 Richtung Syke. In Syke rechts ab Richtung Bramstedt–Bassum

Ausgangspunkt:

Schule an der Straße nach Syke vor dem Finkenbach-Tal

Wir wandern auf dem Feldweg am Ostufer des Finkenbaches entlang und gelangen, etwa zweihundert Meter nach dem letzten Einzelgehöft, an einen nach rechts abzweigenden Weg, der auf ein kleines Gehölz zuführt. Vor diesem wenden wir uns nach links und gehen über einen kleinen Nebenbach, an den ersten Höfen von Högenhausen vorbei, bis auf die nach rechts abzweigende Straße nach Pestinghausen (Wegweiser!). Hier, wie an der nächsten Straßengabel wenden wir uns im rechten Winkel nach links und folgen dann dem sich in mehreren Windungen ganz am Bachufer entlangziehenden wenig benutzten Feldweg. 300 Meter hinter einer Erdgas-Markierungssäule mit rotem Dach stoßen wir bei einer einzelnen Eiche auf einen Querweg. Hier wenden wir uns nach links, überschreiten den Finkenbach und folgen bei der nächsten Kreuzung linkerhand dem von Nordwohlde kommenden befestigten Weg, an einigen Einzelgehöften vorbei, bis zu der Wegegabel vor einem Hof. Hier wandern wir auf dem nach links abzweigenden Arm, verlassen diesen nach etwa 350 Metern an der nächsten Kreuzung und gehen links wendend über den Kuhberg auf den Feldweg am westlichen Bachufer zu, auf dem wir, rechts entlang, unseren Ausgangspunkt wieder erreichen.

Was wir sehen:

Das Gebiet des Finkenbaches und seines kleinen Zubringers stehen ihrer landschaftlichen Schönheit und ihrer biologisch bedeutungsvollen Tier- und Pflanzenwelt wegen unter Landschaftsschutz, das kleine Wäldchen vor Högenhausen sogar unter Naturschutz. Ein besonders idyllisches Fleckchen Erde finden wir bei dem Rechtsknick im Beginn der Wanderung, bei Pkt. 38,6. Dort steht, 250 m geradeaus, am abfallenden Uferrand eine Jagdhütte mit einem wundervollen Blick in das Wiesental.

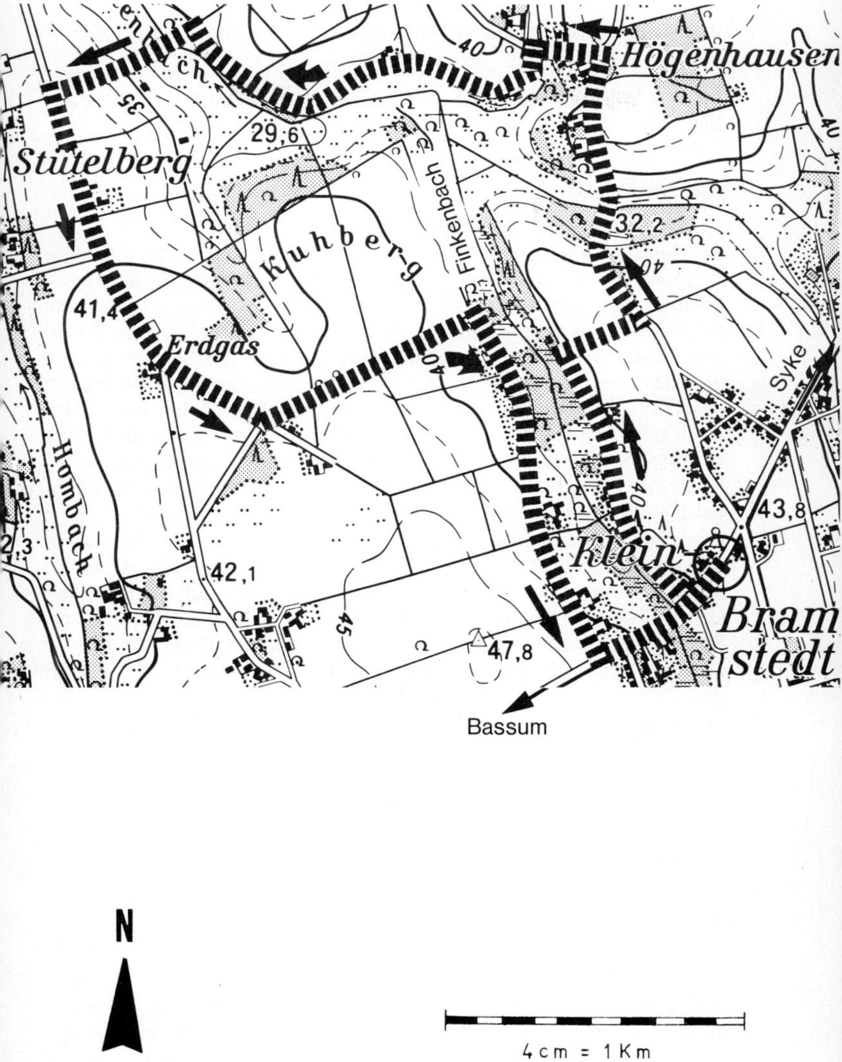
Högenhausen
Stütelberg
Kuhberg
Finkenbach
Erdgas
Hombach
Syke
Klein-
Bramstedt
29,6
32,2
41,4
42,1
43,8
47,8
40
35
45
Bassum
N
4 cm = 1 Km

95 Radwanderung von Bramstedt (Bahnhof) über Neubruchhausen und Heiligenfelde

Weglänge: 10 km; Dauer der Wanderung: 2 Stunden

Anfahrt: B 6 Richtung Syke. In Syke rechts ab Richtung Bramstedt–Bassum

Ausgangspunkt:

Glockenturm im Ortsteil Bramstedt
Wir fahren von dem Glockenturm die Dorfstraße in östlicher Richtung, unterqueren die Bahnüberführung der Strecke Wanne – Bremen beim Bahnhof Bramstedt und setzen unsere Fahrt auf der Henstedter Straße fort. Der Weg führt durch den Ortsteil Bramstedt entlang einer aufgelockerten Wohnhausbebauung geradeaus bis zur Gemarkungsgrenze Henstedt. Beim Ortsausgang Bramstedt weist uns bereits eine Ortstafel darauf hin, daß es bis nach Henstedt noch 3 km sind. (Die Radwanderung in der Gemarkung Henstedt wird auf der Radwanderkarte der Stadt Syke beschrieben). Nach ca. 6½ km vom Ausgangspunkt stoßen wir auf eine Straßeneinmündung und biegen an dem Straßenbenennungsschild „Zum Brande" rechts ab, um den Weg in der Gemarkung Bramstedt fortzusetzen. Wir folgen der asphaltierten Straße, die beidseitig mit Buschwerk und Baumbewuchs bestückt ist und biegen nach kurzer Fahrtstrecke in westlicher Richtung ab, um die Ortslage Röllinghausen zu erreichen. An dem Kreuzungspunkt führen wir unsere Radwanderung in nördlicher Richtung weiter. Wir lassen den Schießstand des Schützenvereins Bramstedt zur Linken liegen und sehen bereits vor uns die ersten Häuser des Ortes Bramstedt. Der Weg führt uns geradeaus durch den vor geraumer Zeit neu erstellten Tunnel genau auf den Glockenturm zu.

Verlängerungsvorschlag s. Karte ●●● ca 11 km – 1 Stunde

Was wir sehen:

Ein Rundgang durch den in der Geschichte der Grafschaft Bruchhausen bzw. Hoya eine bedeutende Rolle spielenden Ort Neubruchhausen mit seinen historischen Relikten ist sehr zu empfehlen. Der zweite Teil der Fahrt verläuft auf dem Rücken zwischen Finkenbach und Jedenbach. Er gewährt uns einen Einblick in die Struktur dieser Gegend, wie wir sie bei fast allen Wanderungen auf dem Delmenhorst-Syker-Geestrücken vorfinden.

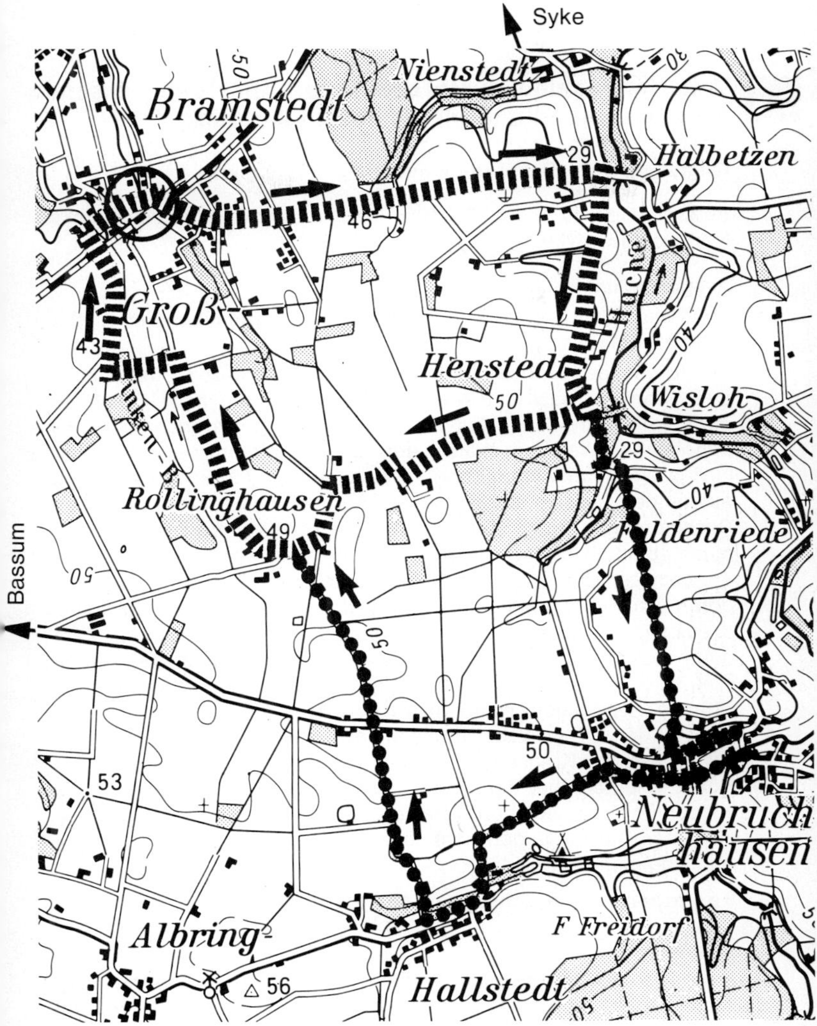
Syke
Bassum
Bramstedt
Nienstedt
Halbetzen
Groß-
Henstedt
Wisloh
Rollinghausen
Neubruch
hausen
Albring-
F Freidorf
Hallstedt
46
29
43
49
50
53
56

N

4 cm = 2 Km

96 Von Nordwohlde durch den Forst, über den Hülsenberg, Fesenfeld und im Hombachtal zurück

Weglänge: 9 km; Dauer der Wanderung: 2½ Stunden

Anfahrt: B 51 Richtung Bassum bis zur Abzweigung nach links Nordwohlde–Syke

Ausgangspunkt:

Gasthaus »Zum Hombachtal«, Hombachtal, gegenüber der Kirche in Nordwohlde

Wir folgen der Dorfstraße um die Rechtskurve zur Straße nach Syke, von der nach 100 Metern links die Straße nach Fesenfeld abzweigt (Wegweiser). Auf ihr erreichen wir unseren halb rechts abgehenden Weg zum Walde, der nach 700 Metern bei einer achtfachen Wegspinne in den breiten, nach Norden führenden Waldweg einmündet. Diesem folgen wir, immer geradeaus bis zur halben Rechtsdrehung. Nach 250 Metern stoßen wir vor freiem Felde auf einen ebenfalls breiten, anfangs befestigten Waldweg, der zunächst in nordwestlicher Richtung 2½ km durch den Staatsforst Bradenholz nach Fahrenhorst führt. Wir verlassen ihn bei der nächsten Kreuzung nach 600 m und gelangen, linksschwenkend, auf dem anfangs sandigen, von einem Einzelgehöft ab, jedoch befestigten Weg nach Fesenfeld. Von dem Dorfplatz, von dem 7 Wege bzw. Straßen ausstrahlen, wandern wir den zu Beginn befestigten Weg nach Süden (Wegweiser Nordwohlde) bis Steinforth. Dort wenden wir uns an der Kreuzung nach rechts, gehen zwischen den beiden Höfen hindurch über die Brücke und gelangen unmittelbar dahinter wieder links ab auf den Feldweg, der uns nach zwei Haken in südlicher Richtung, ganz am linken Hombach-Ufer entlang, zum Ausgangspunkt zurückführt.

Verlängerungsvorschlag – siehe Karte ●●●

Was wir sehen:

Neben einem in unserem Wandergebiet selten in solcher Geschlossenheit anzutreffenden Kirchdorf mit reizvollen, ruhig und schön gelegenen Wohnbezirken und Einzelhäusern durchwandern wir ein abwechslungsreiches, landschaftlich schönes Gebiet, in welchem Feld, Wald und Wiesen mit verschwiegenen, hügelauf und -ab führenden Waldwegen und weite Ausblicke gewährenden Feldwegen abwechseln. Wir erleben in dem zuerst durchwanderten Waldteil die Auswirkungen des Jahrhundert-Orkanes vom 13. November 1972 und stehen vor der beeindruckenden Erkenntnis, wie klein doch der Mensch bei all seinen staunenswerten geistigen und technischen Leistungen ist gegenüber den Urgewalten der Natur.

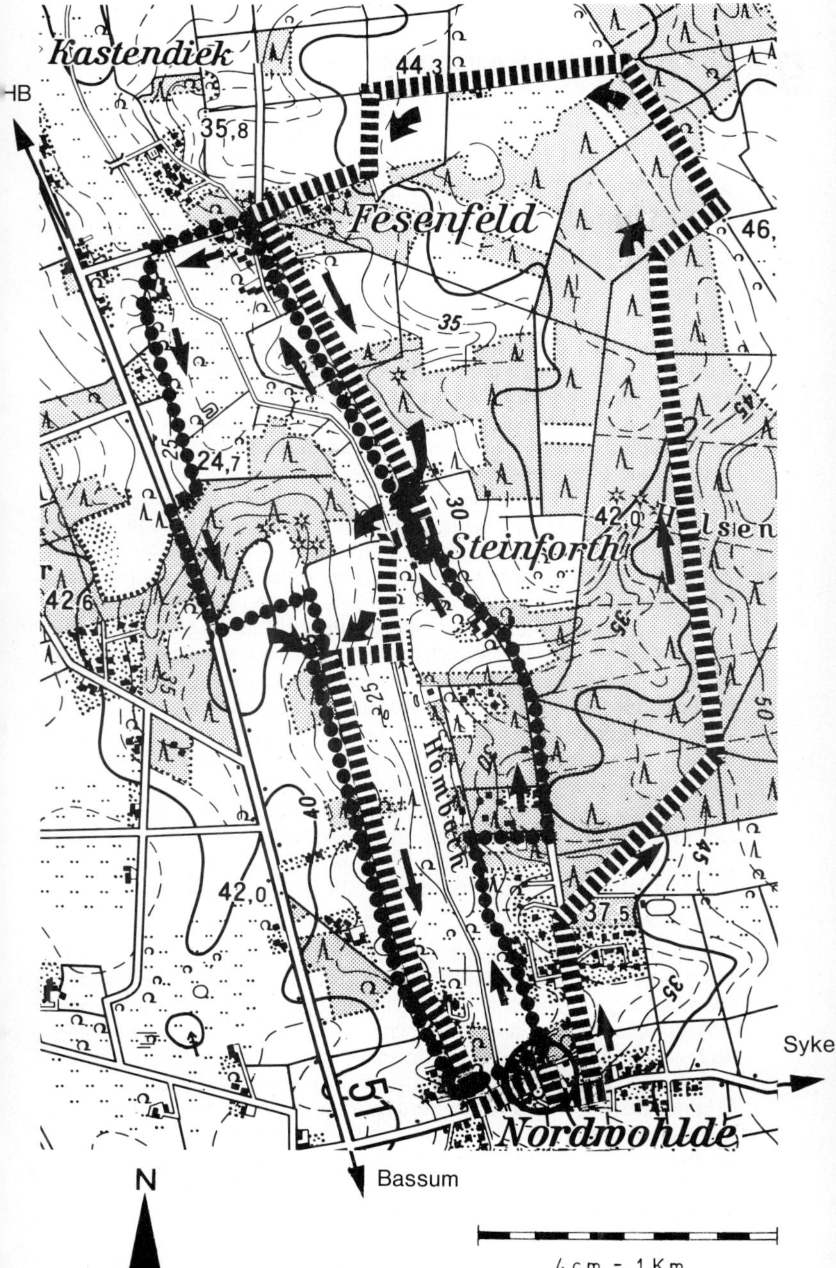
Kastendiek
HB
Fesenfeld
Steinforth
Hombach
Nordwohlde
Syke
Bassum
51
N
4 cm = 1 Km

97 Durch die Syker Westermark

Weglänge: 7 km; Dauer der Wanderung: 2 Stunden

Anfahrt: B 6 Richtung Syke. In Syke rechts ab Richtung Bassum. 3 km bis zum Ausgangspunkt

Ausgangspunkt:

Der beschilderte Parkplatz der staatlichen Forstverwaltung nördlich der Straße von Syke nach Bassum.
Wir überqueren die Straße in südlicher Richtung und biegen nach etwa fünfhundert Meter bei einer sechsfachen Wegespinne in die halblinks abgehende Schneise. Danach stoßen wir bald auf einen von links kommenden, in einigem Abstand parallel zur Bahnlinie verlaufenden Waldweg. Am ehemaligen Bahnübergang werfen wir einen Blick über die Bahnlinie hinweg auf die idyllisch gelegene Siedlung Ramminghausen. – Ein Überqueren des Schienenstranges im Waldgebiet ist nicht mehr möglich! – Wir biegen dann rechts in den Hauptweg. Etwa dreihundert Meter weiter durchwandern wir linksschwenkend eine enge Waldschneise bis hin zum Waldrand und an ihm entlang bis zur Straße. Nachdem wir die Straße überquert haben, halten wir uns auf dem sog. „Högenhäuser Mühlenweg" links und kommen dann am Waldrand auf den „Bremer Weg". Von hier aus kann man die Orte Högenhausen und Pestinghausen liegen sehen. Ungefähr dreihundert Meter vor der Jugendherberge und dem Kreisjugendheim biegen wir rechts ab bis auf den breiten Hauptweg und folgen diesem wiederum in südlicher Richtung bis zu unserem Ausgangspunkt.
In unmittelbarer Nähe des Parkplatzes am Ausgangspunkt befindet sich die gern besuchte Spiel- und Liegewiese. Gleich unterhalb der Straße Syke–Nordwohlde lädt außerdem ein beschilderter Baumlehrpfad zur Vertiefung des Studiums der Waldbäume ein.

Was wir sehen:

Der Wald, den wir hier durchwandern, gehört zu den dem Forstamt Syke unterstehenden weiten Forsten, die seit Jahrhunderten den jeweils hier Herrschenden, den Grafen von Bruchhausen und von Hoya und zeitweise dem Erzbischof von Bremen, als Jagdreviere gedient haben. Wir sehen einen forstlich hervorragend gepflegten Waldbestand, dessen überwiegende Nadelholzbestockung durch schöne Buchen- und Eichengruppen aufgelockert ist. Die dem Ohre wohltuende Stille des tiefen Waldes, die harzduftende und ozonreiche Luft und das Grün der Bäume in seinen vielfältigen Schattierungen machen diese Wanderung zu einer wahren Erholung für Leib und Seele.

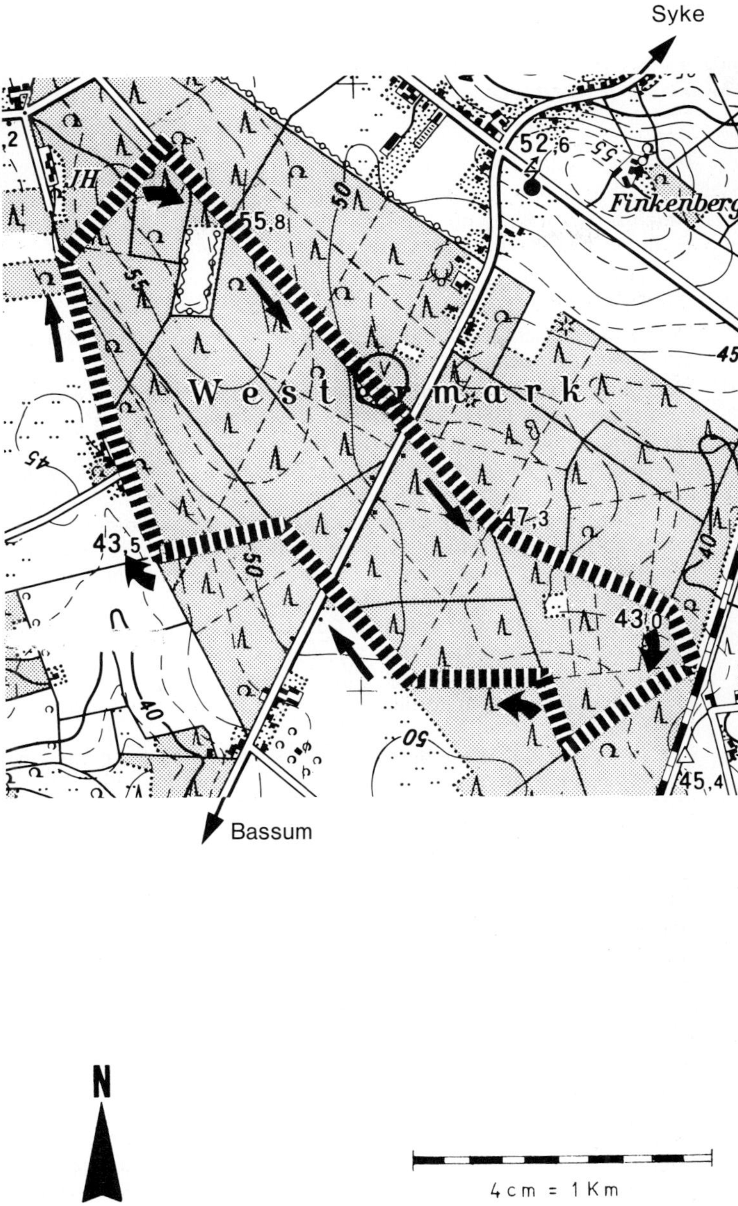
Syke
52,6
Finkenberg
JH
55,8
Westermark
47,3
43,5
43,0
45,4
Bassum
N
4cm = 1Km

98 Von Fahrenhorst durch Forst Bradenholz und über Fesenfeld zurück

Weglänge: 7 km; Dauer der Wanderung: 2 Stunden

Anfahrt: B 51 Richtung Bassum bis Fahrenhorst, hier links ab Richtung Warwe, kurz danach rechts ab zum Sportplatz

Ausgangspunkt:

Sportplatz südlich der Straße Fahrenhorst–Barrien, 200 Meter nach der Hombachbrücke.

Der Sportplatz liegt am Anfang eines südöstlich durch den Staatsforst Bradenholz führenden breiten Waldweges von 3 km Länge. Wir folgen ihm bis zum Ende des Waldes, wo linker Hand freies Feld beginnt. Nach weiteren zweihundert Metern zweigt unser Weg nach rechts ab und stößt nach einer flachen Linkswendung bald auf eine Kreuzung mit einem breiteren Feldweg. Hier wenden wir uns rechts und kommen geradewegs in das Dorf Fesenfeld. Vom Dorfplatz aus führen sieben Wege in verschiedene Richtungen. Wir folgen dem nächsten, rechts spitz nach rückwärts abgehenden befestigten Wirtschaftsweg aus dem Dorf heraus, halten uns auf ihm weiter links bis zum nächsten scharfen Knick nach rechts. Dort führt uns ein Feldweg geradeaus über freies Feld, durch Wald und am Waldrand entlang in nördlicher Richtung zu unserem Ausgangspunkt zurück.

Wer den Weg auf etwa die Hälfte verkürzen möchte, möge im Walde bei der ersten Kreuzung mit einem Feldweg, rechts abbiegen und erreicht den scharfen Straßenknick, an welchem nach rechts der Feldweg für unseren Rückweg beginnt.

Was wir sehen:

Wir sehen auf diesem Wege durch einen schönen, abwechslungsreichen Wald mit überwiegendem Nadelholzbestand riesige, durch den Orkan vom 13. November 1972 verwüstete Flächen; ein Anblick, der uns von der Allmacht der Naturgewalten überzeugt sein läßt. Das an dem fast um 20 Meter abfallenden Rande der Geest zum Tal des Hombaches reizvoll gelegene Dorf Fesenfeld hat durch seine landschaftlichen Schönheiten bereits eine ganze Reihe von freundlich, schön und ruhig gelegenen privaten Wohnhäusern aufzuweisen, die hier nach der Tagesarbeit ihre Bewohner Erholung und Entspannung finden lassen. Der Rückweg zu unserem Ausgangspunkt bietet gelegentliche, hübsche Ausblicke in das Hombachtal und auf das jenseits wieder ansteigende Höhengelände.

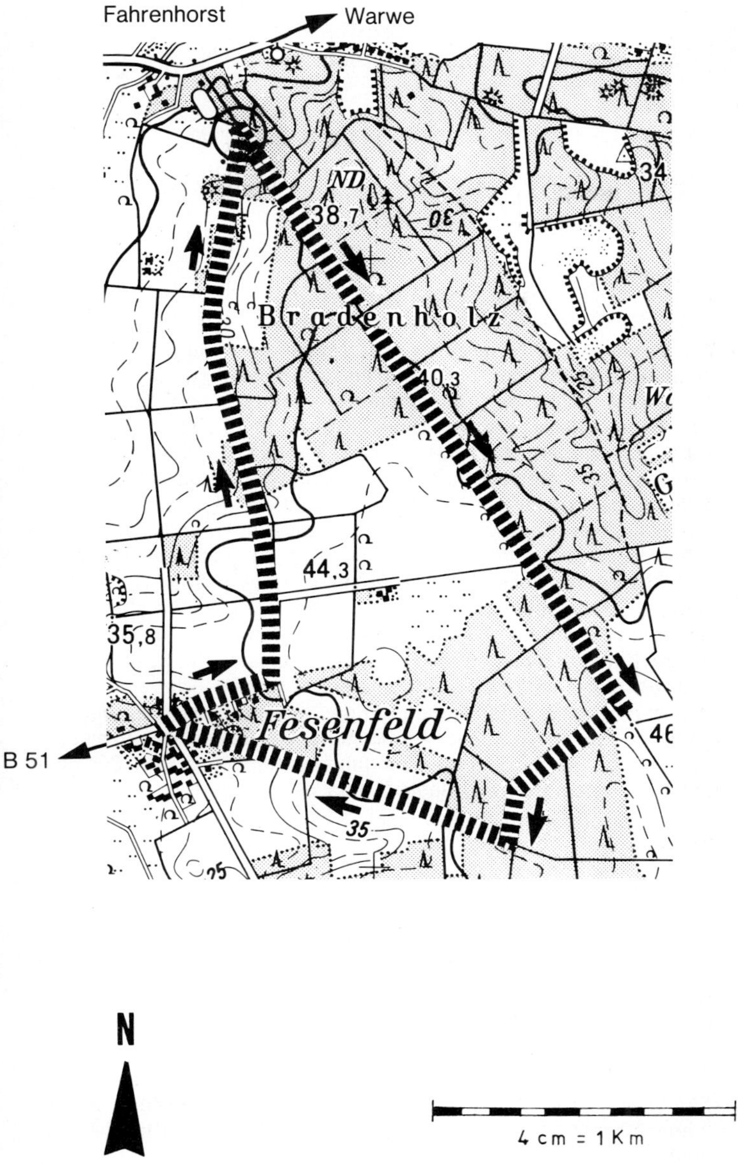
Fahrenhorst
Warwe
ND
38,7
30
34
Bradenholz
40,3
35
44,3
35,8
Fesenfeld
B 51
35
25
46
N
4 cm = 1 Km

99 Radwanderung von Heiligenfelde über Henstedt, Neubruchhausen

Weglänge: 22 km; Dauer der Wanderung: 2 Stunden

Anfahrt: B 6 Richtung Syke–Nienburg bis zur Abfahrt links in den Ort Heiligenfelde

Ausgangspunkt:

Ortsmitte von Heiligenfelde bei der Kirche

Die Ortsmitte ist gleichzeitig Wirtschafts- und Kulturzentrum von Heiligenfelde. Wir starten in südwestlicher Richtung auf der Straße nach Neubruchhausen, benutzen aber sogleich nach Überqueren des Schienenstranges der Syker Kreisbahn (die heute nur noch dem Güterverkehr dient) den ungepflasterten, geradeaus über die Bundesstraße hinweg in Richtung Bramstedt führenden Abkürzungsweg, um die stark befahrene Bundesstraße zu vermeiden. Bei Halbetzen überqueren wir die Hache und biegen an der unmittelbar darauf folgenden Straßenkreuzung links ab und folgen der Straße in südlicher Richtung nach Neubruchhausen, wo wir auf die Straße von Bassum nach Bruchhausen–Vilsen stoßen. Auf ihr kommen wir zur Bundesstraße nach Ochtmannien. Nach etwa einem Kilometer biegen wir von der Bundesstraße nach links ab, wo nach ca. einem halben Kilometer von dieser Abzweigung wiederum nach links eine Straße über den kleinen Ortsteil Barbusch in Richtung Uenzen abbiegt. Am Haltepunkt Uenzen der Kreisbahn halten wir uns stark links und fahren, immer an den Schienen entlang, durch Uenzen, Süstedt und Wachendorf nach Heiligenfelde zurück.

Was wir sehen:

Für Waldliebhaber lohnt es sich, südlich von Henstedt zu Fuß einen Abstecher in den einmaligen Wald »Gattau« zu machen, wo hingegen der Ort Neubruchhausen für den historisch Interessierten sehr zu empfehlen ist.

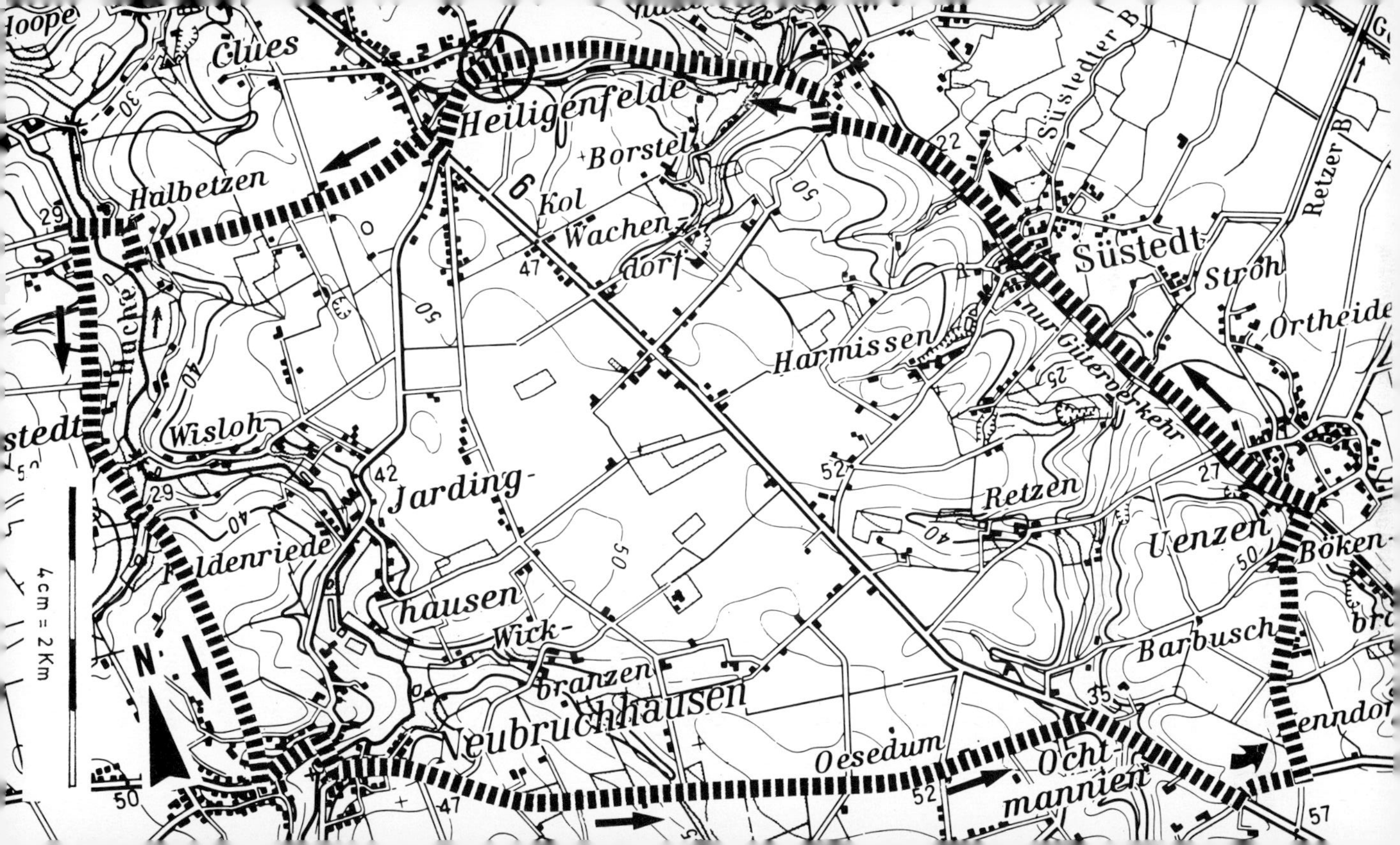
Hoope
Clues
Heiligenfelde
Borstel
Kol
Wachen-
dorf
Halbetzen
Süstedter B
Retzer B
Süstedt
Ströh
Ortheide
nur Güterverkehr
Harmissen
Retzen
Uenzen
Böken-
Barbusch
Jarding-
hausen
Wick-
branzen
Neubruchhausen
Oesedum
Ocht-
mannien
Wisloh
Hache
stedt
N
4 cm = 2 Km

100 Von Schnepke zum Naturschutzgebiet »Schnepker Schlatt« und über Falldorf zurück

Weglänge: 6 km; Dauer der Wanderung: 2 Stunden

Anfahrt: B 6 Richtung Syke. In Syke, direkt hinter der Kirche, links ab Richtung Schnepke

Ausgangspunkt:

Gasthaus »Dorfschänke« in Schnepke

Vom Wirtshaus gehen wir in Richtung Syke bis zum ersten Wegekreuz. Hier wenden wir uns nach links, lassen den ersten, ebenfalls nach links abzweigenden Weg außer Acht und kommen, mit einem leichten Rechtsdreh nach Süden abbiegend, zu der Spitze des unter Landschaftsschutz stehenden »Schnepker Schlatt«. Wir wandern, den Buschkomplex mit dem vermoorten Wasserloch darin rechts liegen lassend, weiter in südlicher Richtung, bis wir kurz hinter einer doppelten Wegegabel links abbiegen, auf den kleinen Ort Falldorf zu. In diesem Ort stoßen wir auf einen leicht nach rechts, ziemlich steil abfallenden Hohlweg, der sich an mehreren Häusern vorbei allmählich nach links wendet. Wir folgen ihm bis zu einem querlaufenden Feldweg, auf dem wir 100 Meter nach links, dann wieder nach rechts schwenken, um so die Landstraße Gödestorf–Syke und auf dieser unseren Ausgangspunkt Schnepke zu erreichen.

Was wir sehen:

Neben dem für den ganzen Raum der Syker hohen Geest typischen Bild einer zwischen freien Höhenlagen, tief eingeschnittenen Bachtälern und mehr oder weniger großen Waldgebieten abwechselnden Landschaft fühlen wir uns durch die Streubesiedlung irgendwie historisch an das westfälische Münsterland erinnert. Daneben bietet diese Wanderung als geologisch und erdentstehungsgeschichtlich interessantes Objekt das unter Landschaftsschutz stehende »Schnepker Schlatt«. Es handelt sich dabei um fast immer in Höhenlagen anzutreffende Wasserlöcher, deren Entstehung auf strudelartige Einwirkungen großer Schmelzwässer der zweiten Eiszeit zurückzuführen sein dürfte. Der Grund dieser Löcher ist durch tonige Absetzungen verdichtet, so daß das hier zusammenlaufende Wasser nicht absickern konnte. Im Laufe der Zeit sind sie dann allmählich vermoort, ausgetrocknet und mit Büschen bewachsen. Sie sind eine Fundgrube für jeden botanisch Interessierten.

Bach
Gödestorf
Schnepke
Falldorf
Syke
PW.
9,5
10,7
20,8
18,5
24,7
43,2
44,9
48,1
39,5
4cm = 1Km

101 Von Schnepke über das hohe Feld

Weglänge: 5 km; Dauer der Wanderung: $1^1/_2$ Stunden

Anfahrt: B 6 Richtung Syke. In Syke hinter der Kirche an der nächsten Ampelkreuzung links ab Richtung Schnepke.

Ausgangspunkt:

Gasthaus »Dorfschänke« in Schnepke

Wir gehen vom Gasthaus in Richtung Syke nach wenigen Schritten rechts ab in nördlicher Richtung auf einen Feldweg, der nach 500 Metern nach rechts umbiegt. Auf der Höhe des Geländes, 42 m über NN (Meeresspiegel), bietet sich uns bei klarem Wetter ein weiter Blick bis zu den Höhen im Kreise Verden und Rotenburg bei Haberloh, Hellwege und dem Steinberg, der mit 73 m über NN höchsten Erhebung der Achim-Zevener Geest. In der Tiefe dieses Weges treffen wir auf eine Kreuzung, der wir nach rechts hin folgen. Der Feldweg führt an einer Sandgrube vorbei zu der Osterholz zugehörenden ehemaligen Windmühle. Wir können auf dem kurz vor dem Sportplatz rechts entlang gehenden versteckten Weg hinter dem Mühlenkomplex zu der Straße von Gödestorf kommen, verlassen sie aber nach wenigen Schritten wieder, um auf dem Weg an einer buschbewachsenen Erosionsrinne entlang zur Landstraße Gödestorf–Syke und auf ihr zum Ausgangspunkt zurückzukommen.

Was wir sehen:

Das Markanteste an dieser Wanderung ist der schon beschriebene Fernblick bis zu 30 Kilometern Weite bis zu den Höhen an der Kreisgrenze zwischen Verden und Rotenburg. Eine weitere Besonderheit bietet der erwähnte Sandstich in der Nähe der Mühle. An der steilen Abstichwand erkennt man in dem aus gelblichem Geschiebelehm bestehenden Erdmaterial einen keilförmig nach unten zugespitzten Streifen, der mit schneeweißem Sand gefüllt ist. Es ist zu vermuten, daß Schmelzwässer in diesen von den zurückweichenden Eismassen hinterlassenen Hügel eine Erosionsrinne gerissen haben, die dann später in Trockenzeiten durch starke Windeinwirkung mit Talsand ausgefüllt worden ist. Der kurze Weg an dem buschbewachsenen Bachtal des Rückweges bietet Auge und Herz des Naturfreundes ein erfreuliches Bild.

Back
9,5
Gödestorf
10,7
25
20
30
35
20,8
24,7
Schnepke
Falldorf
44,9
40
45
Syke
48,1
PW.
39,5
18
N
4 cm = 1 Km

102 Von Gödestorf über Falldorf hinab zum Meliorationshauptkanal

Weglänge: 6 km; Dauer der Wanderung 2½ Stunden

Anfahrt: B 6 Richtung Syke. In Syke hinter der Kirche an der nächsten Ampelkreuzung links ab Richtung Schnepke–Gödestorf. Hier links ab, dann sofort rechts ab

Ausgangspunkt:

Gasthaus Legenhausen

Wir gehen, uns links haltend, auf Gödestorf zu bis zu dem Wegedreieck, von dem linkerhand die Straße nach Heiligenfelde abzweigt. Von ihr biegen wir bereits nach gut 100 Metern rechts in die Dorfstraße und wenden uns nach weiteren 200 Metern, hinter einem großen Hofgrundstück mit einem sehenswerten alten Bauernhaus, nach links. Wir stoßen nach einem links liegenden Denkmal auf ein Wegedreieck, dessen rechter Arm uns nach mehreren Biegungen durch einen Hohlweg zu dem etwa 20 Meter höher gelegenen kleinen Dorf Falldorf führt. Von hier aus kommen wir links auf dem befestigten Dorfweg an die Landstraße nach Heiligenfelde und wandern auf dieser in Richtung Gödestorf. Nach einem schwachen Straßenknick passieren wir einen linkerhand hochgelegenen, großen Hof und treffen kurz danach auf einen nach rechts abzweigenden Feldweg. Dieser führt uns zunächst in südliche Richtung, biegt sodann rechtwinklig nach Osten ab und überquert bei einer Forellenzucht die Straße nach Wachendorf. Wir gehen an den Teichen entlang bis zur nächsten Linkswendung und kommen, vorbei an einer Baumschule und einem großen Rosenzuchtfeld, wieder an die Straße. Hier geht, im spitzen Winkel zurück, ein befestigter Weg ab, dem wir mit scharfer Linkswendung folgen bis an ein Wegedreieck. Auf dessen rechten Arm erreichen wir den Meliorationshauptkanal. Über die Brücke und nach links an ihm entlang bis zur Landstraße, dort erneut nach links und so zurück zu unserem Ausgangspunkt.

Was wir sehen:

Von Gödestorf mit seiner landschaftlich schönen Lage am Rande des Urstromtales aus, kommen wir beim Ortsteil Holldiek an einer Forellen-Teichwirtschaft vorbei, wo wir frische oder geräucherte Forellen erstehen können, und gelangen auf dem letzten Teil unserer Wanderung an den von Hoya ausgehenden Meliorationshauptkanal. Er wurde vor ungefähr 100 Jahren angelegt, um dem früher zu nassen Bruchgelände das überschüssige Wasser zu entziehen bzw. ihm in Trockenzeiten das fehlende zuzuführen.

ach
9,5
30
20
25
Gödestorf
10,7
20,8
35
Schnepke
43,2
24,7
20
18,
Falldorf
40
44,9
47
Syke
45
48,1
PW.
39,5
40
45
N
4 cm = 1 Km

103 Radwanderung von Okel durch niedriges Wiesen- und hohes Ackergelände

Weglänge: 25 km; Dauer der Wanderung: 2 Stunden

Anfahrt: B 6 Richtung Syke. In Barrien links ab Richtung Okel–Riede

Ausgangspunkt:

Ortsmitte von Okel »Winkelmanns Gasthaus« an der Straße von Syke nach Riede

Von der Ortsmitte aus fahren wir zum südöstlichen Ortsausgang und wenden uns an der letzten Straßengabel nach rechts in Richtung Gödestorf. Hinter dem lang auseinander gezogenen Dorf Osterholz, jedoch noch vor Gödestorf biegt scharf nach links die Straße nach Thedinghausen bzw. Verden ab. Am anderen Ende der zu durchquerenden Bruchwiesensenke stoßen wir auf ein Straßenkreuz, fahren jedoch geradeaus in Richtung Bahlum weiter und kommen, nachdem wir einen kleinen, rechter Hand liegenden Wald passiert haben, nach etwa einem Kilometer an die Spitze eines zweiten Waldes. Hier halten wir uns rechts und folgen der Straße am Wald entlang, bis wir auf die am Rande des Schwarmer Bruches verlaufende Straße stoßen. Wieder rechts herum fahren wir an dem einstelligen Hof »Busen« vorbei durch das weite Bruchland auf Wachendorf zu und kommen zur Landstraße, die uns rechter Hand nach Gödestorf führt. Auf eben dieser Landstraße folgen wir dem Wegweiser nach Syke durch das Dorf Schnepke und den südlichen Teil des Syker Staatsforstes, an dessen Ende sich bei einer großen Eiche die drei, den Forst durchquerenden Straßen treffen. Auf der äußerst linken kommen wir dann zu unserem Ausgangspunkt zurück.

Was wir sehen:

Sehr zu empfehlen sind zwei Abstecher von Schnepke aus, und zwar nach Norden zum Punkt der weitesten Fernsicht dieses Abschnittes und nach Süden zu dem erdentstehungsgeschichtlich interessanten »Schnepker Schlatt«, welches seiner Eigenart wegen unter Landschaftsschutz steht.

Syke
Friedeholz
Okel
Pennigbeck
Steimke
Osterholz
Schnepke
Falldorf
Gödestorf
Bahlum
Legenhausen
Holldiek
Wachendorf
Busen
N
4 cm = 2 Km

104 Von Barrien, »Auf den Bülten« um und durch die Wälder

Weglänge: 7½ km; Dauer der Wanderung: 2 Stunden

Anfahrt: B 6 Richtung Syke. Nach Melchiorshausen rechts ab (geradeaus) auf der alten Straße in den Ort Barrien, hier links ab Richtung Sudweyhe

Ausgangspunkt:

Gasthaus Finkenhütte in Barrien »Auf den Bülten«

Der Feldweg, unmittelbar neben dem Gasthaus, führt uns zuerst in nordwestlicher Richtung, nach dreihundert Metern dann rechtsum an mehreren kleinen Einzelgehöften vorbei auf den kleinen Ort Jebel zu. Dort, wo er auf die von Lahausen kommende Straße trifft, wenden wir uns nach rechts und kommen zur Landstraße Barrien–Sudweyhe. In diese nach links einschwenkend, gelangen wir zu einem rechter Hand etwas schräg rückwärts in den Wald abzweigenden Weg, auf dem wir durch eine dort entstandene Wohnsiedlung hindurch an den jenseitigen Waldrand kommen, biegen nach links um und erreichen, vorbei an einem neuartigen »Bolzplatz«, einen querlaufenden breiten Waldweg. Erst links und dann zweimal rechts gehend, umrunden wir die Nordspitze des Waldes und stoßen schließlich auf das Okel vorgelagerte Wiesengelände. Nun halten wir uns wieder rechts, den Waldrand entlang bis auf den aus dem Walde kommenden Querweg, dann wenden wir uns nach links bis zu dem rechter Hand spitz zurückführenden Feldweg. Dieser verläuft zwischen dem »Kleinen« an der rechten und dem »Blanken Schlatt« an der linken Seite in nordwestlicher Richtung bis zu der doppelten Wegegabel, deren linke Abzweigung uns bis zur Landstraße und auf dieser links zum Ausgangspunkt zurückführt.

Verlängerungsvorschlag – siehe Karte ●●●

Was wir sehen:

Auf dieser Wanderung durch althergebracht weiträumig besiedeltes, landwirtschaftliches Gebiet und den in beschaulicher Ruhe liegenden Wald stoßen wir auf eine erdgeschichtlich interessante Erscheinung: das sind die unter Landschaftsschutz stehenden beiden »Schlatts«. Sie sind Wasserstellen auf den höchsten Punkten einer Höhenlage. Sie sind nach Ansicht der Geologen Ausspülungen durch Schmelzwasserströme der Eiszeit, sogenannte »Strudellöcher«, die durch Absetzung toniger Bestandteile nach unten wasserundurchlässig geworden und im Laufe der Jahrtausende vermoort bzw. ausgetrocknet sind.

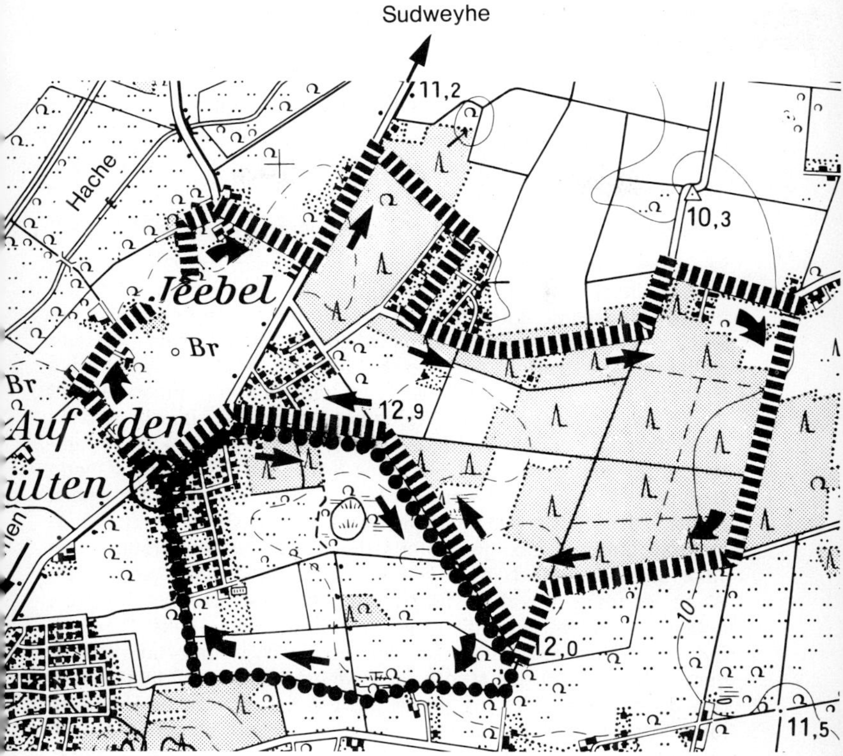
Sudweyhe
11,2
Hache
Jeebel
Br
Br
Auf den
ülten
10,3
12,9
12,0
10
11,5

N

4 cm = 1 Km

105 Wohlde — Stühwald — Wunderburger Moor — Leuchtenburg

Weglänge 10 km; Dauer der Wanderung: 3 Stunden

Anfahrt: Autobahn Richtung Osnabrück, Abfahrt Delmenhorst-Süd/ Gr. Ippener nach Harpstedt. Dann Richtung Wildeshausen 6 km nach Wohlde

Ausgangspunkt: Wohlde, Gaststätte »Jägerkrug« (Parkmöglichkeit)

Wir gehen zunächst den Weg, der gleich neben der Gaststätte in nordwestlicher Richtung durch die weite, landwirtschaftlich genutzte Landschaft führt. Nach 8—10 Minuten halten wir uns bei einer Gabelung links und nach weiteren 200 m rechts. Auf der weiteren Wegstrecke, die uns bald durch ein bronzezeitliches Gräberfeld führt, wechselt die uns umgebende Landschaft mit Ackerfeldern, Weiden und Waldstücken, bis wir in ein großes zusammenhängendes Waldgebiet mit dem Namen »Stüh« eintreten. Da kommen wir bald an eine Wegespinne, an der 7 Wege zusammentreffen. Wir wenden uns genau rechtwinkelig nach rechts, so daß wir nun in östlicher Richtung weiter durch Waldgelände streifen, das großenteils durch den Novembersturm von 1972 zerstört, jedoch ganz wieder aufgeforstet ist. Auf diesem Wege wandern wir rund 10 Minuten, bis wir eine feste Straße unter uns haben und dann am Waldrand nach links in einen Sandweg einbiegen. Dieser führt uns sogleich in das Naturschutzgebiet »Wunderburger Moor«, das wir geruhsam betrachten sollten. Jedoch darf man die Wege nicht verlassen. Unser Heimweg führt nur 100 m auf unserem Weg zurück. Dort biegen wir nach links in einen Feldweg ein, dem wir etwa 20 Minuten treu bleiben. Dann kommen wir an einen Querweg. An dieser Stelle erkennen wir auch einen großen Bauernhof, der bekannt ist unter dem Namen »Leuchtenburg«. Unser Weg führt nun nach Westen. Zur Linken drei Schlatts unweit unseres Weges. Nach einer Viertelstunde wenden wir uns — gleich hinter einem Bauernhof — nach links, um auf befestigtem Wege ein Stückchen südwärts zu wandern. Nach knapp 10 Minuten sind wir an der Landesstraße, auf der wir in westlicher Richtung den letzten Kilometer unserer Wanderung zurücklegen. Der »Jägerkrug« bietet noch eine Möglichkeit zur Einkehr.

Was wir sehen:

Das Wunderburger Moor gehört zu den schönsten und artenreichsten Mooren der Wildeshauser Geest. Durch eine Abholzung konnte sich auch eine größere Heidefläche bilden. Verschiedene Pflanzen dieser Moorfläche genießen besonderen Schutz.

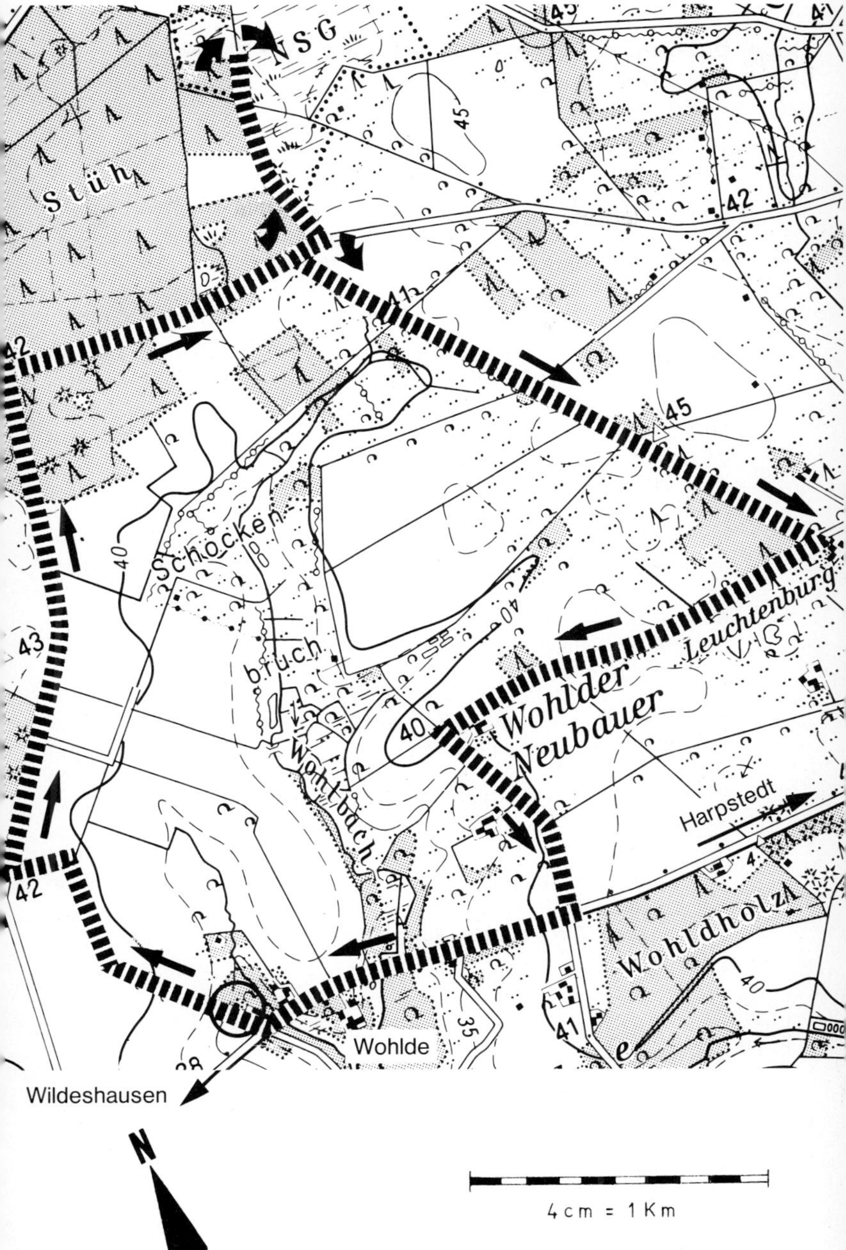
NSG
Stüh
Schocken-
bruch
Wohlbach
Wohlder
Neubauer
Leuchtenburg
Harpstedt
Wohldholz
Wohlde
Wildeshausen
N
4 cm = 1 Km

106 Pestruper Gräberfeld – Kleinenkneter Steine – Pestrup – Rosengarten

Weglänge: 7 km; Dauer der Wanderung: 2 Stunden

Anfahrt: Autobahn Richtung Osnabrück, Abfahrt Wildeshausen-Nord. In Wildeshausen links ab Richtung Colnrade bis kurz nach Ortsausgang. Hinweisschilder „Pestruper Gräberfeld“

Ausgangspunkt: Autowanderer-Rastplatz am Pestruper Gräberfeld

Wir überqueren die Pestruper Straße und gehen halbrechts auf einem Grasweg zum Schafkoben und zu dem Königshügel links daneben. Dann geht es in südwestlicher Richtung in Windungen über das Gräberfeld und — rechts haltend — durch ein Waldstück an den Lohmühlenweg. Diesem folgen wir nach links etwa einen Kilometer durch hügeliges Gelände mit schönen Ausblicken auf die Geestlandschaft. An der Straßenkreuzung wenden wir uns nach rechts und erreichen so den kleinen Parkplatz bei den Kleinenkneter Steinen. Nach einem kurzen Aufenthalt bei diesen Steinsetzungen wandern wir zum Lohmühlenweg zurück und — ihn überquerend — in gleicher Richtung weiter auf einem befestigten Weg in Ostrichtung dem Huntetal entgegen. Dabei kreuzen wir die Kreisstraße und kommen durch das Dörfchen Pestrup. Wir halten uns links und sind bald dicht an der Hunte, die hier auch ein Wehr hat. Unser Rückweg geht in Nordrichtung parallel zur Hunte, wo wir zur Rechten ein paar tote Flußarme wahrnehmen können, die von der Huntebegradigung übrig geblieben sind. Auf unserem Weg haben wir einen schönen Überblick über das Huntetal und den jenseitigen hohen Hang zur Geest. Schließlich treffen wir auf einen Querweg, dem wir links folgen. So genießen wir linker Hand den schönen Anblick des »Rosengartens«, der unter Naturschutz steht. Seinen Namen verdankt er wohl nicht den Rosen, sondern den Rossen der Wildeshauser Ackerbürger. Nun sind wir wieder beim Parkplatz angelangt.

Was wir sehen:

Das *Gelände der Kleinenkneter Steine* wurde seit den Wiederherstellungsarbeiten 1934–39 erheblich verändert. Nach dem Kriege blieb nur noch die südliche (öffentliche) Zuwegung offen. Anstelle des früheren Kiefernbestandes sieht man hier nun Eichen, Birken und Erlen.

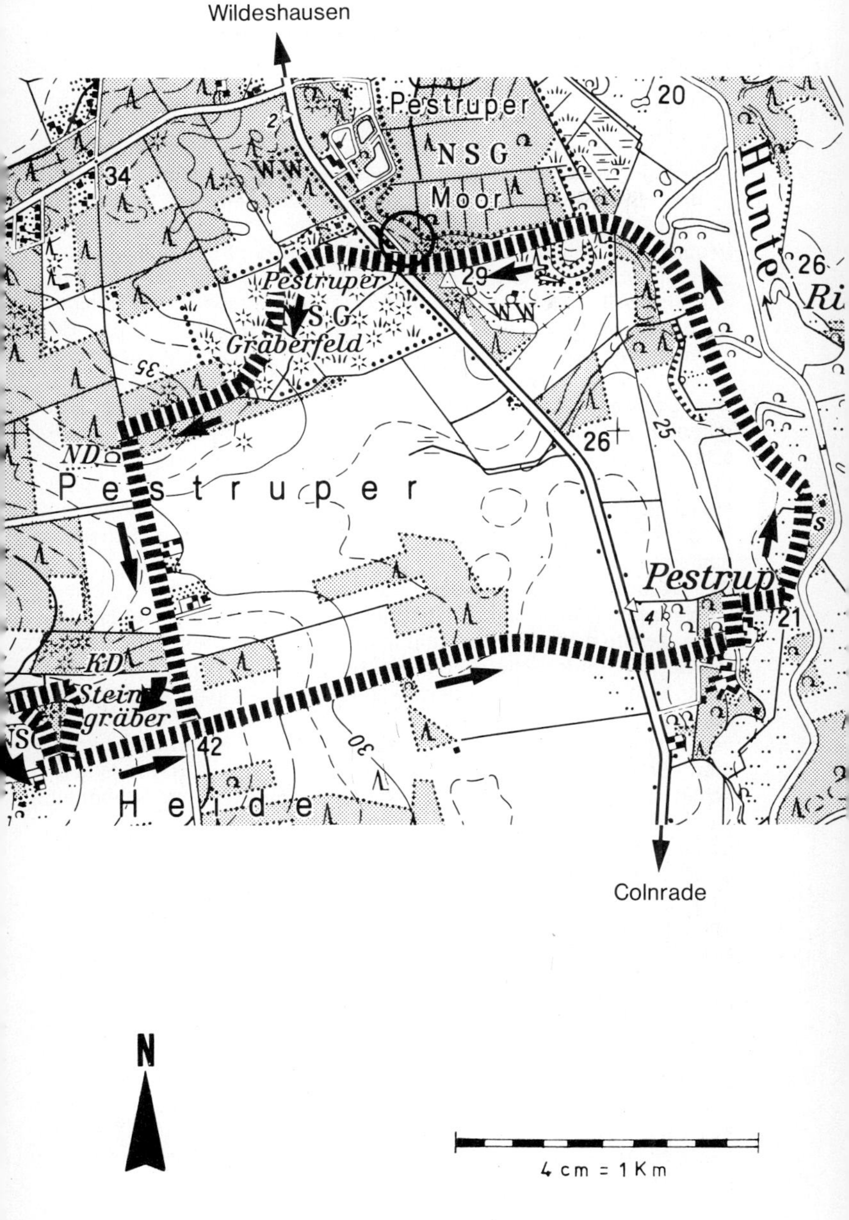

Wildeshausen
Pestruper
NSG
Moor
20
Hunte
34
WW
Pestruper
NSG
Gräberfeld
29
26
35
ND
Pestruper
26
25
Pestrup
21
KD
Stein
gräber
42
30
Heide
Colnrade
N
4 cm = 1 Km

Das Pestruper Gräberfeld und seine Heide

Ein erstrangiges Schmuckstück Wildeshausens ist ohne Zweifel das Pestruper Gräberfeld. Dieser spätbronzezeitliche Friedhof, der auch in der frühen Eisenzeit noch von den Bewohnern der Umgebung benutzt wurde, steht in seiner Art und Schönheit einzig im norddeutschen Raum da. Luftaufnahmen geben eindrucksvoll ein Gesamtbild von dem Hügelgräberfeld. Rund 500 Grabhügel sind hier auf engem Raum (39 ha) aufgeschichtet. Die sogenannten Königshügel am Nordrand des Gräberfeldes ragen deutlich heraus. Erkennbar sind auf dem Luftbild auch die geheimnisvollen Langhügel im mittleren Bereich.

Das Gelände des Gräberfeldes wurde 1908 vom Staat Oldenburg aufgekauft (400 Mark pro Hektar) und unter Natur- und Denkmalschutz gestellt. Bisher sind erst wenige Grabungen vorgenommen; dabei wurden auch ein Königshügel (1958) und ein Langhügel (1959) untersucht. In den aus Plaggen geschichteten Grabhügeln fand man meist nur eine Urnengrabbestattung; aber auch Scheiterhaufen- und Knochenlagerbestattungen wurden festgestellt.

Der Besuch des Gräberfeldes ist besonders reizvoll, da der kurze Heidebewuchs einen guten Überblick gestattet. Zur Zeit der Heideblüte (zweite Augusthälfte) sieht man auch einige Bienenstände am Rande der Heidefläche. – Die Heide wird oft zu Unrecht als Naturlandschaft angesehen, doch kann sie uns durch Schafhaltung auf die Dauer erhalten bleiben. Die genügsamen Heidschnucken verbeißen die Heide, so daß keine Birken oder Kiefern hochkommen können. So gesehen ist die Heidefläche eine Wirtschaftslandschaft; um sie in ihrem Bestand und damit auch in ihrer Schönheit zu erhalten, braucht man also Schafe.

Leider ist die Schafhaltung in heutiger Zeit unrentabel geworden, da die Lohnkosten hoch und die Erträge an Fleisch und Wolle gering sind. So ist man auch hier auf Zuschüsse von staatlicher Seite angewiesen. Diese Mittel fließen jedoch nur spärlich, so daß die Schafhaltung in diesem Gebiet problematisch geworden ist, zumal nur eine kleine Herde für diese verhältnismäßig geringe Fläche in Frage kommt.

Die Ahlhorner Fischteiche

(Wanderung Nr. 114)

Am Rande unseres Erholungsgebietes »Wildeshauser Geest« gibt es eine Sehenswürdigkeit für Wanderer, die staatlichen Fischteiche bei Ahlhorn. Sie liegen 3 bis 4 km nördlich der B 213 und etwa 5 km nordwestlich von Ahlhorn, sie werden von der Lethe mit Wasser versorgt. Bis zum Beginn unseres Jahrhunderts war dieses Gebiet ein Heide- und Dünengelände am Rande der Wiesenaue der Lethe. Schafe sorgten durch die Beweidung dafür, daß keine Bäume und Büsche hochkamen. Die Schaftriften wurden durch den Wind zu breiten Hohlwegen und Mulden ausgeblasen. Diese Heidelandschaft fiel im vorigen Jahrhundert im Rahmen der Markenteilung teilweise an den Staat Oldenburg. Angrenzende Heide- und Ödlandgebiete kaufte dieser noch dazu. Die Forstverwaltung bepflanzte das Gelände mit Kiefern, Fichten und Lärchen.

Im Jahre 1906 begann dann der Staat Oldenburg, die Teichwirtschaft anzulegen. Aus Windmulden und Triften wurden Teiche durch Dämme gegeneinander abgegrenzt. Auf einer Fläche von 150 ha zählen wir rund 60 kleinere und größere Teiche. Das Lethewasser, das allerlei Würmer, Larven, Schnecken usw. als Fischnahrung enthält, wird durch Zuleiter und Düker in die Teiche geleitet. Die Wasserverteilung regeln eine Stauanlage und ein Pumpwerk. Der Teichboden wird regelmäßig gedüngt; dem Wasser wird Kalkmergel zugesetzt. Die kleinen Teiche dienen als Laichteiche; die großen sind Überwinterungsteiche. Die Fische erhalten Lupinen, Maisschrot, Sojamehl, Kartoffeln usw. als Futter. Man errechnet von 5 kg Lupinen rd. 1 kg Fisch. Die Jahresernte beträgt bis zu 40 000 kg Fisch, vor allem Karpfen.

Für den Wanderer und Naturfreund bieten sich die Wege und Dämme zwischen den Teichen zu interessanten Spaziergängen an. Man kann hier über 100 Vogelarten beobachten, darunter etliche Enten (Stockenten, Pfeifenten, Löffelenten, Spießenten, Krickenten, Tafelenten, Schellenten, Moorenten). Auch Fischadler, Baumfalken und Turmfalken und Eisvögel sind anzutreffen. Nicht gern werden hier die Fischreiher gesehen; denn jeder Fischreiher verspeist täglich bis zu 2 kg Fisch.

Versteckt zwischen den Bäumen liegt auf einer Landzunge mitten im Bereich der Teichwirtschaft das »Blockhaus Ahlhorn«, jetzt ein Heim der evangelischen Jugend im Verwaltungsbezirk Oldenburg.

107 Kuhtrade – Lönsweg – Waldlehrpfad – Heideweg – Lohmühlenweg

Weglänge: $5^1/_2$ km; Dauer der Wanderung 2 Stunden

Anfahrt: Autobahn Richtung Osnabrück, Abfahrt Wildeshausen-Nord. In Ortsmitte an der Ampelkreuzung von der B 213 links in die Visbecker Straße abbiegen, weiter in die Goldenstedter Straße und Lohmühlenweg

Ausgangspunkt:
Parkplatz Dullshorn/Lohmühlenweg

Unmittelbar beim Parkplatz verlassen wir die Straße und folgen einem besonders schönen Weg mit dem Namen «Kuhtrade». Nach etwa 10 Minuten stoßen wir auf den Lönsweg, den wir nach rechts weitergehen. Die Besiedlung dieses befestigten Wirtschaftsweges ist erst nach dem zweiten Weltkrieg begonnen worden. Wiederum dauert es etwa 10 Minuten, bis wir an die Goldenstedter Straße kommen. Wir gehen nur 200 Meter stadteinwärts (nach rechts) und sind nun am Ausgangspunkt vom »Waldlehrpfad Lehmkuhle« angelangt. An der reithüberdachten Übersichtstafel orientieren wir uns und holen uns vielleicht noch zusätzlich aus der nahen Gastwirtschaft die kleine Broschüre vom Lehrpfad. (Siehe auch Einzelheiten auf den folgenden Seiten!). Nun kann unser Rundgang beginnen, der gut beschildert ist und bei besinnlichem Betrachten der Einzelobjekte vielleicht ein Stündchen Zeit erfordert. (Beschreibung siehe nächste Seite). Für den Rückweg wählen wir den gegenüber der Gaststättte beginnenden Heideweg, der am Waldesrand entlang an den Lohmühlenweg heranführt. Wir wenden uns nach links und gelangen in kaum 10 Minuten zu unserem Ausgangspunkt zurück.

Was wir sehen:

Bei der »Kuhtrade« handelt es sich um einen alten Weg, der mit bunt gemischten Bäumen gesäumt ist und den Ackerbürgern aus Wildeshausen in vergangenen Jahrhunderten zum Austrieb des Viehs zur Pestruper Heide diente. Solche Wege wurde im Laufe der Zeit durch Sandauswehung zu breiten Hohlwegen. Heute ist diese Trade (auch Trift oder Tredde genannt) ein beliebter Spazierweg für Wildeshauser Bürger wie auch für Besucher der Stadt.

Der Lohmühlenweg führt von Wildeshausen in südlicher Richtung zur Lohmühle (ca. 5 km), einer ehemaligen Wassermühle, die bereits im Mittelalter zur Stadt Wildeshausen gehörte. Nahe an diesem Weg befinden sich auch die besonders sehenswerten »Kleinenkneter Steine« sowie das »Pestruper Gräberfeld».

Wildeshausen

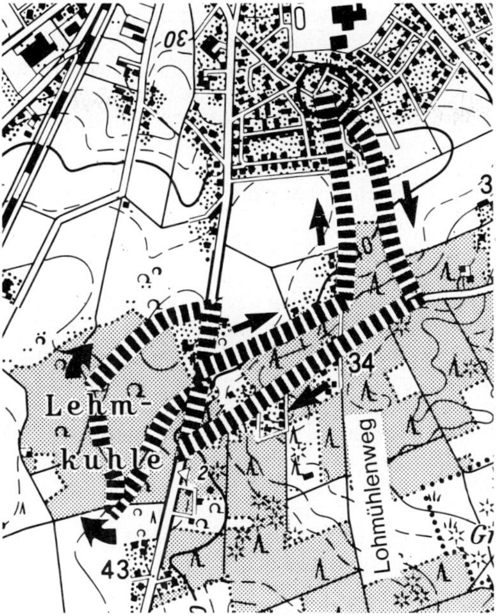

N

4cm = 1Km

Waldlehrpfad – Wildeshausen – Lehmkuhle

Der Lehmkuhlenwald, zwei Kilometer südlich von Wildeshausen gelegen, ist eine der wenigen Waldungen in der Wildeshauser Umgebung die den Orkan vom 13. Nov. 1972 ohne große Schäden überstanden haben. Er bedeckt eine Fläche von 30 ha. Auffallend bei diesem Wald ist der Artenreichtum, aber auch die gut erhaltenen Lehmstiche, teils noch als ausgesprochene Kuhlen erkennbar, wie sie in vergangenen Jahrhunderten von den Ackerbürgern der Wittekindstadt gegraben wurden, um den Lehm als wichtigen Baustoff für Fußböden (Lehmdielen) und für die Fachwerkwände zu gewinnen.

Am Anfang des Waldlehrpfades, der 1976 von einer Arbeitsgemeinschaft für Wanderwege und durch Zusammenarbeit verschiedener Vereine mit der Stadt Wildeshausen geplant und gestaltet wurde, hat man die Möglichkeit, an der Übersichtstafel die Einzelstationen und die Wegführung zu erkennen. Man sieht, der Lehrpfad schlängelt sich in etwa 2 km Länge durch das Gelände. Die angebrachten Schilder beschreiben in Kurzfassung die einzelnen Baumarten, das Wild (mit Hinweisen auf ihre Hege) und den Vogelschutz; sie weisen auch auf Lehmstiche und Mergelkuhlen hin. Das mit viel Liebe und Mühe erstellte Faltblatt über den Lehrpfad wird in der Stadtverwaltung und in Gaststätten abgegeben; durch fachmännisch gute Texte und Fotos gibt es dem Naturfreund wertvolle Hinweise.

Lehmkuhle

Waldlehrpfad

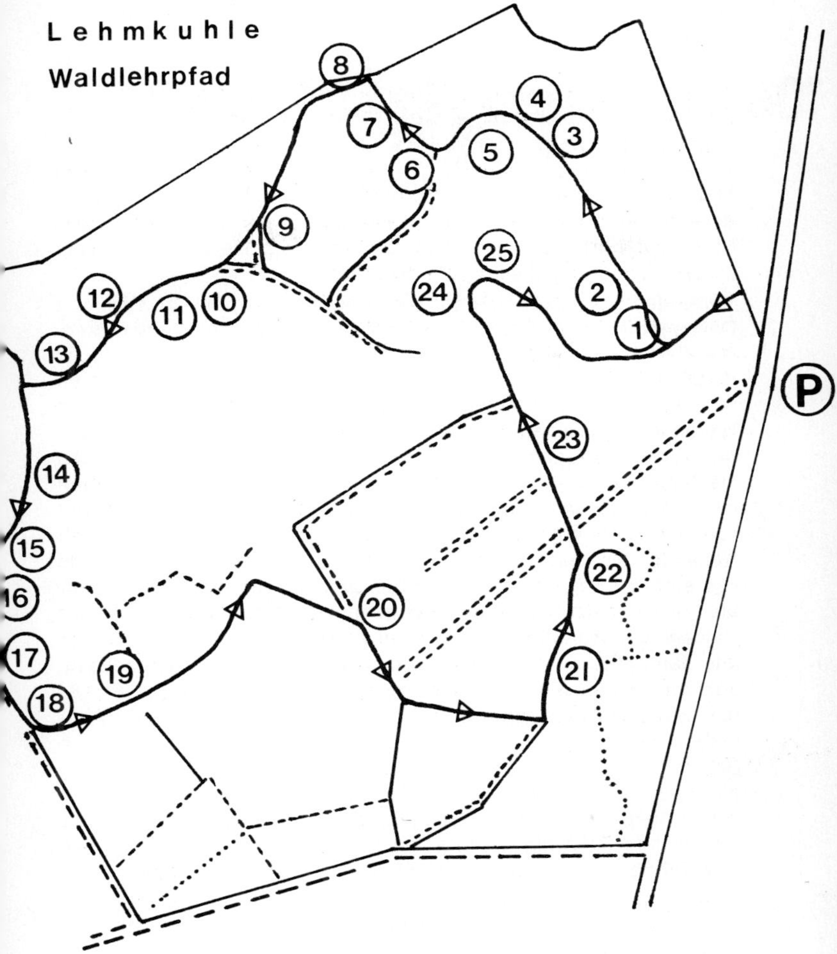

Nr. 1 Stieleiche,
Nr. 2 Buche
Nr. 3 Japanische Lärche
Nr. 4 Fasanenschütte
Nr. 5 Edellaubholzkultur
Nr. 6 Kahlschlag 1976
Nr. 7 Salzleckstein
Nr. 8 Hecke
Nr. 9 Roßkastanie
Nr. 10 Weiße Robinie
Nr. 11 Alte Lehmstiche und Mergelgruben
Nr. 12 Winterfütterung für Rehe
Nr. 13 Rotbuchenhochwald
Nr. 14 Schwarzdorn
Nr. 15 Spitzahorn
Nr. 16 Kanzel
Nr. 17 Stieleichenbestand mit Efeu
Nr. 18 Vogelkirsche
Nr. 19 Roteiche
Nr. 20 Fichte
Nr. 21 Gemeine Birke
Nr. 22 Buchenbaumholz
Nr. 23 Künstliche Nisthöhlen
Nr. 24 Durchblick auf eine Koniferengruppe
Nr. 25 Tulpenbaum

108 Radwanderung Wildeshausen, Katenbäkerberg – Reckum – Hölingen – Colnrade – Bühren – Lohmühlenweg

Weglänge: 22 km; Dauer der Wanderung: 2 Stunden

Anfahrt: Autobahn Richtung Osnabrück, Abfahrt Wildeshausen-Nord, auf der B 213 Richtung Ortsmitte bis Marktplatz/Rathaus

Ausgangspunkt: Wildeshausen, Marktplatz

Vom Marktplatz aus fahren wir die Bundesstraße in Richtung Delmenhorst über die Huntebrücke und durch Zwischenbrücken. Bei der Stadtverwaltung biegen wir in den Marschweg ein, der durch die Welgemarsch an den Katenbäkerberg führt. Da fahren wir geradeaus und folgen kurz danach dem Hubertusweg. Nun haben wir links eine schmucke Siedlung und rechts Nadelwald. Bei der nächsten Wegegabel halten wir uns rechts, kommen über eine kleine Brücke durch Wald- und Feldgelände zu den großen Höfen in Rüdebusch und weiter zu den »Reckumer Steinen« (links und rechts des Weges). Der weitere Weg geht durch die Ortschaft Hölingen und dann in Richtung Beckstedt. Dort sollten wir eine vorgeschichtliche Kostbarkeit, den Sonnenstein, betrachten. Hier biegen wir nach rechts ab und kommen nach Colnrade, wo wir Halbzeit der Wanderung haben und vielleicht einkehren. Wir halten uns dann rechts und verlassen den Ort in Richtung Denghausen. Wir überqueren die Hunte und biegen kurz danach in die Straße nach Wildeshausen ein, die nicht stark befahren ist. Nach 2 Kilometern erreichen wir das Dörfchen Bühren. Wir raten zu einem Schlenker nach rechts, folgen einem alten Straßenlauf und können die alten Bauerngehöfte des Dorfes anschauen. Ein Kilometer weiter liegt links eine Gaststätte, die zur Einkehr einlädt. Wir biegen nun links ein. Nach 1 km Fahrt erkennen wir zur Linken das Gehöft der ehemaligen Lohmühle. Wir wenden uns nach rechts in den Lohmühlenweg, der direkt nach Wildeshausen führt. Nur wenig abseits unseres teils befestigten Weges sind noch zwei herausragende Sehenswürdigkeiten, links die Kleinenkneter Steine, etwas später rechts des Pestruper Gräberfeld. Je nach Interesse und Zeitbemessung kann man also lohnende Abstecher unternehmen. Unser Weg kreuzt den Lönsweg und mündet in die Goldenstedter Straße. Dort nehmen wir nach rechts die Deekenstraße, die zur Innenstadt führt. Auf der Westerstraße kommen wir zum Ausgangspunkt zurück.

Was wir sehen:

Der Sonnenstein ist ein seltsames vorgeschichtliches Steinmal. In den Granitstein sind konzentrische Kreise eingearbeitet, die mit dem Sonnenkultus in Verbindung stehen (Sonne, Spenderin allen Lebens). Ein ähnlicher Stein steht in Harpstedt vor dem Amtshaus.

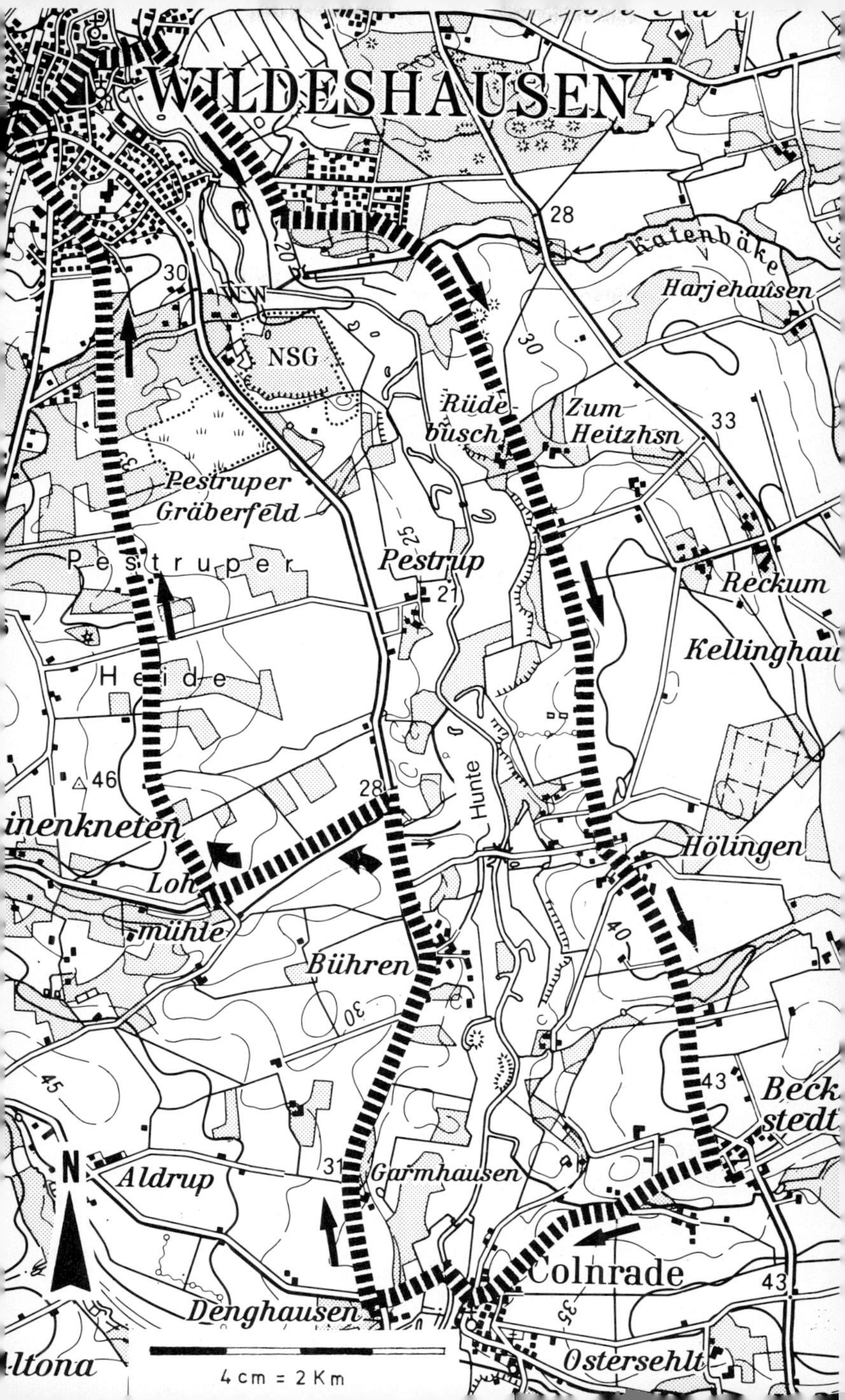
WILDESHAUSEN
Katenbäke
Harjehausen
28
30
WW
NSG
Rüdebusch
Zum Heitzhsn
33
Pestruper Gräberfeld
Pestruper Heide
Pestrup
25
21
Reckum
Kellinghau
46
inenkneten
Lohmühle
28
Hunte
Hölingen
Bühren
40
30
45
43
Beckstedt
31
Aldrup
Garmhausen
Colnrade
43
Denghausen
35
Ostersehlt
ltona
N
4 cm = 2 Km

109 Stadtrundgang in Wildeshausen

Weglänge: 5½ km; Dauer der Wanderung: 1½ Stunden

Anfahrt: Autobahn Richtung Osnabrück, Abfahrt Wildeshausen-Nord, auf der B 213 Richtung Ortsmitte bis Marktplatz/Rathaus

Ausgangspunkt:

Rathaus der Stadt Wildeshausen (Parkplatz, Bus-Haltestelle)

Vom Rathaus aus gehen wir über den Marktplatz durch die Kirchstraße und weiter zur Herrlichkeit an der Alexanderkirche vorbei. Hinter dem Amtsgebäude (Fachwerkbau von 1753) wenden wir uns nach links auf den Burgwall, der sich nierenförmig um den alten Stadtkern legt. Er führt, durchschnitten von der Bahnhofstraße und Westerstraße, bis zur Kaiserstraße; hier sieht man halbrechts vorn den Burgberg und darunter gelegen die Burgwiese. Wir gehen über die Burgwiese und weiter an der Hunte entlang bis zur Fußgängerbrücke, auf der man gern etwas verweilen möchte. An der rechten Flußseite führt uns dann unser Weg über den Flutumleiter an den (befestigten) Marschweg, den wir bis zur ersten Wegabzweigung nach links als Rückweg benutzen. So gelangen wir wieder an die Hunte, rechts an dem Fluß entlang bis zur Bundesstraße 213. Uns links haltend überqueren wir die Huntebrücke und kommen durch die Huntestraße zu unserm Ausgangspunkt zurück.

Was wir sehen:

Das *Rathaus*, ein warmroter Backsteinbau mit klassisch gotischem Treppengiebel, der durch Spitzbögen aufgelockert ist, wurde gleich nach Verleihung der Stadtrechte (1270) errichtet und später mehrfach umgebaut. Die Wände aus Klosterformat-Steinen sind 1 m stark. Der Bau verleiht dem Stadtbild noch heute ein niederdeutsches, fast hanseatisches Gepräge: »Ein trutziges Denkmal des erwachten Bürgerstolzes und der städtischen Selbstbehauptung« (Lübbing). Heute sind in dem Gebäude Büros der Stadtverwaltung untergebracht; der obere Saal dient beim Gildefest zu Pfingsten als Tanzsaal; im Keller ist eine Gaststätte. Früher waren im Rathaus die Stadtlade, Stadtwaage und Feuerspritze aufbewahrt.
Der *Marktplatz* mit dem *Marktbrunnen* von 1747 bildet den Mittelpunkt des Stadtkerns. Hier führte der Handelsweg »Vlaamsche Straat« vorbei. Kaufleute von nah und fern trafen sich hier; auch wurde hier am Stein Gericht gehalten (Richterstuhl, Pranger, Halseisen). Der *Stadtwall*, jetzt ein beliebter Spazierweg, diente den Bürgern im Mittelalter als Wehranlage.

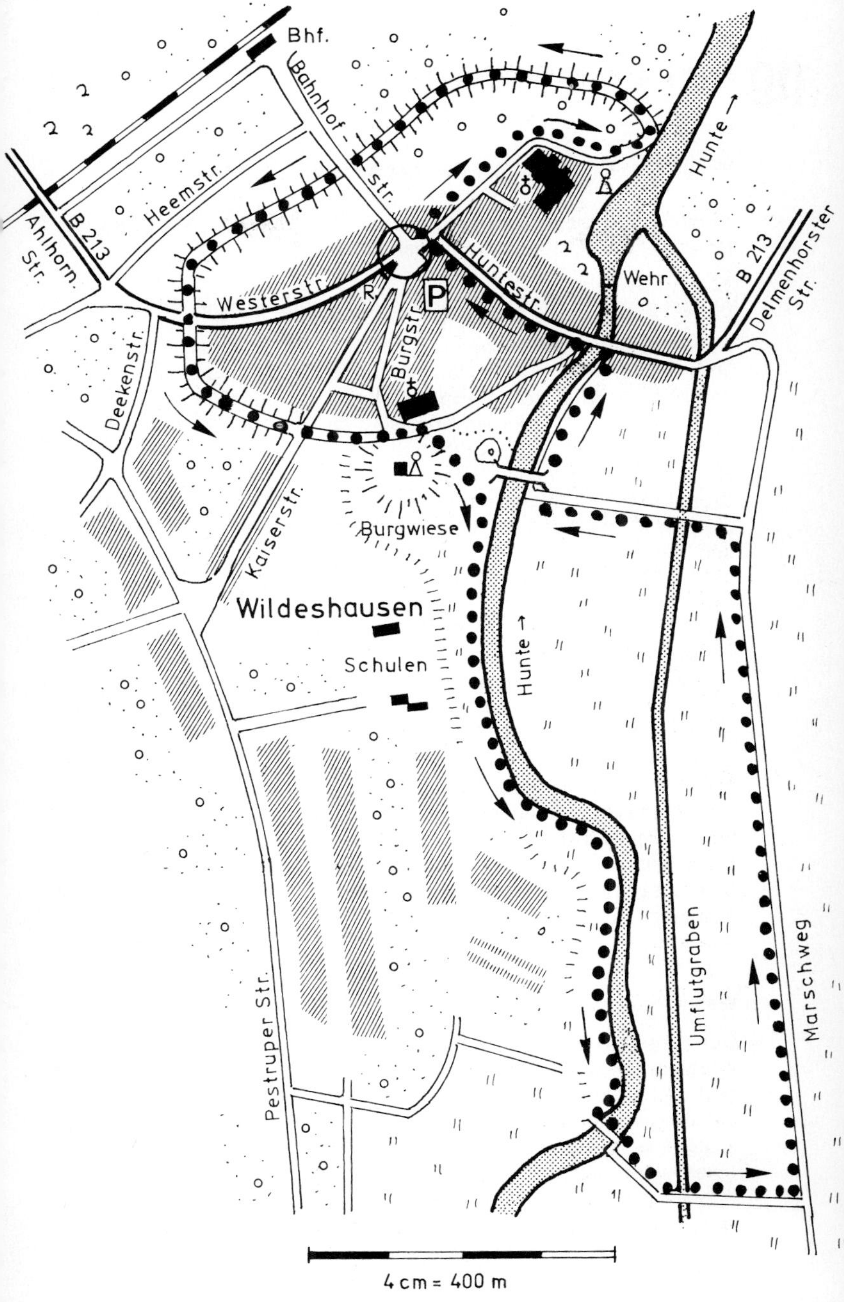

Bhf.
Bahnhof-str.
Heemstr.
B 213
Ahlhorn Str.
Westerstr.
R.
P
Burgstr.
Huntestr.
Wehr
Hunte →
B 213
Delmenhorster Str.
Deekenstr.
Kaiserstr.
Burgwiese
Wildeshausen
Schulen
Hunte →
Umflutgraben
Marschweg
Pestruper Str.
4 cm = 400 m

110 Durch den Krandel über Spasche zur Bauernmarsch

Weglänge: $7^1/_2$ km; Dauer der Wanderung: 2 Stunden

Anfahrt: Autobahn Richtung Osnabrück, Abfahrt Wildeshausen-Nord, auf der B 213 durch Wildeshausen zum Stadion

Ausgangspunkt: Schützenplatz im Wildeshauser Krandel

Wir erreichen den Ausgangspunkt vom Wildeshauser Marktplatz über Westerstraße, Westertor, Ahlhorner Straße und Glaner Straße, dann dem Hinweisschild »Sportstadion« folgend. Ein schöner Spazierweg führt uns links am Sportstadion vorbei durch den Krandel. Nach Überquerung der Glaner Straße kommen wir in die Nelkenstraße und in deren Verlängerung nach Stadtfelde bis zur kleinen Brookbäke. Wir folgen nun einem Wanderweg durch das Waldgebiet des Gutes Spasche; er ist durch Stubbenwälle gekennzeichnet und führt an einen öffentlichen Querweg, auf dem wir uns rechts halten. Beim Heraustreten aus dem Walde wenden wir uns wieder nach rechts und gehen am Waldrand entlang; links breiten sich zur Sommerzeit große Getreidefelder aus, die von Waldstücken umrahmt sind. Man sieht und hört auch die Autobahn. Ganz kurz kommen wir nach rechts auf einen befestigten Weg, um gleich wieder links einzubiegen. Wir können uns dem Wanderwegezeichen 6 anvertrauen, um bald an die Glaner Straße zu gelangen, die wir etwa 250 m nach rechts gehen. Wir wandern nun nach links dem Huntetal entgegen. Es lohnt sich, ganz bis an den Huntefluß hinunterzugehen, um im Gras eine kleine Pause einzulegen. Nach etwa 200 Schritten zurück halten wir uns links. Wir bleiben jetzt immer am Rande der Bauernmarsch auf dem baumbewachsenen Hang zur Geest, bis wir zum Krandel und damit zum Ausgangspunkt zurückkehren.

Was wir sehen:

Der *Krandel* ist der »Stadtwald« Wildeshausens, der reich an gepflegten Spazierwegen ist. Im Wald finden wir die Stadionanlage und das Freibad. Der Schützenplatz im Krandel ist mit seiner Vogelstange und dem Krönungsplatz Austragungsort des Königsschießens im Rahmen des Wildeshauser Gildefestes zu Pfingsten eines jeden Jahres. – Die *Bauernmarsch* ist eine Gemarkung von Wiesen und Weiden im Huntetal flußabwärts von Wildeshausen; sie wurde von den Ackerbürgern der Stadt bewirtschaftet.

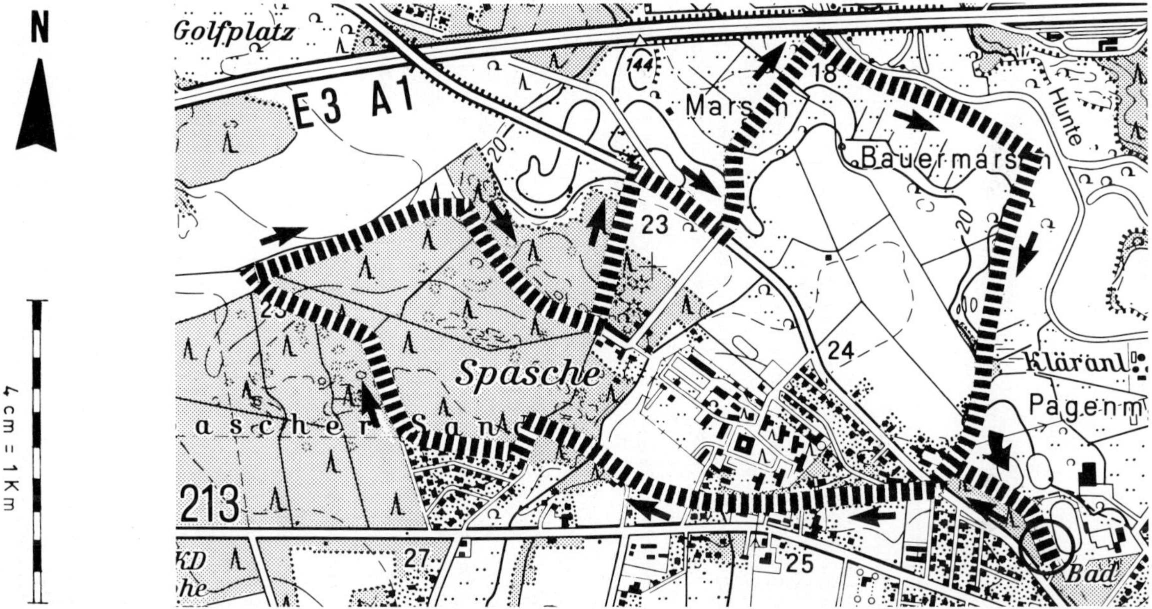

Wildeshausen

111 Dötlingen — Sande — Aschenbeck — Huntetal — Gierenberg

Weglänge: 6 km; Dauer der Wanderung: 1½ Stunden

Anfahrt: Autobahn Richtung Osnabrück, Abfahrt Wildeshausen-Nord, auf der B 213 Richtung Wildeshausen. Nach 1 km rechts ab nach Dötlingen

Ausgangspunkt:

Gaststätte »Dötlinger Hof«, Bus-Haltestelle in Dötlingen

Dicht bei der Gaststätte zweigt von der Hauptstraße nach halbrechts der befestigte Weg »Zum Sande« ab, der zunächst an der Mühle vorbei und dann geradewegs zum Ortsteil Sande führt. Knorrige Eichen und mächtige Buchen überwölben den Weg, der zu beiden Seiten von Erdwällen begrenzt wird. Schließlich kommen wir an eine Kreuzung, wo ein Wegweiser zur Waldreitschule zeigt. Bevor wir ihm folgen, betrachten wir halblinks die vorgeschichtliche Steinsetzung »Gerichtsstätte«. Unser Weg führt nun hinunter durch ein kleines Wiesental; dahinter halten wir uns rechts und kommen durch einen Wald mit Reitwegen. Schon nach wenigen Minuten überqueren wir die Straße Wildeshausen—Dötlingen und wandern geradeaus weiter durch den Wald zum Huntetal hinunter. Dort biegen wir nach rechts in einen Weg ein, der sich immer am Talhang entlangzieht. Nach reichlich 1 km endet er bei einem Schullandheim an der Straße, die in den Ort hineinführt. Jedoch wenden wir uns gleich hinter dem Fischteich nach rechts und besteigen den Gierenberg. Von da genießen wir einen weiten Ausblick. Nach Norden geht es wieder hinab zur Straße, dann am »Püttenheim« vorbei in die Mitte des Dorfes. Ein Gang vorüber an der Kirche, am Tabkenhof und an der Dorfeiche schließt unsere Wanderung ab.

Was wir sehen:

Das *Dorf Dötlingen* ist reich an Kleinodien. Die zahlreichen Fachwerkgebäude, von schützenden Eichen umsäumt, die malerischen Fischteiche in den frischgrünen Wiesen, der Tabkenhof und die ehrwürdige *Kirche* gehören dazu. Sie stammt aus dem 13. Jahrhundert; vorher stand bereits eine Holzkirche an dieser Stelle. Das Mauerwerk aus rechteckig bearbeiteten Granitsteinen ist im Turm 1,70 m stark. Auch im Innern sind die Mauern aus Findlingen errichtet. Leider wurde im 30jährigen Krieg das Kircheninventar verwüstet und geraubt. Kanzel und Altar wurden bald danach in barocken Formen wieder eingebaut. Alte Fresken am Altar und im Gewölbescheitel hat man erst in neuester Zeit freigelegt.

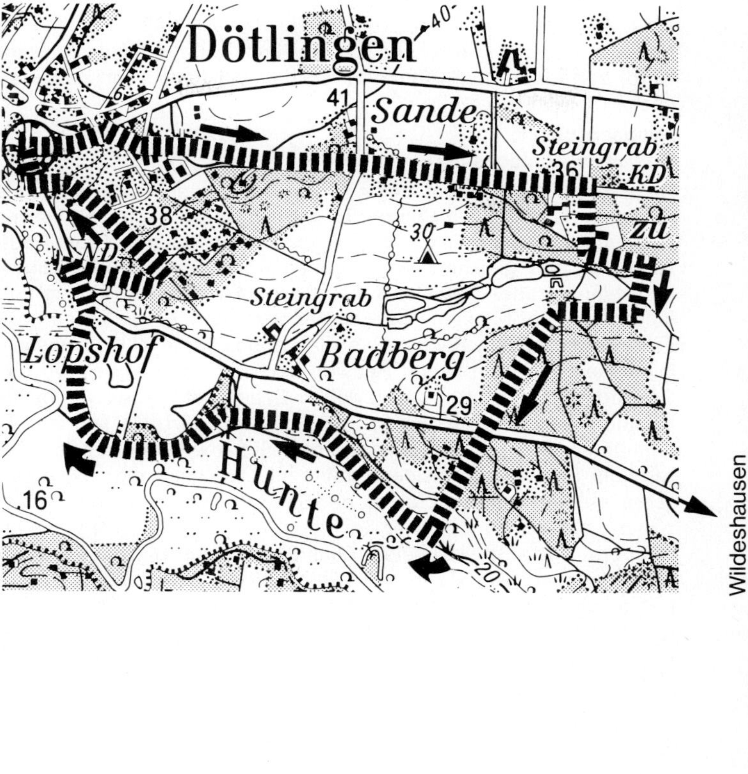

Dötlingen
40
41
Sande
Steingrab
36
KD
zu
38
30
ND
Steingrab
Lopshof
Badberg
29
Hunte
16
20
Wildeshausen
N
4 cm = 1 Km

112 Dötlingen – Glaner Braut – Glane – Ölmühle – Goldberge

Weglänge: 6 km; Dauer der Wanderung: 1½ Stunden

Anfahrt: Autobahn Richtung Osnabrück, Abfahrt Wildeshausen-Nord, auf der B 213 Richtung Wildeshausen. Nach 1 km rechts ab nach Dötlingen

Ausgangspunkt:
Dötlingen, ›Waldgasthof‹

Nahe beim Waldgasthof beginnt ein Wanderweg durch waldiges Gebiet bis an die neue Huntebrücke. Nach Überqueren des Flusses wenden wir uns zunächst nach links, um die »Glaner Braut« aufzusuchen. Auf gleichem Wege gehen wir bis zur Brücke zurück und dann geradeaus weiter auf idyllischem Wege am Talhang entlang. Nach fünf Minuten endet dieser Weg, und wir gelangen nach links auf schmalem Feldweg an die Landesstraße Wildeshausen–Huntlosen. Auf dem neuen Radweg nach rechts erreichen wir das Dörfchen Glane. Hinter dem zweiten Bauernhof biegen wir rechts in einen Weg ein, der uns an das Huntetal führt. Da können wir unmittelbar am Talhang entlangs nach links wandern. Es ist eine reizvolle Strecke, die an der Straße zur Ölmühle endet. Wir überschreiten die Hunte und folgen der Straße in einem weiten Rechtsbogen, bis wir in östlicher Richtung den Goldbergweg weiterwandern. Diese Straße gestattet uns gleich einen Blick auf Erdgas-Förderanlagen, wie sie in der Wildeshauser Geest vielfach anzutreffen sind. Rechts unseres Weges sind die »Goldberge«. Der letzte Kilometer unserer Wanderung bietet uns den Anblick neuer Ansiedlungen. Kurz vor dem Friedhof haben wir zur Rechten unseren Ausgangspunkt.
Wer noch Lust und Zeit hat, kann sich noch Sehenswürdigkeiten im Ortsbereich von Dötlingen anschauen: die Kirche, den Tabkenhof, die 1000jährige Dorfeiche, das Großsteingrab beim Schützenhof, das Püttenheim und den Gierenberg.

Was wir sehen:
Die »Glaner Braut« ist eine idyllisch in die Heide-Waldlandschaft eingebettete Hünengrab-Anlage nahe am Huntetal. Genau gesehen sind es vier Großstein-Grabanlagen, die hier dicht beieinander aufzufinden sind. Sie künden von der starken vorgeschichtlichen Besiedlung und von der damaligen beachtlichen Kulturhöhe.
Die »Goldberge« lassen uns rätseln, was der Name bedeutet. Vielfach verweist man auf die vielen Ginsterbüsche, deren goldgelbe Blüten zu dem Namen geführt haben sollen. Wahrscheinlich aber ist, daß der alte Name für die Hunte, die »Gollen« und die »Berge« (Dünen) dieser Flurbezeichnung zugrunde liegen.

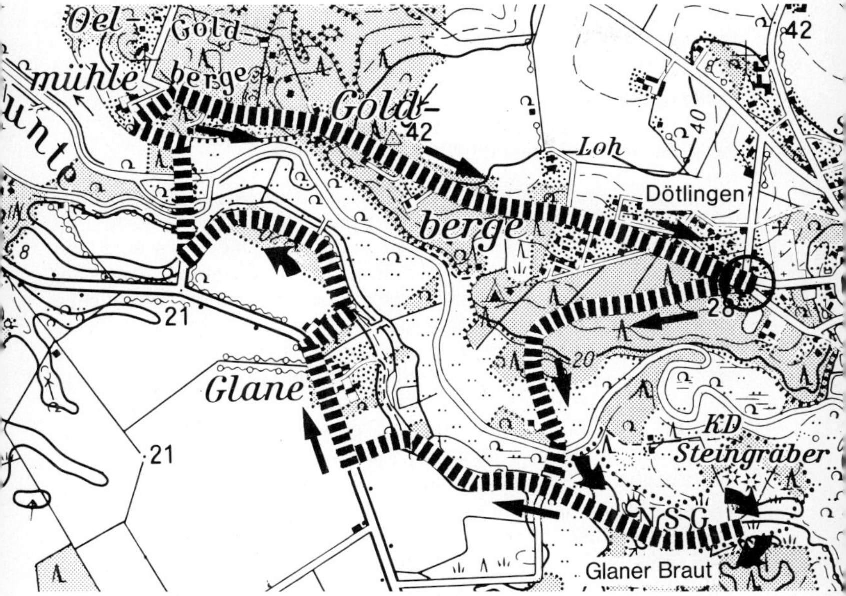

Oel-
mühle
Gold-
berge
Gold-
42
berge
Loh
Dötlingen
42
40
28
21
21
Glane
20
KD
Steingräber
NSG
Glaner Braut

N
4 cm = 1 Km

113 Engelmannsbäke – Neumühle – Kokenmühle

Weglänge: 8 km; Dauer der Wanderung: 2 Stunden

Anfahrt: Autobahn Osnabrück, Abfahrt Ahlhorner Heide. In Ahlhorn rechts ab Richtung Wildeshausen. Nach gut 1 km (vor dem Ortsausgang) rechts ab Richtung Visbek

Ausgangspunkt:

Ausflugsgaststätte Engelmannsbäke bei Ende

Ab Engelmannsbäke gehen wir über die Straße zur Kokenmühle, dann über die Bäke bis zu einem hübschen Sandweg, der mit einem birkenbewachsenen Erdwall gesäumt ist, hier links ab. Einen schmalen Fußweg nach rechts sollte man für einen Abstecher nutzen; er führt zu dem nahen Schlatt, das mit seinem urtümlichen Bewuchs und seiner Romantik seinesgleichen sucht. Wer gutes Schuhzeug trägt, darf auch einen Rundgang wagen. Wir wandern weiter über die Kreuzung hinweg und folgen der nächsten Abzweigung links, die uns nach Neumühle führt. Unser Weg überquert nun die Straße und führt uns zu einem breiten Querweg nach links. Wer Muße hat, kann zur Rechten dieses Weges ein paar Hügelgräber aufsuchen. Auf dem Rückweg am Ende des Grundstücks mit den Hügelgräbern nach rechts abbiegen, die Straße Visbek – Engelmannsbäke – Ahlhorn überqueren und dann auf dem gegenüberliegenden Weg weitergehen. Auf der rechten Seite befindet sich das Haus Marienstein mit einer kleinen Kapelle. Wenn man dann nach links abbiegt, kommt man wieder zum Ausgangspunkt Engelmannsbäke zurück.

Was wir sehen:

In *Neumühle* kommen wir zunächst an landwirtschaftlichen Gebäuden vorbei und freuen uns dann über die schmucken Anlagen um die Gaststätte herum. Wir beachten das geschickt renovierte Fachwerkgebäude mit den eingearbeiteten Mühlensteinen und den Mühlenteich, auch das Gastzimmer dürfte interessant sein. Besonders interessant ist sicher das betriebsfähige mittelschlächtige Mühlenrad. – Wer noch einen weiteren Mühlenteich sich ansehen möchte, geht 1 km weiter südlich zu der Stüvenmühle.

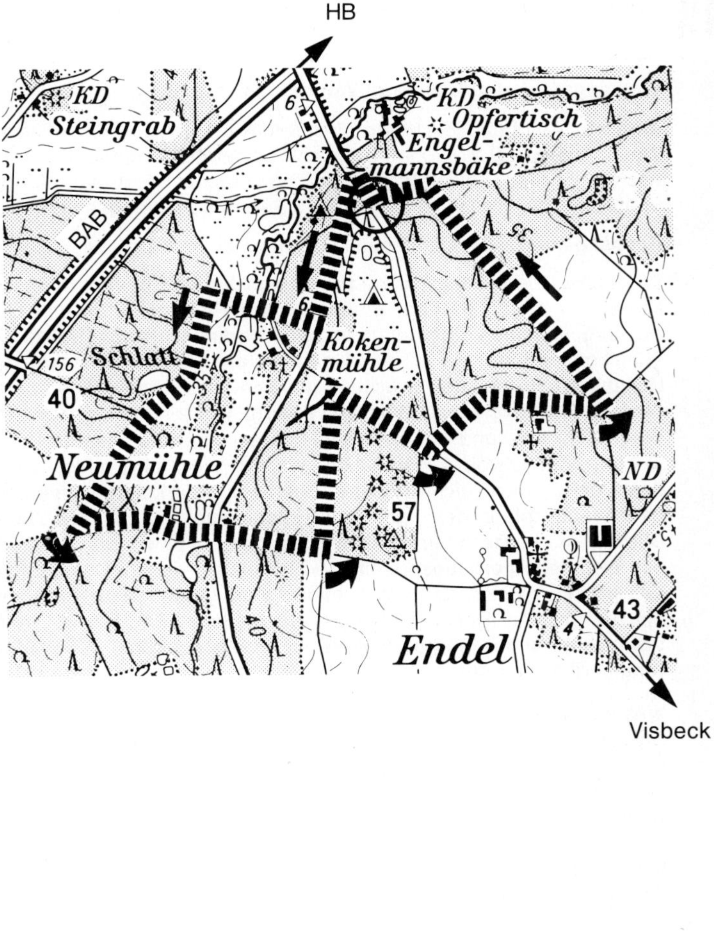
HB
KD
Steingrab
BAB
KD
Opfertisch
Engel-
mannsbäke
Koken-
mühle
Schlatt
156
40
Neumühle
57
ND
43
Endel
Visbeck

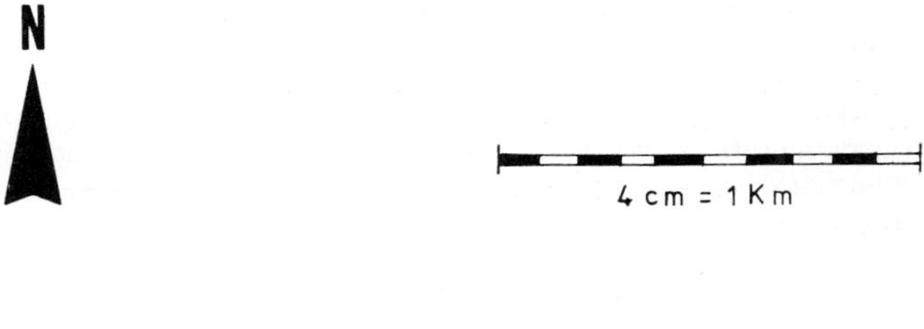
N
4 cm = 1 Km

114 Lethetal – Zwölf Apostel – Teichwirtschaft Ahlhorn

Weglänge: 5½ km; Dauer der Wanderung: 1½ Stunden

Anfahrt: Autobahn Richtung Osnabrück, Abfahrt Wildeshausen-West. Auf der B 213 über Ahlhorn Richtung Cloppenburg. 4 km nach Ahlhorner Kreisel Abzweigung nach rechts Blockhaus Ahlhorn und Ahlhorner Fischteiche. Weitere 3,5 km bis Ausgangspunkt

Ausgangspunkt: Parkplatz beim Gasthaus »Zum Karpfen«

Eine gute Übersichtskarte zeigt uns verschiedene Wandermöglichkeiten auf neuen Pfaden. Einen solchen Pfad gehen wir in Ostrichtung, kommen über die Lethe und wandern flußaufwärts am Flüßchen entlang. Bald sind wir an einem befahrenen Querweg. Da sehen wir bei der Brücke Pumpwerk und Stauanlage, durch die die Fischteiche mit Wasser versorgt werden. Wir gehen den Weg nach links und kommen sogleich an eine interessante Steinsetzung, die »Zwölf Apostel«. Der weitere Weg führt mitten durch den Bereich der Teichwirtschaft. Beim Hauptparkplatz wählen wir den Wanderpfad, der nahe am Helenensee entlangführt. Beim Blick über dieses zentrale Gewässer erkennen wir die Gebäude des evangelischen Jugendheims, »Blockhaus« genannt. Wir folgen den grünen Wegzeichen und kommen ohne Orientierungsprobleme um die größten Teiche herum an die Stelle zurück, wo wir, nach Überschreiten des Steges, wieder zum Ausgangspunkt der Wanderung zurückgelangen.

Was wir sehen:

Die »Zwölf Apostel«, eine scheinbar ungeordnete Ansammlung von Granitfindlingen, sind nach Ansicht der Archäologen eine vorgeschichtliche Steinsetzung zur Beobachtung des Jahreslaufes der Sonne, sogenannte Kalendersteine. Sie dienten zur Festlegung der Jahresfeste. Ähnliche Anlagen finden sich in Mecklenburg und Westpreußen.

Die »Teichwirtschaft Ahlhorn« wurde 1906 von der Oldenburgischen Landesregierung auf einer Fläche von 150 ha angelegt. Wir zählen etwa 60 Einzelteiche. Kleine Teiche sind Laichteiche; große dienen als Überwinterungsteiche. Die Jahresernte beträgt bis zu 40 000 kg Fisch, vor allem Karpfen. Naturfreunde erfreuen sich der vielen Vogelarten (allein 8 Entenarten).

Das »Blockhaus« ist hervorgegangen aus einer bescheidenen Blockhütte der 30er Jahre. Es wurde dann zu einer Tagungsstätte ausgebaut. Nach dem Kriege wurde eine Tagungs- und Erholungsstätte der evang. Landeskirche daraus, insbesondere für kirchliche Jugendgruppen.

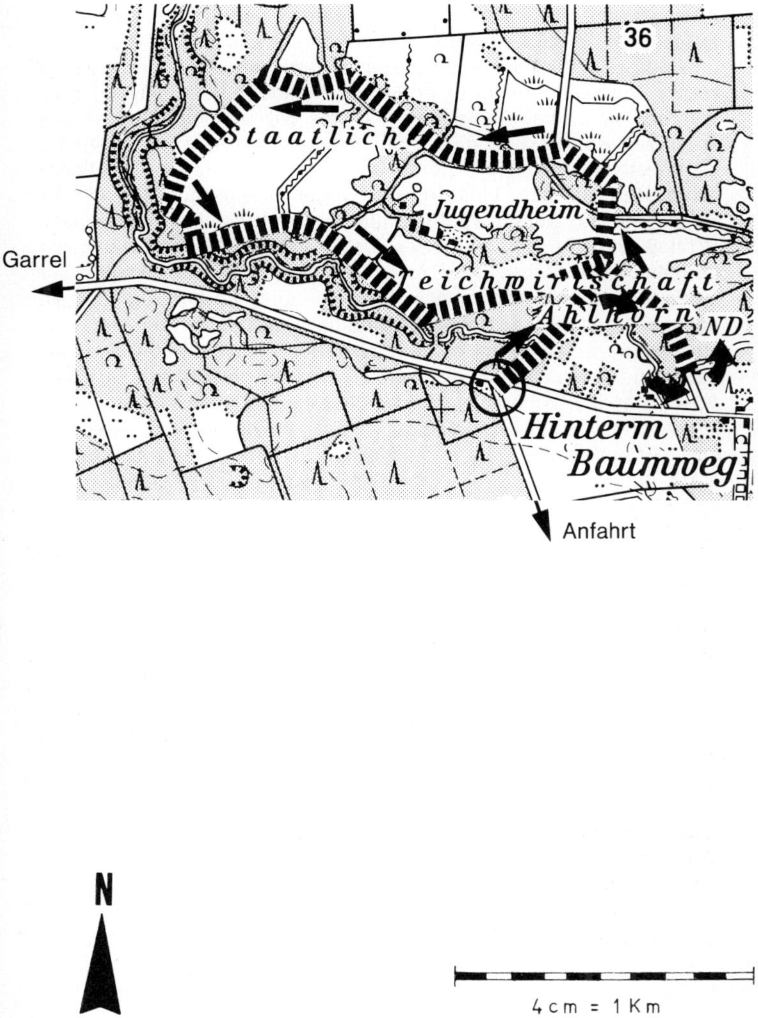

36
Staatliche
Jugendheim
Teichwirtschaft
Ahlhorn
ND
Hinterm
Baumweg
Garrel
Anfahrt
N
4 cm = 1 Km

115 Bissel – (Großenkneten) – Kleiner Sand – Sager Meer

Weglänge: 9,5 km; Dauer der Wanderung: 2½ Stunden

Anfahrt: Autobahn Richtung Osnabrück, Abfahrt Wildeshausen-West. In Ahlhorn rechts Richtung Garrel–Oldenburg nach Sage, hier links ab nach Bissel.

Ausgangspunkt: Bissel (Großenkneten), ›Gastwirtschaft Orth‹

Am Anfang unserer Wanderung wählen wir den Möhlenweg, einen befestigten Wirtschaftsweg. Nach knapp 4 Minuten, bei einer Linkskurve, halten wir uns halbrechts und hundert Schritte weiter rechts. Nun wandern wir eine Viertelstunde lang auf einem ruhigen, von der Natur begrünten Feldweg, bis wir an eine Wegespinne kommen, wo wir uns nach halblinks wenden und dann wieder ein Viertelstündchen auf geradem Wege die typische Geestlandschaft durchstreifen. Links dieses Weges breitet sich der »Große Sand« aus, ein Dünen-Waldgelände mit dem Schullandheim Bissel. Schließlich erreichen wir eine feste Straße, die nordwärts am Lethetal entlangführt. Doch bevor wir diese benutzen, sollten wir einen kleinen Abstecher nach links einlegen, wo wir sogleich ein liebevoll gepflegtes Heide-Wachholder-Gelände entdecken und auch einen Schafkoben, in dem zeitweise eine Schafherde untergebracht ist. Doch nun geht unser Weg nordwärts mit schönen Ausblicken ins Lethetal. Nach etwa 10 Minuten kommt eine Rechtskurve, und kurz danach biegen wir nach rechts in einen Feldweg ein. Wir gehen ihn nur etwa 500 m. Da haben wir nach rechts einen guten Blick zum »Kleinen Sand«, einem urwüchsigen Heide-Kieferngebiet, das unter Naturschutz gestellt werden soll. Wir wenden uns jetzt nach links und erkennen an der Beschilderung die Grenze des Naturschutzgebietes »Sager Meer«. Die Wasserfläche dieses zweiteiligen Meeres ist von Bäumen und Büschen umsäumt und von unserem Wege durch Schneisen einzusehen. Ohne einen Zugang zum Gewässer zu finden, hat der Naturfreund dennoch eine Freude an der moorigen Naturlandschaft. Nach 10 Minuten treffen wir auf einen Querweg; wir halten uns rechts und kommen nahe an dem »Kleinen Meer« vorbei. Nach 25 Minuten gehen wir in gleicher Richtung auf breiter Straße den letzten Teil der Wanderstrecke unserem Ausgangspunkt entgegen. Dabei können wir noch mehrere ausgediente Schafställe betrachten.

Was wir sehen:
Sager Meer; seit 1934 unter Naturschutz; Gesamtfläche 76 ha; Wasserfläche 18,4 ha und 8 ha; größte Tiefe 26 m; Reichtum an seltenen Pflanzen, z. B. Wasserlobelie; Entstehung durch Einsturz nach Auslaugen eines Salzstockes.

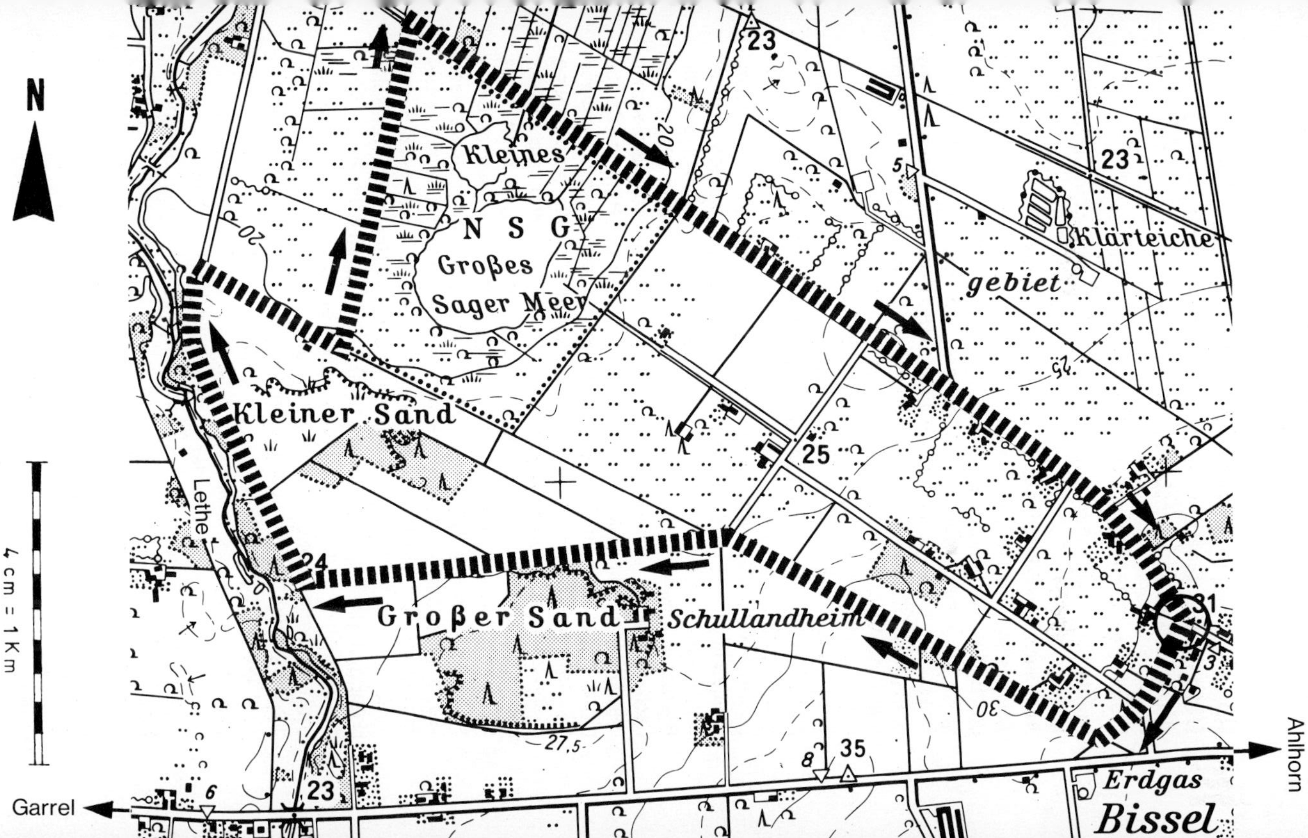

N
Kleines
N S G
Großes
Sager Meer
Kleiner Sand
Großer Sand
Schullandheim
Klärteiche
gebiet
Lethe
Erdgas
Bissel
Garrel
Ahlhorn
4 cm = 1 Km

116 Radwanderung Kirchhatten – Twiestholz – Dingstedter Gehäge – Dingstede – Hurrel – Altmoorhausen – Munderloh

Weglänge: 25 km; Dauer der Wanderung: 2½ Stunden

Anfahrt: Autobahn Richtung Oldenburg, Abfahrt Hatten nach Kirchhatten

Ausgangspunkt: Kirchhatten, Platz vor der Kirche

Wir fahren zunächst die Hauptstraße in Richtung Dingstede bis an die Linkskurve am östlichen Ortsausgang, wo eine Friedenseiche steht. Da biegen wir in den Forstweg ein, der mitten durch das Twiestholz führt. Nach 2½ km finden wir links des Weges einen Rast- und Grillplatz. Dann halten wir uns rechts, kommen durch das Dingsteder Gehäge und gelangen auf der Hornmoorstraße an den südlichen Ortsrand von Dingstede. Auf einem Radweg neben der Straße fahren wir nun nordwärts zum Dorfplatz mit Übersichtstafel und Wartehäuschen. In gleicher Fahrtrichtung erreichen wir auch gleich den Dorfteich. Auf der Sandersfelder Straße geht die Fahrt weiter über die Autobahn und am Reiherholz entlang. Schließlich sehen wir links einen Baggersee und biegen bei der Gaststätte Sandersfeld (Einkehrmöglichkeit) nach links auf die Bremer Straße ein. Nach etwa 700 m folgen wir einem Wegweiser nach rechts zur »Ahnenstätte«. Geradeaus weiter kommen wir an den Oldenburger Weg, der uns nach links an die Hurreler Straße führt. Wir halten uns wieder links und kommen nach wenigen Minuten erneut an die Bremer Straße. Nach rechts (in Richtung Oldenburg) sind es etwa 2,5 km bis zur Abzweigung nach Kirchhatten. In südlicher Richtung geht es durch Altmoorhausen, über die Autobahn und nach Munderloh. Nach Durchfahren dieses Ortes halten wir uns bei einem kleinen Teich rechts, um nach weiteren 800 m nach links in den Kuhlendamm einzubiegen. Diesen benutzen wir etwa 1 km bis zum Schmeder Weg, der uns nach rechts durch das nahe Dörfchen Schmede und weiter durch eine reizvolle Naturlandschaft an den »Birkenwinkel« führt, eine kleine Straße, die nach links durch ein Siedlungsgebiet bis an den alten Ortskern von Kirchhatten geht. Da wählen wir die Schützenhofstraße, um an die Dingsteder Straße und an den Ausgangspunkt unserer Wanderung zurück zu gelangen.

Was wir sehen:

Dingstede, ein alter Ort, der in mittelalterlichen Zeiten Sitz eines Gautings war und später durch den Postweg eine besondere Bedeutung genoß. In jüngster Zeit hat die Bevölkerung viel für die Verschönerung des Dorfes geleistet.

Die »Ahnenstätte« bei Hurrel ist von Anhängern der »Tannenbergbewegung« Math. Ludendorffs gestaltet worden.

Heiligen-
Hurrele
Drengort
loh
ltmoor-
ausen
Middeldorf
23
Orthusen
Hurrel
Sander
Tiefen-
Fuchsberg
Hurrel-
hausen
grund
Hasen-
lager
17
AS Hatten
Hesterort
24
BAB
Heid-
husen
Valer
Plietenberg
23
Auf der
Höhe
Hespenbusch
Munderloh
Dingstede
t t e n
33
Grashorn
21
Im Hai
Schmede
37
Hatter
Mühle
35
Twiest
N
Kirchhatten
35
42
Hinterm
4 cm = 2 Km
Holze

117 Brettorf – Iserloy – Stedinger Weg – Hockensberg

Weglänge: 9 km; Dauer der Wanderung: $2^1/_2$ Stunden

Anfahrt: Autobahn Richtung Osnabrück, Abfahrt Wildeshausen-Nord, auf der B 213 Richtung Delmenhorst. Nach 6 km links Abzweigung nach Brettorf

Ausgangspunkt:
Brettorf, »Gasthof Schürmann« (Parkgelegenheit)

Wir verlassen den Ort nach Süden und halten uns bei der nahen Straßengabelung rechts. Hier wandern wir auf ruhiger Landstraße durch eine abwechslungsreiche Feld-, Wald- und Weidenlandschaft dem Dörfchen Iserloy entgegen. Dort treffen wir auf die Straße Hockensberg–Dötlingen und benutzen diese nach rechts etwa 300 Meter, um dann nach links in den Stedinger Weg einzubiegen. Diesen teils befestigten, schönen Weg wandern wir ein Viertelstündchen, kommen über eine Kreuzung, und kurz danach biegen wir nach halblinks in einen Nebenweg ein, der uns in das Tal des Altonaer Mühlenbachs führt. Über eine kleine Brücke kommen wir direkt auf den Stolle-Hof und gehen von da in östlicher Richtung weiter auf einem Wirtschaftsweg, der bei einer Gabelung nach rechts weiterführt an die Bundesstraße 213 (Wildeshausen–Delmenhorst). Kurz vor dieser Hauptstraße wenden wir uns nach links und sind bald in Hockensberg. Links sehen wir ein paar Bauernhöfe und dann die ehemalige Dorfschule. Bei der Straßenkreuzung gehen wir geradeaus und halten uns kurz danach links, um nach etwa 8 Minuten einen größeren Hof zu erreichen. Von dem Hof aus wandern wir nordwärts auf einem schönen Waldweg, der sich nach etwa 5 Minuten zunächst nach rechts, dann beim Überschreiten eines Querweges nach links windet. In diesem Bereich säumen noch schöne Heckenwälle unseren Weg, der sich nochmals nach rechts wendet, um dann eine feste Straße zu erreichen. Diese gehen wir nach links und queren nochmals den Altonaer Mühlenbach. Nach wenigen Minuten sind wie wieder bei unserem Ausgangspunkt angelangt.

Was wir sehen:
Der Stedinger Weg ist ein alter Verbindungsweg zwischen Wildeshausen und dem Stedinger Land. In mittelalterlichen Zeiten haben vor allem Händler ihn benutzt, um ihre Waren auf Planwagen nach der damals bedeutenden Handelsstadt Wildeshausen zu bringen. Der Altonaer Mühlenbach kommt aus dem Raum Brettorf–Uhlhorn und fließt bei Gut Altona in die Hunte. Sein Wasser betrieb jahrhundertelang die Wassermühle Altona, deren Anlage noch jetzt klar erkennbar ist. Viel Beachtung findet auch der Mühlenteich.

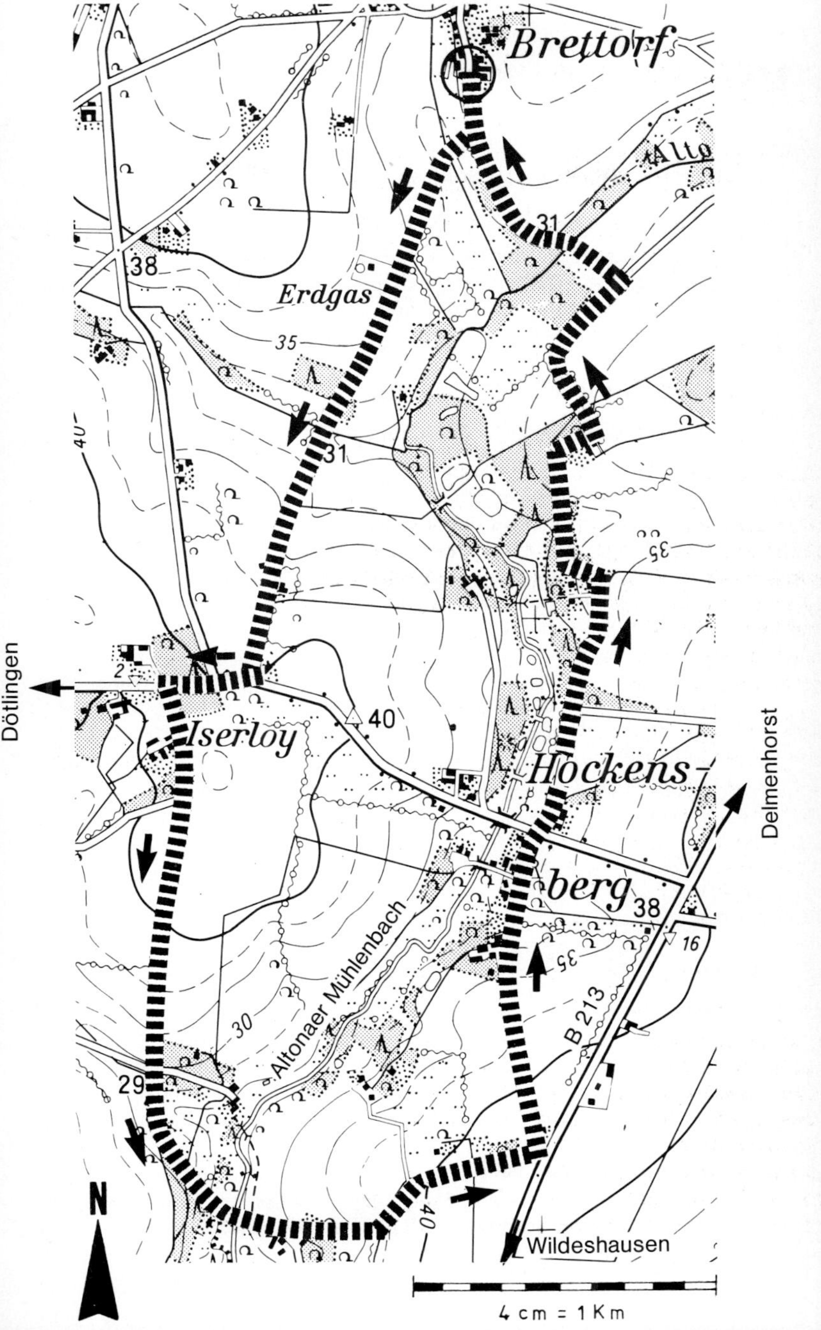

Brettorf
Alto
31
38
Erdgas
35
40
31
35
Dötlingen
2
40
Iserloy
Hockens-
berg
38
Delmenhorst
16
35
B 213
30
Altonaer Mühlenbach
29
40
N
Wildeshausen
4 cm = 1 Km

118 Um die Große Höhe

Weglänge 6 km = 1½ Stunden

Anfahrt: B 75 – Abfahrt Wildeshausen, auf der B 213 Richtung Wildeshausen bis nach Hoyerswege. Dort links ab in die Wiggersloher Straße (Wegweiser nach Kaserne, Jugendherberge, Schullandheim), vorbei am Segelflugplatz und Standortübungsplatz bis in das Waldgebiet

Ausgangspunkt:

Erster Parkplatz für Wanderer auf der Großen Höhe

Vom Anfang des Parkplatzes gehen wir in westlicher Richtung auf dem Waldweg, der bei dem Schild »Landschaftsschutzgebiet« beginnt, dann links weiter auf dem Grenzweg zwischen Standortübungsplatz und Wald. Bald erreichen wir das Delmetal, dem wir in südlicher Richtung folgen, immer am Waldrand entlang oder durch den Wald auf dem Dünengebiet des Horstedter Sandes. Wenn der Wald endet, kreuzt bald ein Feldweg, der von Klein-Henstedt kommt. Wir wandern links über die Höhe, überqueren die Wiggersloher Straße, und biegen auf dem nächsten Weg vor einer Wiese links ab, der immer in der Nähe des Waldrandes in nördlicher Richtung verläuft. Bei einer kleinen Brücke kreuzen wir den Sandweg Ortholz-Große Höhe und kehren von der nächsten Kreuzung links auf einem von Lärchen gesäumten Waldweg zum Parkplatz zurück.

Was wir sehen:

Wir wandern durch ein beliebtes Naherholungsgebiet, in dem zahlreiche Waldwege zu Wanderungen in jeder Jahreszeit einladen. Unser Weg führt meist am Waldrand entlang und durch Felder und Wiesen. Reizvoll ist der Weg am Delmetal entlang mit Blick auf die Orte Sethe und Klein-Henstedt am jenseitigen Ufer. Das Dünengebiet des Horstedter Sandes mit natürlich gewachsenem Baumbestand und Resten von Heide ist Landschaftsschutzgebiet. Darin liegen die Jugendherberge und das Schullandheim.

Vom Feldweg über die Höhe haben wir einen weiten Rundblick. Der Rückweg ist von Naturhecken gesäumt (Weiden, Birken, Kiefern, Faulbeere usw.). Vögel und Wild können beobachtet werden.

Delmenhorst B 213
Hoyerswege

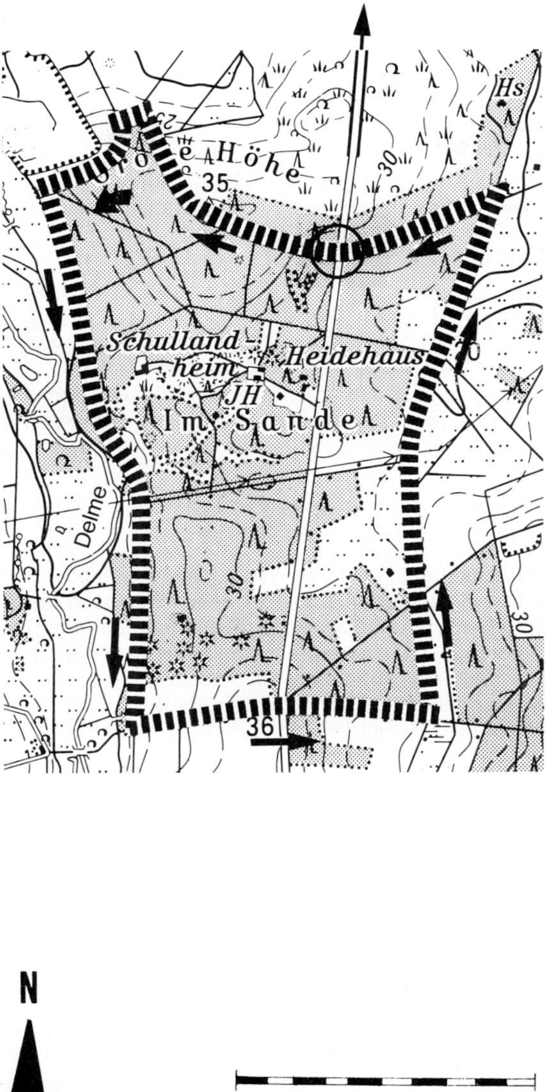

119 Mit dem Fahrrad von Delmenhorst zur Großen Höhe

Weglänge 23 km = 2 Stunden
(mit Fußwanderung Halbtags- oder Tagestour).

Anfahrt: B 75 – Abfahrt Delmenhorst-Adelheide, Richtung Stadtmitte. Wir halten uns links zum Burggrafendamm

Ausgangspunkt:

Stadtbad Delmenhorst

Auf dem »Burggrafendamm« fahren wir bis zur Autobahnbrücke und links weiter auf der Delmestraße nach Gut Holzkamp. Hinter Gut Holzkamp gelangen wir auf die Wiggersloher Straße und fahren auf dieser links weiter über die Delme, den Standortübungsplatz, am Segelflugplatz vorbei bis zu einem der Parkplätze für Wanderer.

Auf einem der beiden Parkplätze stellen wir am besten unsere Fahrräder ab und machen eine Fußwanderung.

Wir können auf dem gleichen Weg zurückfahren, oder vom zweiten Parkplatz aus auf dem links abzweigenden Weg nach Ortholz fahren. Vor Ortholz wird hinter der ersten Kiesgrube auf dem Schotterweg nach links abgebogen und vorbei an einer weiteren Kiesgrube Ortholz erreicht. (Das Fahrrad muß ev. eine kurze Strecke geschoben werden.) Weiter geht es auf der Ortholzer Straße nach Adelheide und auf der Adelheider Straße (Radweg) zurück nach Delmenhorst.

Was wir sehen:

Wir fahren meist auf ruhigen Wegen am Delmetal entlang zu dem beliebten Ausflugsziel Große Höhe. In dem Landschaftsschutzgebiet um die Jugendherberge und das Schullandheim gibt es zahlreiche Möglichkeiten für Fußwanderungen durch Wald und Feld.

Beim Segelflugplatz ist meist interessanter Betrieb.

Dwoberg
DELMENHORS
Bad
E 35 (75)
Brende
Fahren
Schlutter
Delme
Holzkamp
Adel-
heide
nur Güterverkehr
Hoyers-
wege
New
Holzkamp
Gut
Holzkamp
212
213
Landwehr
Wiggersloh
Struthöfe
Segel-
flugplatz
Annengr
Ortholz
AS De
N
4 cm = 2 Km

120 In Delmenhorst durch den Wollepark an der Delme und Welse

Weglänge: 5 km – 1 Stunde

Anfahrt: B 75, Abfahrt Delmenhorst-Adelheide, Richtung Stadtmitte

Ausgangspunkt:

Bahnhof Delmenhorst Nordseite

Aus dem Bahnhof kommend gehen wir rechts durch die Weberstraße, überqueren die Stedinger Straße zur Nordwollestraße, gehen links in die Straße Am Wollepark bis zum Ende und dann rechts in den Wollepark. Dort halten wir uns rechts und wandern auf dem neuausgebauten Wanderweg der Delme entlang bis zum Nordtor der Nordwolle (Widder, Markenzeichen der Nordwolle), gehen dann rechts in die Pappelstraße, immer entlang der Delme, (überqueren die Friesen- und die Nordenhamer Straße) bis zur Welsemündung, dann links die Welse aufwärts bis zur Nordenhamer Straße. Hier links ab bis zur rechts einmündenden Wendenstraße. Weiter geradeaus durch die Wenden- und Thüringer Straße bis zum Haus Nr. 53, links in den Wollepark, biegen hinter dem Kindergarten rechts ab und kommen so zum Ausgangspunkt zurück.

Was wir sehen:

Wollepark, 90jähriger Baumbestand mit seltenen Bäumen und See. Nordwolle, als Industriedenkmal geschützte Bauten. Pappelstraße, jetzt renovierte, um 1900 gebaute Werkssiedlung der „Wolle". Ruhiger neu angelegter Delme-Wanderweg. An der Nordenhamer Straße das Bootshaus des Kanuclubs „Welse-Delme-Weser".

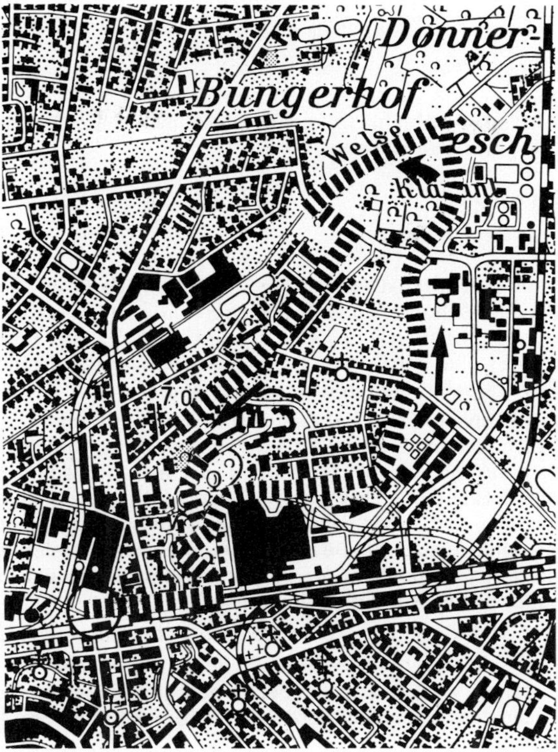

Delmenhorst

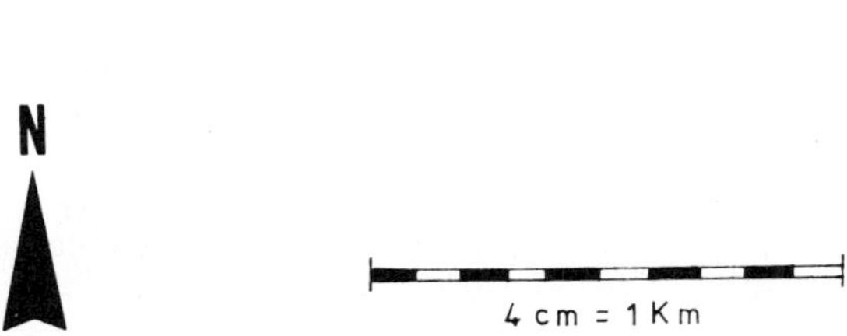

121 Mit dem Fahrrad von Delmenhorst nach Schönemoor und Stenum

Weglänge 20 km = 2 Stunden + Rast

Anfahrt: B 75 – Abfahrt Delmenhorst-Adelheide. Der Bahnhof liegt über die Hauptstraße hinaus

Ausgangspunkt:

Bahnhof Delmenhorst

Die Fahrt geht durch die Stedinger Straße, dann den Wegweisern folgend auf der Schönemoorer Straße über Heide und Horst nach Schönemoor. Hier können wir einen kurzen Abstecher zu der unter Denkmalschutz stehenden Dorfkirche machen. Der Weg durch eine Eichenallee zweigt beim Kriegerdenkmal rechts ab.

Wir setzen unsere Fahrt fort in Richtung Bookholzberg. Kurz vor dieser Ortschaft kommen wir auf die Nutzhorner Straße, auf der wir links in Richtung Schierbrok fahren bis zur ersten Wegkreuzung in Mönchhof. Hier biegen wir auf dem Ziegelweg rechts ab, überqueren die Bahnlinie und fahren parallel zur Bahn links am Café Rethorn und am See vorbei bis zur Straße nach Stenum. Bei der Aussichtsterrasse oberhalb des Rethorner Sees legen wir eine Pause ein für einen Blick über den See und die Anlagen am Ufer.

Mehrere Gasthöfe laden zu einer Rast ein, dabei kann eine Rundwanderung durch das Stenumer Holz eingelegt werden.

Zurück fahren wir entweder auf der Dwoberger Straße und Oldenburger Straße oder über Schierbrok – Nutzhorner Straße und Mühlenstraße.

Was wir sehen:

Die Hinfahrt führt auf guten Straßen durch die Dörfer vor dem Geestrand. In Schönemoor sehen wir schöne Bauernhöfe, deren Ländereien über kultivierte Moorgebiete in die Stedinger Marsch hineinreichen. Über Felder und Wiesen hinweg sieht man rechter Hand die Industrieanlagen an der Weser.

Die Dorfkirche aus Ziegeln im Klosterformat, mit deren Bau 1324 begonnen wurde, war zuerst Wallfahrtskirche*. Bei der Restaurierung im Jahre 1933 wurden wertvolle Malereien freigelegt.

Der Ort Mönchhof erinnert an einen früheren Besitz des Klosters Hude.

Kreyen-
hoop
Mönchhof
Kamern
Nutz-
horn
Rethorn
Schier-
brok
Alten-
graben
Schönemoor
Heide
Stenum
Hahlbek
Ahnbek
Heide
Hoyken-
kamp
Bunger-
hof
Elmeloh
Dwoberg
Strohen
AS Delm.-
West
Fahren-
Delmenhorst
N
4 cm = 1 Km

122 Vom Delmenhorster Tiergarten über Fahren nach Ganderkesee

Weglänge 7 km = 2 Stunden

Anfahrt: B 75 – Abfahrt Delmenhorst-Deichhorst, hier rechts ab auf der B 213 zum Tiergarten

Ausgangspunkt:

Oldenburger Straße – Ecke Straße »Hinter dem Tiergarten«, Stadtbus-Haltestelle

Auf dem Fußweg neben der Oldenburger Straße erreichen wir am Stadtausgang die Dummbäke. Vor der Bäke zweigt nach links ein Fußweg ab (als Wanderweg bis Ganderkesee mit einem gelben Punkt gekennzeichnet). Der Weg folgt zunächst dem Bachlauf durch Felder und am Rand der Siedlung, führt unter die Autobahn hindurch, steigt als Feldweg langsam an, bis eine Hochspannungsleitung kreuzt. Hier biegen wir rechts ab, folgen ein Stück der Hochspannungsleitung, und stoßen auf ein Gehöft, das umgangen wird. Unser Weg führt weiter am Tal des Baches entlang, an der Kläranlage vorbei, und als »Brookweg« und »Wolfsheide« in Ganderkesee auf die Urneburger Straße. Hier liegt die Gastwirtschaft »Zur gemütlichen Ecke«. Dort oder in einem der Gasthöfe bei Rathaus und Kirche kann gerastet werden. Bei dem Gasthof »Zur gemütlichen Ecke« zweigt auch der »Fahrener Weg« ab, auf dem wir zurückwandern. Hinter dem Gehöft in Fahren biegt der Weg nach links und mündet vor der Autobahnunterführung in die Oldenburger Straße ein. Wir halten uns rechts und kehren auf dem Fußweg neben der Straße am Wichernstift vorbei (Stadtbus-Haltestelle) zum Ausgangspunkt zurück.

Was wir sehen:

Wir folgen dem Tal der Dummbäke. Linker Hand sehen wir den Waldbestand Bracklandsbusch und die Städtischen Krankenanstalten. Weiter geht es durch Felder. Rechts liegt das Tal der Dummbäke mit Baumbeständen und Wiesen. Als Richtpunkt sehen wir vor uns bald den Kirchturm von Ganderkesee. Die Kirche ist eine der ältesten Gaukirchen (Baubeginn im Jahre 1050). Sie ist sagenumwoben (Teufelstritt). Berühmt ist auch die Arp-Schnitker-Orgel.

Auf dem Rückweg durch den schönen Fahrener Weg mit Wallhecken und Birken blicken wir rechter Hand wieder über das Tal der Bäke.

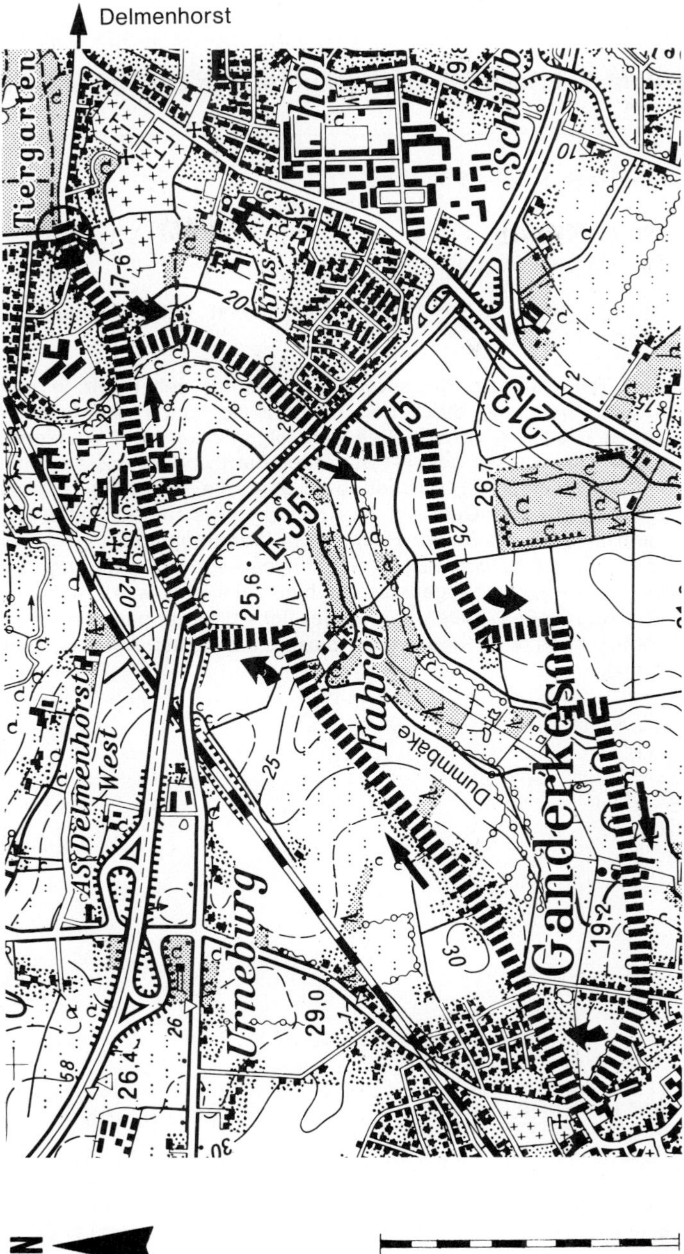
Delmenhorst
Tiergarten
Ganderkesee
Fahren
Dummbake
Urneburg
AS Delmenhorst West
E 35
75
213
N
4 cm = 1 Km

123 Vom Gut Hasport – Delmenhorst – in die Steller Heide

Weglänge: 5 km – 1 Stunde

Ausgangspunkt:

Parkplatz am Gut Hasport

Anfahrt: Über B 75 Abfahrt Delmenhorst Mitte Richtung Gut Hasport

Vom Parkplatz am Restaurant Gut Hasport gehen wir in nordöstlicher Richtung durch den Hasportwald zum Hasportsee. Wir halten uns links um den See und folgen dann dem Wanderweg an der Stickgraser Bäke – Dünsener Bach entlang bis zur Bahnlinie Delmenhorst Harpstedt, dort über die Brücke in östlicher Richtung bis zum Querweg, hier rechts ab bis zum nächsten Weg, dann links in die Steller Heide. Vom Wanderparkplatz gehen wir links ab, auf beiden Seiten des Weges liegt ein idyllischer See, bis zur nächsten Wegekreuzung hier links ab bis wir auf einen Querweg stoßen, halten uns wieder links bis zum nächsten, rechts abbiegenden Weg und gehen diesen dann zum Ausgangspunkt zurück.

Was wir sehen:

Hasportwald, ehemaliger Gutswald, Gutsgebäude jetzt Restaurant. Hasportsee, vorbildlich in die Landschaft integrierter ehem. Baggersee. Steller-Heide leicht hügeliges hervorragendes Wandergebiet mit Eichen-Birken-Kiefern-Mischwald.

HB
Delmenhorst
Annenriede
7,3
Dauelsberg
Stickgraser Bäke
Heidbäke
E35
7,9
322
7,5
Klenkerei
9,1
Am großen
Heerweg
Hasport
8,8
12,2
10,6
P
nur Güterve
9,1
N
4 cm = 1 Km

124 Von Delmenhorst-Bungerhof über Hasbergen nach Strom

Weglänge 8 km, von Hasbergen 6 km = 2 Stunden

Anfahrt: B 75 – Abfahrt Delmenhorst-Ost, hier rechts ab nach Hasbergen. Ab Hasbergen wie auf der Skizze nach Bungerhof

Ausgangspunkt:

Delmenhorst-Bungerhof, Stadtomnibushaltestellen Brauereiweg oder Deichweg an der Stedinger Straße

Die von der Stedinger Straße rechts abzweigenden Wege »Brauereiweg« oder »Deichweg« führen uns nach Hasbergen. Über den Bahnübergang geht es weiter auf der Bungerhofer Straße bis zur Wassermühle.

Autofahrer können hier die Wanderung beginnen (Parkmöglichkeit neben der Bungerhofer Straße oder beim Gasthaus »Krug zur Wassermühle«).

Von der Wassermühle an der Delme gehen wir auf der Straße »Mühlenkamp« bis zur scharfen Linkskurve und dort geradeaus weiter auf dem Sandweg und auf dem Deich bis zum Durchlaß an der Stromer Straße. Neben dieser gelangen wir rechts zur Ochtumbrücke in Strom, wo 2 Gasthöfe Rastmöglichkeit bieten. Zurück gehen wir den gleichen Weg.

Wahlweise kann beim Deichschaart umgekehrt werden. Nach ca. 600 m führt halbrechts der Neuendeeler Weg (asphaltiert) vom Deich bis zur Entstation Neuendeel der Stadtbuslinie, wo im Gasthaus Lindenhof gerastet werden kann. Rückfahrt mit dem Stadtomnibus.

Von Strom und vom Sandhauser Deich besteht auch Busverbindung mit Linie 61 nach Bremen über Rablinghausen.

Was wir sehen:

Besonders reizvoll ist die Deichwanderung. Linker Hand liegen zwei Braken (Teiche, die bei Deichbrüchen entstanden sind), rechts blikken wir über die flache Marsch mit der Ortschaft Strom an der Ochtum (Anlegeplatz für Wassersportler). Dahinter liegt der Industriehafen von Bremen mit Industrieansiedlungen auf dem jenseitigen Weserufer (Klöckner-Hüttenwerke).

Der Deich wird streckenweise als Viehweide benutzt. Während der Weidezeit sind die Gatter wieder zu schließen. Hunde müssen an der Leine geführt werden.

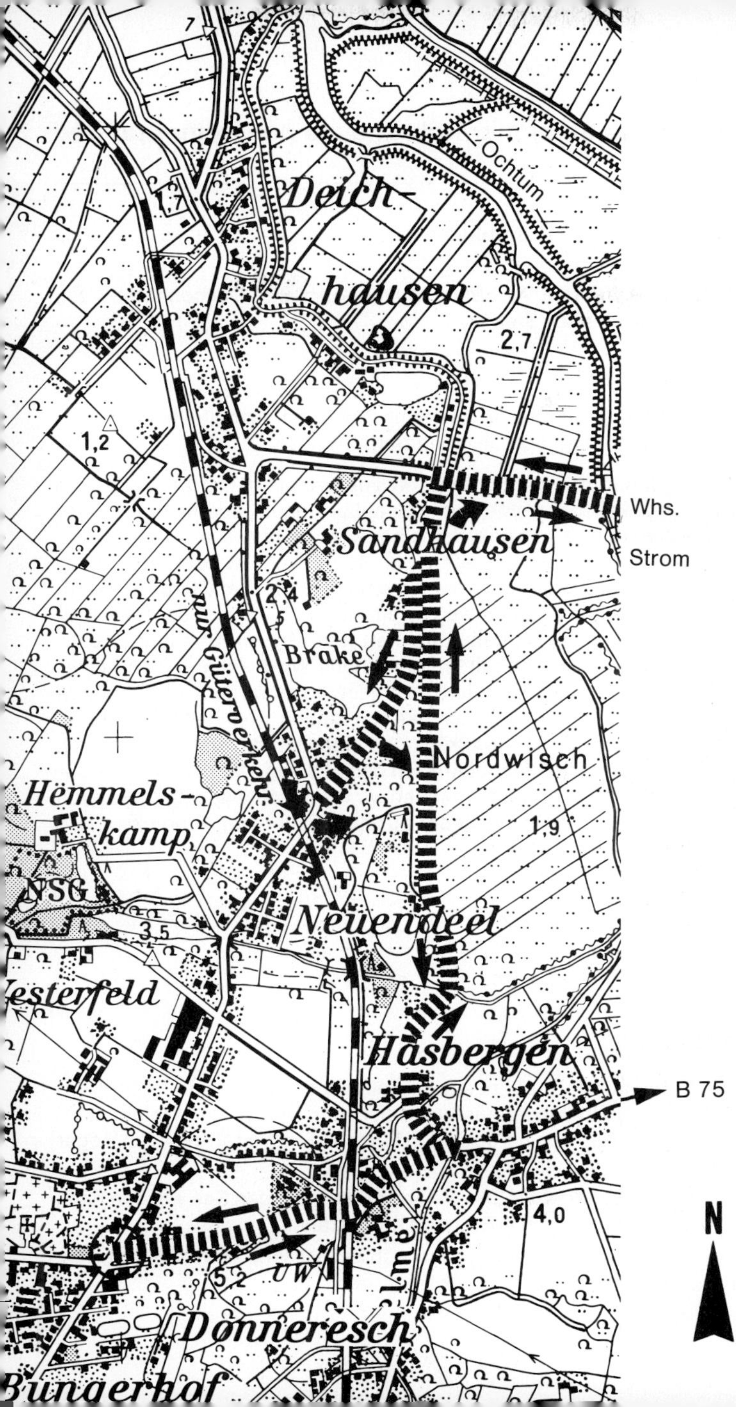
Deich-
hausen
Ochtum
2,7
1,7
1,2
Sandhausen
Whs.
Strom
2,4
Brake
Nordwisch
1,9
Hemmels-
kamp
NSG
3,5
Neuendeel
Hasbergen
B 75
4,0
5,2
UW
Donneresch
Bungerhof
N

125 Durch das Stenumer Holz und um den Rethorner See

Weglänge 5 km = 1,5 Stunden

Anfahrt: B 75 und Autobahn A 28 – Abfahrt Delmenhorst-West, hier rechts ab nach Stenum

Ausgangspunkt:

Gasthof Backenköhler in Stenum, Stadtomnibushaltestelle (stündliche Verbindung nach Delmenhorst).

Wir beginnen die Wanderung entweder rechts vom Tiergehege des Ausflugslokals oder rechts vom Saal über den Kinderspielplatz. Der letzte Weg führt durch den Wald über eine Bachbrücke zu einer Waldschneise und auf dieser rechts zum Hauptweg. Auf dem Hauptweg halten wir uns links und erreichen bald die Ortschaft Rethorn, durch die unser Weg als »Birkenweg« weiterführt. 200 m vor der Bahnlinie biegen wir links ab in den Falterweg (Fußweg mit Straßenbeleuchtung), der auf eine Asphaltstraße mündet. Wir machen einen Abstecher nach links (ca 100 m weit) zu einem Sitzplatz, der einen schönen Ausblick über den Rethorner See mit seinen Anlagen bietet. Dann kehren wir auf der Straße zurück und biegen in die erste Straße nach links ab, aber sofort wieder links in den Fußweg, der den See umrundet. Beim Bahnübergang erreichen wir wieder die Asphaltstraße nach Stenum. Zurück geht es wieder auf dem Falterweg, Birkenweg und durch das Stenumer Holz.

Was wir sehen:

Das Stenumer Holz (überwiegend Laubwald) ist mit zahlreichen Wanderwegen ein beliebtes Ausflugsziel. In den Busch- und Waldbeständen um den Rethorner See sind zahlreiche Singvögel heimisch, sogar Nachtigallen.

Das Wochenendgebiet und die Landschaft um den See wurden nach Plänen des Architekten Bertelmann gestaltet.

Für diese Wanderung sollte man sich Zeit lassen, dann ist sie eine erholsame Sache.

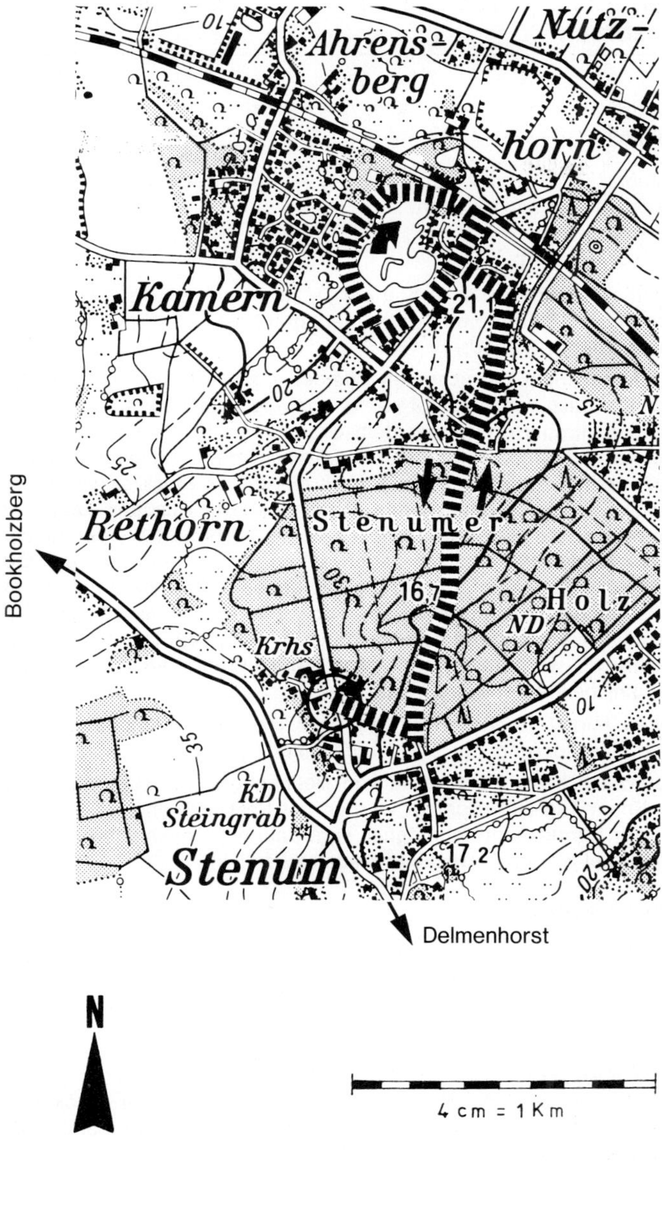
Ahrensberg
Nutzhorn
Kamern
21,1
20
25
15
Rethorn
Stenumer Holz
16,7
30
ND
Krhs
10
35
KD
Steingrab
Stenum
17,2
Bookholzberg
Delmenhorst
N
4 cm = 1 Km

126 Von Stenum durch die Mittelhoops zum Waldhof Hasbruch

Wanderweg des Heimatvereins, Wegzeichen
Weglänge 10 km = 2,5 Stunden

Anfahrt: B 75 und Autobahn A 28 – Abfahrt Delmenhorst-West, hier rechts ab nach Stenum

Ausgangspunkt:

Gasthof Backenköhler in Stenum (bekanntes Ausflugslokal), Haltestelle Linie 16 Stadtomnibus Delmenhorst (verkehrt stündlich) – 2 km vom Bahnhof Schierbrok

Wir folgen dem bezeichneten Wanderweg des Heimatvereins, der 100 m südlich vom Gasthof rechts abzweigt, die Straße nach Bookholzberg kreuzt und hinter dem Großsteingrab ansteigend in den großen Mittelhoop führt. Im Walde macht der Weg eine Biegung nach rechts, verläßt den Wald, führt ein kurzes Stück durch Felder und weiter durch den kleinen Mittelhoop. Am Ausgang zeigt ein Wegweiser die Richtung nach der kleinen Ortschaft Klingenhagen, deren Häuser wir westlich liegen sehen. Dort überqueren wir die B 212 und gehen auf der parallel laufenden alten Straße ca. 100 m links, biegen dann rechts ab, nach 500 m wieder rechts, und kommen am Waldrand des Hasbruch entlang zum Hotel „Waldhof Hasbruch", wo gerastet oder gegessen werden kann. Zurück kann der gleiche Weg gewählt werden.

Etwas kürzer ist der Rückweg über die Hedenkampstraße und nach Überquerung der B 212 auf einem Feldweg zum Mittelhoop.

Wahlweise kann die Strecke von Delmenhorst bis zum Hasbruch an einem Tag zurückgelegt werden mit Rast in Stenum. Rückfahrt mit der Bundesbahn ist möglich vom Bahnhof Bookholzberg (3 km vom Hotel Waldhof). Gesamte Wegstrecke 15 km.

Was wir sehen:

Dieser Weg ist sehr reizvoll und führt abseits der Autostraßen durch Felder, Wiesen und Wälder. Teilstücke sind von Wallhecken gesäumt. Die Mittelhoops sind kleine Buchenwälder. Vor dem großen Mittelhoop bietet sich uns eine Rundsicht über die tiefer liegende Ortschaft Stenum mit den sie umgebenden Wäldern. Im Frühjahr Anemonenblüte im Hasbruch, Wiesenblumen.

Am Anfang unserer Wanderung können wir auf der Bookholzberger Straße einen Abstecher zum Stenumer Großsteingrab machen.

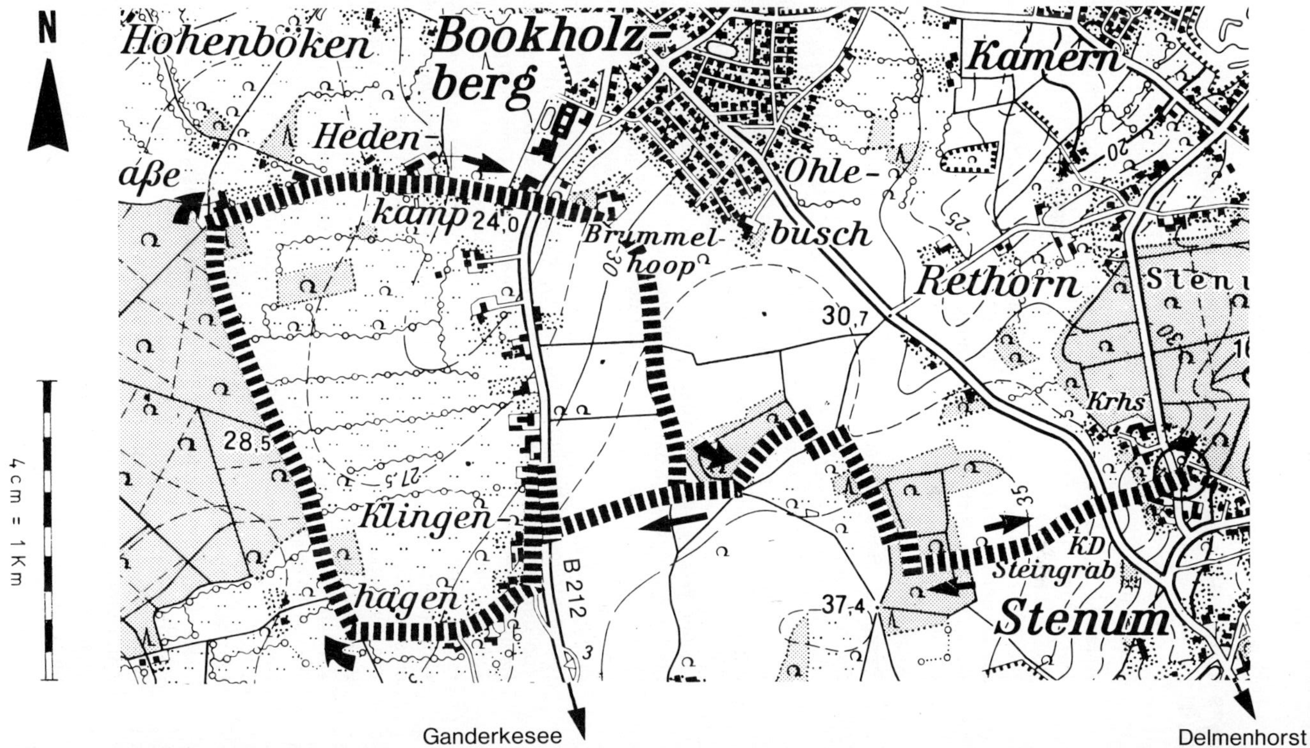
N
Hohenböken
Bookholz-
berg
Heden-
kamp
aße
24,0
Brummel-
hoop
Ohle-
busch
Kamern
Rethorn
Sten
30,7
Krhs
28,5
27,5
Klingen-
hagen
B 212
KD
Steingrab
Stenum
37,4
4 cm = 1 Km
Ganderkesee
Delmenhorst

127 Große Rundwanderung durch den Hasbruch

Weglänge 9 km = 3 Stunden. Wegzeichen: Rotes Viereck

Anfahrt: Vegesack – Fähre Lemwerder, Richtung Berne über Dunwarden nach Butzhausen, hier links ab auf der B 212 nach Bookholzberg. Oder
Autobahn Richtung Oldenburg, Abfahrt Ganderkesee, hier rechts ab auf der B 212 nach Bookholzberg.
Dort links ab Richtung Hedenkamp, Waldhof Hasbruch (Hinweisschild)

Ausgangspunkt:

Parkplatz »Sommerfrische« beim Hotel Waldhof Hasbruch

Bei der Wegtafel auf dem Parkplatz nicht den Hauptweg zur Jagdhütte wählen, sondern den linken Weg (nach Süden), der 1,5 km am Waldrand entlangführt. Bei der ersten Gabelung hinter dem Wald biegen wir rechts ab und wandern am Rade der kleinen Ortschaft Westerloge entlang und durch den Wald zur »Dicken Eiche« und weiter wie Wanderung 18 zur Amalieneiche. Von der Amalieneiche kehren wir zurück auf den Westerloger Weg, den wir nach Süden am Waldrand weitergehen. Bei einem in den Wiesen links angelegten Teich biegt der Weg rechts ab in den Wald, wo auf der rechten Seite der Klingenberg-Teich liegt. Bei der nächsten Kreuzung halten wir uns rechts und gelangen über den »Krummen Weg« auf den Falkenburger Weg und rechts zur Jagdhüttenkreuzung (mit Abstecher zur Jagdhütte).
Von der Jagdhüttenkreuzung folgen wir dem Weg zum Forstamt. Rechter Hand liegt eine Lichtung, die den Namen »Freischützplatz« erhalten hat. Weiter geht es über die Brookbäke und nach ca. 200 m rechts in den Urwald zur Friederikeneiche (1), von dort rechts auf einem Trampelpfad an der Elise-Fink-Eiche und Hohen Eiche vorbei auf eine Waldschneise parallel zur Brookbäke. Wir halten uns links, kreuzen die Liebesallee und kommen am Falke-Teich vorbei, den wir am Waldrand rechts umrunden. Immer am Waldrand entlang kommen wir auf den Weg nach Vielstedt, gehen ein kurzes Stück rechts und weiter auf der links abzweigenden Schneise im Bogen zurück auf den Hohenbökener Weg. Links erreichen wir wieder unsern Ausgangspunkt.

Was wir sehen:

Dieser Weg führt durch die schönsten Teile des Hasbruch und die Naturschutzgebiete Urwald. Vom Waldrand aus bieten sich Ausblicke über Wiesen (im Frühjahr blühende Wiesenblumen) und Wallhecken. Am Krummen Weg sind mehrere Versuchsflächen mit Eichen angelegt, davon ist eine aus Eicheln der Friederikeneiche gezogen worden.

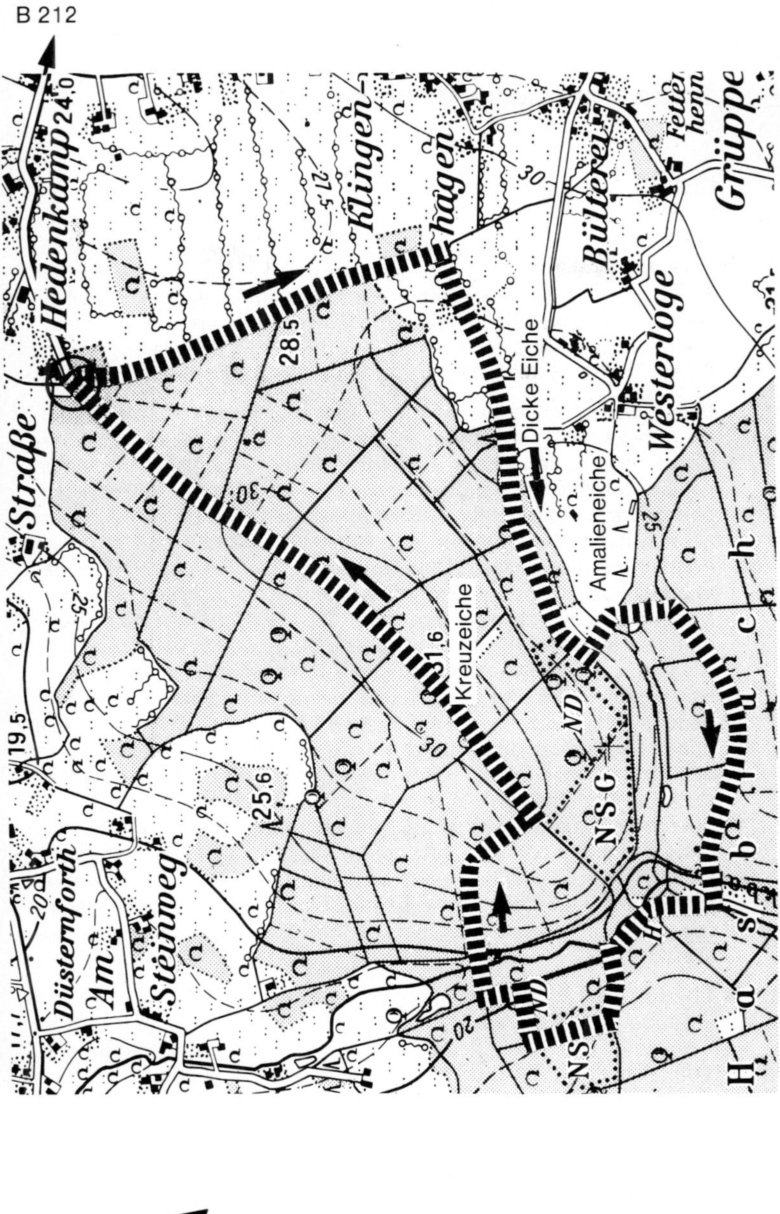

B 212
Hedenkamp
Straße
Klingenhagen
Bülterei
Westerloge
Dicke Eiche
Amalieneiche
Kreuzeiche
Düsternforth
Am Steinweg
NSG
ND
24,0
28,5
31,6
25,6
19,5
N
4 cm = 1 Km

Staatsforst Hasbruch, alte Eichen

Der Hasbruch ist mit 650 ha das größte geschlossene Waldgebiet der Delmenhorster Geest. Er ist von Alters her ein Laubwald aus Eiche und Buche. Für Wanderer ist er seit vielen Jahren ein beliebtes Ausflugsziel mit schattigen Wegen und zwei sehenswerten Naturschutzgebieten. Vor dem Laubaustrieb im Frühjahr ist der Waldboden mit einem Teppich blühender Buschwindröschen (Anemonen) bedeckt.

In den Naturschutzgebieten finden wir merkwürdige bizarre Hainbuchen, die sich in Mannshöhe in mehrere Stämme gabeln. Im Volksmund hieß das Waldstück »Franzosenwald«. Französische Soldaten sollten während der napoleonischen Zeit die Stämme zum Straßenbau durch Sumpfgebiete gebraucht haben. Diese Überlieferung ist aber unrichtig. Der Wald wurde als Hütewald für Rinder und Schweine (Eichelmastung) genutzt. Die Hainbuchen dienten den Bauern der angrenzenden Dörfer als Brennholz, auch wurde Köhlerei betrieben. Damit die Austriebe nicht von den Kühen verbissen wurden, sägte man das Kopfholz in Mannshöhe ab. Vor etwa 150 Jahren ließ die großherzogliche Forstverwaltung die Waldwirtschaft auf intensive Holznutzung umstellen. Die Weidenutzung hörte auf. Die einzelstehenden dicken Eichen, die nur kurze Stämme hatten, wurden gefällt und mit Handsägen über »Sägekuhlen« im Walde zersägt. Dann wurden dichte Schonungen angelegt mit Eichen und Buchen, vereinzelt auch mit Nadelhölzern. In den dichten Beständen treiben sich die Bäume hoch und bilden lange Stämme. Ein Förster hat die Jahresringe alter Eichen ausgezählt und ein Alter von über 1000 Jahren ermittelt. In den Naturschutzgebieten wurden einige alte Eichen als Naturdenkmäler erhalten. Dort wird auch sonst möglichst nichts verändert, so daß ein Urwald entsteht. Die alten Eichen haben Namen erhalten:

1. Friederiken-Eiche, benannt nach der Prinzessin Friederike von Oldenburg. Sie ist der mächtigste noch lebende Urwaldriese. Im Sommer 1960 brach nach einem Sommerregen einer der größten Äste ab. Zum Schutz der Wurzeln angepflanzte Wildrosen und umgewehte Bäume verwehren z. Zt. die Sicht auf den mächtigen Stamm. Ihr Alter wird auf 1200 Jahre geschätzt.

2. Liedertafel-Eiche, die ihren Namen nach einem am 21. Mai 1863 auf der Lichtung abgehaltenen Waldfest der Sänger von den Liedertafeln Oldenburg und Bremen erhalten hat. Die Eiche stürzte 1925 um, ihre Reste sind aber noch vorhanden

Wissenswertes über den „Heiligen Berg" Wanderung Nr. 84

Früh- und vorgeschichtliche Anlage bei Bruchhausen-Vilsen

Dem Auge bietet die vorgeschichtliche Burgenanlage, verglichen mit den gewaltigen, aus Stein errichteten Befestigungsanlagen der Gebirgsgegenden, nur wenig; obwohl hier das geschaffene Gelände imponiert und im Zusammenhang mit der Lage, bei der Namensdeutung und bei den verstreut vorkommenden schriftlichen Erwähnungen gewinnt der Ringwall Heiligenberg mit seinen heute an manchen Stellen so unscheinbar aussehenden Vorwällen einige Bedeutung in der heimatlichen Geschichte.

Der Ringwall Heiligenberg, der zu den größten in Deutschland gehört, ist bis heute wohl für jeden Besucher und auch für die Vorgeschichtsforscher ein Rätsel geblieben. Daß er mehr darstellt als einen Klosterwall ist gesichert. Die Forscher sind sich einig darin, daß er nicht um das im Jahr 1216 erbaute Prämonstratenserkloster herum aufgeworfen worden ist – denn das war nicht üblich –, sondern daß die Heiligenberger Mönche ihre Klostergebäude in den schon längst vorhandenen gewaltigen Ringwall hineingestellt haben. Wegen seiner Größe und andersartigen Anlage kann diese aber kaum bei den sogenannten Heinrichsburgen (10. Jahrhundert) eingereiht werden. Dabei ist zu beachten, daß die stellenweise erkennbaren „Brustwehren" aus sehr viel späterer Zeit stammen müssen. Die Grundanlagen dagegen scheinen aber sehr alt zu sein. Wie die Wissenschaftler nachweisen können, hat es aber keine germanischen Festungsbauten gegeben. Wenn diese Ansicht zutrifft, dann bekäme der Heilige Berg eine ganz besondere Bedeutung, weil er schon in vorgermanischer Zeit als Burg ausgebaut worden sein könnte. Diese Möglichkeit findet durch den Namen eine Stütze. Die Bezeichnung „Heiliger Berg" knüpft nach Meinung der Wissenschaftler nicht an die christliche Stätte dieses Ortes, sondern an die von früher übernommene heidnisch-religiöse Bedeutung, der mit Zustimmung des Erzbischofs von Bremen durch die Klostergründung ein neuer christlicher Sinn gegeben wurde. Dabei ist man aber weiterhin auf Vermutungen angewiesen, weil an dieser Stelle bisher keine Grabungen im größeren Umfang durchgeführt worden sind.

Der Ringwall hat eine Länge von 465 m, einen größten Durchmesser von 240 m und eine Höhe von 8,40 m und ist damit die größte Wehranlage, die unsere Vorfahren im nordwestdeutschen Flachland errichteten.

An das dreihundertjährige Bestehen des Klosters (bis 1535) erinnern heute noch das Brunnenhaus mit dem alten Ziehbrunnen neben dem Forsthaus, ein zerbrochener Grabstein, die obere Wassermühle nordöstlich des Ringwalles und eine ganze Reihe von Originalurkunden.

128 Rundwanderweg »Sommerfrische« durch den Urwald

Weglänge 6,3 km = 2 Stunden Wegzeichen: Rote Schlangenlinie
Abkürzung (Wanderzeichen: Roter Punkt) 5,2 km

Anfahrt: Vegesack – Fähre Lemwerder, Richtung Berne über Dunwarden nach Butzhausen, hier links ab auf der B 212 nach Bookholzberg. Oder
Autobahn Richtung Oldenburg, Abfahrt Ganderkesee, hier rechts ab auf der B 212 nach Bookholzberg.
Dort links ab Richtung Hedenkamp, Waldhof Hasbruch (Hinweisschild)

Ausgangspunkt:

Parkplatz »Sommerfrische« beim Hotel Waldhof Hasbruch

Vorgänger des Hotels Waldhof war das bekannte Ausflugslokal »Beltes Sommerfrische«, an das die Wegbezeichnung erinnert. Vom Parkplatz mit der Wegtafel gehen wir 700 m auf dem Hauptweg in Richtung Jagdhütte und biegen dann links ab. Wir folgen dem Wegzeichen und wandern durch 130–150jährige Eichenbestände. Nach 1,5 km kommen wir an die umgestürzte »Dicke Eiche«. Rechts geht es weiter an der linker Hand auftauchenden »Petershagenwiese« vorbei, hinter der von links ein Weg einmündet. Hier geht rechts ein Trampelpfad in den Urwald hinein. Nach 50 m stehen wir vor der umgestürzten Amalieneiche. Links führt der »Urwaldpatt« weiter und mündet kurz vor der rechts liegenden Jagdhüttenkreuzung auf den Falkenburger Weg. Zu empfehlen ist ein Abstecher zur Jagdhütte (Falkenburger Weg überqueren), wo Bänke zu einer Rast einladen. Von der Jagdhüttenkreuzung, auf der eine Plantane und ein Wegweiser stehen, gehen wir auf dem Hohenbökener Weg zurück in Richtung Waldhof. 400 m nach der »Kreuzeiche« biegen wir links ab und erreichen nach 200 m einen Parallelweg, der kurz vor unserm Ausgangspunkt auf den Hohenbökener Weg zurückführt.
Der abgekürzte Weg zweigt vor der Amalieneiche rechts ab.

Was wir sehen:

Schattige Waldwege mit ca 150jährigen Eichenbeständen, reizvolle Durchblicke auf einsame Wiesen am Waldrand. Besonders eindrucksvoll ist das Naturschutzgebiet Urwald mit bizarren Hainbuchen. Von den großen Eichen sehen wir die »Dicke Eiche« (3) und Amalieneiche (4).
Die Jagdhütte, mitten im Wald idyllisch an der Brookhäke gelegen, war bis zum 2. Weltkrieg bewirtschaftet und Ziel zahlreicher Wanderer von den Bahnhöfen Hude und Bookholzberg.

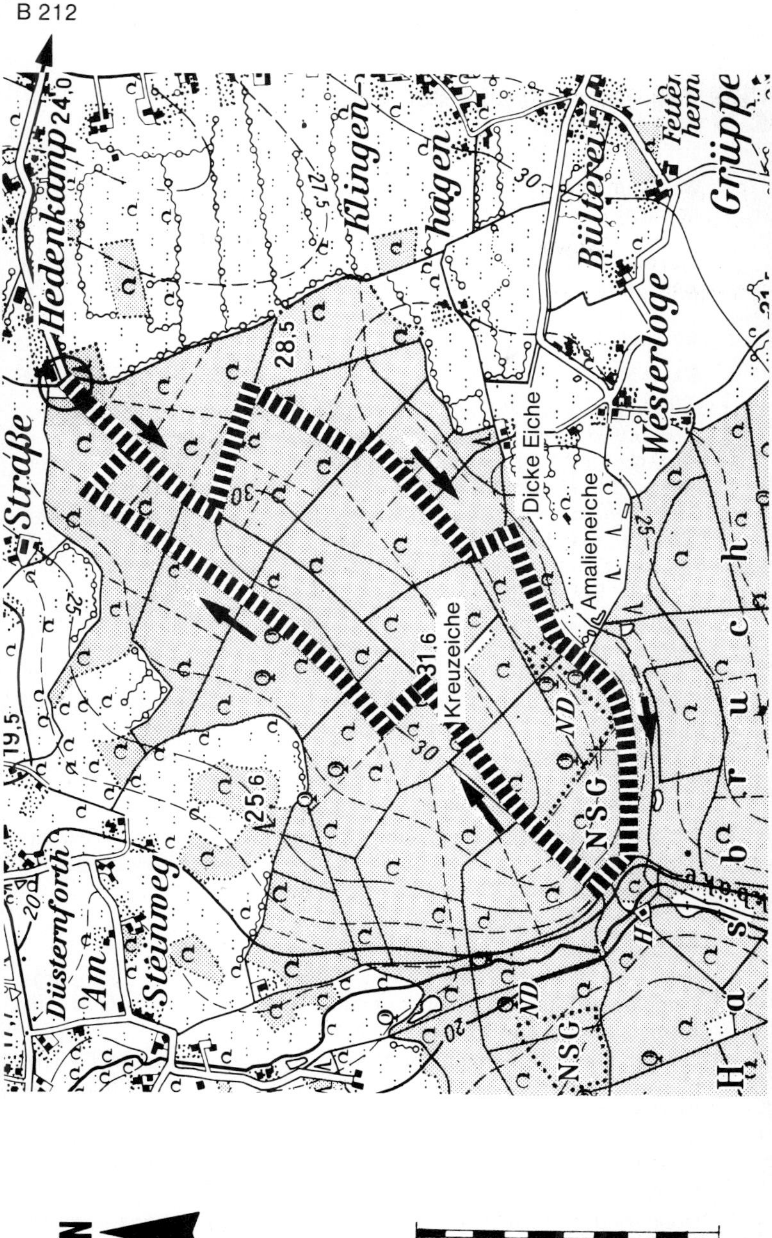

B 212
Hedenkamp
24,0
Straße
Klingen
hagen
Bülterei
Westerloge
Grüppe
28,5
Dicke Eiche
Amalieneiche
Kreuzeiche
31,6
25,6
19,5
ND
NSG
Düsternforth
Am
Steinweg
H a s b r u c h
N
4 cm = 1 Km

129 Von Falkenburg zu den Großsteingräbern in Steinkimmen

Weglänge 8 km = 2,5 Stunden + 1 Stunde Rast
Abkürzung: 7 km = 2 Stunden + 1 Stunde Rast

Anfahrt: Autobahn Richtung Oldenburg, Abfahrt Hude. In Richtung Ganderkesee erreichen wir nach wenigen km Falkenburg

Ausgangspunkt:

Gasthof zur Falkenburg

Unsere Wanderung führt vom Gasthof zur Falkenburg (Parkplatz) auf dem »Alten Postweg« ziemlich geradeaus nach Steinkimmen. Bei einer Gabelung kurz vor Steinkimmen halten wir uns halblinks und sehen bald in einem Baumbestand hinter einer Wegegabel das erste Großsteingrab. Weiter auf dem alten Postweg stoßen wir nach etwa 300 m auf die Landstraße nach Bergedorf-Ganderkesee. Links an dieser Straße liegt nach 300 m hinter einer Kurve das zweite Großsteingrab, ein Ganggrab.

Nach etwa 600 m machen wir einen Abstecher zur Waldschänke beim Fernsehturm zur verdienten Rast. Danach kehren wir auf die Bergedorfer Straße zurück und gehen etwa 1 km bis zum Ortsanfang von Bergedorf. Hier biegen wir nach links in die erste befestigte Straße ein, die einsam durch Wiesen und Felder über die »Höhe« (Fernblick) zurück nach Falkenburg führt. Beim Ortsschild Falkenburg gehen wir auf einem Sandweg geradeaus, kommen beim Kriegerdenkmal auf die Orthstraße und zu unserm Ausgangspunkt.

Als Abkürzung können wir beim Fernsehturm dem Sandweg (Verlängerung der Zufahrtstraße) folgen, der am Ende des Waldbestandes links abbiegt und auf den alten Postweg zurückführt.

Was wir sehen:

Der »Alte Postweg« führte von Delmenhorst über Falkenburg–Dingstede–Kirchhatten–Sandkrug nach Oldenburg. Das Gasthaus zur Falkenburg war Umspannstation.

Wir wandern durch ein ruhiges, ländliches Gebiet mit Wiesen, Feldern und den typischen Wallhecken. An die Vorgeschichte erinnern die Großsteingräber aus der jüngeren Steinzeit (2500 bis 2000 v. Chr. – vgl. Heimatgeschichte). Bei den Großsteingräbern sind vom Museum für Vorgeschichte Hinweistafeln aufgestellt. Ein drittes, kleines Steingrab liegt rechts der Bergedorfer Straße in privaten Ländereien.

Orientierungspunkt ist der überall sichtbare 300 m hohe Fernsehturm.

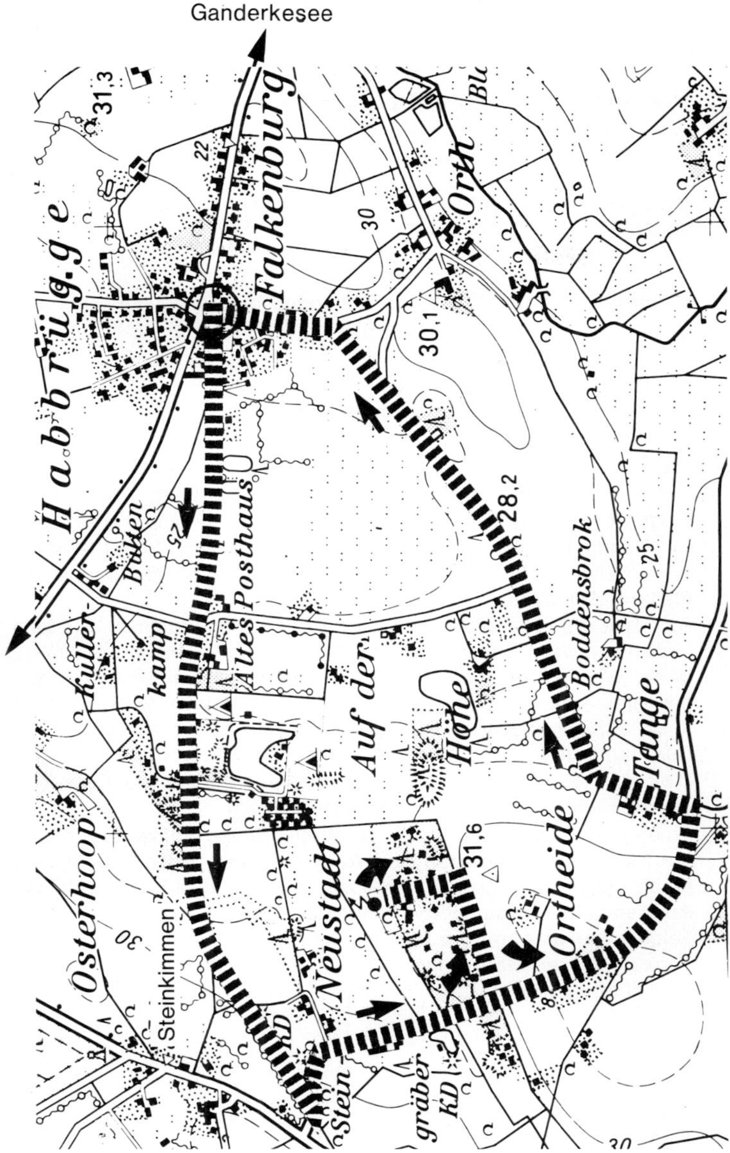
Ganderkesee
BAB
Habbrügge
Falkenburg
Orth
Osterhoop
Steinkimmen
Neustadt
Auf der Höhe
Altes Posthaus
Kuller-kamp
Butten
Boddensbrok
Tange
Ortheide
Steingräber KD
31,3
30,1
28,2
31,6
N
4 cm = 1 Km

130 Rundwanderweg von der BAB-Raststätte Hasbruch

Weglänge 4,5 km, Wegzeichen: Blaues Dreieck – oder 5,5 km über Jagdhütte und Amalieneiche, Dauer 2 Stunden

Anfahrt: Autobahn Richtung Oldenburg bis Raststätte Hasbruch

Ausgangspunkt:

BAB-Raststätte Hasbruch

Von der Wegetafel gehen wir auf der Asphaltstraße bis zur Landstraße Kühlingen–Falkenburg, die überquert wird. Nach 100 m biegt der Wanderweg rechts ab. Nach 500 m kann rechts eine Abkürzung gewählt werden – Markierung blauer Punkt – dann erste Schneise wieder rechts bis zur Kühlinger Straße und auf dieser rechts zurück.
Auf dem geradeaus weiterführenden Waldweg kommen wir zum „Krummen Weg" und auf diesem links zum Falkenburger Weg. Unser Wegzeichen führt uns links weiter am Fischer-Teich vorbei bis zum Anfang der Rampe der Autobahnbrücke. Auf der hier links abzweigenden Schneise können wir auch zurückwandern. Der markierte Weg führt links neben der Rampe weiter, macht eine Biegung nach links und stößt kurz vor der Zufahrt zur Raststätte auf die Kühlinger Straße.
Einen interessanteren Teil des Hasbruch erleben wir, wenn wir nach der Einmündung des krummen Weges auf dem Falkenburger Weg rechts weitergehen zur Jagdhütte, von dort auf dem »Urwaldpatt« zur Amalieneiche und zum Klingenberg-Teich. Hinter dem Klingenberg-Teich gehen wir geradeaus weiter (nicht in den krummen Weg einbiegen). So kehren wir in Gegenrichtung auf dem Weg, den wir gekommen sind, zurück.

Was wir sehen:

Wir bewegen uns auf schönen Waldwegen. Bei der längeren Wanderung laden bei der Jagdhütte Bänke unter der Blutbuche zu einer Rast ein. Das Naturschutzgebiet um die Amalien-Eiche (4) wird bei dieser Wanderung in Gegenrichtung der bezeichneten Wege durchquert.

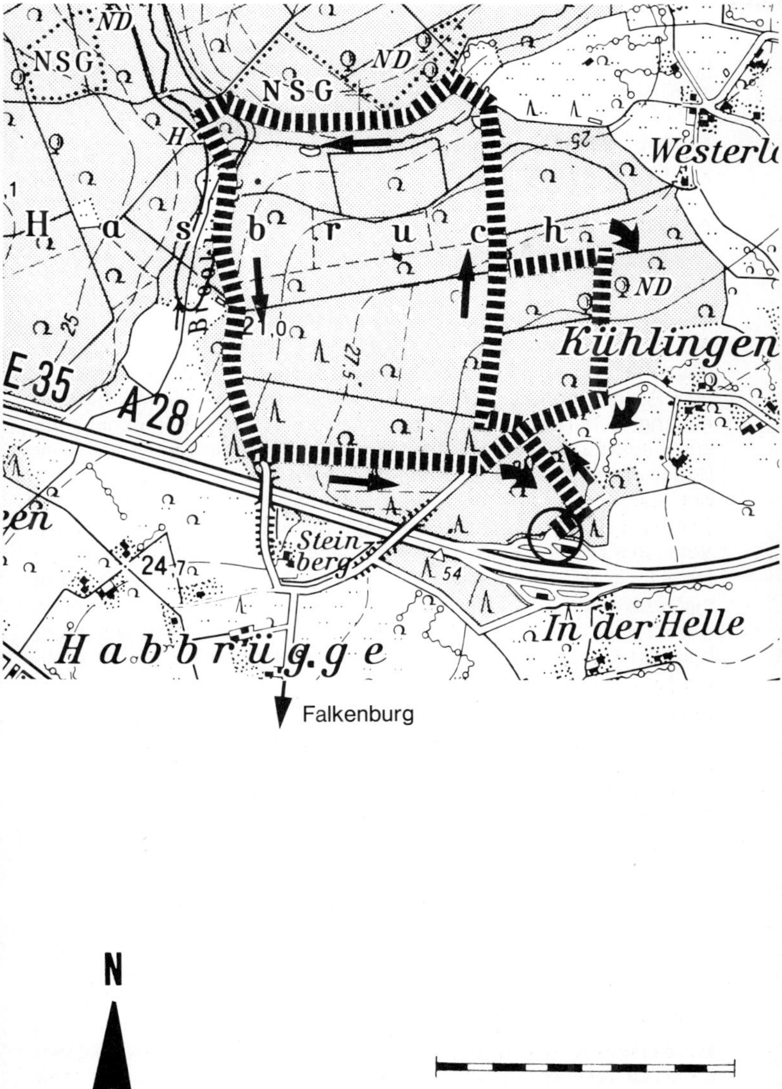

NSG
ND
NSG
ND
H a s b r u c h
ND
Kühlingen
E 35
A 28
21,0
Stein-berg
24,7
54
In der Helle
H a b b r ü g g e
Falkenburg
N
4 cm = 1 Km

131 Rundwanderweg vom Forstamt Hasbruch zur Amalieneiche

Weglänge 5 km, Dauer 1,5 Stunden. Wegzeichen: Weißes Dreieck. Abkürzung 3,2 km = 1 Stunde

Anfahrt: Autobahn Richtung Oldenburg, Abfahrt Hude. Nach 1 km auf der Straße nach Hude erreichen wir unseren Ausgangspunkt

Ausgangspunkt:

Forstamt Hasbruch, Parkplatz »Liebesallee«, 3 km von Bahnhof Hude

Bei der Wegtafel gegenüber dem Forstamt beginnen wir die Wanderung auf dem linken Weg und biegen kurz vor der Bachbrücke bei der Wegkreuzung nach links ab. Wir kommen bald am Falke-Teich (nach dem Pächter benannt) vorbei, den wir umrunden und am Waldrand entlang weiterwandern bis zum Vielstedter Weg. Wir gehen nun ein kurzes Stück rechts und auf der links abzweigenden Schneise im Bogen zur Kreuzeiche (8). Hier kreuzen wir den Hohenbökener Weg. Nach 300 m steht auf der rechten Seite die 500 Jahre alte Fischbeck-Eiche (6). Bald kommen wir am Waldrand auf den Westerloger Weg. Vom Westerloger Weg biegen wir beim Hinweisschild „Amalieneiche" rechts ab in das Naturschutzgebiet Urwald. Nach 50 m stehen wir vor der umgestürzten 1250jähr. Amalieneiche (4), gehen links weiter auf dem eindrucksvollen »Urwaldpatt« bis zur Jagdhüttenkreuzung. Ein kurzer Abstecher zur Jagdhütte ist zu empfehlen (Falkenburger Weg überqueren).
Von der Kreuzung (Wegweiser) geht es zurück in Richtung Forstamt am »Freischützplatz« vorbei und über die Brookbäke.
300 m nach Überquerung der Brookbäke führt rechts ein Weg (Hinweisschild) durch das NSG zur 1200 Jahre alten Friedrikeeiche (1).
Eine Abkürzung (Wegzeichen = Weißer Strich) führt auf dem Vielstedter Weg direkt zur Jagdhüttenkreuzung.

Was wir sehen:

Die »Liebesallee« war vor dem 2. Weltkrieg eine schöne Buchenallee, von der nur ein paar Einzelbäume am Anfang erhalten sind. Um die Jahrhundertwende promenierten dort des Försters Töchter mit Offizieren (andere Pärchen auch). Schöne Durchblicke haben wir vom Waldrandweg auf Wiesen und Bauernhöfe. Den nachhaltigsten Eindruck gewinnen wir in den Naturschutzgebieten mit den bizarren Hainbuchen und den uralten Eichen. Die Amalieneiche ist Anfang 1982 umgestürzt.

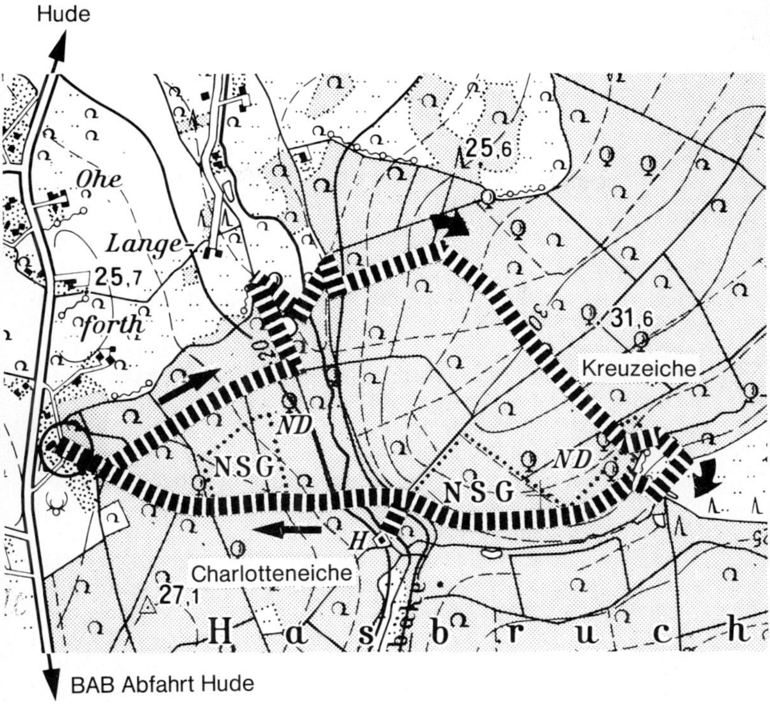
Hude
Ohe
Lange-
forth
25,7
25,6
31,6
Kreuzeiche
ND
NSG
ND
NSG
H
Charlotteneiche
27,1
H a s b r u c h
BAB Abfahrt Hude

N
4 cm = 1 Km

132 Bookholzberg, Hohenböken

Weglänge 10 km, Dauer 3 Stunden + Rast

Anfahrt: Vegesack – Fähre Lemwerder, Richtung Berne über Krögersdorf, hier links ab auf der B 212 nach Bookholzberg. Oder Autobahn Richtung Oldenburg, Abfahrt Ganderkesee, hier rechts ab auf der B 212 nach Bookholzberg

Ausgangspunkt:
Ortsplatz an der Einmündung des Friedensweges/B 212 – Stedinger Straße. Parkplätze in Parallelstraßen
Vom Ortsplatz erreichen wir über die Stedinger Straße und die Jasminstraße, die Rosenstraße die Freilichtbühne. Nach einem Rundgang halten wir uns rechts und kommen über den Grenzweg zur Huder Straße. Dieser folgen wir über Gut Hohenböken ca. 1,5 km weit bis zum Nordholzer Weg. Diesen gehen wir geradeaus, halten uns bei einer Gabelung rechts, kommen bei der ehemaligen Nordenholzer Schule auf die Straße und rechts zum Gasthaus Langenberg (Rastmöglichkeit). Richtungspunkt ist die Ziegelei.
Unser Rückweg beginnt auf der Straße nach Bookholzberg. Nach 300 m biegen wir gegenüber der Ziegelei links in einen Weg durch ein Waldstück ein, der uns im Bogen bis 100 m vor die Bahnlinie nach Bremen führt. Rechts kommen wir nach 400 m zum Kriegerdenkmal und links über die Bahn in das Hohenbökener Moor. Nach 2 km biegen wir rechts von dem Betonweg in einen Sandweg ab (vorher kreuzt eine Hochspannungsleitung unseren Weg). Links liegt ein Baggersee. Wir überqueren die B 212 und kehren rechts auf der parallel laufenden alten Straße, die im Ortsbereich Harmenhauser Straße heißt, über eine Fußgängertreppe, auf dieser zurück zum Ortsplatz.

Was wir sehen:

Auf dem hohen Geestrand ist die Freilichtbühne Bookholzberg angelegt worden, auf der zur Erinnerung an die Schlacht bei Altenesch das Schauspiel »Stedingsehre« aufgeführt wurde. Jetzt finden dort jährlich internationale Musikzugtreffen statt. Das Gelände beherbergt das Berufsförderungswerk Niedersachsen. – Beim Gut Hohenböken hat man einen Fernblick bis zur Weser.
Auf dem Rückweg kommen wir an der neuen Klinkerziegelei vorbei. Der Ton wird aus der Wesermarsch angefahren. Gegenüber liegt der Tonteich der abgebrochenen Ziegelei Wübbenhorst, um den ein idyllischer Wohnsitz hergerichtet worden ist, anschließend kommen wir an dem Hof Wübbenhorst vorbei. Jenseits der Bahnlinie folgt eine ruhige Wegstrecke durch die Wiesen im Hohenbökener Moor.

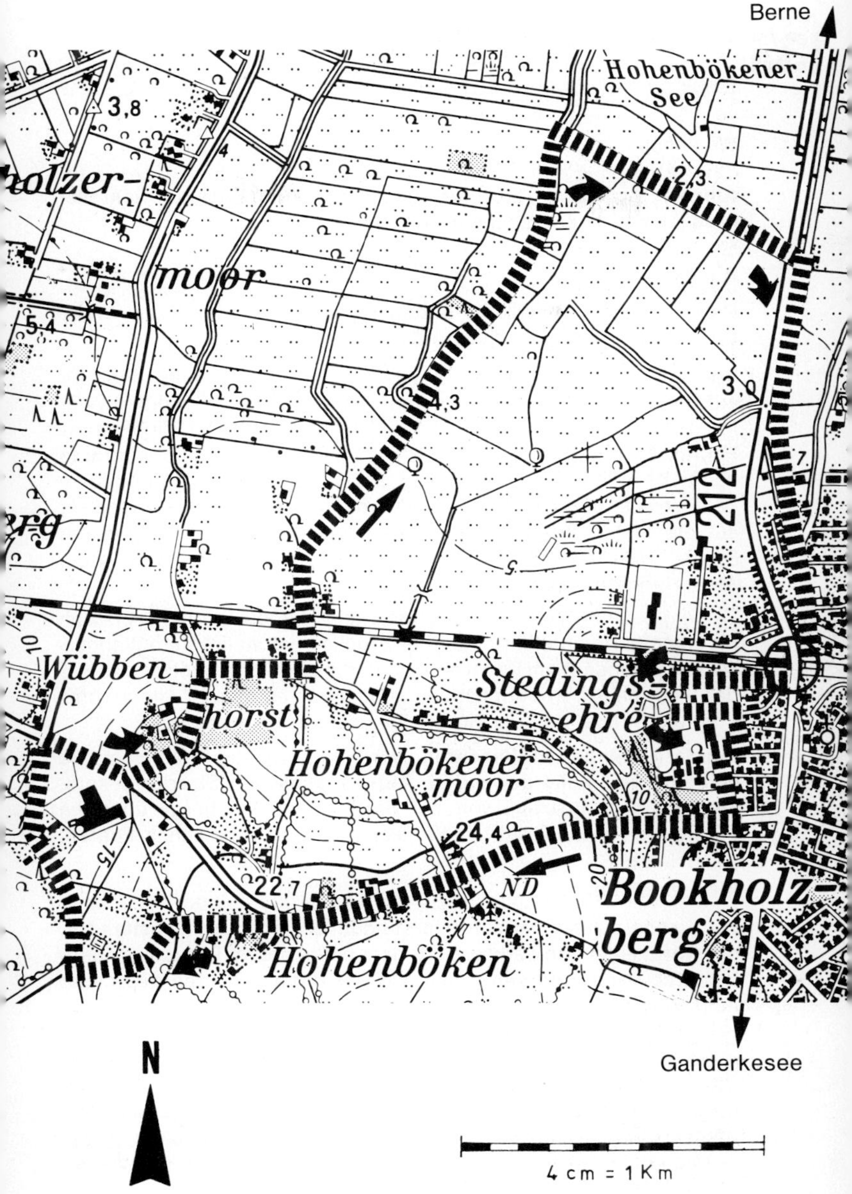

Berne
Hohenbökener See
holzer-
moor
berg
Wübben-
horst
Hohenbökener-
moor
Stedings-
ehre
Bookholz-
berg
Hohenböken
ND
212
Ganderkesee
N
4 cm = 1 Km

133 Wanderung rund um Hude, östlicher Teil

Weglänge 6 km, Dauer 2 Stunden

Anfahrt: Autobahn Richtung Oldenburg, Abfahrt Hude, von hier rund 5 km bis zum Bahnhof Hude

Ausgangspunkt:

Bahnhof Hude, Parkplätze nördlich und südlich der Bahn, Waldschwimmbad oder Gasthaus »Zum alten Herrmann«

Vom Parkplatz an der »Hohe Straße« südlich der Bahn beginnen wir auf der Schützenstraße und biegen danach links ab in die »Hohelucht«. Bei der Wegspinne am Anfang des Waldgebietes Bornemanns Fuhren folgen wir der Königsberger Straße (Fußgängerstraße) und nach 100 m links dem Birkenweg, dann dessen Verlängerung, dem Ladillenweg. Bei der ehemaligen Nordenholzer Schule gelangen wir auf die Straße Vielstedt–Langenberg und links zur Kreuzung der Straße Hude–Bookholzberg, wo wir im Gasthaus Langenberg »Zum Alten Hermann« eine Rast machen können.

Weiter geht es auf der Straße nach Hekeln über die Bahnlinie bis zum Moorkanal. Unmittelbar hinter der Brücke beginnt links ein Wanderweg. Wir wandern am Kanal entlang durch das Nordenholzer und Huder Moor bis zur Friedrichstraße und kehren auf dieser, dann rechts über die Straße »Auf der Nordheide« zum Bahnhof zurück.

Bei der verlängerten Wanderung wird am Kanal die Friedrichstraße gekreuzt und weitergewandert. Auf der südlichen Strecke bekommen wir den Anschluß von der Straße »Am Goldberg« über die Straße »Im Winkel« bei der Wegespinne vor Bornemanns Fuhren.

Was wir sehen:

Wir wandern zunächst auf dem Sanddünengürtel des Geestrandes, der Nordheide, den Ladillen und dem Langenberg. Der Langenberg ist durch Sand- und Kiesgruben weitgehend abgetragen, zeigt aber noch eine leicht wellige Feld- und Wiesenlandschaft.

Die Bahnlinie Oldenburg–Bremen verläuft auf der Grenze zwischen Geest und Moor. An der Bahn sind mehrere Industriebetriebe angesiedelt worden, auf dem Langenberg eine neue Ziegelei. Von der Hekeler Straße blicken wir weit über Moor und Marsch bis zur Weser. Der ruhige Wanderweg längs des Kanals führt durch größtenteils abgetorftes Moor, auf dem sich Birken ausgebreitet haben. Der Einzelwanderer kann Wild und Vögel beobachten.

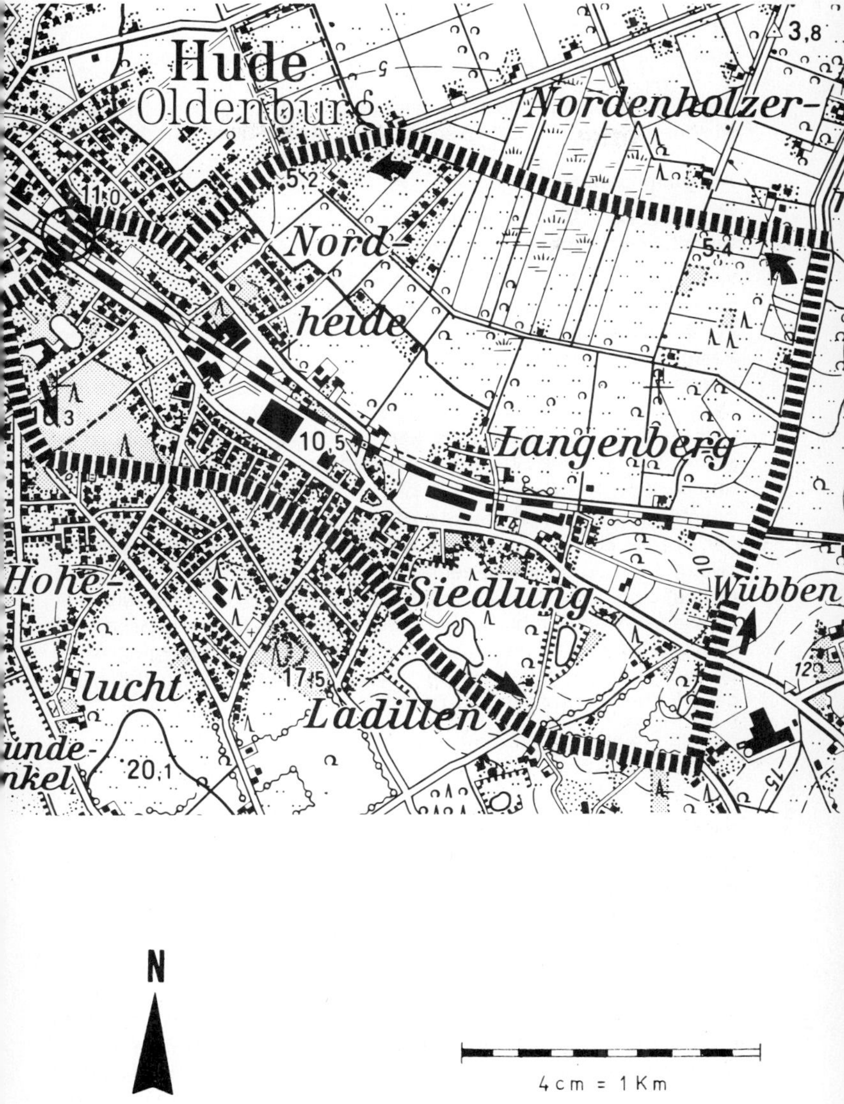

Hude
Oldenburg
Nordenholzer-
3,8
5,2
11,0
Nord-
heide
5,4
10,5
Langenberg
Hohe-
lucht
Siedlung
Wübben
17,5
Ladillen
20,1
N
4 cm = 1 Km

134 Wanderung rund um Hude, westlicher Teil

Weglänge 7 km, Dauer 2 Stunden

Anfahrt: Autobahn Richtung Oldenburg, Abfahrt Hude. In Hude Richtung Berne, am Ortsausgang links ab zur Jugendherberge

Ausgangspunkt:

Parkplatz beim Waldschwimmbad oder Klosterschänke, Jugendherberge. Zweite Möglichkeit: Bahnhof Hude

Wir wandern am Huder Bach entlang nach Süden auf einem schön angelegten Wanderweg, der mit einem roten Karo (Oldenburger Fernwanderweg) markiert ist. Vorbei am Kinderkurheim und der alten Pastorei kommen wir über eine hölzerne Fußgängerbrücke. Hier verlassen wir den Wanderweg am Bach, gehen an dem schönen Baumbestand des Pastoreigartens entlang, kreuzen die Vielstedter Straße und kommen über die Straße »Am Goldberg« über die Schützenstraße auf die Hohe Straße vor der Bahnlinie (Gaststätten Burgdorf und Bahnhofshotel).

Wir überqueren beim Bahnhof die Bahn, folgen rechts der Straße »Auf der Nordheide«, bis nach etwa 400 m links die Friedrichstraße abzweigt. Diese führt uns zu dem Moorkanal. Vor dem Kanal halten wir uns auf dem neben dem Kanal angelegten Fußweg links bis zum Klosterweg, auf dem wir bis zur Parkstraße wandern. Die Parkstraße wird überquert und auf dem durch den Buchenbestand angelegten Wanderweg kommen wir links vor dem Bahntunnel auf die Kirchstraße, auf der wir zum Ausgangspunkt zurückkehren.

Was wir sehen:

Am Ausgangspunkt steht die Elisabethkirche, erbaut um 1300 als Torkapelle des Klosters (im Innern Freskogemälde und Altarschrein). Nach Überquerung der Kirchstraße sehen wir die eindrucksvolle Ruine der Klosterkirche, in Backsteingotik erbaut. Die Steine wurden jenseits des Baches in Erdöfen gebrannt. Das Gelände dort heißt noch »Ziegelhof«. Vom Kloster sind ferner erhalten die Abtwohnung, Klosterschänke und Wassermühle, die als Baudenkmal restauriert wurde und für Gemäldeausstellungen benutzt wird. Es folgt ein schöner Weg am Huder Bach entlang, der nur durch das neue Schulzentrum gestört wird.

Am Kanal entlang führt der Wanderweg durch eine stille Moorlandschaft.

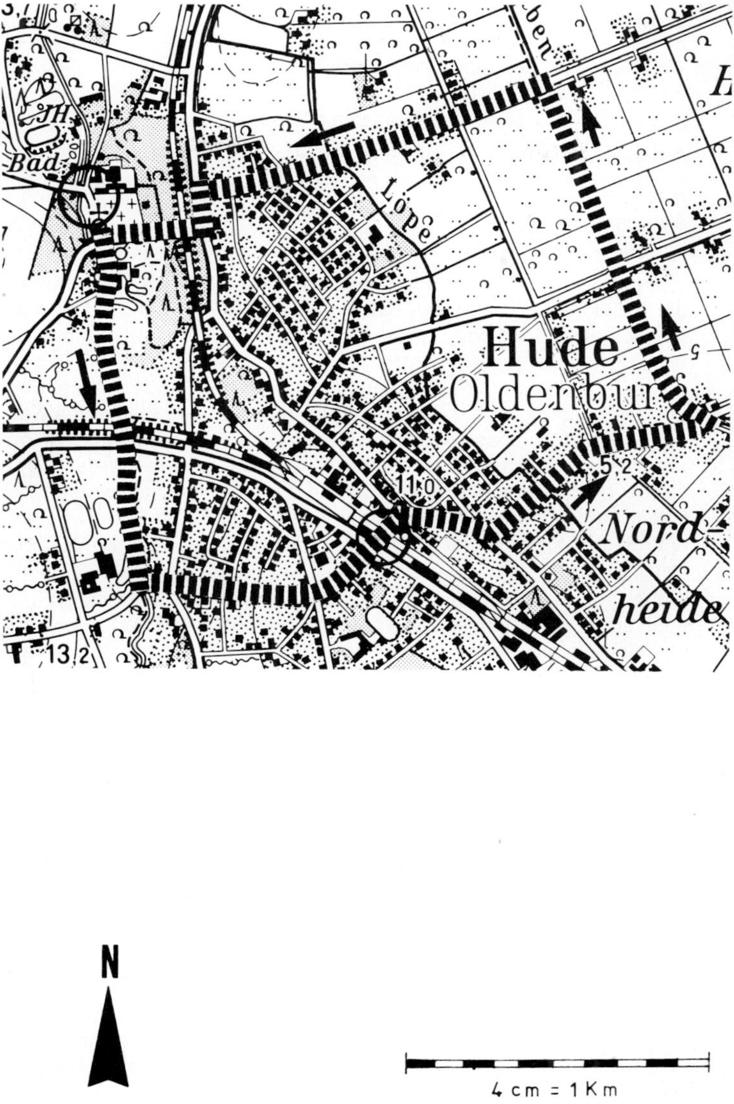
Bad
JH
Lope
Hude
Oldenbur
Nord-
heide
11.0
5.2
13.2
N
4 cm = 1 Km

135 Vom Waldschwimmbad Hude nach Pfahlhausen und zum Reiherholz

Weglänge 6,5 km = 2 Stunden, zuzüglich Rast
Abkürzung 5 km = 1,5 Stunden
Ab Bhf. Hude, zurück längs der Bahn 10 km

Anfahrt: Autobahn Richtung Oldenburg, Abfahrt Hude. In Hude Richtung Berne, am Ortsausgang links ab zur Jugendherberge

Ausgangspunkt:
Parkplatz beim Waldschwimmbad, Jugendherberge

Von der Straße nach Lintel-Altmoorhausen biegen wir 100 m hinter der Brücke über den Huder Bach rechts ab in die Straße »Am Reitplatz«, gehen am Sportplatz vorbei, und erreichen nach 500 m eine Wirtschaftsstraße, auf dieser rechts bald eine Bachbrücke. Wir folgen einem Feldweg, der vor der Brücke links von der Straße abbiegt und am Bach entlangführt, biegen nach ca. 500 m in den ersten Feldweg nach links ab und nach weiteren 500 m wieder links. Nach knapp 1 km kreuzen wir die Straße nach Neuenkoop und folgen der Wirtschaftsstraße, bis die Pflasterung aufhört. An der nach links abzweigenden Straße liegt nach ca. 100 m das Gasthaus »Zum drögen Schinken«, wo eine Rast vorgesehen ist. Gegenüber haben Kinder Gelegenheit zum Ponyreiten.

Weiter auf unserer Straße überqueren wir nach ca. 300 m die Straße nach Lintel und kommen zum Parkplatz im Reiherholz. Auf einem der von hier ausgehenden Wanderwege durch das Reiherholz erreichen wir den »Linteler Kirchweg«, der links zum Ausgangspunkt zurückführt.

Wer die Abkürzung wählt, darf die Neuenkooper Straße nicht überkreuzen, sondern geht auf dieser links bis zur Linteler Straße, überquert sie und kommt auf einer halblinks durch das Reiherholz führenden Waldschneise zum Linteler Kirchweg (links von einer Wiese).

Eine weitere Alternative führt vom Parkplatz Reiherholz auf dem rechten Waldweg zum Linteler Kirchweg, rechts über die Bahnlinie und neben dieser zurück zum Bahnhof Hude.

Was wir sehen:
Am Ausgangspunkt liegt die Klosterruine Hude.

Diese Wanderung, besonders der erste Teil, ist geeignet für Wanderer, die stille Wege lieben. Der Weg am Bach und die folgenden Feldwege, gesäumt von Brombeerbüschen, führen durch einsame ländliche Gebiete. Weiter streifen wir den Rand der Wildbahn, ein großes, noch nicht kultiviertes Moorgebiet. Der Rückweg durch das Reiherholz mit seinen Mischwaldbeständen ist in jeder Jahreszeit lohnend.

Neuenkoop
Pfahlhausen
Reiherholz
Linteler Kirchweg
Hude
Berne
Bad
JH
P
13,7

N
4 cm = 1 Km

136 Von Hude zum Vielstedter Bauernhaus

Weglänge 8 km, Dauer 2 Stunden + Rast

Anfahrt: Autobahn Richtung Oldenburg, Abfahrt Hude. Vor der Bahnlinie in Hude halten wir uns rechts zum Bahnhof

Ausgangspunkt:

Bahnhof Hude, Burgdorfs Gaststätte, Parkplatz südlich der Bahn

Von der „Hohen Straße" biegen wir in die Schützenstraße ein und bei einer Bäckerei über die Wegespinne halblinks in die Straße „Am Goldberg". Wo diese in die Vielstedter Straße einmündet, gehen wir auf einem Wanderweg geradeaus an der alten Pastorei mit schönem Baumbestand vorbei bis zum Huder Bach. Von hier führt uns der Oldenburger Wanderweg (Markierung rotes Karo) links am Bach entlang auf die Straße „Am Sandfang". 100 m nach der Brücke über die Kimmer Bäke biegt unser Weg rechts ab (Zum Wendenkamp). Nach ca. 1 km kommen wir wieder über eine Bachbrücke, 100 m weiter biegen wir links ab und erreichen auf dem landw. Wirtschaftsweg „Nabbenkamp" nach ca. 1 km den Gasthof „Vielstedter Bauernhaus". Hier ist eine Rast zu empfehlen. Der Rückweg führt auf der alten Straße zur ehemaligen Vielstedter Schule. Hier kommen wir auf die Langenberger Straße, überqueren die Brookbäke und gehen in der scharfen Rechtskurve geradeaus weiter (Straße Hogelied). Auf der nach etwa 100 m links abzweigenden Straße „Hohelucht" kehren wir zum Ausgangspunkt zurück.

Was wir sehen:

Durch das aufgelockerte Dorf Vielstedt mit verstreuten Einzelgehöften erreichen wir entlang am Tal der Kimmer Bäke auf einem von Wallhecken (Knicks) gesäumten Weg. Der Rückweg führt auch größtenteils durch ländliche Wege mit den hier typischen Wallhecken. Etwa parallel zur Brookbäke verläuft der Weg Hohelucht.

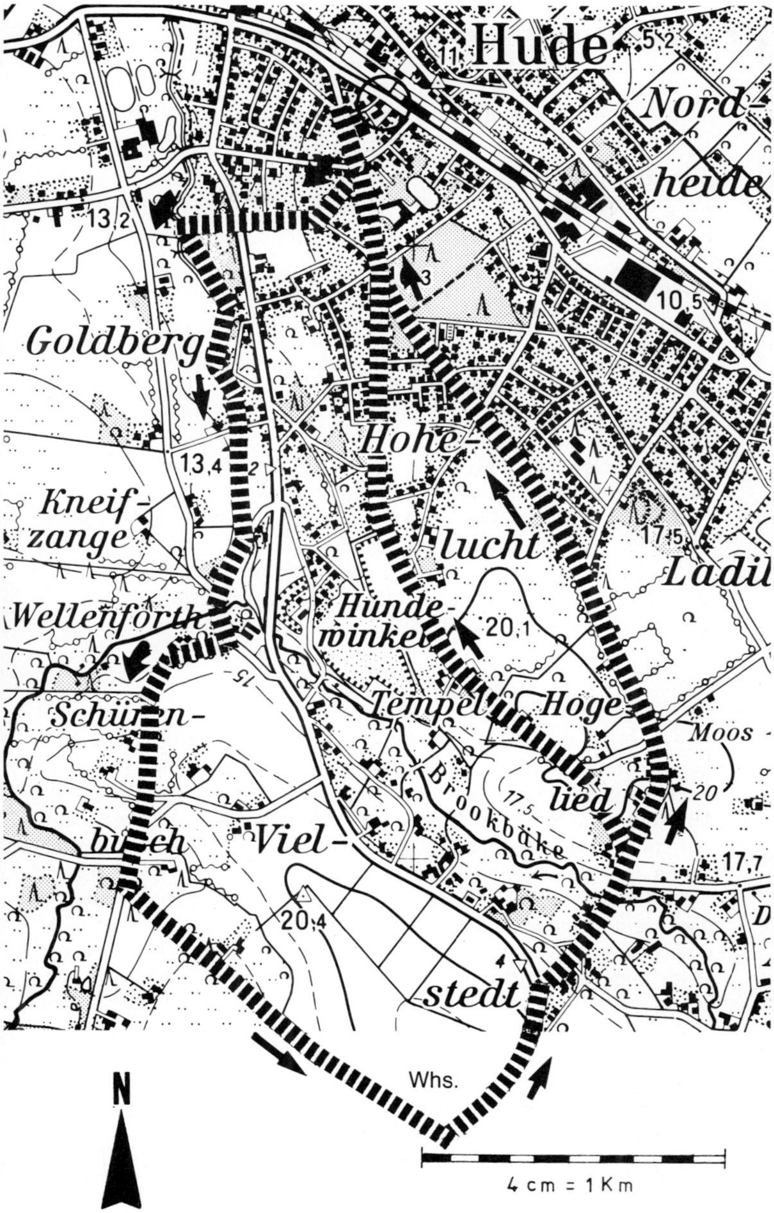

Hude
Nord-
heide
Goldberg
Kneif-
zange
Wellenforth
Schüren-
buch
Hohe-
lucht
Hunde-
winkel
Tempel
Hoge-
lied
Moos
Brookbäke
Viel-
stedt
Whs.
13,2
13,4
10,5
17,5
20,1
17,7
20,4
N
4 cm = 1 Km

137 Rundwanderung durch die »Wildbahn«

Weglänge 4 km, Dauer 1,5 – 2 Stunden

Anfahrt: Autobahn Richtung Oldenburg, Abfahrt Hude. Durch den Ort Richtung Berne. Am Ortsausgang links ab zur Jugendherberge, weiter 1,5 km Richtung Lintel

Ausgangspunkt:

Gasthaus »Zum drögen Schinken« am Reiherholz

Vom Gasthaus gehen wir auf der Anfahrtstraße weiter in Richtung Moor und stoßen auf einen Querweg, in den wir links einbiegen. Nach ca. 200 m halten wir uns bei einer Gabelung halbrechts (Wegmarkierung rotes Karo = Oldenburger Wanderweg). Über den Geestrandkanal wandern wir etwa 1,5 km durch das Moor, bis nach links bei dem Schild „Naturschutzgebiet" ein aufgesandeter Weg abbiegt. Auf diesem Weg kommen wir bei der Brücke über den Geestrandkanal an einer Schutzhütte vorbei. Ab hier folgen wir der Wegmarkierung des Jadewanderweges (J). Etwa 300 m weiter biegt vor den Wiesen links ein Feldweg ab, der uns zum Ausgangspunkt zurückführt.

Was wir sehen:

Das Moorgebiet ist nach der Entwässerung durch den Geestrandkanal stark mit Birken bewachsen. Auf den alten Torfstichen finden wir noch verschiedene Arten von Heide (Besenheide, Glockenheide), Moosbeere, Kronsbeere, Bickbeere. An Böschungen von Gräben und Torfstichen wächst der rundblättrige Sonnentau, eine insektenfressende Pflanze. Größere Flächen bedeckt auch der Gagelstrauch (Porst), dessen Blätter und Blüten einen starken Geruch ausströmen, der Insekten vertreibt, weil die Natur nur Windbestäubung wünscht. Das Gebiet ist wildreich (Fasanen und andere Vögel, Rehe, Hasen, Wildkaninchen). Torfstiche, auf denen noch Torf gegraben wird, sind selten geworden. Vor einigen Jahren erregten Pläne die Öffentlichkeit, hier einen Großflughafen anzulegen. Die Zerstörung dieser Naturlandschaft konnte durch Bürgerinitiativen abgewendet werden. Inzwischen ist ein Teil des Holler Moores unter Naturschutz gestellt und durch Abdämmung von Entwässerungsgräben wieder vernäßt worden.
Im Naturschutzgebiet bitte nicht die Wege verlassen und keine Hunde frei laufen lassen.

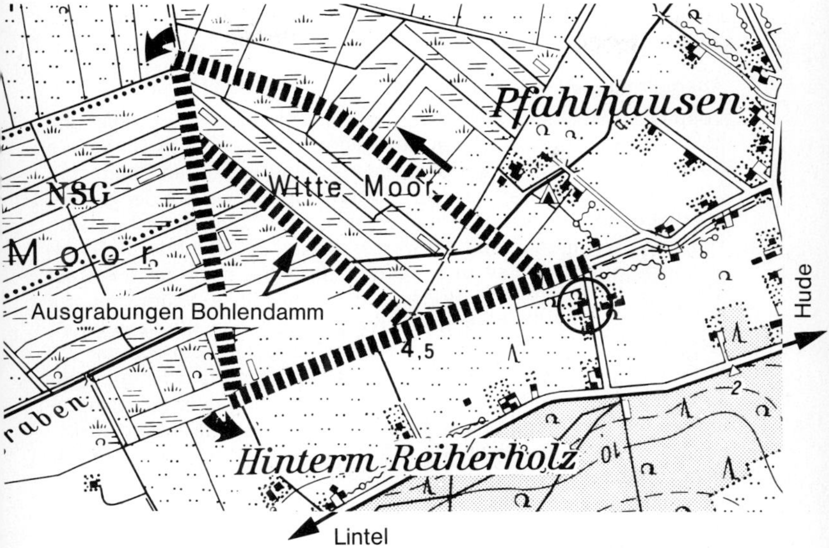
Pfahlhausen
NSG
Witte Moor
Moor
Ausgrabungen Bohlendamm
4,5
Hude
Hinterm Reiherholz
Lintel

N
4cm = 1Km

138 Rundwanderung um Sandersfeld

Weglänge 6 + 4 = 10 km (Dauer 3 Stunden)

Anfahrt: Autobahn Richtung Oldenburg, Abfahrt Hude. Weiter auf der B 75 Richtung Oldenburg, nach 4 km erreichen wir den Ausgangspunkt

Ausgangspunkt:

Vom Gasthaus aus überqueren wir die Bremer Heerstraße und kommen auf die nach Süden abzweigende Straße nach Dingstede (ehemaliger Postweg). Vor dem rechter Hand liegenden Baggersee biegen wir ab und wandern am Ufer entlang, bis wir auf der gegenüberliegenden Seite auf einen befestigten landw. Wirtschaftsweg kommen (Wegmarkierung schwarzer Kreis = Oldenburger Rundwanderweg). Wir halten uns rechts und stoßen nach ca. 1 km auf die neue Dorfstraße von Hurrel, auf der wir links weiterwandern. Beim letzten Gehöft biegen wir rechts ab in den Wirtschaftsweg „Hesterort" und gehen bis zur Autobahnbrücke. Hier kehren wir nach einem Rundblick über das südlich liegende Plietenberger Moor (kultiviert) und das Wald- und Wochenendgebiet des Plietenberges um und biegen nach 200 m auf dem ersten Feldweg rechts ab. Nach 1 km erreichen wir die Dingsteder Straße, auf der wir links zurückwandern.
Nach einer Rast im Gasthaus machen wir noch einen Rundgang auf der Nordseite der Bremer Heerstraße. Auf dem alten Postweg nach Hude wandern wir 1,5 km nach Norden, biegen dann auf dem kreuzenden „Oldenburger Weg" links ab in das Waldgebiet Hurreler Sand. Hinter einem Wochenendhaus zweigt links ein Weg ab, der uns zum Heidefriedhof führt. Hier lohnt sich eine Besichtigung. Weiter kommen wird zur Bremer Heerstraße. Auf dem Rad- und Fußweg kehren wir links nach Sandersfeld zurück.

Was wir sehen:

Der Gasthof Sandersfeld war Umspannstation für Postkutschen. Hier kreuzten sich 2 Postwege. Ab 1820 nach Aufschüttung des Tweelbäker Moordammes befuhr die Post den geraden Weg der Bremer Heerstraße. Nach Inbetriebnahme der Bahnstrecke Oldenburg–Bremen im Jahre 1867 verlor Sandersfeld seine Bedeutung. Der Baggersee ist um 1970 beim Autobahnbau entstanden. Wir durchwandern Waldstücke mit etwas Heide und ruhige dörfliche Gebiete.
Das Wiesengebiet rechts vom Postweg auf unserm nördlichen Rundweg heiß noch Kimmer Heide. Die Heideflächen sind von 1920 bis 1930 kultiviert worden.

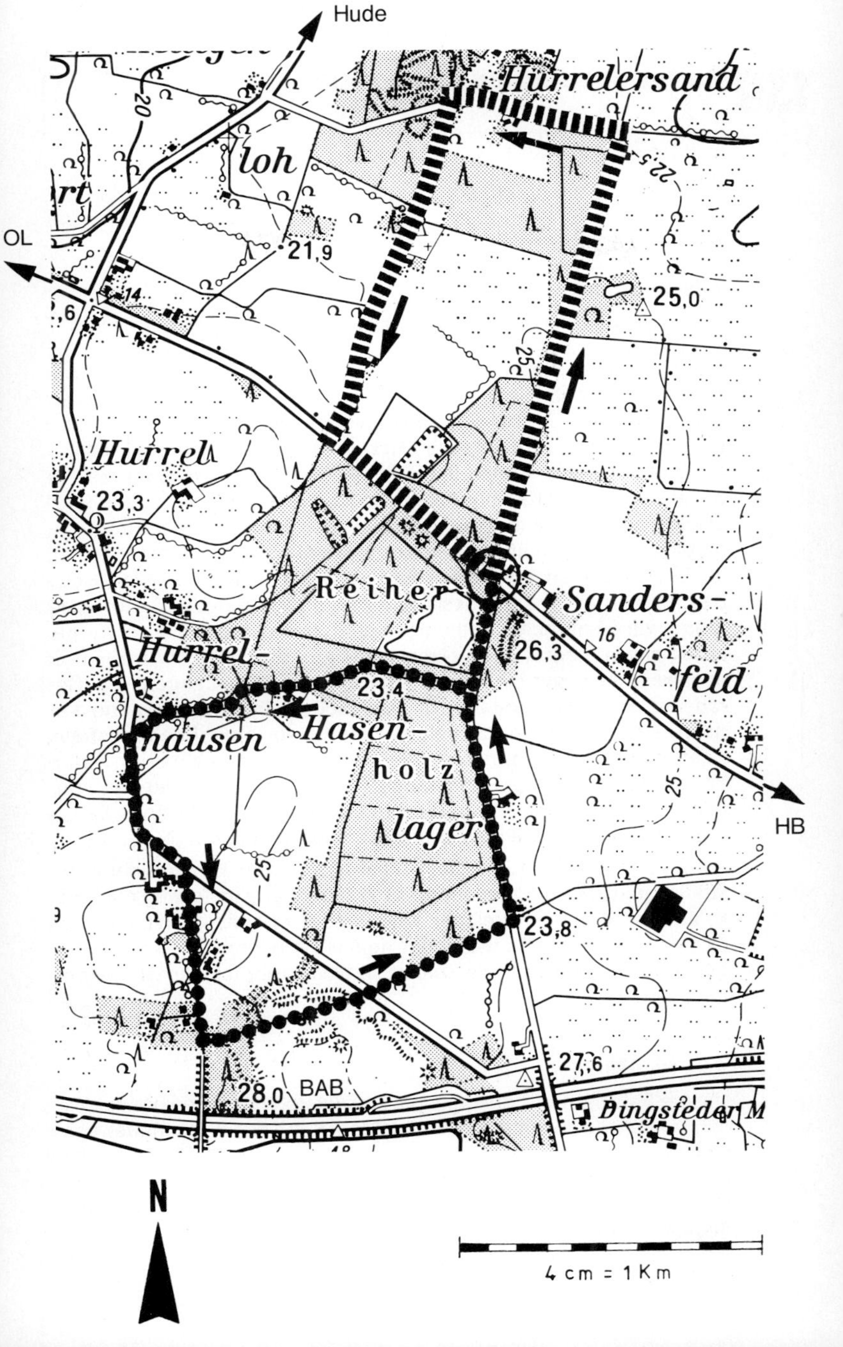
Hude
OL
HB
Hurrelersand
loh
21,9
25,0
Hurrel
23,3
Reiher-
Sanders-
feld
26,3
Hurrel-
hausen
23,4
Hasen-
holz
lager
23,8
27,6
28,0
BAB
Dingsteder
N
4 cm = 1 Km

139 Radwanderung von Blumenthal nach Hude

Weglänge 25 km, Dauer 3 Stunden

Anfahrt Vegesack – Blumenthal

Ausgangspunkt:

Fähre Blumenthal–Motzen (oder Bahnhof Hude)

Nach Verlassen der Fähre in Motzen auf der Deichstraße in Motzen knapp 1 km rechts bis zum Spritzenhaus fahren, auf der Straße davor links abbiegen. Dieser Wirtschaftsweg schlängelt sich durch die Marschwiesen bis zur Ortschaft Hekeln (3 km). Kurz vor der Einmündung des Motzener Kanals in die Ollen stoßen wir auf eine Straße, der wir rechts folgen (Kanalbrücke links liegen lassen). Die Straße führt als Schotterweg weiter. Nach 500 m biegen wir nach einer Kurve hinter einem Ackerfeld über einen Holzsteg links in einen Schlackenpfad ab. Dieser führt an dem Feld entlang nach 200 m über die Ollen (Holzbrücke) und auf die Bundesstraße 212. Auf dem Radweg der B 212 fahren wir 50 m rechts und biegen dann nach links in die schnurgerade Schwadinger Helmer. Nach 4 km Fahrt durch Wiesen treffen wir in Hekelermoor auf die Asphaltstraße Neumühlen–Langenberg. Geradeausfahrend überqueren wir nach 500 m eine Kreuzung und biegen bei der nächsten Abzweigung rechts ab in die Friedrichstraße durch das Huder Moor nach Hude. Dort fahren wir rechts zum Bahnhof und weiter auf der Parkstraße (Radweg), bis linker Hand ein Buchenwald auftaucht. Durch die Kirchstraße biegen wir links ab zur Klosterruine, Klosterschänke und Waldschwimmbad.

Die Rückfahrt geht durch die Kirchstraße, dann 100 m auf der Parkstraße nach links und den rechts abzweigenden Klosterweg nach Hekelermoor. Von hier erreichen wir rechts auf der Asphaltstraße nach ca. 1 km wieder die Schwadinger Helmer. Von hier kehren wir in umgekehrter Richtung auf den gleichen Wegen zurück, die wir gekommen sind.

Was wir sehen:

Unsere Fahrt führt überwiegend durch weite Wiesengebiete der Wesermarsch und der anschließenden Moore. Auf den Wirtschaftswegen treffen wir kaum Autos. Im Luftkurort Hude ist eine Rast vorgesehen (Bahnhofshotel, Klosterschänke). Mit Hude als Ausgangspunkt bietet die Strandhalle in Blumenthal eine Rastmöglichkeit mit in der Nähe liegenden Gartenanlagen.

büttel
Coldewei
Warfleth
Ganspe
Motze
Hannöver
Campe
B 212
Ollen
Berne
Glüsing
Hiddigwarden
Motzener Kan
Katjen-
büttel
Ollen
Hekeln
Berne
Neue Ollen
Harmen-
hausen
Kanal
Hekelner
Hiddig-
warder-
moor
Ollener-
moor
Stedinger Kan
Hekeler-
moor
Maibusch
Maibuscher-
moor
Hudermoor
Hude
Nordenholzer-
moor
212
N
4 cm = 2 Km

140 Mit dem Fahrrad von Farge nach Hude

oder von Hude über Dreisielen zur Weser
Weglänge 26 km, Dauer 2 Stunden + Rast

Anfahrt: Vegesack – Blumenthal – Farge

Ausgangspunkt:

Fähre Farge–Juliusplate (bzw. Waldschwimmbad Hude).

Von der Fähre fahren wir auf dem Radweg der Straße bis Ranzenbüttel. Kurz vor dem Ortsanfang von Berne geht es rechts ab nach Dreisielen (Wegweiser). Hinter dem Gasthaus fahren wir links über die Ollenbrücke zur B 212, auf dieser ca. 500 m rechts, bis links die Huntorfer Helmer (befestigter Wirtschaftsweg) abzweigt. Auf dieser Helmer kommen wir nach Neuenhuntorfermoor, fahren 200 m rechts und bei der nächsten Kreuzung auf der Betonstraße links ab durch die Wildbahn und Pfahlhausen. Hier halten wir uns immer rechts und kommen zum Gasthaus »Zum Drögen Schinken« am Reiherholz, wo eine Rast gemacht wird. Anschließend kann vom Parkplatz Reiherholz eine kleine Wanderung gemacht werden, Kinder können Pony-Reiten, oder es wird 2 km weitergefahren zum Waldschwimmbad Hude. Zurück geht es auf der Straße Lintel–Hude am Reiherholz nach Ocholt–Neuenkoop und weiter über Berne zur Fähre.

Von Hude aus beginnt die Fahrt beim Waldschwimmbad, geht über Pfahlhausen–Ocholt oder über Maibusch nach Neuenkoop und von dort weiter wie bereits beschrieben.

Was wir sehen:

Unsere Fahrt führt durch die weiten Wiesen der Marsch und der kultivierten Moore. Außer dem Teilstück von Neuenkoop bis zur Fähre und der kurzen Strecke neben der B 212 wurden Landstraßen und Wirtschaftswege ausgewählt, die wenig von Autos befahren werden. Es ist eine Ausflugsfahrt, die jeder mitgestalten kann. Von Farge aus haben wir am Zielort Hude das Reiherholz und die Klosterruine, im Sommer auch das Waldschwimmbad.

Von Hude aus bieten sich als Ziel Dreisielen und die Weser an, wo Rundwanderungen angeschlossen werden können.

Schlüterdeich
Siedl
Ranzen-
büttel
74
B212
Ollen
Untere
Hunte
brück
Füllje
Schlüte
Neuen-
huntorfersiel
0,4
Ranzen
B74
2
büttel
Berne
Coldewei
Neuenhuntorf
Bernebüttel
Campe
B212
Ollen
nach Hiddigwarden
Glüsing
1
0,7
Berne
S t e d i n
Neue Ollen
nhuntorfer
0,2
moor
Neuenkoop
Ollener-
moor
Hiddig-
warder-
moor
0,2
3
Ochholt
N
Maibusch
Maibuscher
Hekeler
fahlhausen
3
4 cm = 2 Km
2,5
Berne
Hudermoor
4
Hude

141 Von Farge nach Dreisielen

Weglänge 8 km, Dauer 2 Stunden + Rast

Anfahrt: Vegesack – Blumenthal – Farge

Ausgangspunkt:

Fähre Farge–Juliusplate

Diese Wanderung ist in mehreren Abwandlungen möglich. Der sicherste Weg beginnt auf dem Fußweg neben der Straße nach Berne. Beim Straßendurchlaß durch den Deich steigen wir rechts auf zur Deichkuppe und gehen bis zum Ortsende der Ortschaft Weserdeich. Vor dem Piependammer Sieltief verlassen wir den Deich (Betontreppe mit rotem Geländer und Tor) und wandern auf dem beim Transformatorenhäuschen abzweigenden befestigten Wirtschaftsweg nach Bettingbühren. Dort halten wir uns rechts und erreichen über den Bahnübergang das »Stedinger Landhaus« in Dreisielen, wo eine Rast vorgesehen ist.

Etwas schwieriger ist ein Weg, der vom Parkplatz bei dem Restaurant „Weserblick" (bei der Fähre) rechts am Sommerdeich vor dem Campingplatz entlangführt und weiter auf dem Deich durch die Wiesen über ein Wehr zum Weserdeich (schmaler Übergang über das Wehr, nur für trittsichere Wanderer).

Zurück gehen wir von Bettingbühren über Ranzenbüttel auf der Straße Berne – Fähre Juliusplate.

Was wir sehen:

Am Ausgangspunkt sind Weser und Flußufer für abwechslungsreiche Beobachtungen interessant. Ein markantes Bauwerk auf dem jenseitigen Ufer ist das Kraftwerk Farge. Von der Deichkuppe haben wir weite Sicht, auch auf das Fahrwasser der Weser mit regem Schiffsverkehr. Auf der Landseite sehen wir über weite Marschwiesen hinweg bald in etwa 1 km Entfernung die Häuser von Bettingbühren und das Gasthaus in Dreisielen.

Für ausdauernde Wanderer ist ein Rundweg von Dreisielen über den Huntedeich und den Lichtenberger Siel zu empfehlen. Er beginnt beim Landhaus Dreisielen, führt links über die Ollenbrücke am alten Huntearm entlang, beim ehemaligen Siel mit großherzogl. Oldenburgischem Wappen rechts über den Schlüter Deich nach Huntebrück. Auf dem Deichsicherungsweg kommen wir zum neuen Lichtenberger Siel, von dort auf Wirtschaftswegen zurück zum Gasthaus.

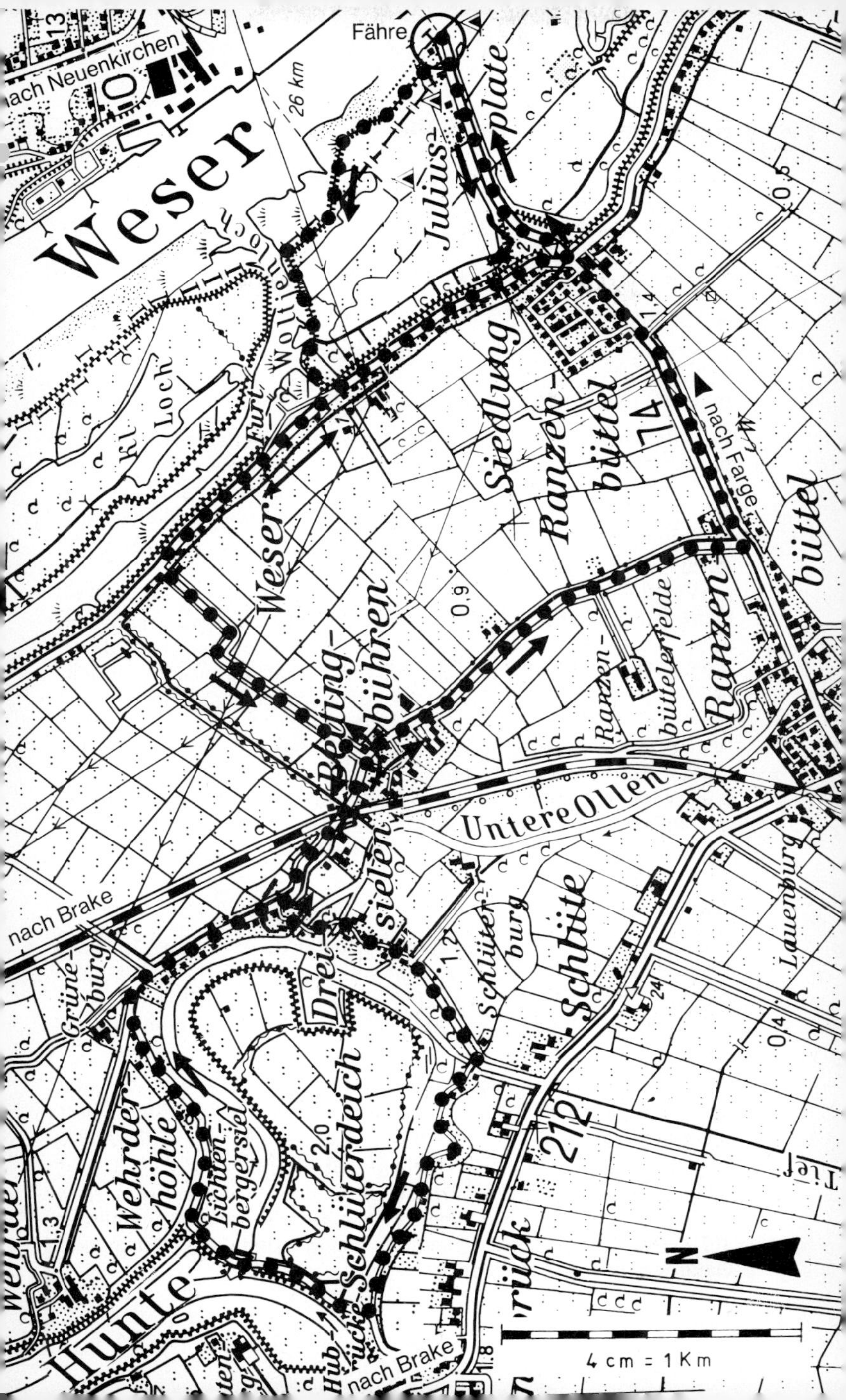
Fähre
nach Neuenkirchen
Weser
26 km
Julius-plate
Kl. Loch
Weser
Siedlung
Ranzen-büttel
74
nach Farge
Ranzen-büttel
Ranzen-büttelerfelde
Untere Ollen
nach Brake
Grüne-burg
Wehrder-höhle
Lichten-bergersiel
Drei-sielen
Schlüterdeich
Schlüter-burg
Schütte
Lauenburg
212
Tief
Hunte
nach Brake
N
4 cm = 1 Km

142 Rundwanderung Farge, Blumenthal, Weserdeich

Weglänge 10 km, Dauer 3 Stunden

Anfahrt: Vegesack – Blumenthal – Farge

Ausgangspunkt:

Gaststätte Fährhaus Meyer-Farge, Haltestelle der Bremer Straßenbahn Linie 70 und 71, Anlagestelle der Personenschiffahrt und der Weserfähre Juliusplate–Berne

Unmittelbar hinter Meyer-Farge beginnt der ausgebaute Wanderweg, der zunächst auf dem Deich, dann längs des Weserufers verläuft. Nach ca. 2 km sollte man bei der DLRG zum hohen Ufer aufsteigen. Von den Parkanlagen beim Rönnebecker Kriegerdenkmal bietet sich eine lohnende Fernsicht über die Wesermarsch bis zu den Wäldern auf dem hohen Geestrand bei Hude.
Ein kurzes Stück geht es am Weserufer weiter. Hinter der Altentagesstätte (früheres Strandbad) steigen wir auf der Treppe wieder auf zum hohen Ufer und erreichen oberhalb der Rönnebecker Werft durch Gartenanlagen die Rönnebecker Straße, auf der wir bis zu den Anlagen bei der Strandhalle Blumenthal gehen. Von hier können wir mit der Straßenbahn zurück- oder weiterfahren.
Wir setzen mit der Fähre nach Motzen über und wandern rechts auf der Betonstraße außendeichs oder auf dem Deich über Ganspe und Warfleth nach Weserdeich, von dort auf dem Fußweg neben der Straße Berne – Juliusplate zur Fähre, die uns nach Farge zurückbringt.

Was wir sehen:

Der ausgebaute Wanderweg erschließt einen der schönsten Teile des Weserufers. Zahlreiche Bänke geben auch älteren Spaziergängern die Möglichkeit, diesen Weg zu gehen. Der Schiffs- und Bootsverkehr auf der Weser bietet laufend Abwechslung. Auf Fernsichten vom hohen Ufer habe ich schon aufmerksam gemacht.

Unmittelbar nach der Hafenanlage Motzen kommen wir über den 1959 erbauten Stedinger Siel. Von der Deichkuppe blickt man über die vom Deich geschützten Wohnhäuser auf die dahinterliegende Wesermarsch und das Deichvorland. In Warfleth kommen wir an der alten Schifferkirche vorbei.

Auf dem Deich bitte Rücksicht auf die Schafe nehmen (möglichst auf einem Straßenstück umgehen), keine Hunde mitnehmen und Gattertore wieder schließen!

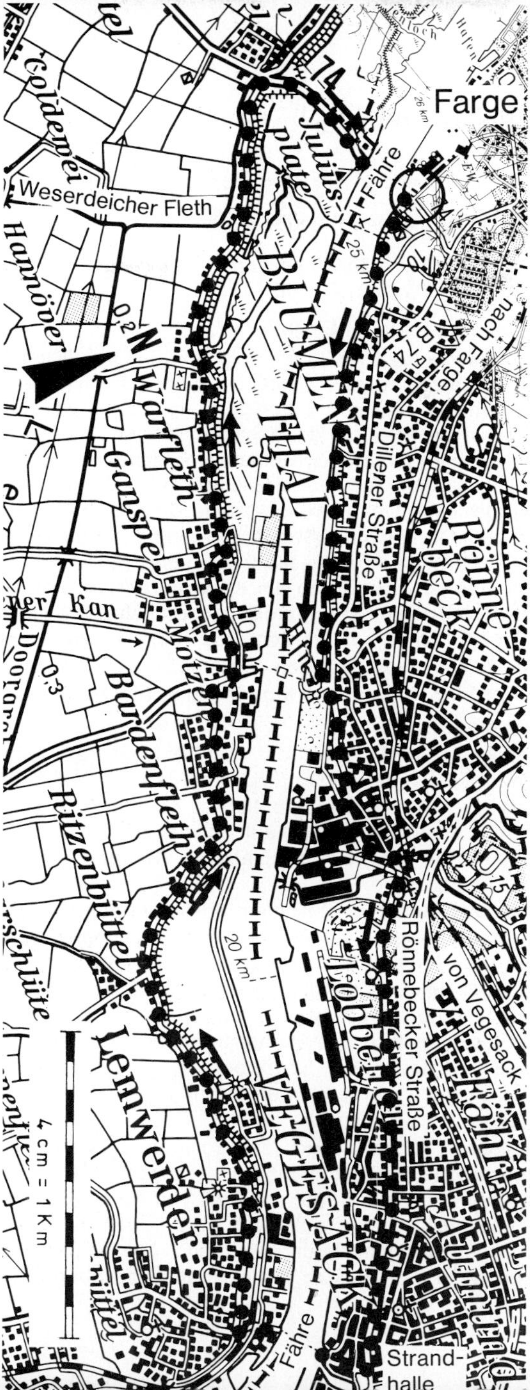

Farge
Weserdeicher Fleth
Fähre
Julius-plate
BLUMENTHAL
25 km
nach Farge
Dillener Straße
Rönnebeck
Warfleth
Ganspe
Motzen
Bardenfleth
Ritzenbüttel
20 km
Rönnebecker Straße
von Vegesack
Lemwerder
VEGESACK
4 cm = 1 Km
Fähre
Strand-
halle

143 Von Elsfleth nach Brake

Weglänge 11 km, Dauer 3 Stunden + Rast

Anfahrt: Vegesack – Fähre Lemwerder (oder Fähre Blumenthal – Berne) auf die B 212 nach Elsfleth

Ausgangspunkt: Bahnhof Elsfleth

Auf dem Fußweg neben der Bahn erreichen wir in nördlicher Richtung den Rathausplatz mit dem Denkmal des Herzogs von Braunschweig. Von dort geht es über den Bahnübergang, vorbei am Hafen, und weiter auf der Weserstr., an der auch die Seefahrtschule liegt. Dann umgehen wir die Weinbrandbrennerei und steigen hinter dem Siel wieder auf zum Deich. Auf der Deichkuppe geht es weiter, an dem Ort Lienen vorbei nach Oberhammelwarden. Dort können wir auf dem Deich bis zum Durchlaß der Straße und rechts zur Strandgaststätte gehen, oder vorher zum aufgesandeten Badestrand am Weserufer. Weiter geht es auf dem Deich am Käseburger Siel und 2 Werften vorbei bis zur Braker Kaje (Hafen), wo Einkehrmöglichkeiten bestehen. Zurück fahren wir mit dem Zug vom ca. 500 m entfernten Bahnhof. – Wahlweise können von Elsfleth oder Brake Rundwanderungen bis Oberhammelwarden gemacht werden.

Was wir sehen:

Am Rathausplatz in Elsfleth steht das Denkmal des Herzogs von Braunschweig-Oels, der 1809 nach einem Marsch von Böhmen bis zur Weser durch von Napoleon besetztes Land mit 2000 schwarzen Husaren in Elsfleth und Brake auf Schiffe ging und England erreichte. Ferner liegt am Rathausplatz die »Kogge«, ein traditionsreiches Gasthaus.

Kurz hinter dem Hafen lohnt sich ein Abstecher auf dem Genossenschaftsweg (Fußweg) zum Anleger, von dem man eine schöne Aussicht über den Hafen hat. Die Häuser zur Flußseite haben ihre Eingänge von der Deichkuppe, die Untergeschosse sind durch wasserdichte Luken gegen Hochwasser gesichert.

In Lienen befindet sich das Huntesperrwerk. Vor dem Sperrwerk ist im alten Huntearm ein Sportboothafen entstanden. Hammelwarden und Lienen mit gepflegten Strohdachhäusern sind beliebte Ausflugsziele.

In Brake lohnt sich ein Besuch des Schiffahrtsmuseums in einem ehemaligen Signalturm. Es zeigt Erinnerungsstücke an Walfänger und die erste deutsche Flotte, die 1848 von Admiral Brommy aufgestellt, aber 1852 wieder aufgelöst wurde, weil die Kleinstaaten sich nicht über die Finanzierung einigten. Von oben kann man gut die Weser und Hafenanlagen mit Getreidesilos überblicken.

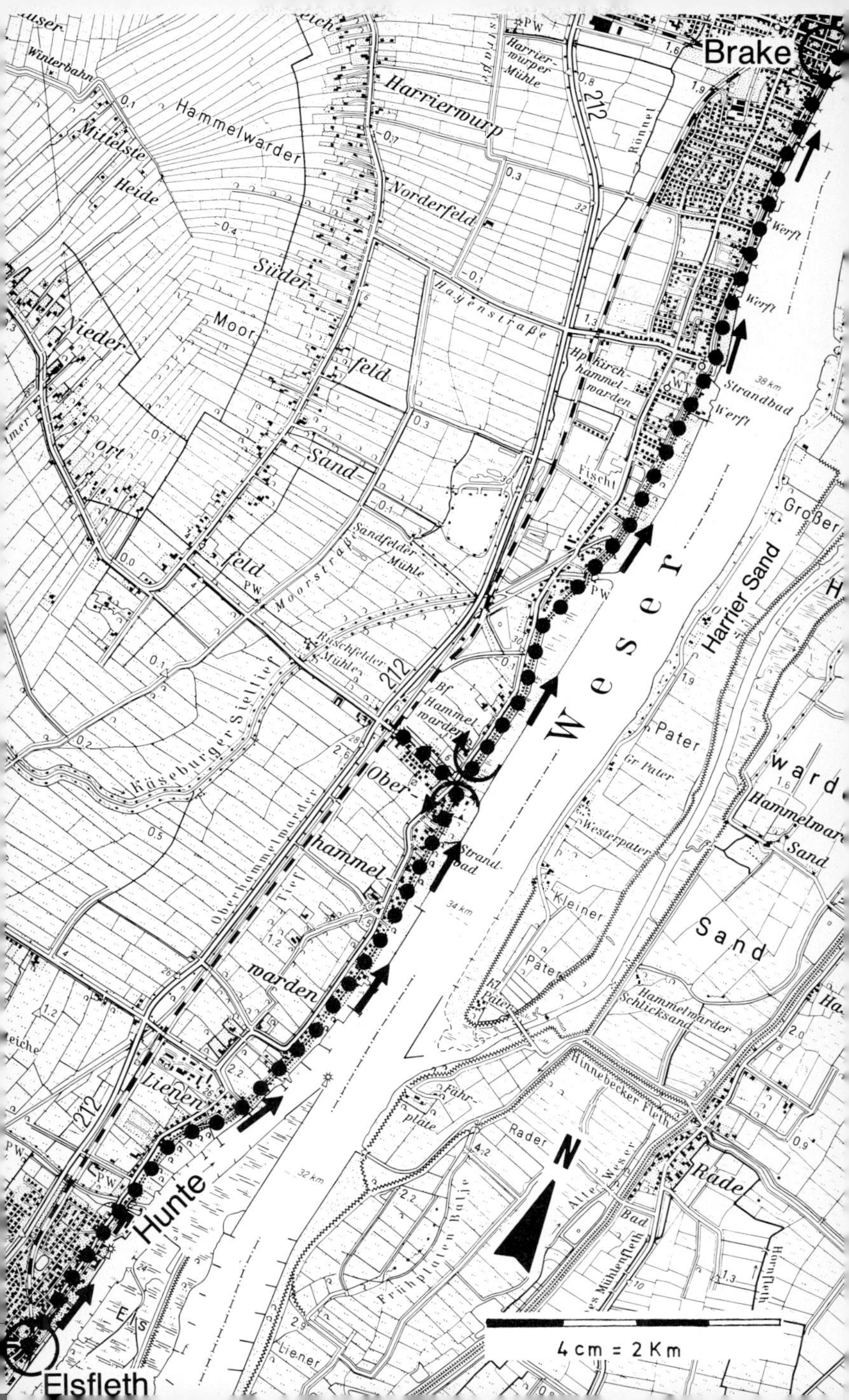
Brake
Elsfleth
Weser
Hunte
Harrier Sand
Harrierwurp
Hammelwarder
Mittelste Heide
Norderfeld
Süderfeld
Moor
Niederort
Sandfeld
Oberhammelwarden
Lienen
Kirchhammelwarden
Bf Hammelwarden
Strandbad
Werft
Hayenstraße
Moorstraße
Sandfelder Mühle
Ruschfelder Mühle
Käseburger Sieltief
Oberhammelwarder Tief
Fischt
Pater
Gr. Pater
Westerpater
Kleiner Pater
Sand
Hammelwarder Sand
Hammelwarder Schlicksand
Hinnebecker Fleth
Rader
Rade
Alte Weser
Frühplaten Balje
Fährplate
Liener
Großer
212
38 km
34 km
32 km
N
4 cm = 2 Km

Wanderungen, in denen ausgeprägte Landschaftsformen vorherrschen

Wald und Forst – Heide – Geest – Moore – Wiesen und Marschen – Flüsse, Bäche und Kanäle – Deiche – Niederungen – Vorgeschichtliche Gräber – Spuren der Eiszeit: Schlatts.

Die beigefügten Ortsnamen dienen der allgemeinen Orientierung.

Innerhalb der folgenden Abschnitte sind die Wege zur besseren Orientierung im Uhrzeigersinn um Bremen herum angeordnet.

Wald und Forst	Nummern der Wanderungen
Fredeholz/Blumenthal	7
Stoteler Wald, Heilshorn	11
Klosterholz/Osterholz-Scharmbeck	17
Surheide/Fischerhude	51
Uesener Wald	55, 56
Staatswald „Auf dem Bortel"/Ahausen	60
Forst Spange/Völkersen	62, 65, 66
Etelser Holz	69
Schwarme	80
Sellingsloh/Hoyerhagen	83
Forst Erdmannshausen/Neubruchhausen	89, 90
Syker Westermark	97
Forst Bredenholz/Fahrenhorst	98
Syker Staatsforst	103
Waldlehrpfad Lehmkuhle/Wildeshausen	107
Krandel/Wildeshausen	110
Stenumer Holz	125
Hasbruch/Hude	126, 127, 128, 130, 131
Reiherholz/Hude	135

Heide

Im Gebiet mit den vorgeschichtlichen Gräbern westlich Dötlingen/ Wildeshausen sind viele Heideflächen erhalten, die Wege sind weitgehend markiert und beschildert. Sie werden hier nicht beschrieben.

Ohlenstedt	14
Wallhöfen	25
Haberloh	63
Steller Heide	123

Geest und Geestrand

Moore

Wiesen und Marschen s. a. Niederungen, Flüsse und Bäche

Flüsse, Bäche und Kanäle

Deiche

Niederungen

Vorgeschichtliche Gräber

Schlatts

(Rückstände aus der Eiszeit, vermutlich Strudellöcher, heute kleine Sümpfe und Moore von großem geologischen und botanischen Interesse)

Register der wichtigsten Orte und Landschaftsbezeichnungen

Öffentliche Verkehrsmittel

Für die öffentlichen Verkehrsmittel wird der Verkehrslinienplan der Bremer Straßenbahn AG empfohlen. Zu beziehen: Stadtbüro Bremen, Langenstraße 12, montags bis freitags von 8.30 bis 18.00 Uhr geöffnet.
Telefonische Auskünfte: 55 96 33 33.

Die auswärts liegenden Bus-Endstationen, **soweit im Verkehrslinienplan nicht verzeichnet,** sind:

Linie 30	Falkenberg
Linie 38	Arbergen
Linie 40, 41	Mahndorf
Linie 55	Kirchhuchting
Linie 70	Neuenkirchen
Linie 74	Schwanewede
Linie 76	Lüssum
Linie 77	Aumund-Beckendorf

Der Gemeinschaftstarif der Bremer Straßenbahn mit Buslinien und der Bundesbahn umfaßt alle stadtbremischen Bahnhöfe sowie die Bahnhöfe Achim, Barrien, Delmenhorst, Dreye, Heidkrug, Kirchweyhe, Osterholz-Scharmbeck, Ottersberg, Ritterhude, Sagehorn, Syke.

Blattübersicht der topographischen Karten L
1:50 000

L 2714 Varel	L 2716 Brake	L 2718 Osterholz-Scharmbeck	L 2720 Zeven
L 2914 Oldenburg	L 2916 Delmenhorst	L 2918 Bremen	L 2920 Achim
L 3114 Cloppenburg	L 3116 Wildeshausen	L 3118 Syke	L 3120 Verden

Heinrich Binder

Der Heini von Bremen

Ein Bremer Roman, 300 Seiten

Als die Krögers den Bremer Bahnhof verließen, läuteten die Glocken, und die Kanonen donnerten – einhundertundeinen Schuß. Denn es war Sedanstag.

Mit dieser Szene beginnt der Roman, eine fröhliche Geschichte, in der Heini die Hauptrolle spielt. Er vermittelt uns eine liebenswerte Begegnung mit den Bremern vor ungefähr 100 Jahren.

Das elektrische Licht wurde gerade unter Bedenken genehmigt, das Fahrrad erfunden, Heini war dabei.

Heini erfand unentwegt technische Seltenheiten, verbreitete aber auch Gram und Schrecken bei Eltern und Lehrern, auf dem Tanzboden, bei Verwandten und Mädchen. Als Handelsmann verkaufte Heini Hampelmänner, »dat Stück een Groschen« und plante, echte goldene Eier herbeizuzaubern. Ein vielseitiger Mensch!

In der Politik hatte Heini leider Pech. In einer Versammlung lachte er an der falschen Stelle, und bei seinem Parteifreund Friedrich Ebert machte er sich unbeliebt. Daraufhin wurde Heini konservativ. Rein bremisch wird noch heute der heilige Sankt Nikolaus als »Sonnerklaus de grode Mann« gefeiert, selbst die Staatsbesuche des Kaisers verliefen echt bremisch, und Buddelmanns Töchter benutzten bremische Lesezeichen: getrocknete Stinte. Nur die Cholera war nicht bremisch – sie kam aus Hamburg ... »Diese Stadt ist echt, und echt ist selten«, das merkte schon Ringelnatz. Ein herrliches Schmunzelbuch!

Mit Heini erleben wir Bremen vor hundert Jahren, eine zauberhafte Liebesgeschichte mit Marlies vom Osterdeich spielt mit hinein.

Heiterkeit und Frohsinn sind hier mit Hintergründigkeit gepaart.

Der trockene bremische Humor hat in diesem Roman seine literarische Form gefunden.

Die Gelassenheit der Menschen an der Weser, die Originale und Sonderlinge sind meisterhaft getroffen.

Eine seltene Kostbarkeit.

Ein herrliches Schmunzelbuch?

Gewiß – und doch weit mehr.